JN076407

心を起さうと思はゞ
先ヅ身を起せ

島崎藤村

——一生の金言となった

昭和の古本屋を生きる

——発見又発見の七十年だった

著者旧蔵の三文豪原稿

夏目漱石「明暗」書損じ原稿
弟子が持ち出したものと伝えられる１枚

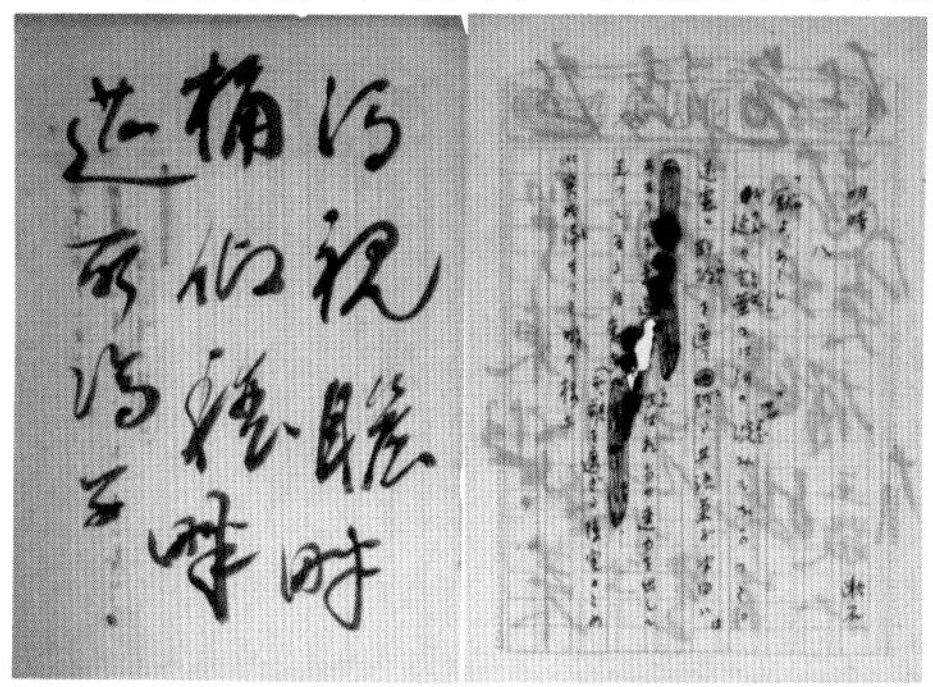

谷崎潤一郎「吉野葛」原稿１枚目

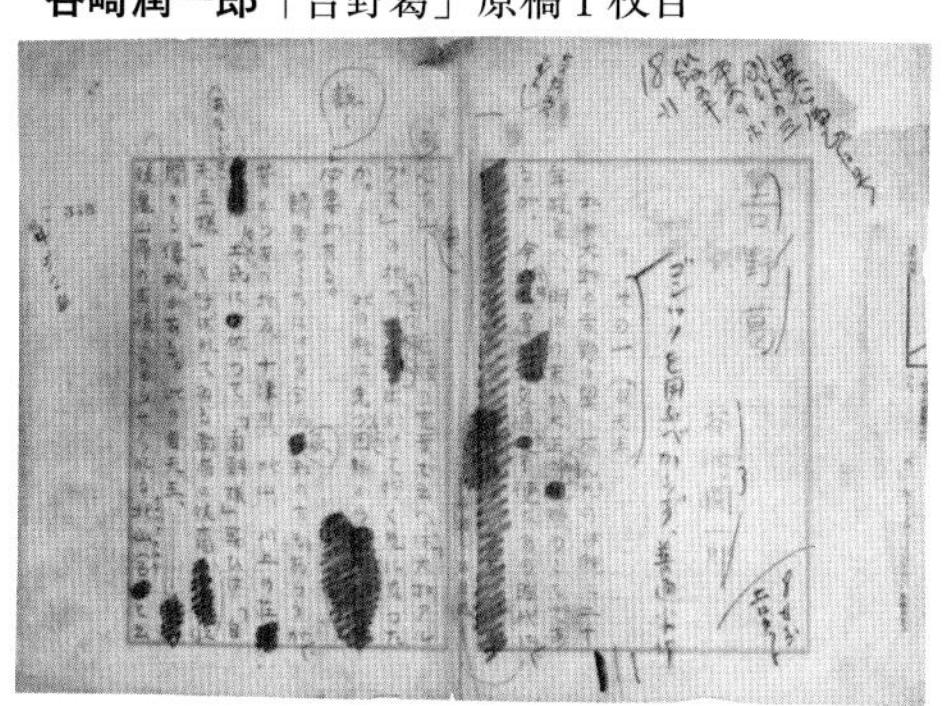

江戸川乱歩「鏡地獄」（本人の改作版）原稿

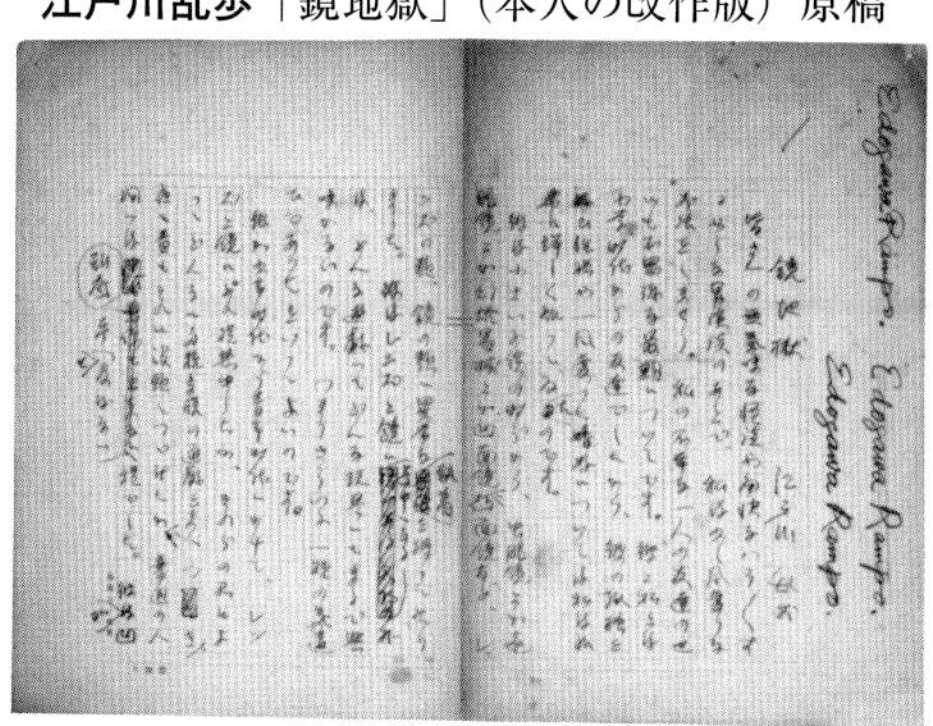

歌稿が斉藤緑雨の筆跡と断定され、その内124首が樋口一葉未発表短歌だった。

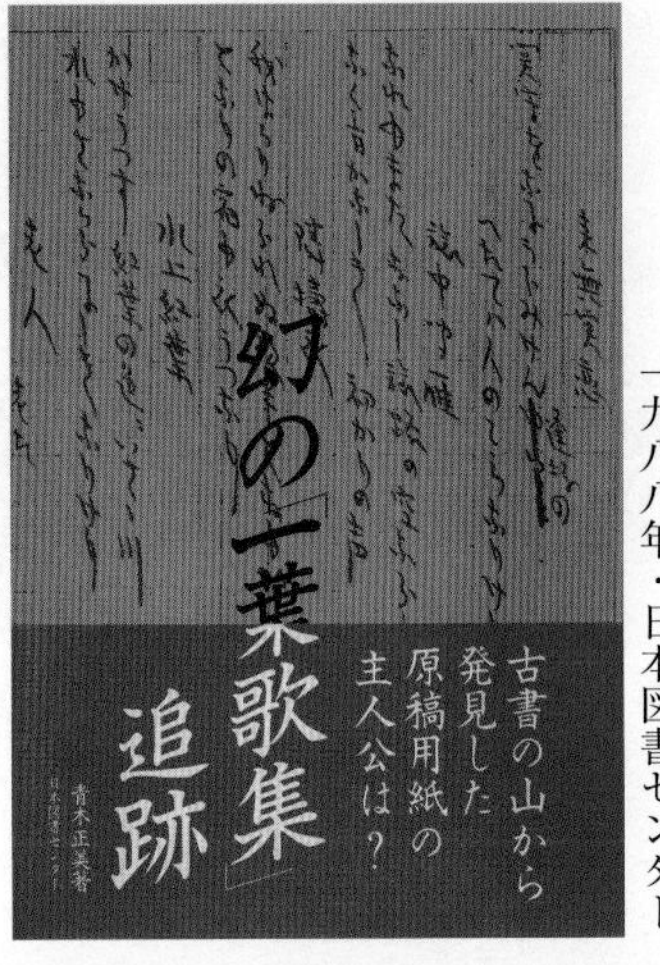

一九八八年・日本図書センター

「書誌学的伝記、研究の金字塔（武藤康史）」と言わしめた、500冊の資料を使っての異色の藤村伝。

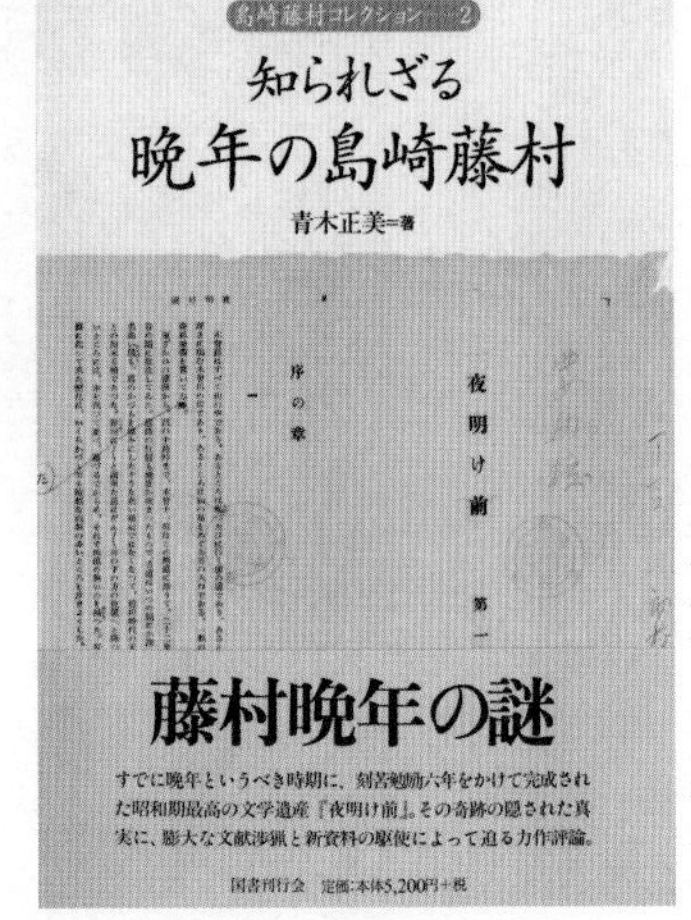

一九八八年・図書刊行会

夭折詩人河田誠一はここで発掘された資料の文章化によって世に知られることになった。

一九九五年・マルジュ社

私が買った晩年使用のスケッチ帖一冊に、夢二が遺書まで書いていたのを発見する。

一九九六年・東京堂出版

ただの業界先輩の一人とつき合っていた人が、戦前のダダイズム詩人だったと分かるまでの追跡記。

二〇一一年・筑摩書房

本書に斎藤茂吉の愛人永井ふさ子の書簡を発表、同時に二人の晩年の関係を明らかにした。

一九九五年・東京堂出版

出版社「文藝春秋」から流失した「砂の女」などの自筆原稿の行方が明らかになるまでの苦心談。

二〇一八年・本の雑誌社

芥川賞作家・安岡章太郎邸から払い出された資料から、中間にもう一人の同賞作家がいたことが判明。

二〇〇七年・古書通信社

（上）昭和28年7月
（中）昭和29年間口を9尺に
（下）広い輪店と店を交換

（上）昭和31年全部のスペースを古本に
（下右）当時の客の混雑
（下左）区画整理で移動した最後の店

本書での特集「田村泰次郎の戦線手記」資料

田村泰次郎の少年時代絵日記

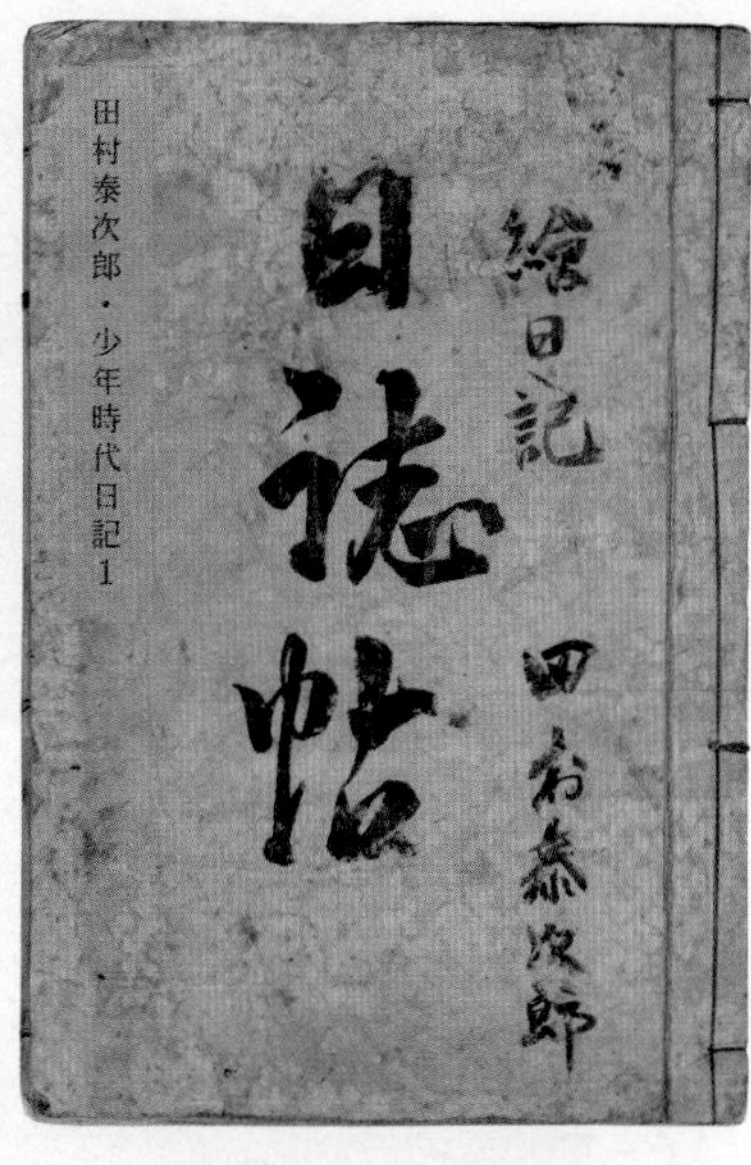

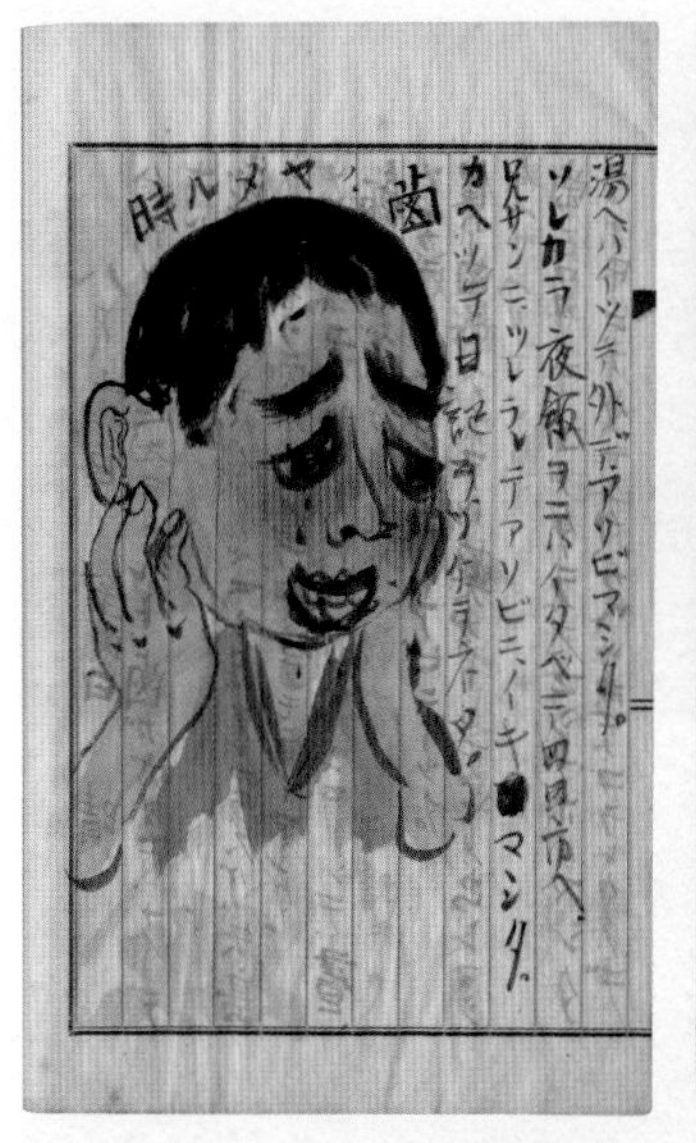

文学青年時代の同人雑誌

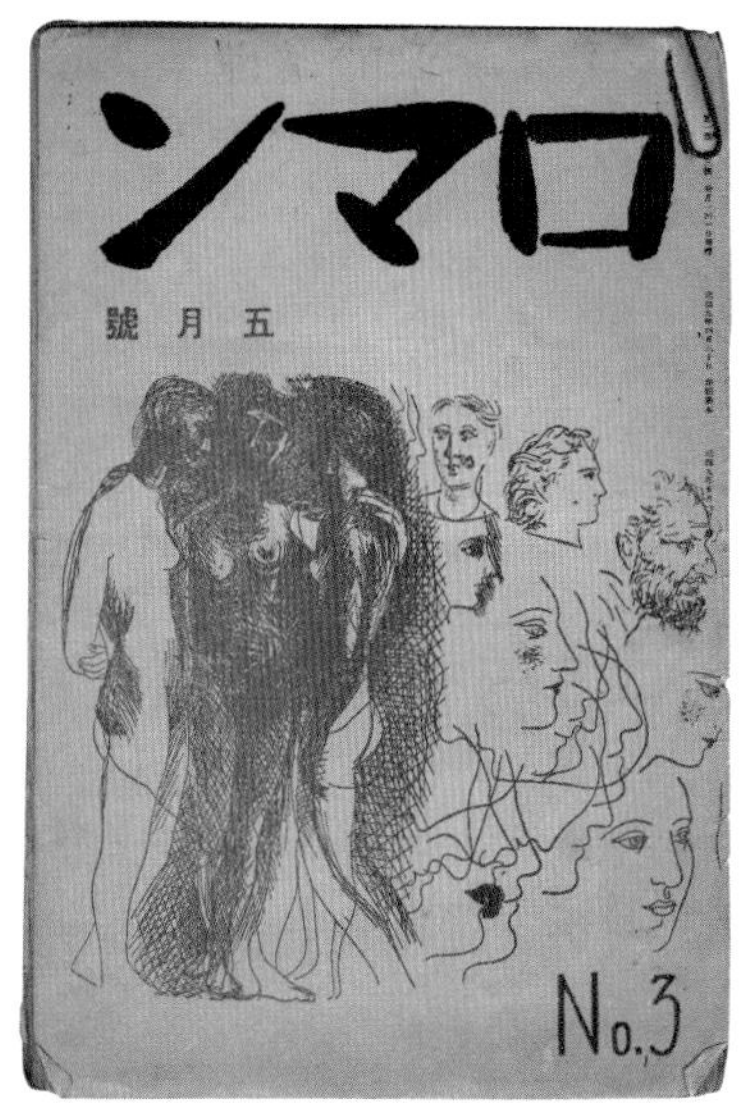

田村の兵士時代と宣撫班の頃（中央兵隊肢が田村）

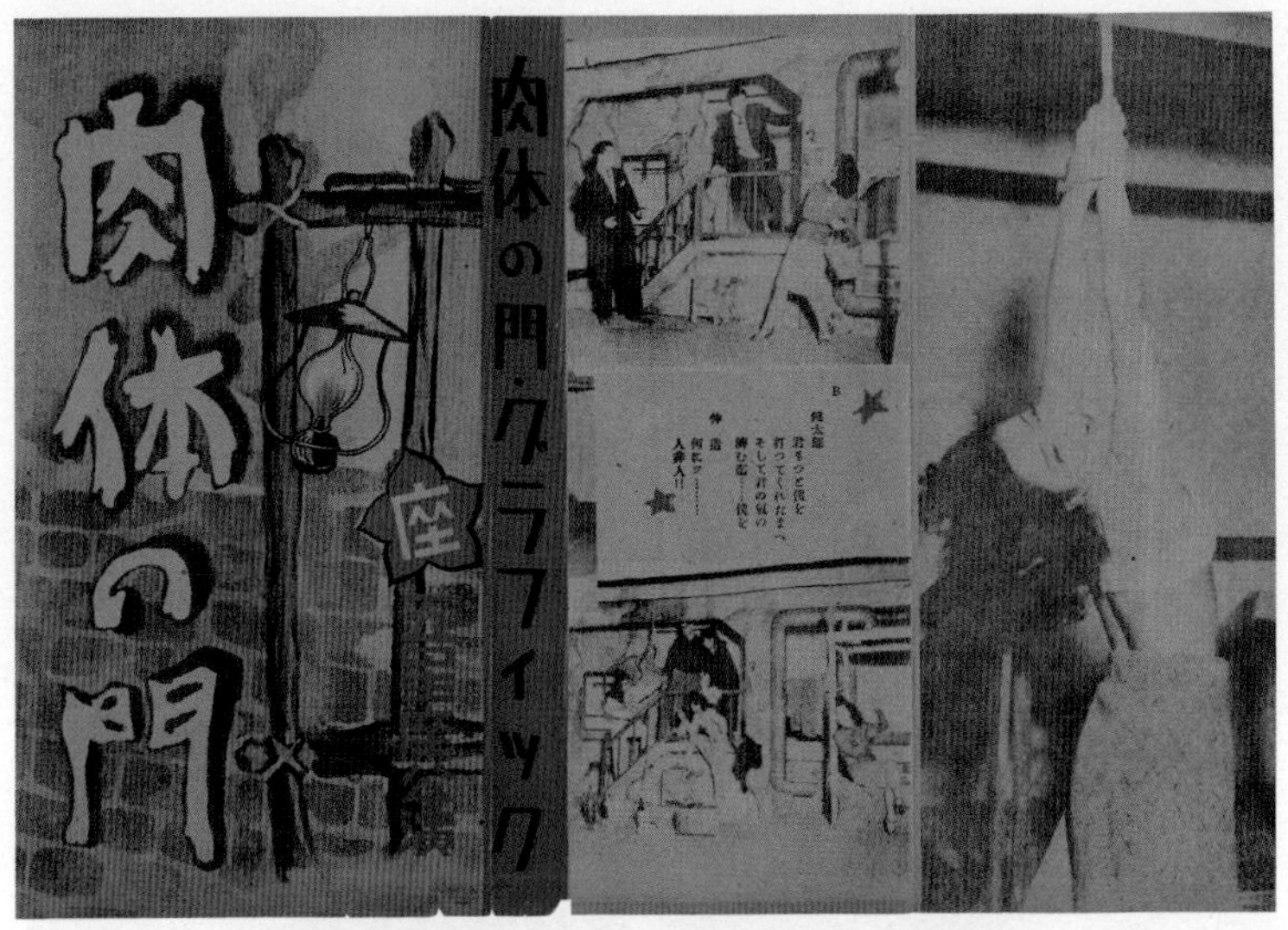

（上）「肉体の門」上演時のパンフレット

（下）日劇小劇場パンフ

はじめに　目次を兼ねて

八十八歳、何とかここまで生かされてきた。同業の知り合いも二、三を数える人しか思い浮かばない。開業が昭和二十八年だから、すでにこの道七十年ということになる。

幸い三十歳で古書の本場神田地区の明治古典会に経営員（のち会員に）という働きの場を得て、文学者の原稿・書簡など「現物」を手に触れたり出来るようになる。やがておそるおそるそれらの一つ二つに入札、買えるようになった。初めは文学青年時私淑していた島崎藤村に熱中したが、めったに現れないのが分かり有名無名の文学者、特にその原資料、書簡の類までに対象を広げた。高じてそれらの追跡記録や生意気に論考らしきものまで書き始めた。

かたや、いくら古本を探しても古書業界史や同業先輩の自伝や伝記などがほとんどと言っていいほどない。五十歳になろうとする時、それなら自分が書いてしまおうと思った。その『東京下町古本屋三十年』のゲラ刷りが出来た時、私は「当って砕けろ」の行動をとる。会の名誉会長だった反町茂雄氏に「読んで下さい、よければ序文を」との手紙を添えて渡したのだ。結果は「書きましょう」の返事、その上冒頭「……日本の古本屋さんの自伝のはじまりです……」の言葉まであった。

以後、四十冊の本を書いてきたが、「千の風に乗って」の歌ではないが、今は「私はお墓にはいません、本の中にこそ私はいます」とさえ思うようになった。

さて恐らく最後の本となる本書についてだ。昭和二十年の敗戦時、私は小学校六年生。先に記したように私が偶然手に入れることになった生資料の中には作家田村泰次郎のものがあった。周知の如く田村は、昭和十二年から始まる日中戦争に予備役一年、出征して敗戦までの七年間兵役についた。その実戦のさ中、田村が合間々々に記した手帳を元に「日本古書通信」令和元年九月号から令和三年八月号まで二十一回連載したのが

1「田村泰次郎の戦線手記」 5P

である。この章で私は、限られたものでしかないが、戦地での日本の軍隊を象徴させてみた。**泰次郎の本のこと**（60P）も添えた。次いで、私と同年生まれの昭和ヒトケタの代表として、やはり「日本古書通信」平成二十九年二月～九月号に連載の、

2「永六輔の時代」 65P

を載せる。また、生涯日記魔としてすごした私の駆け出し時代を写したのが、

3「若き古本屋の恋」 97P

だ。当時すでに石原慎太郎の『太陽の季節』が出ていたが、あれはいわば当時では上流社会の青春、こちらは片思いの道しかない階層、家庭環境だったことを示したかった。そして

4「カストリ雑誌は生きている
——街の古本屋の棚にみる性風俗40年の興亡」 131P

これは「新潮45」に或る有名作家の穴埋めに書かされた文章。多分これが当時の一般庶民の性欲

の吐け口の一面で、それに乗った出版界、果ては古本屋の実態であった。いつか書いておきたいと、資料も充実した五十歳の意欲作だった。そして、

5「下町古本屋の生活と盛衰」 165P

最初に記したように反町茂雄氏とは、特に晩年十年間は沢山の手紙の交換までするようになる。氏はすでに戦前三十四歳の時、主催していた〝訪書会〟から業界古老たちの思い出『紙魚の昔がたり』（昭9）を出している。晩年八十六歳の年、氏はその増補改訂版を、姉妹篇として、『紙魚の昔がたり・昭和篇』（八木書店刊）を出す。ちなみに右の文章はそこに収載されたもので、この反町氏と私の対話は、『神田神保町書肆街考』（二〇〇九・筑摩書房）の中で沢山の引用分析されて役立っていることを知る。著者はフランス文学者の鹿島茂氏で、くわしくは「日本古書通信」令和三年十月号に書いているので読んで下さればありがたい。

6「古本屋の船旅世界一周記」 219P

これまで私は、人様のことは何十人いや何百の人々について書いて来た。が、わが妻のことは公けに登場させせないで来た。その埋め合せもあり、この一文を載せることにした。すでに私につくして六十年、ここに「ご苦労様」と記しておく。また

7「私の徒然草」 261P

私の「日本古書通信」への寄稿は昭和六十一年五月号からで、以来今年で四二四ケ月になる。おかげでこの欄から生まれた本も多く『古本屋控え帖』『古本屋奇人伝』『自己中心の文学―日記が語

る明治・大正・昭和』『文藝春秋作家原稿始末記』などの本になった。ちなみに、本書も「日本古書通信社」から出していただく予定です。

掲載にあたり、右の単行本未掲載の文章を四つに分解した。まず若き日に遭遇した出来事などを書いたＡ「思い出の章」とし、〝松井須磨子〟や〝阿部定〟の文献などを集めたのをＢ「諸文献の章」とした。また読書などで出合った人達を書いたのをＣ「人物像の章」とし、最後のどこへも入らないタイトルたちをＤ「その他の章」とした。

無論これらには掲載年月を明記してあり、お読みになり、ご利用頂けたら幸いです。

そして最後に印刷の

８「自筆年譜」 541Ｐ

こんなものをお読み下さる人はいないでしょうが、一応参考までに書名に合わせ昭和の終りまでを、プラスして平成五年の還暦までを作成してみました。

1 田村泰次郎の戦線手記

(1)

もう大昔の話だ。日記を調べると、石塀に囲まれた畳敷きの古書市場から、ビルとして竣工した以前の東京古書会館に移って間もない、昭和四十二年八月十日、木曜日のことである。

以前は、畳の上に座っての廻し入札だったが、畳一畳分、高さ五十センチの鉄製の台がコの字型に並べられての、まだ一般書市が振り市だった頃、明治古典会は逸早く置き入札を取入れ、業者は陳列品を見て好みの品だけに札を入れて行けばよくなった。出品して登録、帰ってしまう人もいる。

その朝、私が経営員として出勤して目にしたのは、建場廻り専門の人の出品が五、六点あるばかり。戦前発行の雑誌類の他は、雑然とした感じの「田村泰次郎雑資料」と書かれた封筒のついた大きな段ボール一箱が隅に置かれ下は最低額、上札は三千円まで書いた札を封筒に入れた。――結局、この日、他にこの大箱に入札する業者はなく、私の下札で落札した。

当時まだ、私は田村などに全く関心がなく、敗戦後「肉体の門」で一世を風靡した流行作家であったことくらいしか知らなかった。それが次の日、店番のかたわら大箱を眺めて驚くことになった。戦前のものは若い頃の同人雑誌の初出誌切り抜きから、己のゴシップ記事、果ては「少女の友」に書いた少女小説、都新聞（現・東京新聞）の「大波小波」の匿名記事まで、戦後のものはあの「肉体の門」への諸家の批評記事、カストリ雑誌掲載分までが、丹念にスクラップされていた。それらが上に重なっていることで、日記などが目立たなかったのだ。また思ってもみない珍品も出てきた。

昭和二十年代の田村への原稿注文雑誌名から、渡した原稿枚数、支払われた印税額までが克明に書かれたノートが出現したのだ。

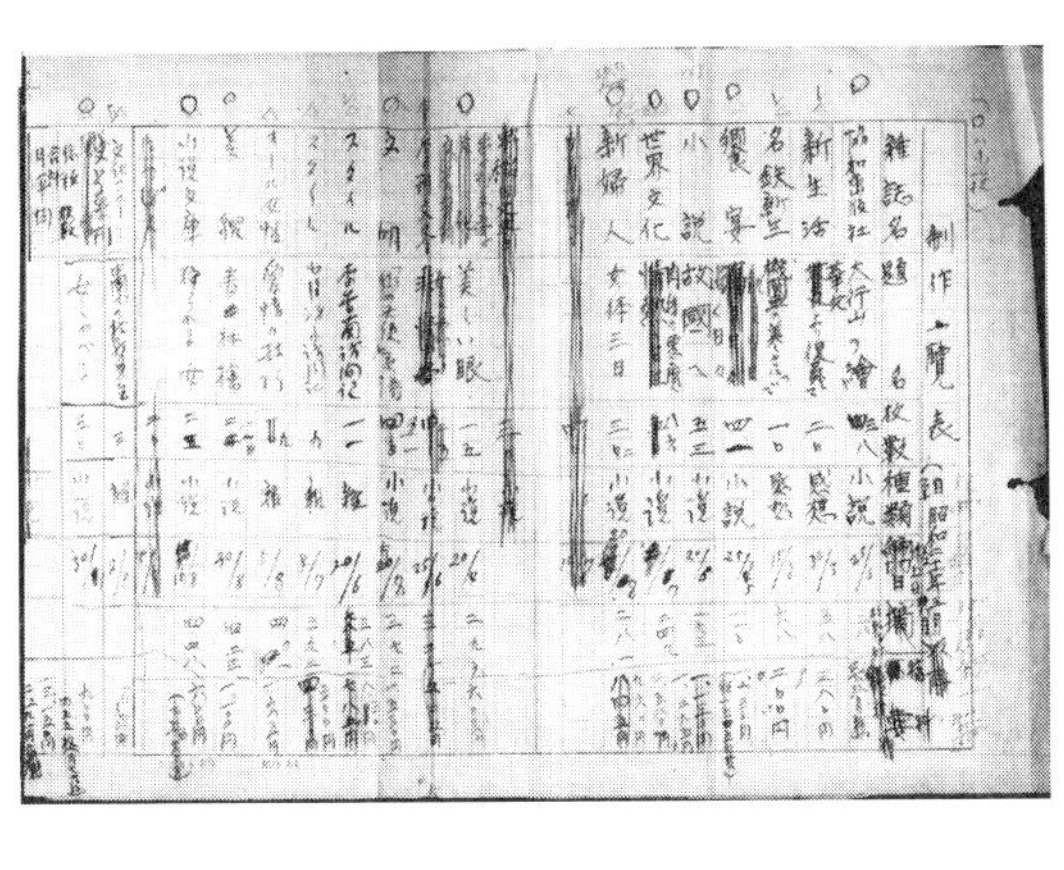

※左は昭和二十一年二月から書き始められた田村自筆の執筆記録。

そして今の目で見てもっとも貴重なのは田村の「戦線日記」だろう。しかし考えてみれば、「十五年冬から春へ」の表紙をつけた一綴りの束や、「前線復帰」と題された日記の類がどうして保存出来たのか、復員時これをどうやって持って帰れたのか、それとも、戦時下の自宅へ郵送されたとでもいうのか、そんな疑問は残ったが、ともあれ、これが「田村泰次郎・戦線日記」入手の顛末だった。

今年どうなるかは分からないが、八月前後の終戦時が来ると、支那事変、大東亜戦争を問わず、兵士たちが家族に送り未だに保存、あるいは新発見の便りがＮＨＫなどで紹介放送されて、私たちの胸をうつ。また卑近な例で言うなら、昨年この欄にいくつかの戦中日記を紹介し田村のものもその中にあったが、その田村の「戦線日記」の三分の二が私のところに眠っていることに、責任を感じるようになった。私がその一部を『新潮45』に紹介した頃は、今回写真版にした執筆記録が主で、戦線日記は従でしかなかったのに、今やそれが逆転、戦線日記が引用された大著『田村泰次郎の戦後文学―中国山西省での従軍体験から』（笠間書院刊）など出るようになった。

（2）

歳月の流れの早さには愕然とするほかない。「新潮45」（'75／11）に紹介した兵士田村の戦線手記のことである。とりあえず、そこに載せた始めの部分を写してみる。

《沿線の或る駅に降り、私たちは兵団長閣下の閲兵を受けた。

ひどい黄塵の日で、木も、家も、人もみんな黄塵のために霞んでしまつてゐる。私たちは眼をあけることも、呼吸をすることも出来ないやうな物凄いつむじ風の中で、かつと眼を見ひらいて、はじめて見る今日からの私たちの上官の顔をみた。びつくりするほど背の高い人である。そのために、若い人のやうにさえ見えた。けれども順々に閲兵をして来て私の前に現はれた兵団長の顔は、額や頬に深い皺がえぐつたやうに刻まれてゐた。その皺に、黄塵が黄色く積み長い戦陣生活を経た人の顔の特徴を隈取りのやうに際立たせてゐるのを見た。

兵団長は、風の中で訓辞を読んだ。風の音のためか、閣下自身の声量のためか、時々かすれた。ごうごうといふ風の中でも、今日からこの人の命令一下、私たちはどんな死地にでもとびこんで行かねばならぬかと思ふと、私たちはひとりでに閣下の一言半句も聞きもらすまいと、聞き耳を立てるのだつたが、古いトオキイのやうに、それはときどきかすれ、まるで聞へなくなつた。
ただ閣下が、私たちを迎へて、兵団に一大威力を加へたと確信するといふことと、私たちは兵団のこの大陸に於ける光輝ある歴史と、先覚たちのこの山西の戦野に於ける忠烈無双なる幾多の武勲を受けついで、大いに奮闘努力して貰ひたいといはれたことは、はつきりと聞いた。》

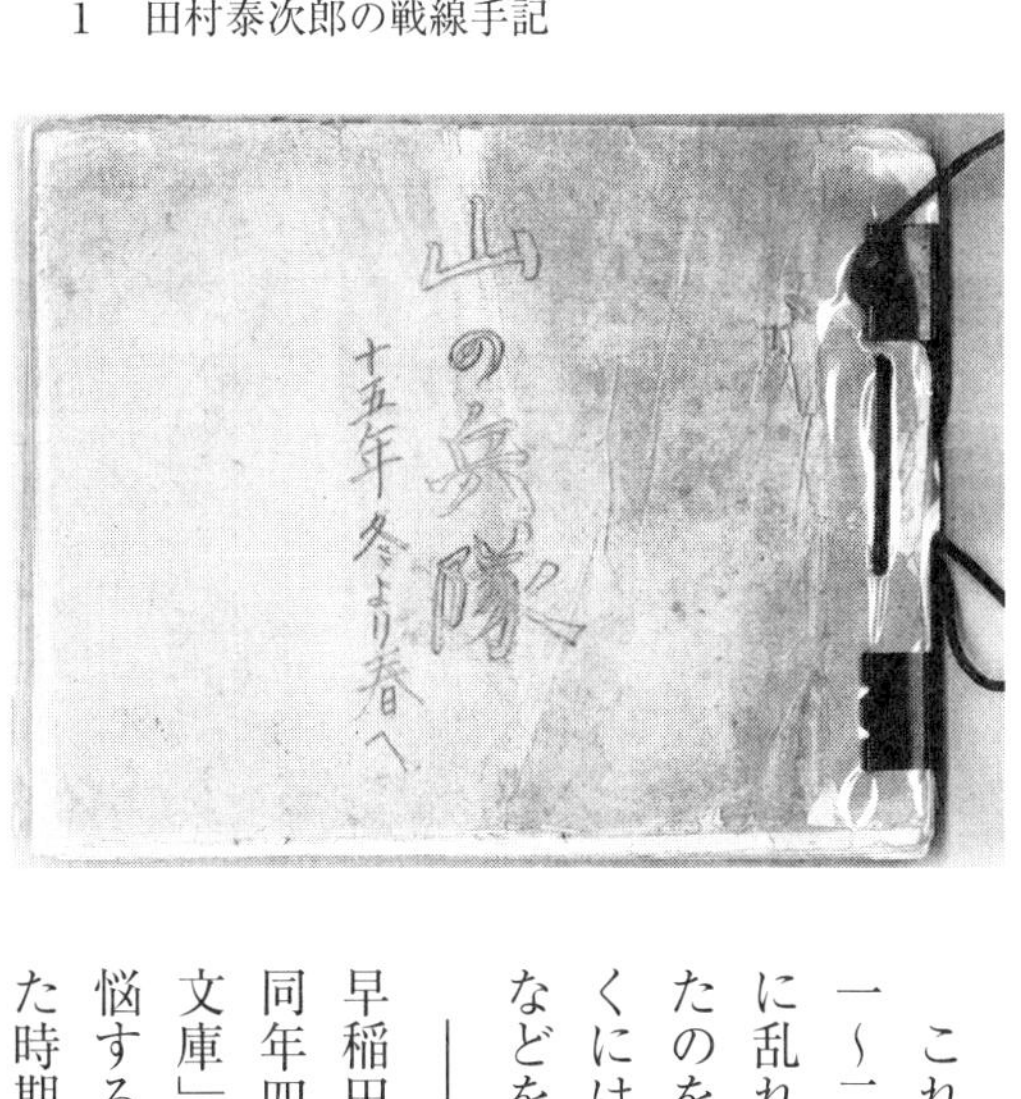

これが「山の兵隊――冬より春へ」と題された田村のノート一〜二枚目の文章だった。あの頃、一見みみずののたうつように乱れた文字が、清書につれ正確な文章に立ち上がるのに驚いたのを思い出す。ただ、この未公開部分を、唐突に紹介して行くにはすでに新進作家だった田村が兵士田村になる運命的経緯などを少し辿ってみることが必要だろう。

――田村は昭和四年、三重県立富田中を卒業、上京して第二早稲田高等学院に入学する。昭和九年二十四歳、早大仏文科卒。同年四月「新潮」に小説を発表、同時に同人雑誌「桜」「人民文庫」に加わり、若手の花形作家となる。「傍ら恋愛遍歴に苦悩する」とはある単行本カバー裏のプロフィール紹介。こうした時期を経て昭和十五年四月二十五日、田村に召集令状が来る。

翌日第三十三連隊入隊、いったん召集解除となった。田村は『わが文壇青春記』（昭和38・新潮社）に書いている。

「三ヶ月の軍隊生活は私を、心身共に別人のように叩き直した気がした。応召前は私は不健康な肥り方し、身体じゅうがむくんでいる感じで（略）最初の一ヶ月ほどは死ぬほどのつらさで、地方出身の戦友たちの底知れぬスタミナに圧倒されどうしであった。（略）ところが、そのうちに肉体の鍛え直しにつれて私も加速度に逞しさを増し、やがて私は自分でもはっきりと自覚するほど兵隊らしい兵隊になった」

すぐに二度目の応召があり、いよいよ戦地へ向かうことに。前記『〜青春記』は続く。

「軍用列車に乗り込むと、プラットホームは万歳の声と旗の波で、割れるようであった。老いた私の母は、そのなかで両腕を高々とあげて、万歳を叫んでいた。」

翌日、田村は、宇品から出発、三日ほどで塘沽（タンクー）に上陸。そこから田村たちは貨車にゆられて、娘子関を越え、山西省陽泉に下車した。そこからトラックをつらねて、九時間ほどの南方、海抜三〇〇〇メートルの山のなかの遼原に入り、こうして田村の、最前線での厳しい兵士生活が始まるのだ。

（3）

以下、田村の戦線手記に入るが、二、三お断りしておく。

文章は田村の書いたままであり、当然旧仮名遣いとし、句読点も出来る限り尊重した。一字下げはせず、上部は――を引き、すでに発表した部分は《》で囲った。

なお、前号冒頭に引用の「沿線の或る駅に降り、……はっきりと聞いた。」に続く、改行された「手記」であることを言っておきたい。

晋察冀辺区と敵も称するやうだ。まつたくここは支那でも奥地にあたるやうだ。日本人といふのは私達兵隊以外には、数名の新民会の人たちと御用商人が一人と、酒保に、四十ぐらゐのひなびた小母さんがゐるきりなのだ。

私たちは日本の女を見ないで、いつまでここにゐなければならないのか。慰問団も古兵に訊ねると、年に一回ぐらゐ四、五名のレヴィウ団でも来ればいい方だといふ。日本の女の顔、日本の女の言葉、日本の女の着物、そんなものはいまや私たちにとつては遠い遠い別の世界の存在のやうになつてしまつた。

十二月にはいると、めつきり寒くなつた。山西の山奥だけあつて、まつたく夜など呼吸も出来ず、毛布をひつかぶつてがたがたふるへてゐるだけで、ほとんど眠れなかつた。

城内の中心となる通りの一軒の支那家屋が、医務室になつてゐて、その家の前には、毎日その日の朝の温度が小さな紙に書いて貼りだされてゐる。

「うわあ、今朝は零下十五度だぞ」

ある朝、私たちと一緒に来た戦友の一人が、その貼り紙を見て来て、これはかなわんといふ声をあげた。

「零下十五度ぐらゐ何や。ここはこれでも海抜千五百米もあるんやぜ。いまにもつと寒うなるぞ」

それを聞いて、ひやかすやうにいつた。古兵の一人が、

「それから一つ、お前たちにいつて置かねばならぬことがある。それは、もし戦闘中、一人が負傷しても、決して、やられたなどといつてはいかんぞ。かういふ陣地を、これだけの人数で護つてゐるときに、さういふことを聞くと、みんなに気持にどれだけ大きく作用するかわからん。戦闘中には、決してやられたなんていふことはいふもんではないのだ。やられたなら、自分でそつと手当をするのだ。お前たちは自分一人で戦つてゐるのではない。みんな一体となつて戦つてゐるのだといふことを、どんなときでも忘れないやうにして、いま自分がかうしたら、全体にどうひびくかといふことをいつも考へて行動することだ」

宇津木軍曹は、しつかりした口調でいつた。幾多の戦歴を持つてゐるこの下士官の言葉には、経験から来る確信が満ちてゐることが感じられた。

《私たちは、私たちと交代するよその隊の兵隊の一人に案内されて、この分哨の各陣地を見まはつた。そのあとで、宇津木軍曹は特別守則と一緒に、すぐと非常配備図をつくつて、みんなに示した。

特別守則には、おしまひのところに、「敵襲ニ際シテハ、コノ陣地ヲ死守スベシ」とあった。み

んなさりげないやうな顔つきをしながら班長に見えぬところで顔を見合せた。何か咽喉にのみこんだやうに胸もとがくるしくなつた。

見ると、私の受け持つ場所は第三陣地になつてゐる。みんなにそれを見せると、班長は、それぞれ明るいうちに自分の陣地と、そこへ行くまでの通路、交通壕をよく覚えて置くやうにといつた。みんなはすぐとそとへ出て、自分たちのそれぞれの陣地へ散つて行つた。私は私と一緒に陣地を受け持つことになつてゐる兵隊と、自分たちの陣地へ行つてみた。

まがりくねつた壕を通り坑道をくぐつて、突角にあるトーチカのなかにはいつた。これが私たちの死守せねばならぬ第三陣地である》

――こうして、田村たちの兵士の、トーチカ内を主とした戦線生活が始まるのである。――

（4）

《私はあたりを見回した。背をうんとかがめないとはいれないい天井のひくいトーチカはまはりの壁も、射撃のときに腕を擁したり機関銃を据えたりする土の台も、みんな凍つて、さわると、メリケン粉のやうな黄いろい土の粉が落ちた。鰐口のやうに横にひろい銃眼のそとには、同じやうな黄いろい土がひろがつてゐて、鉄条網がへんにくねくねとひきまがされ、すぐと段のついた畑になり、それに鈍い冬の陽ざしが照つてゐる。

トーチカの中は、そのためにかへつて暗い。ここが自分の死ぬ場所か。この山の上の陣地の畳一枚もしけるかしけないかの、せまくるしい場所が、自分の死処ときめられたところなのか。さう思ふと、奇妙な気がして、その気持を自分によくたしかめるために、私は一生懸命にトーチカの内部を見まわした。

戦友の声に見ると、銃眼の上に、一番暗くてわかりにくいところなのだが、そこに何か小さなほの白いものがぶらさがつてゐるのである。

「おや、こんなところにへんなものがあるぜ」

何だらう、私は手でさはつてみた。ぶらりとゆれる。

私は思はず叫んだ。叫びながら、それにそつと掌を持つて行つた。それはやはらかな布でつくつた可愛らしいすみれ人形だつた。

きつと慰問袋にはいつて来たものなのだらう、私たちの前に、あるひはそのもう一つ前に、このトーチカをまもつた兵隊の一人が、この人形をこんなところにぶらさげたのにちがひない。

何のかざりもない、さむざむとしたこの黄土のトーチカをこの一つの小さな人形はどんなにやはらかな雰囲気でつつんだことだらう。

敵の近づいたときは、それを射撃する兵隊の銃の音でゆれ、きなくさい硝煙のにほひにむせたかも知れない。けれども、兵隊は敵を追ひはらつたとき、ふと人形を見て、ひとりで微笑ましくなつたにちがひない。

「この人形はこのままにしとかうや」

私たちはさうきめあつた。》

――右はすでに、昔公表した文章だが、以下ほとんど、新公開部分が続く。――

切つてとつたやうなとんがつた山なみがむらがつてつづいてゐるので、風はその嶺の突角を吹いてまわるときは、ひゆうひゆうひゆうひゆうといふ物凄い唸り声をあげる。喇嘛培高地のまはりの山が、風の日には一せいに唸りかはすのである。そういふ日の気味の悪さといふものはまつたく形容を絶したとでもいふよりいいやうのないものだ。黄砂が空高くまで吹きあがつて、分厚い土埃の層は、まるで眼界をなくしてしまふ。まわりの山はいふまでもなく、足もとにある筈の自分の陣地さへ見えないときがある。ぼんやりしてゐると、交通壕の中に落ちて、足を折るかも知れない。

そんな日は歩哨に立つてゐても、気がつかないでゐるかも知れないと、気が気でない。怒涛のやうな風の唸り声の中で、ざつざつと強いいきほひで鉄兜をなぐりつけるのを、じつとこらへて、すこしでもそれらの音の間に、へんな音でもまじつたら、敵の鉄条網を切る音ではないかと、神経をたてる。鉄兜にあいてゐる小さな穴も、風に鳴つて、ひゆひゆうと音を立てる。こんな音から、しまひには自分の呼吸をする音まで、神経がたつてゐるときは、何かへんな音のやうに聞こえるのである。

——書けない日々が続いたらしく、かなり筆勢が違っている。——

私たちは平常から海抜二千メートルもある山の中の戦域にゐるくせに、またそれよりも幾百メートルか高いまわりの山の分哨勤務につくことを、私たちの間では「山にあがる」といひあつてゐる。その山にあがつてから三日目に、一人宛一合づつの酒が隊から配給された。隊へ連絡に降りた兵隊が驢馬の背中に積んでそれを持つてあがつて来た。

翌日の昼、私たちは班長はじめみんなが車座になつて、豚のぶつぎり肉を煮込んだものを肴に、その酒を飲んだ。わづか一合の酒であるが、夜の勤務で身体が疲労してゐるのと、ひさしぶりに口にするので、よくまわつた。

すこし酔ひがまわると、前から一人だけ残つてゐる池田といふ古兵が、隅からポータブルの蓄音器を持ち出して来た。がたがた音のする、箱のこわれた蓄音器だつたが、みんなそれを見ると、わあつといつた。

「敵にも聞かせてやらうや」班長がいつた。

「敵さんも、こう寒いのに、山の中でぶるぶるふるへてゐるぜ」

(5)

レコードもすこしあつた。その一枚をとつて、針を置いた。ざらざらといふきしむやうな音がしばらくしてゐたが、やがてかすかな音楽が聞こえはじめた。それは何かひどい風の吹きすさぶ中で、はるか離れたところから聞こえて来るような音楽である。恐らくそれは敵と谷一つへだててゐるにすぎないこの前線へ来るまでに、何百回、何千回兵隊の手によつてかけられたらうかと思へるほど、盤面も摩滅したものではあるが、それが都会の青春を歌つた歌謡曲であることはわかつた。

みんなはそのよく聞こへない音楽を聞きとらうとして、真剣な顔をして蓄音器の傍へ顔を持つて行つて、耳をかたむけた。

私の展望哨に立つ時刻が来た。私はそつと宿舎のトーチカを出て、梯子をつたつて、展望台にあがつて行つた。

冬の日が、照つてゐる中で、私は立哨者と交代した。山なみが眼前につづいてゐるのを見てゐると、遠くこの辺境に戦ふ自分の身が何かちつぽけな感じがした。

「異常なし」

戦友はそういふと、「さ、レコードを聞くぞ」と元気づいて降りて行つた。

今日は山が、陽を受けて、近くに見えた。かすかに下から音楽が聞へた。私は胸もとが熱くなり、せきあげるやうな気分になつた。涙で眼がかすんだ。

私がつぎの立哨兵と交代して、再びトーチカに戻つたときには、みんな連日連夜の疲れでゆるされてゐる眠りについてゐた。蓄音器がまだしまわれずに、それをとりまいて、戦友たちは毛布の間にはいつて横になつた。まださめやらぬ酒の酔ひと、疲れとで、ぐつたりとして私はいつのまにか

寝入つてしまつた。

どれだけの時間がたつたらう、ふとひしひしと身に迫る寒さを感じて目覚めゐた。ひゆうひゆうといふ音がする。私はまださつきのレコードがつづいてゐるのかと錯覚した。けれどすぐそれは風であることがわかつた。そとには風は出たのであらう、頭の上の銃眼からは、黄いろい土埃がさあつと吹きこんでゐるのだつた。みんなはまだよく眠つてゐるやうだ。もう夕方近いのか、銃眼からはいる光りもほのかで、トーチカの中はうすぐらくなりかけてゐる。

また夜が来る。死と直面してゐるやうな瞬間のつながりである長い夜が来る。何といふこともなく、私はたまらない寂莫を覚へた。「わあー」と、何か叫びたいやうな狂ほしさを覚へた。

私の家の者や、東京の友人たちは、私がいまごろこんな奥地の山の上で、こんな生活をしてゐることを知てゐるだらうか。

——ここに丁度、「昭和十六年一月元旦、泰次郎記」（写真右頁）とある写真がある。どうみても兵隊姿だ。早大卒なのに？と思われようが、かれはのちに「一日でも早く召集解除になりたくて、幹部候補生を志願しなかった」と書いている。多分これがよかったことは、無事帰還出来たことで分かる。ただし田村の兵隊生活は昭和二十年まで、あと五年続くのだ。――

夜が来ると、私たちは、宿舎のトーチカの銃眼に毛布を丸めてつめ、こちらからの燈火のそとにもれることをふせいで、ランプに火を入れた。

一里も下の部落から連絡に行つた兵隊が、一週間に一度か十日に一度づつ受領して来る石油なので、私たちは注意して節約しながら使つた。トーチカの内部は石油ランプの灯で、うすぐらいながらも照らしだされるのだが、そとはくろぐろとした闇で、たとへ、その闇をすかして見る者があつても、この岩山の上の陣地は、岩の一部のやうに、峨々とした稜線の中にしーんと溶けこんでゐるにちがいない。

（6）

（承前）

「うわあ、えらい霧やなあ」

さきに飛びだした一人がそとでさういつてゐるのが聞える。

みんなは仮眠から身を起して、そとへ出た。一晩中いつでもさあといへば飛びだせるやうに、靴をはき、脚絆をつけたままなのですぐとそとへ出られる。

陣地の上に並んで、朝の点呼を受けるのだ。なるほど凄い霧で、白い煙のやうなもやもやしたものが、この分哨をとりまいてゐる。しんしんと冷える寒さは骨の髄まで凍てつくやうだ。

私たちは東の方にむかつて、軍人に賜はりたる五箇条の御勅諭を奉唱した。

隣りにゐる者の顔さへ煙の中で見るやうに、よく見えない中で、私たちの大きな声が山々にこだまする。敵もむかうの山で聞いてゐるにちがひない。

点呼がすんで、宿舎の掃除をする者は掃除をする。炊事をする者は一時間前に起きてゐるのだが、「もうすぐたけるぜ」といつてゐる。

私たちは、昨夜埋めた地雷をひきだして鉄条網をあけ陣地のそとへ降りて行つた。


——この辺、文章が混乱して中々辻褄が合わない。半頁ほどをとばすことにする——。


昨夜も一晩無事ですんだ。

私たちはほつとしながら、深い霧の中を、壕に落ちないやうに足もとに注意しながら私たちは昨夜埋めた地雷を引きあげにそとへ出る。

「おい、地雷をふまんやうに気をつけや」

お互ひに注意しあひながら、まるで茸採りに行つて、茸でもさがすやうにそつと地面を手さぐるのだ。

その辺には私たちが来るまでに、この分哨を襲つた敵の頭蓋骨があつたり靴が落ちてゐたりする。

地面をさぐつてゐると、あまりいい気がしない。手が寒さのためにしびれたやうに感覚をなくしてゐるのだが、毛糸の手套をはめてゐては地雷の真管にさわつてゐても気がつかないかもしれないし、土の中から引きだしたときにすべつて落したりするかも知れないやうな気がして、そんなことのないやうにと私はあげに行くときにはいつも地雷地を撫でるやうにしてさぐつてゐる。手さきに、かちりと何か固いものが当る。はつとして、もう一度そうつとさわりながら顔を近づけて見る。地雷の芽だ。

「あるぞつ」

私は隣りの兵につげる。

地雷をみんなひきあげて、また壕をつたつて帰つて来ると、炊事当番の、「おーい飯だぞーつ」といふ声がトーチカの方でする。

トーチカの屋根では展望哨に立つてゐる兵隊の姿は見えないが、寒いので足踏みするらしい靴音だけが、もくもくとした霧の中から聞へて来る。朝食をするために銃をさげにそとへ出ると、あんなにひどかつた霧も丁度、すこしづつ麓の方へさがつて行くところであつた。喇叭塔の頂上からまづぬつと姿を現はし、それから私たちのゐる山上はまつたく雲の海の上に浮かびあがつた。まわりの山々もみんな雲の上の中からおもむろに姿をあらはして来た。

「ああ凄いぞ」

私たちはそのとき、雲の海の中から出て来たまわりの山々にびつくりしてしまつた。いままで林ばかりであつたといふよりも林ばかりであつたために、その存在さへ気づかなかつた谷のやうな山肌の樹々が一せいに真白な花を咲かせてゐるではないか。それは海の中から浮かびあがつた白珊瑚の島のやうにも見えたし、いまをさかりと咲きみだれる桜の花のやうにも見える。そこへうす陽がさつと射して来た。一本一本の樹のこまかくわかれた数限りない枝の一つ一つが、日光を受けて、きらきらと、真珠貝のやうな色に、また虹のやうな色に、ちかちかときらめき、山肌全体が何かこの世のものでないやうな眩しいさざなみにおほはれてゐるやうでさへあつた。その何とも形容の出来ぬやうな壮麗な眺めに、私たちは瞬間、銃を手入れする手を忘れて、うつとりとして見入つてしまつた。

(7)

――左は田村の、今回印字される手記の一部である。転写していると、この乱筆に作家としての文章が立ち上がってくるのに驚く。――

隊からは毎日、野菜ばかりがあがるときがある。貯蔵してある野菜だろうが、大根でもにんじんでも、みんなかちかちに凍つてゐて、馬鈴薯などは石のやうになつてゐる。かますからあけると、がらがらとまるで、石ころのやうな音を立てる。

たまに豚や山羊の肉があがる。それらの肉も凍つてゐて、木のやうになつてゐる。鉈で叩き割るか、鋸でごしごしひき、こまぎれにして、野菜と一緒に鍋にほうりこんで煮る。私たちは交代々々で、炊事をするのだ。

電燈のない夜がどんなに暗いものであるか本当に知つたのは、私たちがここにはいつた日からといふよりも、山の分哨につくやうになつてからである。まつ暗な夜といふものがどんなに不気味極まるものであるか。私たちは原始人が夜に対して抱いたやうな本能的な恐れを抱き、月のない夜毎を過ごした。

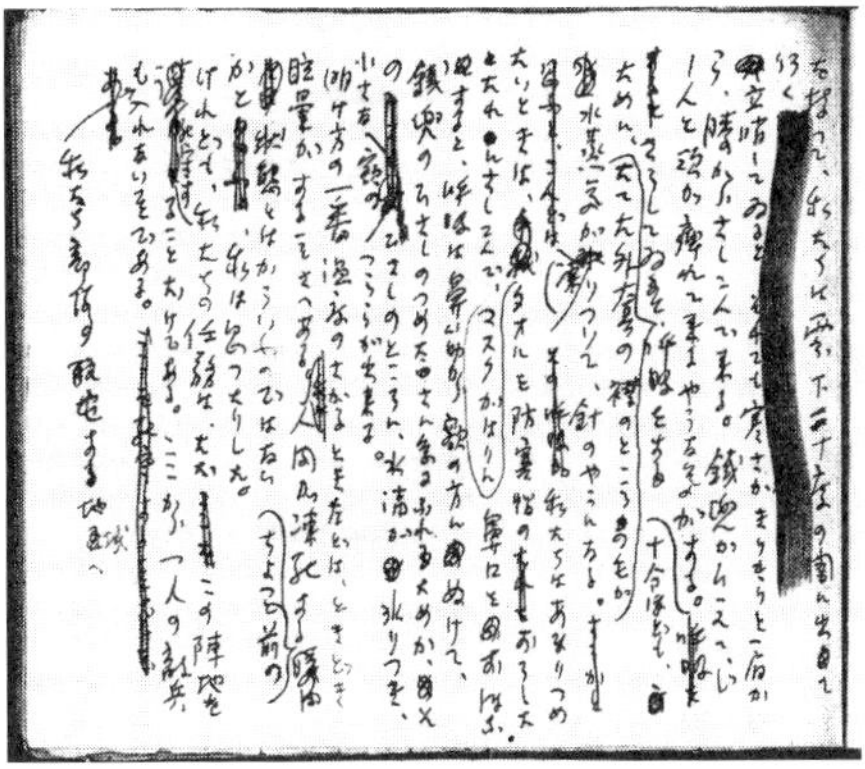

月が今夜は何時頃出て、何時頃まであるかといふことを、私たちはよく覚えた。自分の立哨の時間が恰度、月のある時間にあたると、ほつとするのだ。月のあるときは、こちらの視界もきくかわりに、敵の方からは目標になり易いのも知つてゐるくせに、私たちはすこしでも明るい方が何か心強い気がした。

トーチカのストーブの傍で、毛布の防寒外套を着、防寒靴をはき、防寒脚絆をつけて、防寒帽をかむるといつたやうに、全身防寒を被服でつつむと、まるまるとした毛布のお化けみたいなものになる。

「まるで北極探検みたいやな」

私たちはさういつて、お互ひの姿を笑ひあつた。その上から鉄兜をかむり、着剣した銃を持つて、私たちは零下二十度の闇に出て行く。

立哨してゐると、それでもきりきりと肩から、膝からさしこんで来る。鉄兜がひえて、じーんと頭が痺れて来るやうな気がする。さうしてゐると、たつた外套の襟のところの毛が、呼吸をする水蒸気が凍りついて、針のやうになる。

私たちはあまりつめたいときは、マスクがはりにタオルを防寒帽のおろしたたれにさしこんで、鼻口をおほふ。すると呼吸は鼻筋から額の方にぬけて、鉄兜のひさしのつめたさに急にふれるためか、その額のひさしのところに、水滴が氷りつき、小さなつららが出来る。

明け方の一番温度のさがるときなどは、ときどき眩暈がすることさへある。人間が凍死するとちよつと前の状態とはかういふのではないかと私は思つたりした。

けれども、私たちの任務は、ただこの陣地を死守することだけである。ここから一人の敵兵も私たちの駐屯する地域に入れないことである。

毎日どんどん進撃して行く攻撃部隊だつたらどんなにいいだらうと思つたりした。一つところにじつとして、敵を待つてゐるこの怠屈よ、無聊の山の生活はたえられないものがあつた。

「今夜あたり、敵さんでも、来てくれるかな」

兵隊の話は何でも、最後が「——あ」と詠嘆調か、願望をあらわすひびきになる。

(8)

《班内に帰つて、改めて、私物箱からふだんはしてゐない千人針の腹巻をだしてきゆつと腹に巻いた。出発は午前零時と達せられてゐて、それまでにすこしでも寝むるやうにと、週番上等兵や日直下士官が、あちらこちらと各班を見まはつてゐた。

まだ日が暮れていくらもたたない上に、雪明りでそとはいつもよりずつと明るい。私たちは横になつてみたけれど、はじめて敵地へ出かけるといふことのためか、胸が何やら焼けて、頭が冴えて寝れそうにもない。古兵たちは、私たちに寝むるやうにいひながらストーブを囲んで、いつもと何の変りもなく、故郷の話や戦友の噂話にふけつてゐる。

寒さがひしひしと、ひつかぶつた毛布のまはりからしみこんでくる。私は毛布の中で眼をあけてゐた。》

壁一つ隔てた道路では、この雪の中にまだ元宵際の踊りがつづいてゐて、いかにもうれしさうに、踊り歌ふ支那人たちの胡弓の音や歌声が入りまじつて、過ぎて行くのが聞こえて来た。

私たちの隊では、内地の原隊での教育もなお然り、環境整理といふことをやかましくいはれた。

軍人にとつて、つねに環境をきちんと整理して置くことの大切であるのは、いふまでもないが、殊に野戦ではいつ何時でも死の中へ飛び込んで行けるやうに、いつもそのときどきに、身のまはりをととのへて置かねばならないのである。環境整理とは大は一身上の問題まではいるのであるが、小はちよつとした持ち物にまで及ぶ。

慰問袋を貰ふのはいいけれど、持ち物がふえては行動に不便であるし、○○といつても私たちが身体を横たへるだけでも窮屈な思ひをこらへてゐるくらいであるから、兵器やその他戦闘に必要なものだけで、私物の置き場所などないといつてもいい。けれども慰問袋の中から出てくるものは、たとへ封筒一枚でもそれを送つてくれた人の気持を考へると、離しがたいのであるが、さういふものを必要以上に持つてゐても仕方がないことは事実だ。

古兵たちはさういふものを容赦なく始末する。どんどん戦友たちにくれてしまふ。さういふやり方は、ものに執着してゐるやうなところが少しもない。

物に執着してはおしまひだ。それはものを粗末にするといふのではなく、いつも戦闘といふ唯一の目的のために一番合理的な環境に自分の身を置くやうにしてゐるのだ。古兵たちはそれを考へてさうしてゐるのではなく、永い間の戦場生活の経験が、自然に彼らをしてさういふ生き方をとらせるやうになつたにちがひない。

私たちとしても、いまの生活に本当になくてはならないものである以外のものは、必要でないことはわかつてゐるのであるが、どうしても古兵たちのやうに、ものに何の執着もないやうな態度にはなれなかつた。褌一つでも新しい褌が支給されても、古い褌と別れることが、なかなか出来なかつた。古いものでも洗つて、いつか要るときがあるだらうと私物包みの中に包んで置く。すると私物包みがだんだんふくらんで、始末に困るのだ。

〈付記〉「戦線日記」も次号で九回を重ねることになった。元々この項は、「田村の未発表部分を残したい」を目標に始めたもの。それがいつか、雑誌公表文で、辻褄合わせをしていた。田村がこれを書いたのは、明日の生死さえわからぬ中での本能的作家魂のゆえだったのだろう。残りの手記分量もあと六回（五〜十一号）で清書出来そうである。残る十二月号では、田村の内地帰還から、名作「肉体の門」執筆に至るまでの、筆者のところに残る生資料で書いてみたい。

将来、「田村泰次郎伝」のようなものが書かれる一資料となれば幸いである。

（9）

この敵中の山奥に、長い年月の間、吹雪と砂塵に打たれ、災熱に焼かれ敵と数々の死闘を、その苦悶は恐らく新聞などにも載らないけれども死よりも苦しい戦闘を続けて来てゐる──そういふ戦闘に明け、戦闘に暮れ、ただ戦闘をすることだけで生きてゐる、そのほかのことをあまり考へなくなつてしまつてゐる古兵たちを見ると、私は何か怖い気がした。

私の中隊は、楡社、常家会、玉景村、舗上、管頭で百段大戦の後の敵友会に、当時山西第一の惨烈を極めた死闘を繰り返して来てゐる中隊なのだ。古兵たちはその万死の中を潜り抜けて来た連中ばかりなのだ。

行動中に負傷したら、もうおしまひだと、みんなでいましめあつた。負傷して担架でかつがれるやうになつたら、何にしてもこの零下三十度近い寒気の中では、出血の多いのと、身体を動かさないために、まもなく凍死してしまふことはあきらかだ。負傷が軽くて、驢馬に転載している毛布とていくらもなからうし、まつたく弾にあたつたらおしまひである。

「まあ、弾丸にあたらへんことやな」

「そんなこといつたつて、これぱつかりはむこうから飛んで来るやさかい、あかんわ」

「弾がきたら、ひらりと体をかはすのや」

私たちはそんなことをいつて、笑ひあつてゐたものの、心の中では本当に負傷したら、もうおしまひだ、どんなことあつたつて、弾なんかあたるものかと強ひて思ふやうにするのだつた。

「山西省は、どこへ行つても、がつきがつきの山ばかりやな」

誰かが嘆息するやうにいつた。

その「がつきがつき」といふ形容がぴつたりするやうな、奇怪な恰好をしたへんな山なみが、私たちのまわりをとりまいて、重畳な幾重にもかさなりうねつてゐる。

「ひとりなら、とても、歩けんなあ」

みんなそういいあつた。

本当に私たちのして来たことは、ひとりだけなら、どうして突破することが出来たらうかと思へることばかりだ。みんなお互ひに助けあひ、はげましあつて、協同して来たからこそ、どんな困苦でも突破することが出来たのだ。

「標高三千メートルといへば、富士山といくらもちがはないぜ。零下三十度の寒気の中でだ。これが内地の山で、ひとりで登つてゐるのだつたら、たうに凍えて死んでるな」

実際、ひとりでこんな状態に置かれたら、ここまで持ちこたへる自信は私にはあるやうにも思へない。やつぱり集団の威力だとしか思へない。火のかたまりのやうな兵隊の肉体と魂の集団だからこそ、これが突破出来るのだ。

この山西の山奥にゐる自分たちの戦争は敵の兵隊と戦闘をするだけのことではない。この険しい山ばかりの地形と、この物凄い寒気とも戦はねばならない。いや、むしろ敵と戦ふことは時間的に見れば、わづかの間であるが、それとくらべると、このちよつと想像出来ないやうなすさまじい気候風土との戦ひの方は一瞬もやむことはなく、その方がどんなにひどい困苦であるかわからない。

まがりくねり、蜿蜒とつづいてゐる山また山の尾根をうんうん唸りながら、歩いてゐると、「平地にゐる兵隊はいいなあ」と、よくみんなはいふ。平地の行軍でも、一日に十五里も二十里も歩けば生きた心地はないだらうが、山の行軍はまた何ともいへない苦しさである。崖をのぼるのも、崖を下るのも、まるで死にもの狂ひである。しまひには足があがらなくなり、ほんの小さな石ころにもつまづいて、ばつたり倒れる。倒れて、しばらくじつとそのままゐて、起きない兵がある。背中の鉄兜があらい呼吸づかいのために、がたがたと音を立て、その倒れた兵の背中でうごいてゐる。

《付記》この昭和十五年から八十年経ち、今や戦争は資料や想像でしか書かれない。そういう意味からも、田村が帰還後に書いたものではない実戦描写や戦友たちの会話、合間に吐露されるゆれる心情、つぶやきなど、メモの貴重さは計り知れない。

(10)

——「戦線手記」の翻字を続ける。——

これまでは、そんなときは、「おいッ——しつかりしろ」とか「何だ、だらしのない」とかどなりつけるのだが、もういまはそれさえいふ気力さへ、自分になかつた。

倒れてゐる戦友のところへ分隊長が駆けよつて、叱りつけてはげましてゐるのを耳に聞くだけで、その方を見ることさへせず、ただすこしでも行軍列におくれないやうにと、夢中で山をのぼるのだ。ほんのすこし、前を歩いて行く者からおくれても、もうみるみるおくれて、どうしてもおひつけないのは、これまでの経験でよく知つてゐる。前の者の足もとを睨みながら、どこまでも食ひついて行くのだ。

「足もとばかり見るなつ、前の者の首を見よ、首を」

分隊長が叫んでゐる。

けれども、もう誰も首をあげようとはしない。はじめのうちは、その瞬間だけ、はつとしたやうに首をあげるのだつたが、すぐとまたいつか地面を見てゐる。

背嚢が肩にくひ入る。誰かがうしろからぎゆと抱きついて、自分の頸を締めゐるやうに、頭ががーつとして、胸が羽交締めにあつたやうに呼吸が苦しい。

けれども、どんなことがつても落伍をしてはいけない。ここは敵地区なのだ。私たちが通つたあとは、すぐとまた敵が戻つて来てゐるのだ。送り狼のやうに、敵は私たちのあとをつけてゐて、列から落ちた兵隊をつかまへようと狙つてゐるのだ。列から落ちたらもうおしまひだ。敵は部隊のあとを三百メートルと距離をおかずにつけて来てゐるにちひないのだ。

それが証拠には、私たちが一つの稜線を越え、凹地に降り、つぎの稜線に出ると、きつといま越へて来たばかりに尾根からぽんぽんと射つて来る。斜面をのぼるこちらの身体は敵にとつては恰好の的であり、私たちはある時間、敵の銃さきにさらされねばならない。けれども、そんなときは、機関銃がさきに尾根に出てくれて、はげしく敵を射ちつけてゐてくれるから、実際にはそれほど心配なことはないが、八路軍の遊撃戦法の一つが、それである。敵の多くは、私たちのやうに背嚢や鉄兜がないし、靴にしても、私たちのやうに裏に一ぱい鉄鋲を打ちつけた革製のものとちがひ布製の軽いものなので、全体に身軽に出来てゐる。岩をよじ、谷をつたひ、尾根から尾根へまるで山猿のやうにすばしこくうごきまはり、地形を利用しては射つて来るのだ。

兵隊たちはどうしてつぎつぎと困難や苦痛に打ち克つて行くかといふと、大概の困難や苦痛は、ほとんど無意識に、といふよりも、本能的にどんどん乗りこえて行くのであるが、すこしひどい困難や苦痛になると、お互ひに冗談や、馬鹿話をしながら、それをのりこえる。たとへば、「やれやれ、処置ねえなあ」とか、「まつたく、しんが疲れるつて」などといひあふと、また実際大抵の苦しさなどふつとその瞬間でもうすらぐから、奇妙である。

けれども、いよいよたまらない苦しさが、いつそひと思ひに死んだ方がどれだけ楽か知れないなどと思つたりするやうな苦しさにぶつかると、兵隊たちは、こんどは自分の過ぎて来た軍隊生活の中で、かづかづの苦しかつたときのことを思ひ出す。

そして、そんな苦しみでさへ、ふみこえて来た自分たちだもの、何のこれくらゐといふ勇気を身体の中から絞り出すのである。たとへば、永い苦しい行軍の途中では、もつと苦しかつた行軍のことを思ひだし、何くそつと自分を元気づける。人間は苦しければ苦しいで、何とかやり方で自分の生きる生き方を考へだすものだ。私たちの行軍の自信や戦闘の自信は、かうしていままで経て来た経験が土台となつて、だんだん出来あがつて行くものなのだ。たとへば、完成軍装で一夜に十里の山道を強行軍した経験は、それ以内の道のりなら、いつでも歩けるのだぞといふ自信を、自分に持たせるのだ。かうして私たちの一つ一つ行動が、私たちの自信をそれだけ強め、つぎのより一層大きな行軍へと、私たちを突き進めて行くのだ。

(11)

――田村の手記を続ける。――

どんな困難や、辛苦にぶつかつても、みんなで冗談にまぎらしながら、協同してそれを乗り超えて行く古兵たちのこのもうまいつたといふことを知らないねばり強い行動力、私はときに本当に感心してしまふことがある。予想もつかぬ状態が、まるで一つ一つのが来て、やつとそれを乗り超えたと思ふもまもなく、すぐとまたつぎの誰か来るやうに、つぎつぎと押し寄せて来る戦場の生活には、さういふどこまでもへたばることのないねばり強さが必要である。北支の屋根といはれる大行山脈の雪の上へ出た山から山を超えて征くときも、古兵たちはこの頑張りをとほして行く。

これさへやれば、休めるといふ目算で、それを楽しみに頑張つて、やり損つた途端にまたつぎのそれよりももつと大きな困難にぶつかる。つまり「当てがはづれる」といふことは戦場の生活では日常のことである。

当てがはづれて、そこでぺしやんこになつてはずしたときだ。その瞬間、「あーあ」と何ともいひやうのない叫びをあげると、つぎの瞬間、「ええい、知つちやねえや」とか、「くそう、おけたが悪いや」や「シン（いかん）の心ぢや」とかをいひながら、もうその新しい困難に身体ごとぶつかつて行つてゐる。兵隊のかういふ心持は、兵隊でなければわからない。

地隙の深いのは百メートルもあるやうなのがある。さうかと思ふと、その地隙の中には高い塔のやうな土のかたまりがいまにも倒れかかつて来そうな危げな恰好で、一つたつてゐる。山の稜線へ出ると、そんな地隙の底には、一日中氷のやうなつめたさがはりつめてゐるままで、天然の冷凍室だ。小休止でもすると、しんしんと身体にしみる。じつとしてゐると、このまま私たちも苦力も、馬も驢馬、みんなここで凍りついてしまひそうだ。

足なえ、息の切れる者でも、兵隊たちはお互ひに励ましあつて、進んで行く。これをもし見る者があつたならば、何といふむごたらしさだらうと見るだらう。けれども、私たちはそれどころではないのだ。真暗な山の中で、戦友同志互ひに名を呼び交し、波打ちうねりにうねりはぐれることのないやうに、氷の稜線を進むときは、もう何の意識もない。ただ足だけがひきづられ動いてゐるだけだ。自分のつく呼吸が荒々しく、びつくりするやうな大きさで自分の耳に聞こえるだけだ。

さうして行軍で倒れた者や凍傷でやられた者、戦闘で傷いた者は驢馬や苦力のかつぐ橇荷に乗せ進む。

隊長はじめ将校たちも、馬から降りて、傷いた者を馬に乗せ、自分は兵隊と一緒に、山を登り降りして進む。苦力たちにかつがせて、どうして戦友たちが自身、傷いた戦友をかつがないのだらう。さういふことも考へる人もゐるかも知れない。いや、戦友愛とか戦場での友情とかいふことを考へれば、さうすることは何と美しい、自然のことだらう。無論兵隊たちも、どれだけさうした方が自分たちの気がすむかも知れない。恐らく、私たちの戦つてゐる土地に苦力といふやうな存在がなかつたならば、誰だつてさうするにちがひない。けれども幸ひに私たちの身代りとなつて忠実に動いてくれるよき友だちがある。私たちは私たちの行動のかげに、このよき協力者たちの勇敢で、忍耐強い存在を忘れられない。

それでは、どうして、私たちは自分で傷ついた友をかつがないのか。私たちは、戦場ではお互ひにつながりあつた一つの戦闘のかたまりの一部として信頼しあつてゐることをまづ考へねばならない。普通に考へれば兵隊といふものは、ただいくらでも数多くゐるもののやうにぼんやりと考へてゐるであらうが、兵隊同志の間ではお互ひが、一人一人頼りあひたい存在なのだ。一人前の兵隊となるために、日本の兵隊は、どのやうな苦しさもなく精神的にも経なければならないものであるかといふことは、兵隊同志しか知らない。私たちが今は、戦場にあつて、敵と戦へるのも、私たちが何の訓練も経ないままの若者なら、そのほとんどはいままでに全滅してゐるであらう。内地での訓練に、戦場生活の経験を付け加へた古兵は、たとへ一等兵でも、ほとんど宝にひとしい。

⑿

――田村泰次郎の未公開戦線手記を続けるが、あと残り三回を残すのみとなった。いつも感心するのは実戦の合間合間によくこんな文章を書けたものだということである。彼はすでに、上官や戦友に、メモしている行為は知られていただろうに。この昭和十六年暮れに始まる太平洋戦争戦線だったら、例え書けたとしても持ち帰ることなど絶対に出来なかったろう。ともかく続きを写そう。――

一人の兵隊をつくるまでには、兵隊自身のみならず、その兵隊のまわりが、大きくいつて国家がどれだけの努力を拂つたかわからない。私たち兵隊にとつては、兵隊は決して数かぎりなくあるのではない。兵隊は今隊長を中心に、ほんとに最小限度の戦闘に必要な単位である。そして、またその一人一人は戦闘に必要な○○（不明）といふものを持つてゐるのだ。たとへば機関銃とか弾筒とかそれらの訓練をおいそれと出来るものではないのだ。私たちはお互ひのどんなちよつとした癖でも知つてゐる、――まるで自分の身体のやうにお互ひにかけがへのないものなのだ。自分の兵隊としての力量を信じるやうに、私たちはお互ひの力量を信じてゐる。さういふお互ひの信頼が、日本の兵隊の強さをつくりあげてゐるのにちがひない。ちよつとした癖でも知つてゐる。さういふ分隊の中で、一人の兵隊が負傷して、戦闘に耐へなくなるといふことは重大なことなのだ。その上、幾人かがその負傷した戦友のために、手を奪はれてといふことは、分隊としての機能の停止を意味する。それがどうして私たちは兵隊としての任務――戦闘をすることが出来るだらうか。

そして実際には、私たちは口糧のはいつた重い背嚢を、銃を、鉄兜を、円匙を、防毒面を背負つてゐる。それらはみんなで七貫目以上もあるのだ。私たちの全身は鉄と革と布とでがんじがらめなのだ。それらを身につけて、この嶮しい山道を鉄鋲のすりきれた軍靴をひきずつて喘ぎ喘ぎ行くのだけで、死にもの狂ひなのだ。それに骨も凍るやうな零下二十度〇〇（不明）、呼吸も出来ない苦しさ、自分が自分でささへきれないほどなのに、私たちはまだ行く手に戦闘といふ任務をひかへてゐる。

傷いた戦友を、あせみづくになつて喘ぎながら担架に乗せてかつぎついて来る苦力たちを見ると、私は本当に心から、ご苦労さんといひたくなる。

河氷のはつてゐる河を渡るときは、みんなよくすべつてはころぶ。氷の上には、黄塵が吹き溜まてゐて、まるで、どこまでが河原でどこが流れかわからないやうになつてゐる。土も、氷も、からからに凍つて、兵隊や馬がとほると、石の上をとほるやうな音をたてる。砲を分解駄載した砲身馬や輪馬や弾薬、大行李を駄載した驢馬が氷のうすい部分へかかると、ばりばりと氷をふみぬく。咽喉が乾いて、苦しかつた私たちは、そこへ駆けより、氷の上に寝て、その割れ口へ顔をつこんで、水を飲んだ。

「まるで犬みたいやな」

飲みをはつた一人が、自分の姿をへんに思ふのか、さういつて笑つた。すると、戦友たちは一せいに笑つた。

敵火薬庫の爆破は、私たちがそこをたつて、うねりにうねる山また山を越え、昼になつてもまだ、ど、ど、どひびいてゐた。一体どれだけの弾薬が破裂するのであらう。その砲声に似たひびきは、たうたうその日の黄昏頃までつづいてゐた。

逃げる敵を追ふて、私たちはまたいくつかの山を越え、ある部落にはいつた。部落は美しい樹氷につつまれてゐて、それはまるで内地の桜を思はせた。

例によつて、しんしんとした犬の子一匹ゐない部落の中は、これもきまり文句の抗日文字が、到るところの家屋の壁に書かれてゐる。私たちはその氷の花の下で、休止をし、背嚢を降して、飯盒の蓋をあけた。朝つめた飯が凍つて、スプーンをつつこんでもざくざくといふ手応えだけで、スプーンがひんまがつて、それをすくへなかつた。

(13)

——ここに写す未公開部分は、雑誌に発表時、編集者が「ここは凄いな」と言った田村の文章だった。まずその末尾を記し、ここに初公開する。さらに、この後につながる部分も続ける。——

「私はヒュウマニズムといふことは何だらうかと思つた。私は恐らく、いま私の前に敵が現はれたら、たちどころに殺すだらう。内地にあつて、第一線に来るまでに考へたことが、ここではみんなとほらないのを知つた。」

――以下、今度発掘の部分である。――

只、さういふ場合、私たちは血の倫理感といふものの存在を信じるより仕方がない。自分がどんな悪鬼になるかわからないからだ。そして、有難いことに、私たち日本人は、私たちが日本人であるといふこの倫理感を自分に信じ、それによりかかることが出来るのだ。

支那兵なら悪鬼となるところだ。

支那の水はどろどろで、どんな洗濯物でもすぐと黄いろくなつてしまうのである。けれども兵隊たちは褌だけはその溶けない硬水で、無理に石鹸を溶かせて、ごしごし揉み、不思議と白く洗つてゐた。分哨で使つてゐる苦力たちは、そのわれわれの白い晒し木綿がずらりとトーチカの上に並んでぶらさがり、山の風にひらひら翻るのを、不思議なものを見るやうに眺めてゐる。日本の兵隊は何て可笑しなものをつけてゐるのだらうと、解せない気持ちでゐるのにちがひない。あれを腰にまとふと、何ともいへないわれながら一寸妙不可思議な糞力が臍のところに湧いてくる、あの感覚は解りはしない。

若い兵隊も、齢とつた兵隊も、ひまがあると洗濯し、綺麗に髭を剃つた。

山に分哨についてゐるときでも、昼間の休養時間には、襦袢や袴下を洗濯し、すこし髭がのびると、安全剃刀をだして頬をあたつた。

事変の初期の頃のやうに、軍隊がどんどん進軍してゐるときとちがつて、いまのやうに一定地に駐留するやうになつてからは、髭の兵隊などといふものはほんとんど見かけないといつていい。けれども一度作戦があつて、討伐に出たとなると、みんな一週間もしないうちに、髭達磨になる。新しい兵隊が来た。私たちよりはずつと若い。まだ紅みのさした頬の色艶をした若者たちである。若い兵隊たちはまつたくきびきびとよく動いた。

私たちが、行軍から帰り、再び山の分哨につくことになると、やつと一通りの訓練を終つたこの若い兵隊たちも、数名一緒に山にのぼることになつた。

若い兵隊たちは、トオチカの掃除から炊事、洗濯とかつて私たちがしたやうに、いやそれもずつとはりきつて、よくはたらく。

この若い連中のお蔭で、私たちはあまり動かないですむのだつた。で、一年とたたぬうちに、この若者たちも最前線のこの山奥の黄塵と、氷雪と、硴熱と、硝煙と、血とで、この頬の肉と色艶が消えてしまひ、顔はひきしまつて、眼が光り出すことであらう。そして二年も三年もすれば、その一人一人がまつたくどんな弾丸のはげしい中でも冗談をいひながら笑つて出て行つて立小便するやうな、無茶とも何ともいひやうのない、生れながらの兵隊になつてしまふのにちがひない。

「非常」といふ声が聞えた。私はもうその瞬間、起きあがつてゐた。歩哨がしきりに合図するのが、頭の上の缶詰の缶を三つとりあはせたのが鳴つてゐる。

みんなも一せいに起きて、だまつて手ばやく飯盒を腰につけ、戦闘帽もくるりとまはして、鉄兜をかむり、顎のところできゆつと紐を締めた。顎が心よくぐうとしまつた。私が自分が不思議に落ちついて演習のやうに悠々と、しかも機敏に動いてゐるのを感じた。

すつかり身仕度を終り、手榴弾を軍袴のもの入れに入れると、そとの闇に出た。

その瞬間、だーん、だーんと銃声がつづけさまに三発ほどした。

私は自分の受持陣地である宿舎後方のトーチカの方へ、ちよつとした地のたかまりを越えて歩いて行つた。

(14)

――未公開部分の紹介を続ける。――

銃声がして、二メートルほど頭の上を弾丸が通つた。私は同じ歩調で、トーチカのところへ降りて行つた。私は部署についていて、そとの闇をすかして見た。

前面の高地に、残雪がほの白く残つてゐた。陣地の前方百米ほどのところを、黒い陰が、さつと走つて逃げるのが見えた。

私ははじめて喇嘛塔にあがつたときのことを思つた。非常演習に、うろうろした自分と、いまの自分とはまるで別人のやうではないか。

じつとして、そとを見てゐる。誰も何にもいはない。敵と私たちはしんとして、闇の中のやうに対峙してゐる。私の胸はかつての喇嘛塔のときのやうにどきどきしない。必勝の信念といふやうなものが、身体から何かはげしい電気のやうに八方に放射してゐるやうだ。ふと気が付くと、戦友たちはみなそれぞれの持場のトーチカによつて、私と同じやうな必勝の信念に身体を○かせてゐるだろう。何か物凄い気合のやうなものがしんしんとこの山上の陣地全体に漲つてゐるやうだ。

冷えて、氷の塊のやうになつてゐる手榴弾を掌につかんだときの感覚、——銃のつめたさと外見の割におやと思ふやうなどしりとした重さ、恰度掌にぐつとつかめるやうなその大きさ、——これがいつのまにか何ともいへない不気味な、そのくせいい気持だ。手榴弾を枕に寝ているときもある。

また殺風景なトーチカ、岩や黄土をくぐつたまがりくねつた壕、地形と○物とを利用して、まつくらな坑道となり、そこをはつて行くと、銃眼から何か巨大な眼のやうに闇の中にくりぬかれてゐるトーチカに行きついたり、ところどころに銃座があつたりするこの壕の不思議な立体的な雲形定規のやうな構造、私のやうな方位感覚のにぶいものには、何か奇妙な小さな迷宮のやうなそのなり立ちが、幾何学を超えた幾何学のやうに思へ、また戦闘といふただ一つだけの目的のために、そのほかのどんな余分のものもなく、さういふ地形の変改ぶりが、ある面白さである。

文化から離れてゐるといふ気持などから、所在ないむなしさに襲はれると、私はこんなことを考へて、いまの自分の生活が文化よりもつと高い絶対的な生活の形式を持つてゐるのだといふやうに、考へようとつとめた。

我々が一カ月前までゐた喇嘛塔分塔や北斗台分哨に電話をかけて、一時間に何回となく、お互ひに連絡をとり合ふ。

古兵たちののんきな冗談話がそういふ「異常なし」のあとにつづく、いまこちらでは部落で昼間整備行軍でとつて来た小豆を煮ておしるこをつくつてゐるとか、そして舌鼓を打つ、すると向ふは負けずに鶏を料理して一ぱいチャン酒をひつかけてやつてゐるとか、どちらも嘘つぱちだが、そしてきまつてさういふ話のあとは、「今夜は何だかすこし静かすぎる、厳しく警戒しようぜ」といひあつた。

陣地まはりの鉄条網の杭に、青い芽がちらほらふきだしてきた。楊柳の丸太だつた。支那の樹の根強い生活力にいまさらびつくりする。塹壕にも冬の間は岩と石ころばかりだと思つてゐたあたりに、明るいみどりの色が、陽にすけてふるへてゐる。

（15）

――この十二月号は、この項のまとめの文章を書く予定だった。が、田村関係の資料の中に、新たに田村自筆のB6判のノートが出てきたのである。これで見ると、「戦線日記」が書かれた翌昭和十七年八月、田村は戦地で負傷し、北京に後送され療養生活を送っていたのだ。これは戦後の『わが文壇青春記』にも書かれていないもので、前回まで写した手記とはまるで別人格の人間が書いたように文章が違う。逆に言えば、前回までの手記がいかに当時の戦線の実態と兵隊達の心情が吐露されたものだったかを見ることが出来る。

濃紺の布地に覆われた表紙をめくると、見返し左に〝陽憲〟検閲済の朱印が大きく押され、頁をめくると一頁大に「前線復帰」と書かれ、左脇に消されてはいるが小さく「帰りなん前線」の文字が見られる。――

――ノートは、いきなりこんな規則が書かれる。――

入院患者五訓

療養即任務ナルコトヲ認識セヨ

診療軍紀ヲ確守セヨ

傷病ニ対シ必勝ノ信念ヲ保持セヨ

常ニ感謝ノ念ヲ保チ驕慢心ヲ起スコト勿レ

戦傷タルノ名誉ヲ毀損スル勿レ

――また上部欄外には、小さく入院までが日付を追って記入されている。――

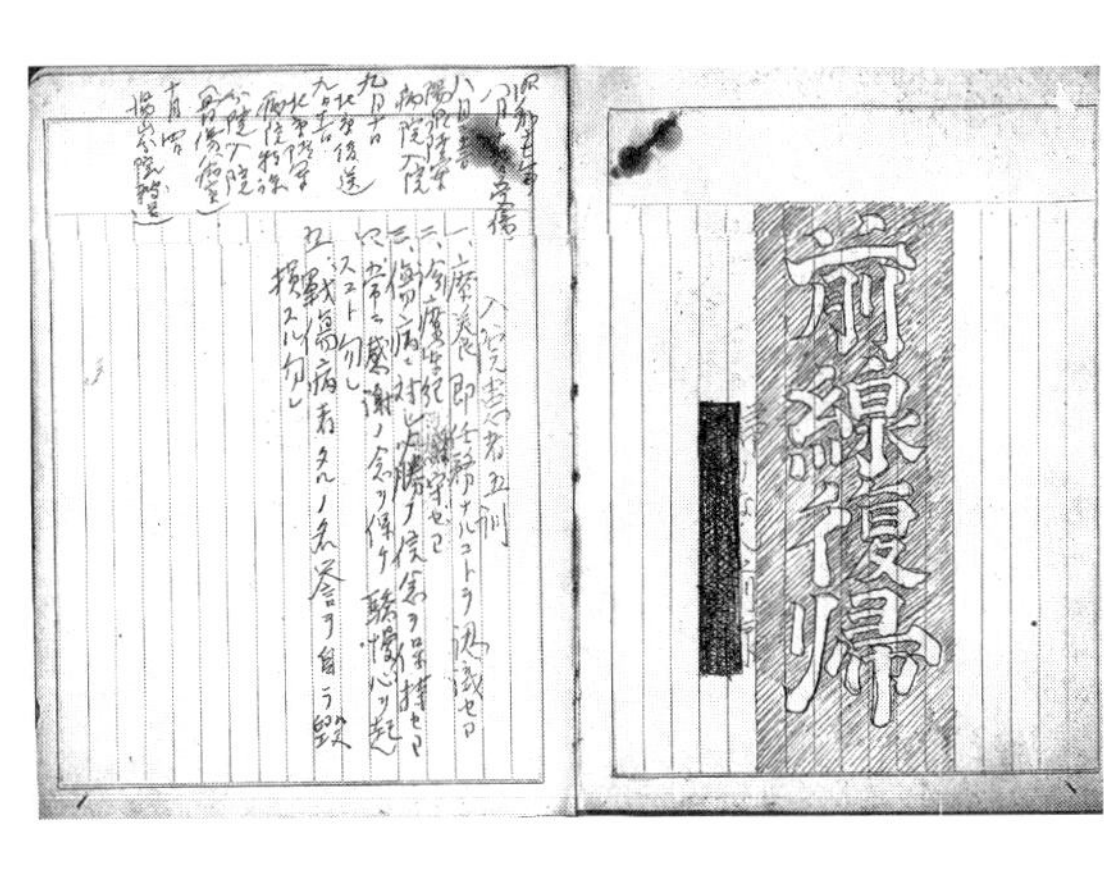
前線復帰

昭和十七年
八月十九日　受傷
八月二十三日　陽泉陸軍病院入院
九月十日　北京後送
九月十一日　北京陸軍病院特殊分院入院（骨傷八病院）
十月四日　湯山分院転送
十一月二十五日　調訓連隊転入

——これで田村の入院経過は分かるが、問題は田村の負傷箇所。物を書く肝心の〝右腕複雑骨折〟とでも言うのか、十月五日からの「前線復帰」日記は文字がよろよろと傾き、解読は大変な作業だった。それでも、あの手記により彼の字くせは勉強済みだ。そして立ち上がってくる文章は、さすがと思われるものだった。——

十月五日、湯山分院転入の翌日、映画「マレイ戦記」を見る。コタバル、シンゴラの敵前上陸からジットラ線の突破機械化部隊を先頭に進撃する南方の戦友たちの姿、北支の地味な戦闘を繰り返してゐる我々には、只羨望の二字に尽きる。映画の中で、皇軍将兵の突撃の場面になると我々は一せいに拍手を送つた。我々一人一人の胸には、北支の戦場での、クリークを渡り、山をよじての突撃の思ひ出が、身内に甦るやうな気がした。不自由な白衣であることがたまらなくいらただしかつた。

十月二十八日

骨八は腕の骨折患者の集まりだ。

我々上肘骨折患者で、ギブス副木を当ててゐるものは、患者仲間では「飛行機」といふ。ぴんと翼を張つて飛行機に似てゐるからだ。骨をひきのばすやうに牽引したものは、何か大袈裟な機械を食つつけたやつで、いかにも飛行機のやうな恰好だ。それにしても片翼飛行だ。神経をやられてゐるものは腕や指が全く動かない。

けれども、我々は必要以上、決して、お互ひに助けあはない。床をとつたり、洗濯をしてたりみんな自分だ。

洗濯は洗濯場へ行き、片足をたたきの上にあげて、ふんどしや、靴下や、病衣などの洗濯物を押へ、片手でやる。

私もはじめは仲々出来なかつたが、馴れれば何でもない。お蔭で、私の左手は器用になつた。

（16）

――入院日記2に入る前に、十一月四日、朝日新聞夕刊の記事について少し触れたい。――〝時代の栞〟（トキノシオリ）として、田村泰次郎がほとんど一ページを使用、紹介されていたのだ。取り上げられたのは『肉体の門』で、書影、田村の写真、あらすじがある。上部には大きく、夜、客を引く昭和二十一年六月の有楽町ガード下の写真。《夜のとばりが下りた。近代的なビルが立ち並ぶ東京、有楽町。きらめくネオンの海に男も女も飲み込まれていく。》（文・編集委員小泉信一）

《だが75年前は想像も出来ない光景が広がっていた。（略）「ラク町」と俗に呼ばれた有楽町のガード下は「夜の女」と呼ばれた街娼たちのたまり場となった。／生きるため、やむなく夜の世界に身を投げ出した女たち。言葉は悪いが「パンパン」と呼ばれた。》

こうして昭和二十二年三月号の「群像」に掲載され二ヵ月後に「風雪社」から出版される。《売上げは120万部を越える大ヒット。戦後の混乱期を代表する1冊と言っていいのではないか。》

この年、本は新宿帝都座で空気座によって上演され、劇場は長蛇の列となった。なお頁左には佐高信が解説「戦場体験・思想かざす者へ反逆」と題する文章を寄せている。

――兵士田村が右腕裂傷のため北京で療養生活した記録を残したのは、この昭和二十二年からはわずか四年前のことだったのである。さて、その「入院日記」を続けることにする。――

褌や、帯のやうなものはとても一人では出来ないやうであるが、事実、はじめの頃は隣に寝てゐる丈夫な患者にしめて貰ふが、馴れるとこれも出来る。

帯は一方に釦でとめる穴があり、（これは患者が勝手にやつたものだが）それを窓際の釘のやうなものにかけ、自分の身体をくるくると廻して、きれいに巻ける。

患者は、兵隊の常として、いつもきれいな病衣を着てゐる。一週間に一回病衣交換があるのであるが、沢山のものを支那人の傭人にでも洗はせるのが、あんまり白くなつてゐないので、もう一ぺン自分で洗ひ直すのである。石鹸をけづつて、それを桶に入れ、湯を入れて、そこに病衣をほうりこみ、足で踏んでゐるうちに綺麗になるのである。

十一月二十日

午前九時半より大東亜戦争下の傷病将士に対し、畏くも皇后陛下より菊花を賜ふ。

湯山神社前に整列して、拝受する。先任将校患者（富田中尉）が出て拝受する。

黄と白との清らかな菊花が眼に沁みる。新宿御苑の菊花ださうだ。当時御苑のあたりをよく散歩したものだ。御苑へ行く参道が眼に浮かぶ。

この菊の花が大東亜戦域の各地に賜はるのかと思ふと、幾百里を汽車で、船で運ばれる菊花がひとりでに眼に浮かぶ。御仁慈に胸が熱くなる。

ここはもと宋美齢の別荘であつたといふが、人工のものらしい池があり、しよう洒な別荘がある。

「湯山別堂」と大書した○世昌の字が、むかしの門の左側に残つてゐる。

夏は池にボートを浮かべ、釣をし、池畔の亭で紅茶や冷しサイダーを売つたらしいが、いまは冬、黄葉も過ぎて、ただ寒いだけだ。

朝から晩まで湯につかつてゐる。患者演芸会の晩に、「朝から晩まで、湯につかり、頭が少々へんになり」と浪花節を唸る者があつたが、まつたく暢気だ。泉質は塩類泉で、泉源は湯気を立てて、朝などまはりの地面にも吹きだしてゐる。

骨八（コツパチ）の医療体操といふのは、どこの罹病にもない、ここでの名称で、ここの軍医小林幸一中尉の考案したもとか、視察者とか何かがあると、ひつぱりだされて、やつて見せる。

骨八は、歩行患者ばかりなので、元気で、それに骨は動かさないと、関節が固着してしまふそうで、使役で忙しい。

運動が一番いい療養なのだ。隣の五内や外科二、骨3、骨5など、重傷者ばかりといふのでもないところでも、看護婦がゐるのがとても羨ましい。

女気があるということが、どれだけ、戦場で傷ついた兵隊に必要なことか。

（17）

――田村の「入院日記」を続ける。――

それにしては、北京市内の本院、第三分院と違つて、清華園といふ郊外にあるので、どうしても見舞客が少なく、寂しいことこの上ない。

十一月二十二日

母より小包宮崎隊長より転送されて届く、桑名貝○(よめず)のしぐれ蛤、飴、おこしがはいつてゐる。飴は内地ではとても手にはいらないと聞いてゐるが、出征者のある家だけ特配にでもなつたのかも知れない。けれどもこちらでは山の中にゐるときならともかく、ここではとくに欲しくもない。故郷の孫にでもやつて呉れればよかったのに……

母の俳句が、はがきに書かれてゐる。温泉療養にまたといつてやつた返事なのだ。

温泉(ゆ)煙りに撫すや毛脛の冬ごもり

つはものの夢や樹氷に月皎々

撫すのは毛脛ではなく、まだ痛みの去らぬ右肩なのに……けれども毛脛を撫して冬籠りをしてゐるといふところに、再び前線復帰を夢みて、じつと雄心勃々たる心を押へてゐる、いまの自分の生活がよく出てゐる。母といふものは何とよく子供のことをしつてゐるのであらう。

何百里と隔てた土地で、こちらからは軍律でくはしいことは何一ついつてやれない只温泉にひたつてゐるといふだけで、これだけの情景が浮かぶのだ。

樹氷はないが、今宵は満月のやうで、葉の落ちつくした裸木の上に大きな鏡のやうな白い月が出てゐるのを見た。母と子との思ひが通ひあつてゐるのは、何といふうれしさであらう。しばらく、戦場にある身を忘れた。

「お便りうれしく拝見しました。日に日に御快方とのこと、うれしく、直に暁の庭前にひれふして武運長久の御祈りを致しました。　かしこ」

十一月二十五日

湯山を去る。白衣ともお別れだ。なつかしい感じだ。軍服を着ると、肩が凝る。けれど気持は緊張する。

分病室、訓練隊（三浦隊）転入。

転入と同時に隊長の訓話あり。

「ここはお前たちが再び前線へ帰るための体力をととのへるところだ。もう病院のやうな気持でゐてはいけない。今はびつこでも、腕の曲がらぬ者でもお国のために召されるときだ。お前たちは何もここで習ふことはないんだ。習つたことを思ひだして、軍人精神を再びしつかりと握り、前線へ帰るやうに」

十一月二十六日

体力検査、懸垂が一回も出来ない。呼吸停止時間は八十二秒間。物凄い黄塵。

兵器（小銃、帯剣）受領。何か兵隊らしい気持になる。

体力検査続き、壮挙（三十キロ）、五十キロ負擔早駈（二〇〇メートル、六〇秒）、千メートル駆足後の脈搏回復時間（七分）。

湯山で横峰軍医の診断の結果、療法として入浴。上肢廻転運動（物療）、梶棒体操、基本体操、教練、軍歌演習などが自分に命ぜられた。

物療室にはいろんな機械が並んでゐる。足関節屈伸運動、腕関節、膝関節、漕艇上肢運動、背筋を強化する機械、それをみんな黙々としてやつてゐる。

子供が木馬館ででも遊んでゐるやうだ。まつたく純一な、素朴な風景である。物療室には陽がさし込み、表には温泉の湯気がのんびりとあがつてゐる。これがみな凄まじい砲煙弾雨の中で悪闘して来た男たちであるとは思へない。

患者はよく写真をうつす。入院生活中に一冊のアルバムをつくる者もゐる。

特設病院出入の写真屋は二名ゐた。何といふ名か知らないが、我々患者たちは一人を蒋介石、一人を馬占山と呼んでゐた。蒋介石も馬占山も敵の巨魁であるが、彼等はさういふ悪者らしいところがあるといふものではなく、只その容貌が似てゐる、それもどこか似てゐるといふだけで、兵隊は簡単にさう渾名してしまふ。けれども彼らはさういふ渾名で呼ばれてゐることを知つてゐても、別に不快さうな顔をしない。兵隊たちの頭では、いまや蒋君も馬大人も、みんなユウモラスな存在でしかないからだ。そこには何の悪意も働いてゐないからだ。

（18）

——二月号田村の入院日記に続く。——

十一月二十七日（昭和十七年）

看護婦の雑役婦たちの白い服がどんなにか美しいものであつたかは、運動会の日、彼女たちが緑の布で帯をむすび、戦闘帽を冠り婦長振り付けの遊技的舞踊を、「火砲の響き遠ざかる」と婦人従軍歌を歌ひながら白い花が一せいに花園に咲きでたやうに、運動場の真ん中に出て行つてひろがつたときに、しみじみと感じた。女の集団の美しさといふものを、私はあれほどに美しく感じたのははじめてだ。

看護婦が一人で雪の日など、カチュシャのやうなマントを頭からすつぽり纏つて、せいの高い白楊の並木の中をくぐつて行くときは、何か古い「復活」といふ映画の一場面のやうである。石川といふ看護婦などは、ちよつと彫りの深い甘い顔立をしてゐるので、何か物語の中の風景のやうである。

酒保は毎日六時から売り出すのであるが、患者が多く、売品が少ないので、夕食を食ふと、我さきにと病棟から駈けだして、一列に並ぶ。〝飛行機〟をつけてゐる上肢患者もびつこを引いた下肢患者も、ぶーんとうなりながら上肢患者が駈けだせば、下肢患者はびつこをひきひき、一さんに駈けだす。

戦友榎本政雄一等兵も骨三にゐる。左大腿部貫通銃創大腿骨骨折である。○○鎮で別れた時のことを思ひだす。

左膝関節が屈曲が不能で、一生懸命苦労してたが、遂に内還になるとのこと。

「俺は内還になりそうだから、何か国への言伝えはないか」といふ。


軍人ホームで、おはぎ一皿二十銭、のりまき二十銭、いなりずし二十銭。

支那妓娘（日本名〇〇〇〇）の可愛いのがゐて、兵隊たちと仲良しになつてゐる。

患者たちは、各自朗らかに、冗談をとばしながら、一生懸命に自分の傷を話さうと、一人で運動してゐる。四つんばひになつたり、棒をふり廻したり、肘の伸びないのを、寝台の縁で肩をくつけて、きゆつと伸ばしたり、それは大へんな努力の世界だ。それがみんな笑ひながら、朗らかにやつてゐる。

片腕切断患者でも、出来るだけ自分のことは自分でしてゐる。

「おい、お前のちんばは治りやしないぜ」

「馬鹿いふな、どうしても治してみせるよ」

入浴で揉み、烈しい運動で、五度でも上肢があがつた上膊患者は、勝誇つたやうに、

「おい見ろ、五度あがつたぜ、ざまあ、カンカン」

けれども、暫くするとまた固くなつて筋肉がひきつり、痛くてあがらないのだ。

夜は疼いて、殊にギブスをとつたときなどは半日ほど、腕のやり場に困る。もう一度ギブスが欲しい。

仕方ないので、毛布を丸めて、ギブスをやつてゐたときのやうな位置に上肢を抱へて寝るのだ。
「可愛い彼女だつたらな、これが」

――そして田村に特別な日が来るのだ。――

十一月三十日
今日は自分の誕生日である。三十一回目の誕生日である。遙かな東天を拝み、陛下の万歳、母上、家族の安泰を心中に祈る。同じ部隊からの患者のうち、我々の同年兵は左の如し。
「榎木政雄・自転車屋・左大腿部貫通銃創」

――などと五名分を列記、続ける。――

いづれも晋翼予省作戦で負傷したものばかり。あの物凄い砲火の中で、不思議に怪我しなかつた自分が、崖から辷つて怪我をした。いつそそんなことなら、弾にあの時当つてゐた方がどれだけいいか知れぬ。

――無論、この時の兵士田村に、「死」はあつても、「戦後などという意志はなかった。続く頁下に小さく、流行歌のような文句をメモしている。——

柳芽を吹くクリークで
泥にまみれた軍服を
洗ふ姿の夢を見た
御国のためといひながら
本当に本当に御苦労ね

⒆

何故かこのあとは四行二聯の歌謡詩になる。

男度胸ははがねの味よ
伊達にやささない腰の剣
抜けば最後だ命をかけて
指もささせぬこの護り

流れ豊かな黒竜江の
岸のしげみがわが棲処

水を鏡に髭面剃れば
満州娘が一眼惚れ

ひまがあると、運動場で野球がはじまる。手が悪い者も、脚が悪い者も、みんな五体不自由な者以上の気合でやる。花村軍曹といふ愉快な下士官は、左前膝骨折だのに、いつも率先してやる。中にはまだ再骨折する者さへあるさうだ。元気に溢れてゐる。

寒風の吹く中でも、黄塵が立ちこめ、あたりがうすぐらくなつても、まだ患者たちはやつてゐる。衛生兵の好きな連中まで参加してしまふ。

――手記はあと三日分あり全文を写すには紙数がない。ここは病棟の病死者出棺時の田村の感懐を転記しておく。……

……戦病死、私はこの家族がどれほど戦病死といふことを残念に思ふかといふことよりも、まづ死者自身、華々しく戦死でなくかうして戦場の後方で死んで行く気持ちが、口惜しくて死にきれないだらうと、それを兵隊同志の気持ちとして痛いほど感じるのだ。……

十二月四日

――この日、田村の別の思いが語られているので残し、別の七行分を割愛する。――

……ポプラ、古柏、その他いろんな落葉樹が多く、「使役に出ろ」といふ声で、一掃きして病室にひきあげ、一ふく煙草を吸うや否や、「使役に出ろ」とまた声がかかる。

かさかさと散る落葉の音、葉の落ちて、枝だけになつた梢の上に、つめたい大陸の冬の空、そんなとき患者は何かふと、がらんとした、へんにさびしい、諸行無常といつたやうなものを感じてしまふ。

――やがて田村たちに退院の日が来た。――

十二月八日

大東亜戦争一周年、全員宮崎隊に到り、大詔勅奉載をなす。宮崎部隊長の訓話。「今日は本来ならば、いろいろいはねばならぬが、近頃は新聞雑誌にあまり議論や理屈が多すぎるやうだ。我々軍人はただ実行だけだ。何をしたらいいか、今日一日みなはとくと考へて見よ」

終つて、退院の申告。「申告します。○○曹長以下○○名、十二月九日附を以つて退院を命じられ、各自原隊に復帰します。謹んで申告します。」

――手記はここで終わっており、田村は次の昭和十八年初めから、作家といふ前歴が買われ、上層部に引き抜かれる。そのいきさつは例の『我が文壇青春記』に書かれている。――

「そういうわけで、私は旅団司令部宣伝班の勝川中将の部下になった。勝川は相当な酒豪で、毎夜日本芸者のいる料亭などで飲みまわり、翌朝、宿酔のはれぼつたい眼で宣伝班の部屋にはいつてきて、サイダーを酒保から買つてきてこさせ、何本もラッパ飲みしたりした。が、部下にはやかましくいわなかつたので、私達はのびのびと仕事が出来た。」

――その後、田村たちの兵団は沖縄へ転進したが、田村たち古兵だけは召集解除ということで大陸に残される。が、太平洋方面の戦局は悪化、大陸の兵力が引き抜かれ行くにつれ、兵力は「線」と「点」の確保だけでいっぱいになり、鉄道沿線を守る一部に組み込まれる。やがて部隊は、戦争末期の方面軍司令が考え出した苦し紛れの戦法で、治安の悪くなる「線」と「点」の地方へかけつける助っ人部隊になって行く。結局田村たちは、東弄西走し終戦までひき続き、隊長以下多数の戦死者を出しながら壊滅する。そして日本も敗戦への道を進んだ。「日俘」となった田村たちは北京郊外の豊台収容所へ送られ、やがて無蓋貨車で塘沽へ着く。翌年米軍のL・S・T船に乗り佐世保へ帰国した。

田村の作家としての後半生が始まるのだ。――

泰次郎本のこと①戦前編

『肉体の門』で一躍有名になった田村だが、戦前に五冊の著書を出していたことまで関心を持つ人は少ないのではないか。田村のまとめとして筆者の場合を述べたい。

『少女―田村泰次郎小説集』（昭14・赤場書房）が処女出版で、丸背函付の美本。こればかりは入札会で三万二千円まで競って買った。

《考へてみると同人雑誌に作品を発表しはじめてから、恰度十年になる。》から始まる「あとがき」があり、田村は二十九歳だった。

この年は二冊目の『大学』（昭14・東亜書房）も出ていて、やはり丸背本だから、元は函付だったかも知れない。この本には、私の『古本探偵追跡簿』＝第三話「夭折詩人・河田誠一」が、若き日もっとも影響を受けた親友として出てくる。のち、田村は、井上友一郎と共に『河田誠一詩集』（昭16）を出して報いている。

三冊目は『強い男』（昭15・昭和書房）。満州をテーマにした小説に加え、ルポルタージュ〝開拓地見聞記〟と田村が雑誌に発表した評論からなり、ちょっと眺めただけでも、《…今日の開拓地はまだ決して文字通りの楽土ではない。この点は新聞や雑誌でもよほど注意して書いてくれなければいけないと思ふが…》などとある。

今度改めて散見、もっとも驚いたのは四冊目の『学生の情熱』（昭16・明石書店）だ。

《私はいまこの作品の中の人物の一人である滝口の運命と同じく、彼の闘つてゐる大陸の戦区と同じ戦区で、同じ共産八路軍を相手に闘つてゐる。私にはそれが偶然のことのやうに思へない。いま、この山奥は零下二十五度ほどである。ありとあらゆるものが凍つてゐる最前線中の最前線だ。

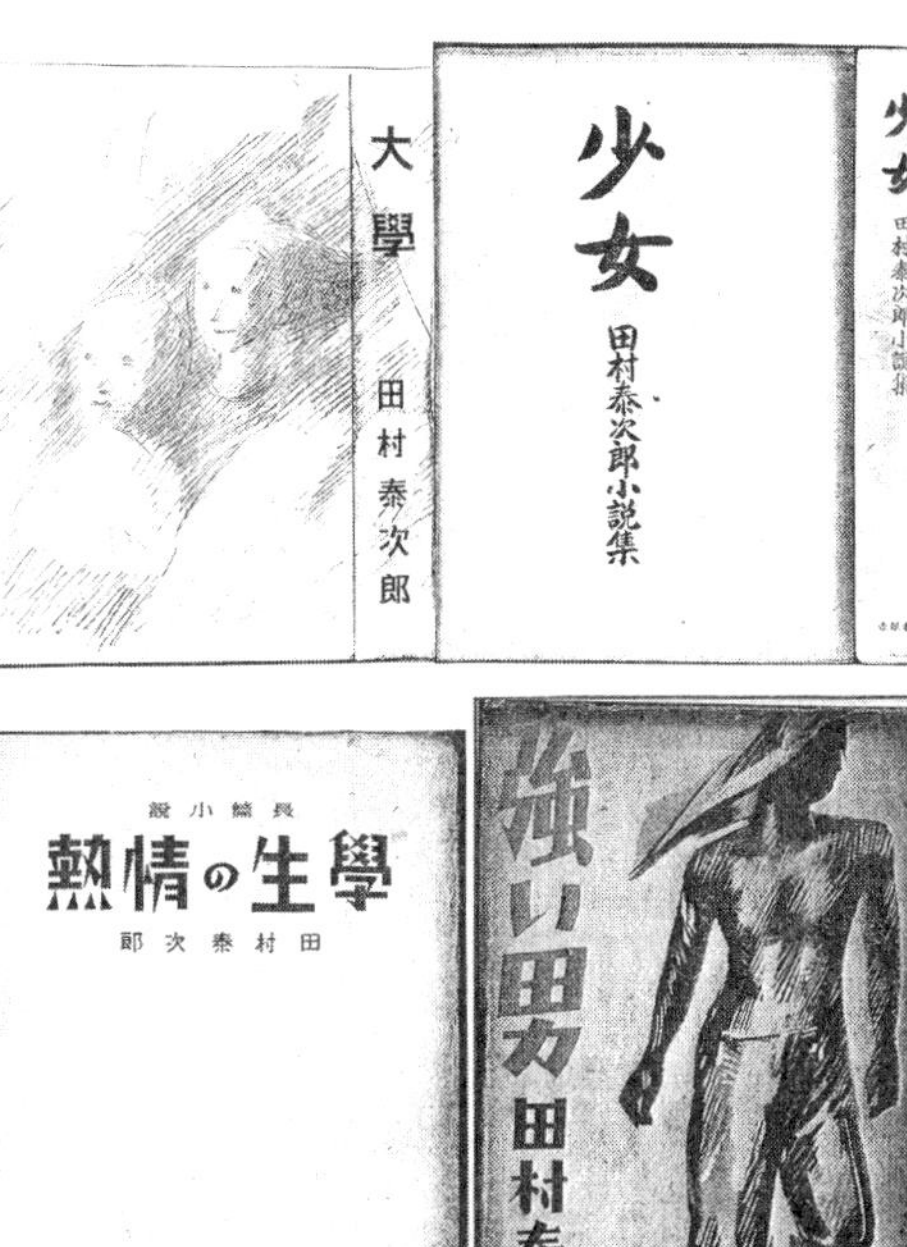

この本が出る頃は果たして自分の身はどうなつてゐるといふやうなことも考へられる。さういうことを考へると、かうして書いてゐてもペンを持つ手に思はず力が籠る。

をはりに、協力者西村利英、この本をだすについてお世話になつた牧屋善三、丹羽文雄、永島一郎、明石書房の方々、これらの諸氏に厚くお礼を申し上げる。

昭和十六年冬　北文戦線にて

田村泰次郎》

なお、この小説の内容だが、『大

学』の続編のような小説で、左翼やニヒルな学生達まで出て来るのを、よく当時の検閲が許可したものだと思う。その上、田村は戦線の中で、この〝序〟を書いていたのだ。

またこの年、年譜によると一月にも『銃について』（昭16・高山書房）が出ているらしいが、とうとう筆者には見る機会さえなかった。――ちなみに、『少女』以外は、明治古典会の二階で行われていた古書展会場での掘り出しもので、三冊とも値は、みな千円どまりだった。

泰次郎本のこと②戦後編

昭和二十一年に帰還後、田村が書き始めた本が発行されるのは二十二年からである。奥付を見ながら記すと、

肉体の悪魔（四月・実業之日本社）
肉体の門（五月・風雪社）
春婦伝（五月・銀座出版社）
有楽町夜色（十月・林檎書院）
男禁制（十二月・世界社）

で、『肉体の門』『春婦伝』には異装本がある。前者の、手が縛られた表紙の方が重版である。劇化され売れに売れた時のものだ。また『春婦伝』も二種出ており、初版は用紙が悪く再版の半分の厚さしかなく、今では頁さえめくれない。因みに三年後、谷口千吉監督によって映画化（「暁の脱走」）

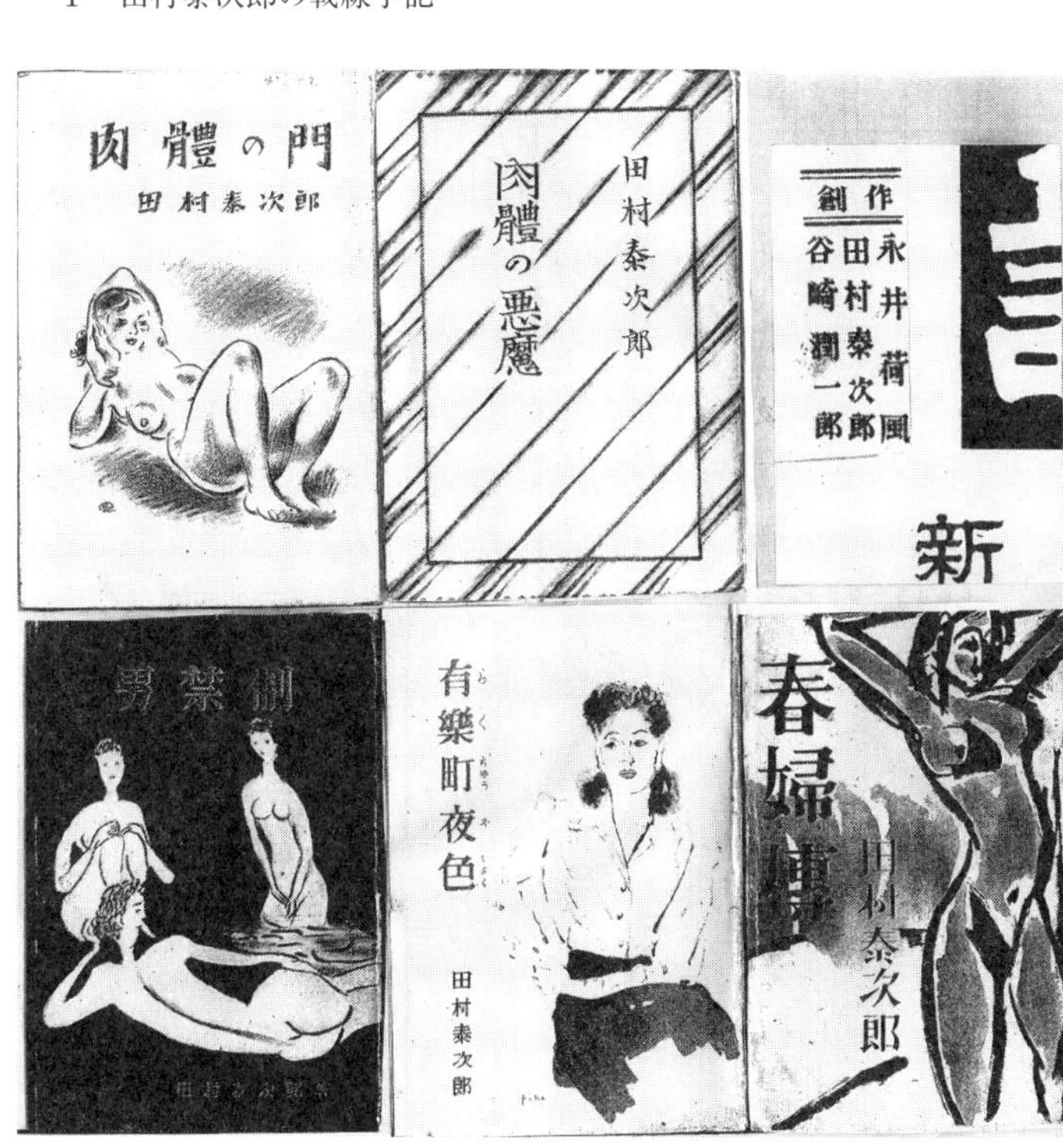

され、キネマ旬報選定第二位になった。

　二十三年、田村の本は何と十七冊も出る。

　『肉体の文学』(評論集・草野書房)、『獣の日』(ホリコン書房)、『女体男体』(草野書房)、『入道雲』(?)、『田村泰次郎選集第一巻』(草野書房)、『銀座裏』(?)、『大学』(美和書房)、『嵐に斃れず』(雄文社)、『肉体の位置』(紫金書房)、『狩られる女』(?)、『大学の門』(インタビュー社)、『南風薫るところ』(?)、新潮文庫『肉体の門』、『今日われ欲情す』(六興書房)、『女王誕生』(地平社)。

　以上の内、発行所が(?)とある

のは、筆者コレクションになかったもの。『大学』はそのまま、『嵐に斃れず』は戦前本『学生の情熱』の焼き直し。また『田村泰次郎選集第一巻』について言えば、全六巻が構想されたが、発行所がつぶれて中絶。選集には、いわゆる「特製」が出る予定で、すでに送付先として、石川達三、十返肇、丹羽文雄、井上友一郎の名が記されているのは興味深い。

実は家藏の「田村ノート」には、製作一覧表というのまであり、昭和二十一年三月から二十三年度までの執筆枚数二七六五枚、毎週のように二万、五万と原稿料が入っていたことが記録されている。無論本の印税は別で、翌二十四年はもう題名を記すには枚数がないが、十五冊はゆうに超えているのだ。今ここには帰還第一作の「大行山の絵」の絵の載る「風雪」第一号や、「崩れた街にて」の載る「中央公論」二十四年新年号表紙には、今更ながら驚かされる。右頁右上の図のように荷風・谷崎と並んでいて、この四、五年、確かに田村泰次郎時代があったのである。

2　永六輔の時代

（一）昭和は遠く〈この項のみ、平成二年一月十日「北海道新聞」に掲載〉

現明仁天皇と同じく昭和八年生まれの私は、かつて流行語ともなった昭和ヒトケタ世代の一人である。今や六十三歳から五十五歳になっているわけで、昭和の殆（ほと）んどの年代と重なって生きて来たと言ってよい。勿論（もちろん）共通体験も多いのであるが、この世代ほど一年早く生まれたか遅く生まれたかで、運命まで左右されてしまったという例は少ないのではないかと、私には思える。

◆召集された人も

まず、敗戦時十二歳だった私に徴兵がなかったことは当然だが、徴兵令の年齢引下げにより昭和二年生まれの人々には召集令状が来たのである。ではその他の人達が戦争に行くことはなかったかというと、そうではない。昭和四、五年生まれくらいの人達は、少年航空兵、少年戦車兵として志願、一部は実戦にも参加したのだ。

私の小学校入学は昭和十五年、教科書は国定（教科書）で、国語が「サイタ　サイタ　サクラガサイタ」の「小学国語読本」であった。これが用いられたのは昭和八年からで少なくも私達まで総てのヒトケタ生まれに使用されたことになる。今少なくもと言ったのは、あとの昭和九年生まれはこの教科書は使わなかったのだ。翌昭和十六年からは小学校という呼称すら「国民学校」となり、同時に「小学国語読本」も「ヨミカタ」に変わってしまう。そして大正時代の「ハナ　ハト　マメ　マス」、私達の「サイタ　サイタ」に続き、その象徴的第一声は「アカイ　アカイ　アサヒ」となるのだ。すでに昭和十二年からは日中戦争が始められていたが、この十二月八日大東亜戦争が勃発。

昭和十九年、五年生の私達に学童疎開の話が学校からあった。結局この経験をするのは都会に住む昭和七年生まれからで、もっとも幼い子としては当時三年生の昭和十年生まれの人達であった。昭和二十年四月、私は六年生になった。八月十五日敗戦、国民学校が又々小学校に戻され、教科書の印刷など不可能な国情から、もっぱら軍国教育を目的にした内容の教科書の頁（ページ）に墨を塗りいわゆる「墨塗り教科書」で学ぶ。

◆教育改革の中で

昭和二十一年四月、貧しい下町の場末にあった学校から、私達一組五十数名中わずかに数人が五年制の旧制中学へ進学する。子沢山の貧家育ちの私自身は、当然ここまでで学業が終わりの筈（はず）が、物不足のドサクサ時代の中で家業の自転車修理業がたまたま少しばかり景気がよかったため、小学校に併設の二年制の高等科に何とか行けることとなった。ところが翌昭和二十二年四月には、ＧＨＱの勧告による教育改革のお蔭で新制中学二年生に編入される。

昭和九年生まれの人達からは、今に続く男女共学としてここへ入って来るわけで、一年早く生まれたばかりに、私達は男女共学を体験しない最後の世代となった。丁度（ちょうど）遭遇していた思春期の思いと重なり、その不幸をかこつわけだが、その年私達よりもう一年早く生まれたばかりに、新制度の恩恵に浴することなく高等科二年で卒業させられてしまった昭和七年生まれの人々の不幸は、当時は考えても見なかったのである。

◆平坦すぎる道に

結局、拾われるように入った中学での百八十度転換した民主教育に目覚め、私はまがりなりにも夜学の高校（二年中退）へ学び、現在の生業へつながる文学青年時代二、三年を持つことが出来たのだ。——以後の四十年は、ただただ経済成長を遂げて行くその後の日本の歩みと似て、それまでの十六年に比べたら平坦にすぎるほど平坦な道でしかなかった。

今や、わが古本業界も、昭和二十年代後半辺りからのあり余る出版物の中であっぷあっぷしているのが現状だ。それに比しあの激動の昭和初年から昭和二十年代前半までの古書、資料類の払底は恐ろしいほどだ。学者、研究者、蒐集者（コレクター）の関心もそこに集まり、雑誌一冊、紙っぺら一枚に到るまで貴重品扱いとなっている。

私がいまだにこだわり続けている年代とそれが、ピタリ一致している不思議を思うのである。

（二）昭和ヒトケタ世代〈以降一〇まで「日本古書通信」に連載〉

日曜日、たまたま見ていたテレビで、都知事の石原慎太郎にキャスターの田原総一朗が迫っているのを見て、改めて思ったことは「昭和ヒトケタ世代」という言葉だった。石原は昭和七年、田原は九年生まれ、私は中にはさまる八年生まれである。この他、五年生まれの西村京太郎、六年生まれの山田洋次、七年生まれの五木寛之、そして八年生まれの渡辺淳一、森村誠一、永六輔、政治家扇千景、タレントの黒柳徹子、藤田まことなどが第一線の忙しさと言えようか。そしてひと様には、どうでもよいと思われそうなことを言うと、未だに現役の刑事役をこなす藤田に至っては、同じ四月生まれで、私の誕生日とは数日しか違っていないのである。

確かに人間には個人差があり、右の人達のように古希を迎え、それをすぎてまで第一線にある人達もあり、同じ八年生まれでも伊丹十三、半村良はすでに鬼籍に入っているし、憧れの女優達、若尾文子、岡田茉莉子、池内淳子、南田洋子も老いた。川崎敬三、品川隆二は消え、菅原文太もめったに見えず、映画監督・恩地日出夫も過去の人で、むしろこちらの方が普通の姿であろう。すでに私自身、もう四十年通っている常時百数十人で溢れる古本市場・明治古典会へ行って感ずるのは、同業で私より上の人達は、多い時で四、五人、少ない時は一人か二人になってしまったことである。

そんな昭和ヒトケタ世代が脚光を浴び、ことごとに云々されたのは早く、すでに三十年も昔のことである。『昭和ヒトケタ族の遺書―現代を証言する38人』（昭47・石原慎太郎編）が実業之日本社から出て、昭和二年生まれの無着成恭から九年生まれの黒川紀章までが選ばれているが、石原の「序にかえて」は今となっては卓見だ。現在（注・当時のこと）の五十代に次いでこの社会のイニシアティブを握る世代は、昭和ヒトケタと言っても、「昭和五、六年生〜十二、三年生まれのような気がする」と。またこの世代の持つきわ立った癖の一つを「早口である」と言い、谷川俊太郎、山崎正和、高坂正堯、小田実、開高健、羽仁進、篠田正浩、大島渚をあげているが、彼自身もこのタイプだったことを、私達は見て来ている。

私はここにもう一冊、同じような表題の本昭和六年生まれの井出孫六『昭和ヒトケタの遺恨』（昭53・柏書房）をあげたい。これは井出が各誌に書いた短文集で、表題となった文を巻頭におき「『言論統制』と桐生悠々」「天皇制の底流」は氏のこだわりを表し、「下駄スケート」「スミヌリ教科書」「気にかかる木口小平」などに、私などはほとんど共通の思いを感じるのである。

またこの本に載る文「古書インフレ」（「新潮」昭44／6月号）が面白い。明治百年にちなんで行われた古書展の情景で、井出がその日本橋のデパートに駆けつけると、ガランとした一階、二階、三階に客の姿がほとんどないのに、六階に上がって驚く。入口には警官も数名立ち、一体いつ、これだけの人々が駈け上ったのかと思われるほどの、会場は人いきれに充ちている。「すでに数十巻の大著大冊に売約済みの短冊が付され並べられているさまは、舶来のミンク、緞帳の展示のような錯覚を起こされる。仔細に見ると、売約済短冊の氏名には、文壇で時代ものを書いている方々の名が目立つ。A先生お買い上げ、B先生お買上げ、僕は単純に感嘆した。流行作家の名のもと、多忙な仕事に追われている人々にして、古書展第一日、デパートにつめて目ぼしいものを予約しておられる、その努力。」と井出は書き、その光景を、近代史専攻の友人の所へ行き報告する。研究室の片隅でチョロチョロと燃える石油コンロに手をかざし、弱々しい笑いを浮かべて、友人は井出に言った。

「最近、ベストセラーになっている歴史ものの小説に、その著者の投じた資料代は二千万円なんだそうだ。しかもその二千万の先行投資が、三、四倍になってもどってくる勘定だそうだけれど、一人の人物を描くために二千万円の資料といえば、一等資料を洗いざらい集めたということだ。若いかけだしの歴史学者じゃ、流行作家にたちうちできるどころか、手も足も出ないよ」と。

ここに書かれた作家が司馬遼太郎で、その資料が「坂本竜馬」関係だったかどうかは知らないが、その昭和四十年代の古書業界と文壇の元気さが思われる情景ではある。が、井出はそのあと次のようにも書く。「まして、資料代は必要経費として免税の対象になる以上、使わぬ手はない、という内情がついてまわるとあっては、なにをか言わんやである。僕の単純な感嘆は修正を迫られるかっこうになった。いまにして思えば、古書展一日目の早朝、流行作家がデパートにかけつけるかどうか。すでにとうに売約済の大冊を、景気づけと客寄せに陳列しただけかもしれないではないか。」

ともあれ、「しかし、古書の騰貴は僕には困るのである」「古書の暴騰はたいへん困るのである」とくり返した井出だが、三十数年して今や、私も所属させて頂く「日本文芸家協会」では、多くの昭和ヒトケタ族と共に理事となり、重鎮に近い存在になっておられる。

そして昭和ヒトケタの一人として忘れてはならないのが、昭和八年十二月二十三日生まれの明仁皇太子（現天皇）である。比較は恐れ多いのだろうが、私が世帯を持ったは昭和三十四年二月で、ご成婚の四月十日より早く、すでにその年十一月には長男が生まれ、上の孫娘は今年成人式を迎える。

（三）巨泉と六輔

「昭和時代の灯が消えた」「疎開派で反戦反骨の代弁者」「放送文化そのもの」―永六輔死亡時の新聞記事の見出しである（大橋巨泉も重なるが）。私は確実に「永六輔の時代」はあったと思う。

昨年二月四日、このテレビ創成期を支えた二人が一緒にテレビ朝日の「徹子の部屋」に出ているのを見た。長くパーキンソン病を患っていた永は赤いトレーナーを着て膝を布で覆っての車椅子で、巨泉も激やせ姿で登場した。徹子が永に聞く。「テレビは出なくなりましたが、ラジオはおやりになって何年？」「もう四六年です」。徹子は巨泉に言う。「よく来てくださいました」「弟に、こんな老いさらばえた姿はね、っと言われたけれど、約束なので出てきました」と巨泉。印象的だったのは、雄弁家の巨泉の「老いさらばえた」の言い方を徹子が言い添えていた場面。そして「涙が出るわ」と言った徹子の表情。

この五か月後の七月七日に永が八三歳で、同一二日巨泉が八〇歳で他界してしまう。始めに巨泉のことに触れると、私は昔から「週刊現代」は購っているが、連載されていたのが「今週の遺言」なる四〇〇字七枚ほどの文章。「猪瀬都知事と秘密保護法がなくならない限り…」「都民の生命を五輪にすりかえる舛添は信用出来ない」「マー君の渡米を認めた三木谷は〈正解〉、二ケタは行く」な

―永さんによる序文原稿―

どの時事評論的予言がよく当たるのだ。時折、身辺記事も入り面白かった。それが二年ほど前、「ボクは八年ぶりに国立がん研に入院した」の文字。中咽頭がんが見つかって…と書かれている。私はその三年前に受けた有明がん研での三五回の放射線治療の苦しさを思い出した。巨泉は逐次病状も記し、いったんは回復する。しかしやがて転移、再入院、昨年四月には連載も中断する。

それが七月九日号に、「編集部より」と共に「最終回」が載る。これはもう、妻、弟との三人の合作文だったが、末尾「このまま死んでも死にきれないので、遺言として一つだけは書いておきたい。安倍晋三の野望は恐ろしいものです。選挙民をナメている安倍晋三に一泡吹かせて下さい。七月の参院選挙、野党に投票して下さい。最後に長い間の休載中に読者の皆さんから沢山いただいたご心配とお見舞いの言葉に対し、重ねてお礼申し上げて筆を擱きます。長い間ありがとうございました」とあった。

ちなみに、永六輔は「週刊現代」平成二六年三月八日号「書いたのは私です」インタビューの中で「一番読む雑誌は?」に答えて「『週刊現代』。大橋巨泉の病気の話を励みに」しているからと言っていた。

さて、永の話に移るが、私は一度もお会いしたことはなかったが、御縁はあった。一九八九年、すでに二冊の本を出していた日本図書センターの編集者が訪れ、『明治の子ども遊びと暮らし』(一九八九、本邦書籍)を持参、これの昭和版を書くように依頼される。私はこの種の底本となりそうな自費出版の自著を提示、三か月ほどで原稿を届ける。ゲラが出来ると編集者は、宣伝用パンフを作るので推薦者を六名挙げよと言う。私は串田孫一、瀬戸内寂聴、色川大吉の各先生、山田洋次、早乙女勝元、永六輔さんの方々の名を書いて渡す。結果は皆さんが四〇〇字一~二枚の文章を寄せて下さった。**右頁原稿がその時の永さんの原稿である。**

ついでに記すと、本は加太こうじ、高井有一、山下武の各氏、毎日新聞の「著者訪問」、出版ニュースなどに書評され、二千部が売れた。

さかのぼれば、私は始め永さんをただのタレントと見ていた。二〇歳で始めた古本屋は下町で、売れ筋は娯楽本、古雑誌だった。が、頭の中は、純文学で凝り固まっており、若い頃にはこんなこともあった。すぐ建場廻りを覚え、ある日向島辺りのその一軒に寄ると、古雑誌と一緒に縛られた中にペン書き原稿一束が混じっていた。それは「西遊記…第…回…永六輔」とあった。

(四) 花森安治と六輔

それは当時どこかのラジオで、フランキー堺が何か月かに亘って朗読していたドラマの原稿と分かった。すでに用済みになって永さんに戻され、建場の買い子が浅草の永さん宅から雑誌などと一緒に買ってきたものだったのだろう。私は毎日自転車で五、六軒の建場を廻る。あの永さんの原稿を見て私はどうしたのか？「こんなもの売れないな」と、その束から雑誌の売れそうな数冊を抜き、買えば一貫目一〇〇円で買えたのに置いてきてしまったのである。

これは私の話ではないが、山の手を廻っていた同業は、田村泰次郎（ここに彼の若き日の親友・河田誠一の資料も）や安岡章太郎宅などから出た資料を買って来て市場へ出し、私が市場で仕入れた話などはかつて書いた通りだ。その頃は、買い子の宅買→古本屋→古本市場という構図がキチンと二〇年ほどは続いていたのである。更に言えば、紙類は故紙問屋へ、そこでは女性達が座って紙を更に上質、色紙、ザラなどと分ける作業をし、製紙会社へ収める。永さんの原稿用紙はすでに「上質紙」だった。

永さんの著書を初めて面白いと思ったのは『あの日のあなた』（昭和38、桃源社）で、まだ二冊目の本だった。序にこうあった。「昭和三六年の五月一日から丁度一年間、三七年の一杯までがここにおさまった。無断で書かせていただいた三六五人の登場人物には脱帽の上、最敬礼」と。装幀は河原淳で挿絵も入る。永さんは、この一年で芥川也寸志、東龍太郎、安藤鶴夫、江利チエミ、淡谷のり子、飯田蝶子、エノケン、大宅壮一、岡本太郎、小畑実、笠置シズ子、木村功、黒川弥太郎、志ん生、堺俊二、サトウ・ハチロー、清水金一、大鵬、寺山修司、土門拳、林家三平、三島由紀夫、力道山などと会っている。

例えば、三島のところは、《超路吹雪サンの再演「モルガンお雪」を見にいったら、三島サンと逢う》に始まり、その頃よく彼は三島と間違われたという話を書き、《一緒に越路サンの楽屋に行く。（略）／浴衣の両肌を脱いで、鏡台の前に立膝をついている越路サンに話しかける三島サンが、ベランメエ口調だから、ニューヨークでアメリカ人がやっている歌舞伎を見ているようで、面白い雰囲気だった。／「舞台がグルグルまわるってところが面白ェや。ありャァ、いいもんだぜ」／三島サンは主演女優を前にして舞台機構ばっかりほめていた。》と、こんな風。

この本は、永の三〇歳の時の本だが、私は永の六冊の本を今も大事にしている。その二冊目は『遠くへ行きたい―下町からの出発』（昭和47、文藝春秋）で、堅牢な立派な本。「1浅草育ち」の章は、憧れの花森安治の「暮らしの手帖」三～六号に連載されたもの。

「花森サンは当時、僕のやっていた深夜放送にいたるまで話題」にし、「その間中、僕はこの編集者が僕についてのいろいろを取材した上で話をしていることをピリピリと感じ」ていたので、これほど書く人間について調べる編集者に逢ったことがなく、と永は序に言う。「それにつけても」と永は続ける。「書かせてやるという編集者」、永が書けないと言うと、「五木寛之でも紹介して貰おうか」という編集者、逆に「野坂昭如に断られちゃったんですが、あんな感じで助平なの書いてくれないか」といった編集者、「名前だけ貸して下さいよ、こっちが書くから」といった編集者もいたが、花森は違ったと言う。「何回も原稿を破かれてポイと捨てられ、捨てられなければ書き直し」

を要求、何度も書き直してやっと受け取ってくれたが「受け取ってくれたということと載せるということは違うのだ」ということまでも花森に教えられ、「僕は疲れ、花森サンと逢うことも恐ろしくなった」と言う。そんな時に「僕はラジオのタレントであって、文筆家ではないのだと自分に言い聞かせる」。…しかし、年月がたってみると、花森の編集者としての厳しさが「僕を育ててくれた、この連載が、暮らしの手帖社からでなく文藝春秋から本になったことは、ホッとすると同時に花森サンに恥かしい」と書く。

「あとがき」もふるっている。永は携帯用のテープレコーダーを持ち、アナウンサーが実況するように《初場所の最中、蔵前国技館から川を渡って元国技館へ、そして柳橋に出て、再び国技館まで歩いて一時間》のテープを原稿にした（「両国界隈ブラブラ歩き」）「太陽」七二年四月号）「世界を歩いた」（「文藝春秋」七二年五月号）を後半に並べて、「長い長いあとがき」としている。こうして、「何でも本にしてしまう」永の本は生涯に何冊出ているのか？

（五）永と『わらいえて』

永の最初の本は『一人ぼっちの二人』（昭和36、えくらん社）だが、未見である。二冊目は前回ふれた『あの日のあなた』で発行人は八貴東司。我々の同世代で、下町業界間では先代が古本屋から立ち上げた出版社で、その二代目。この永の本の奥付裏には結城昌治、水上勉、高木彬光、山田風太郎本などの広告が出ている。また山手樹一郎の軽装本を出し、それを時々特価本に流してくれることで下町業界のドル箱だった。八貴東司は戦前の大衆文学書の大コレクターで、私が古書展に出品した本のことで何度か来店されたこともあった。その後昭和三十〜四十年代、『江戸川乱歩全集』や『高垣眸全集』などを続々出版してやがて倒産、本は特価本になる。ただ、それらはすぐに定価以上に古書として流通した。

永が『あの日のあなた』に「次の本も桃源社に甘ったれるつもり」と書いている三冊目が、桃源社からは出なかった。永の三冊目はサンケイ新聞出版部から、以後、文藝春秋、朝日新聞社、講談社、読売新聞社、岩波書店…と一流（?）書店から出される。こうして永が他界するまでに出された本は約一二〇冊、共著編著が八〇冊余り、Google「永六輔」の項に刊行書名も出ている。永はしゃべる人以上に「書く人」だったことが分かる。長男の青木書店だけでも七、八十冊が在庫されていた。過日寄って、「亡くなって売れた?」と聞くと、「そうでもないな」と長男は笑った。

多くの追悼記事や映像での回想番組から考えて息子の答えは意外だったが、私にはその業績ぶりを示す中に、ほとんどの紹介が「上を向いて歩こう」などの作詞家の面、そうしてテレビよりラジオを愛し、TBSの「土曜ワイド」などを四十年間続けたということ等を挙げ、『わらいえて』（昭和40、朝日新聞社）や『芸人たちの芸能史—河原乞食から人間国宝まで』（昭和44、番町書房）など、マトモ（?）に書かれた本のことを取り上げる向きのないのが不満であった。とくに『わらいえて』を見た時は衝撃だった。世相史に占める芸能史の巨大さに古書業界の歴史など比較すべくもないが、後年私は『古本屋群雄伝』（ちくま文庫）でその試みをしている。

『わらいえて』は永の「あとがき」もよかった。まず出版社への礼、NHK誰々さんへの礼、あと、《僕のかわりに古書籍をあさってくれた斎藤佳子さんの努力。》と。一体どんな女性だったんだろうと想像してしまう。そして別頁には「芸能史のために参考にした資料の業者ならびにお話を伺った方の主なお名は」と、八十名ほどが。逆に昭和三十年代まで生きておられた方を末尾に付く《芸能一〇〇年・人物往還録》から拾うと、溝口健二、正岡容、古川緑波、大河内伝次郎、小津安二郎、廣澤虎造が生存していたことが分かる。ともあれ、私が永をすっかり見直したのがこの『わらいえて』であった。するとそんな折、「資料は必要とする人の手に入ってくるもの」の言葉通りのことが起きた。ある日、古書展を巡っていたら「新聞切り抜き・永六輔の芸能百年史＝千円」というのが目に飛び込む。それは古い針金とじのファイルに不器用に貼りこまれていた。私はざっとその一〇〇日分揃いを数え、それを買った。写真付きで（本にもあるが）切り抜きでは大小みな違って妙にリアルだった。私はこれが原題だったと知ったし、文章に違いも？と思ったりした。しかし一回一回の見出しは変わっているが、文章は九九パーセント変わっていないようだ。九九パーセントというのは、一字一句はとてもそこでは対照出来なかったからである。ただし、本にはない、永の最初の「口上」があった。省略して写すと、こんな風だ。

（略）…僕はテレビの仕事を選んだのではない。単にテレビの時代に生れ、育っただけなのである。その僕は三十二歳。

そろそろ自分の立っている位置を知りたくなった。……僕からみた芸能百年史を書いてみようと思った。この百年間、だれがどうやって人々を楽しませてきたかを知りたい。

明治元年から一年ずつ区切って百回。／能、狂言、かぶきから、大道芸人にいたるまで出来る限り、広く浅く、興味をひくものにたいしてヤジウマに徹して資料を集め、人にあって話を聞いた。明治初期に関しては古書文献だけが頼りだが明治中期以後現在にかけては足と耳で書く決心をした。……ヤジウマはただ昭和四十年を目指して突走ることにする。

まずは口上。チョン　チョン　チョン。

――そこには、時々「三島由紀夫サンに間違えられる」と言っていた若き永の写真が出ていた。

（六）『六輔その世界』

永の本で、もっとも愛着を感じているのは『六輔その世界（昭和47・話の特集）』である。私はこの何十年、傍らの事典や年表類に並べてずっと愛読、時には我が身を重ねてみたりして来た。永は三十九歳、まだ青年のようだった。この本は前年永が時に海外旅行もしている一年の活動を、女性カメラマン大石芳野が随行して撮った写真集でもある。見返しは、永のたくましく立つ裸身に褌をしめるのを男衆が手伝う図が配されている。私がくり返し眺めるのは全二一二頁の内、八二頁を占める「年表・永六輔」だ。この本でしか聞けない秘話を紹介、私自身の少年時をも思い出してみたい。

昭和八年

若尾文子、平幹二郎、浅利慶太、草笛光子、黒柳徹子、皇太子（注・現天皇）、三遊亭圓楽（などの名をあげ）以上の人達と年を同じくして、四月十日神田お茶の水の順天堂産院に生まれたのが永六輔。浅草永住町の最尊寺に帰るが……と始まる。同い年生まれとは分かっていたが「あれれ？」と思ったのは誕生日も私の十二日先なだけ。そしてレッキとしたお寺の子と、下町郊外の南葛飾郡生まれの「場末の子」とは天と地ほどの境遇の違いだったが、共通体験はけっこう見つかるのである。

昭和十四年―永六歳

六十九連勝で双葉山が安芸ノ海に敗れた一瞬、日本中がハッと息をのみ、東京一帯はラジオを聞くので人影のなかった道にどっと姿を現し……

――と噂話の輪が出来た、というのは私も子供ごころによく覚えている。極貧に近いわが家に、何故かラジオはあり、敗戦時は天皇の声を聞きに隣組の人が集まったのもわが家だった。

昭和十六年―永八歳

太平洋戦争勃発を伝えるニュースを聞いた親父が吐き捨てるように「東條の馬鹿めッ」といったことを忘れられない。

――私の思い出は、夜、町会の人が提灯行列の中にあって次々と軍歌など歌って歩いたこと。

昭和十七年―永九歳

……戦時色にぬりつぶされていたとしても劇場や寄席に行くチャンスが多くなった。／大島伯鶴、古今亭志ん生が僕に話芸に関心を持たせた二人。／……浪花節の怪しさにも胸がときめいた。／寺の鐘が献納されることになり／……この戦争はむずかしいのではと思った。

——永は浪曲師名を記していないが、私は廣澤虎造のマネをしてひとり街を歩きながら遠州森の石松は……とうなっていた。永の、この戦争は……云々のことでは、私はその後、藤田進の「加藤隼戦闘隊」を観終ったあとの、日本は負けるなという子供心に何とも言えない淋しい思いが似ていた。加藤は当時、隼を駆って連戦連勝の勇士だったが、とうとう帰還せず、その功績によって「軍神」と言われていたのだった。

昭和十九年—永十一歳

学童疎開。／浅草の新堀国民学校は宮城県の白石にある小原温泉に疎開と決まった。／……結局、知人の知人の知人を訪ねるような形で僕は長野県軽井沢の在に疎開……

——私の場合は、新潟県の漁村へ集団疎開、しかし海沿いのその辺境の町の子より、自分が貧しい育ちだったことを知らされたのである。

昭和二十年—永十二歳

南大井小学校の校庭に並んで敗戦を知る。／……三月九日の東京大空襲で我家も焼けていたし、オジサンはサイパン島で玉砕していたのが直接の戦争被害。

——永は一時葛飾区高砂の遠縁の寺に身を寄せたことが、私の『昭和の子ども遊び暮らし』の序文に書かれていた筈である。この年私は六月に父が突然新潟へ迎えに来て、すでに東京に帰っていた。葛飾区へも所々爆弾が落ち始め八月十五日の終戦がなかったら、我が身の運命は分からない。この敗戦からの、昭和八年生まれの前途はもうテンデンバラバラとなる。あとは永の半生を辿ってみよう。

昭和二十一年、十三歳。永は疎開先の上田中学に入学。小諸の懐古園で藤村の詩碑を見て、これが文学らしいと思った初め。祭りの夜悪友から無理矢理マスターベーションを仕込まれる。二十二年、十四歳。帰郷して早稲田中学に転校。バラック暮らし。浅草にストリップが登場、「肉体の門」の看板に胸ときめかす。ラジオが娯楽の王者を占めた。神田、新宿と映画を見て過ごすこと多し。昭和二十三年、十五歳。勉強は二の次、人形町の下駄屋とか三越劇場の照明助手などのアルバイトをする。「色町へ下駄を届けると、小唄の一つも覚えて帰った」もの。上野の鈴本では桂小金治の「大工調べ」を聞いた。

(七)『六輔その世界』2

昭和二十四年、永は十六歳で早稲田高校へ入学。社会科の先生が突然映画界入りし、松竹大船撮影所を見学して、映画の仕事を夢見る。クラスメートに連れられて歌舞伎座へ行き、初代吉右衛門、文楽の文五郎に間に合った。文化祭では、自ら「世情浮名横櫛」のお富を演じる。——永はこのあと、戦後の芸能史に重要な役割を果たす一人になるのだが、引き続き「年譜」を中心に辿ってみよう。

昭和二十五～六年、永十七～十八歳。月謝はたまるし空腹。共学でないから女学生に胸がときめく。が、実際は先生が金を出して「永君、風呂へ行きなさい」と言われるほど不潔な少年だった。大学受験を前に、本命は歴史の先生になることなのに、やはり映画・歌舞伎、ショーに夢中。二十七年、永十九歳。アルバイトにNHKの「日曜娯楽版」に投じたコント一つに三五〇円くれた。適当に投書しながら、早大の史学専攻科に通う。この頃三木トリロー文芸部から誘われ、その収入に目がくらんで放送の仕事へ。六輔名はコントの傍ら出演していた子供番組での役名で、それからのペンネーム（本名は孝雄）とした。

昭和二十八年、テレビ放送開始。民放の開局が相次ぎ、トリロー文芸部は引っ張り凧。文芸部へ阿木由紀夫（野坂昭如）が入る。文芸部は会社組織になって永が社長、野坂が副社長。五木寛之も一時在社。すぐに会社はつぶれた。二十九年、二十一歳。ギャグを手助けに撮影所に行ったり、新派や踊りの会の演出を引き受けたりする中、放送台本を毎日二本ずつ書き飛ばした。この年の末のことを永は書いている。その日、《同時刻にNHK、TBS、LF、QRと、どこの局をまわしても僕の脚本を放送しているというイタズラをやった》と。

——この時間のどこかで、あのフランキー堺の「西遊記」が朗読されていたのではなかったか？その原稿が永に戻り、翌三十年あたりに雑誌などと共に屑屋へ払われてしまう…？

年譜に戻ろう。二十二歳の永には「放送作家」という肩書がつくようになる。《作家といっても構成屋で、曲目の順を決め、コントも書くだけのこと》《僕はもしかするとこの世界で食っていけるのかなと思った》。

三十一年、永二十三歳。酒井昌子と結婚。この女房が大物で、新婚旅行の後半を一人で続けたり永が何日帰宅しなくてもビクともしないタイプ。《いってみればお釈迦様と孫悟空の関係》。このことで言うと、永は後年五木寛之との対談で、「一～二年大阪へ行っていた時も、女房は一度も大阪へ尋ねて来なかった」と言っている。三十二年、永二十五歳。この前後、永は舞台監督として売れる。菅原卓から武智鉄二、浅利慶太の舞台にもかかわる。三十四年、二十六歳。『黒い花びら』(中村八大作曲)を水原弘が歌って第一回レコード大賞。この時、作詞がお金になることを知る。いずみたくとのコンビで、ミュージカルに夢中になる。テレビは『光子の窓』。三十五年、永二十七歳。六十年安保の年。常にデモの渦中にあり、「若い日本の会」でヒステリックに泣きわめき、「ぼくにどうしたらいいか教えてくれ」と叫び、軽蔑された。《革命の可能性を信じなくなった時、人間はもう若くないのだと自分にいいきかせ、健気な家庭人に転向した》。この年のミュージカル『見上げてごらん夜の星』を作った。

三十六年、二十八歳。えくらん社から『一人ぼっちの二人』を処女出版。『夢であいましょう』から『上を向いて歩こう』がヒット。三十七年、二十九歳。二人目の娘が生まれたが、旅は海外にも及び、毎年三回は外国に行くようになる。『遠くへ行きたい』はジェリー藤尾。ミュージカル『歯車の中で』(芥川也寸志作曲)を作る。三十八年、三十歳。中村八大が父親になり、『こんにちは赤ちゃん』を作詞、ヒットする。テレビのバラエティから、日本の古い芸能への接近となり上方芸能へと向かう。漫才や地唄舞にものめり込み、各地の祭り、見世物、大道芸を追いかける。『上を向いて歩こう』が『スキヤキソング』という名前になって世界各地でヒット。《日本語の無力さを痛感》。

昭和三十九年、三十一歳。東京オリンピックの年で、永は三十代に踏み込む。テレビがとうとう手の届かない大きさになったことを知る。この年はほとんど一年を、永は大阪で暮らし、資料を蒐集、芸人に会い、大阪朝日新聞に『わらいえて』(原題「永六輔の芸能百年史」)を連載したのだ。「わらいえて」が戦後普及した言葉「バラエティ」の明治読みだったことを、私は読み始めてすぐに知った。

(八)『六輔その世界』3

この本の第二章には、タイトルともなった「六輔その世界」として、同時代人十数人の語る六輔像が載せられており、ここでは六名の六輔評を紹介してみたい。

「昔から、ケンカの六といわれるくらい、ケンカっぱやいところがあるが、自説をけして曲げないところりっぱ。キザを押し通すたくましさもみごと」と、これは野坂昭如の言葉。永はその一々に、コメントする。「キザというのは、吉本隆明サンにも書かれたわけ。鼻もちならないキザな奴って。でも若いことはキザってことで、若い時にキザでない奴がどうやって老人になるのかなと思いますがね」と永。

「なにを考え、なにをやろうとしているか、わからないところが魅力。ウン、インチキ、そんなものは見つくして行動している」これは名コンビをうたわれた中村八大。これに対する永の弁解。「見つくしていえるようにみえるところはインチキなんですよ。要するに知ったかぶりが多いところに持ってきて、図々しいということです」

「どん欲なんだね。人間だれしも一部屋増築しようなんて考えるが、あの人はどんどん投資して、なんでも吸収する。しいていえば強いようでいて、意外に気が弱いところが欠点だね」とは渥美清の弁。永はこれに「強そうで弱いということは、弱そうで強いということにもなりますからね」とコメントしている。ちなみに永は、「男はつらいよ」シリーズ18『寅次郎純情詩集』に出演している。

「酒、タバコもやらず、美しい夫人以外は興味がないのはいいが、シモがかったことを書くのは、どうも頂けない。ひとつことに熱を上げパッとさめるのは、私とウスキミわるいほど似ている。下町っ子のファナチズムだが、血液型が同じなのかも知れない」とは中村弓彦。この頃、すでに小林信彦。

「永さんは江戸は浅草の生まれだという。江戸っ子特有の、イキさが骨の芯から身についているのだ。（略）和服が好きで角帯を好み、お祭りといえばとび出さずにいられない下町っ子らしい好み以上に、他人の気持ちがわかりすぎるほどわかり、思わず先へ先へと相手の気持ちをくみとってしまい……」云々と言っているのは瀬戸内晴美（寂聴）。

これへのコメントは？　やはり小林信彦の心配が当たってしまう。「稲垣足穂サンの前でね、瀬戸内サンに憧れているっていったことがあるの、そうしたら稲垣サンが、俺も好きだっていうわけ。それでさ、俺は後からやるから、お前は前からやれっていうんだ。つまり稲垣サンはあのお尻は最高だっていうのね。これは冗談にしても……」と続くのだが。

ここで私の話になるが、瀬戸内が井上光晴と深い関係にあったのを最近ご本人が新聞に書いていたのには驚いたものだ。

私が永のコメントで最も感じるところのあったのは、内村直也が語った、言わば「作詞家としての永六輔」論で、「従来の作詞家は、大部分が詩人の実績の上に出発している、そして自分は作詞家は仮の職業である、的なことを忘れなかった」と、西条八十、藤浦洸、佐伯孝夫を例として挙げる。「…ところが永六輔には、詩人という肩書はどう考えてもぴったりしない」……「詩人ではないところに、永六輔の特性があり、新鮮味がある」……「詩人という観念からおよそちがったところで、彼は作詞をしているのである」と結ぶ。

これへの永のコメントが面白かったのである。「実はすでに作詞業は四年前にやめており、それもなかにし礼、山上路夫、阿久悠といった人達といれちがいで…」と始まっている。「どうしてやめたかっていうと、やぱり恥ずかしい、照れくさいってことですかね。『上を向いて歩こう』にしても『こんにちは赤ちゃん』にしても、ポカンと出来ただけ。プロの仕事じゃないですよ」。そして永は内村がある劇中に作詞した歌に触れる。「内村サンの『雪の降る街を』、僕の歌、あァいう風に残るかナア」

今になって言えるのだが、永は思わず右のように言ったのだろうが、己の作詞の価値に気づかなかったのではないか。永は、純粋にしゃべる言葉で書いた最初の人だったのである。「上を向いて歩こう」「こんにちは赤ちゃん」と語りかける歌がそれまでなかったろうから。

八大という天才作曲家、坂本九という天衣無縫に唱える若者に恵まれたのだ。だから安保運動に破れて失意の気持ちを書いた詞が、明るく唱われた不満も永は我慢した。が、その唱法ゆえに、全米チャートNo.1に輝いたのである。

（九）『六輔その世界』4

この本、著著名とも永の主演だが、監督は「話の特集」編集者・矢崎泰久だったと分かる。時々第三者の文章が入ったり、永がコメントを書かされたりするので分かった。

永を初めて深夜放送に起用したディレクター橋本隆もある騒動の顛末をこの本で記している。…一九六九年（昭和四四）、永が深夜放送のしゃべり手として選ばれる。音楽を一曲もかけず、日本国憲法を読んだり、他の深夜放送と毛色の変わったものとして聴取者に迎え入れられたという。そんな時、永が取材でオーストラリア、ニューギニアに行き、矢崎泰久がピンチヒッターで出演、「ニューギニアで人喰人種に喰われた永の追悼番組」が企画される。八月八日のスタジオには矢崎と中川久美、そして無事帰国した永六輔がスタンバイして始まる。すると安藤鶴夫以下、いずみたく、黒柳徹子、松任谷国子十名のコメントが寄せられる。さすがに「本当に？」という談話だが、殺到する聴取者の声には泣き出すものさえいたとか。最後は永六輔の声が電波にのることで収まったという。

先の「自筆年譜」の三十九歳時に戻れば、紹介以後の永の八面六臂の活躍ぶりが記され、《この年『永六輔その世界』を出版、二十一冊目の本である》の文字が、《そして四十歳のスケジュール……てなこと出来るわけない》

がこのあと、永は己の将来予想までする。一九七三年（四十歳）「憧れの歌手生活に入る。今まで間違われた解釈で歌われ、そのまま忘れられてしまった歌を再生産するという歌手になる。テレビには余り出ないで、自分のラジオ番組と地方巡業で歌う。四十五歳の誕生日に引退、全国縦断引退興行をはなばなしく展開、二度と歌わない」

「四十五歳から本格的に陶芸の作家生活に入り、日本橋三越で陶芸展を開き、無形文化財になれるように運動する。続いて主婦対象の陶芸教室を経営、浮気の相手も引き受ける。むろんこういう間もラジオには出演し、毒にも薬にもならない随筆なども書いたりする。生活が乱れている割には陶芸作品が認められ、ニューヨーク近代美術館から展覧会の話がきたりする」

一九八三年（五十歳）「日本での仕事をすべてやめ、娘と一緒に海外へ脱出、半年ずつ、米、佛、ソビエト、中国、スペインと場所を移し、語学の勉強をし同時に娘二人にムコ探しをさせる」

一九九三年（六十歳）「生まれ育った浅草へ帰る。下町の人情に甘えながら、そろそろ小説を書く気になる。それは懸賞募集にだけ応募することにする。もしベストセラーにまでなることがあれば、その金で小さなホテルを高原に作って、その支配人になる。適当のところで支配人は女房にゆずり、僕は旧友を訪ねる旅に出る。」

一九九八年（六十五歳）「友達を尋ねいやな顔をされるまで世話になる。別れた女も探し出す。勿論、こうしたことが出来るように若い間に友達に貸をつくっておきたい。この五年間で完全な嫌われ者になる」

二〇〇三年（七十歳）「仲間の誰からも相手にされない。誰もが僕の死ぬのを期待しているような雰囲気になる。しかし、十代二十代の若者は利害関係がないから、僕は若い世代におもねって彼らの人気を集め、教祖的存在になる。六十年安保、七十年安保、三里塚闘争の傍観者としての体験を生かす。革命が失敗すれば即座に若者を裏切り、成功すれば銅像を建てさす」

二〇〇八年（七十五歳）「不思議に七十歳まで生きている自分は想像出来るが、七十五歳になると急に不安心になる。もし七十五歳まで生きていたら生まれ育った寺に戻り、旧友の命日を調べて墓参りをして…。」

本の末尾に山下勇三「悪友その世界」と永昌子の「旦那その世界」が載っている。山下の結び。《六輔を見物していると、面白くてあきない。それに便利な存在でもある。私が、たまに外泊して帰ると、カミさんは／「出ていけ！」の声と共にコップを投げつけるが、「まて、まて！六輔をみろ。週に一度しか帰ってこないのだぞ！」／「それもそうね。昌子さんにくらべればワタシのほうが、なん倍も幸せだワ」／カミさんは私の顔を愛情と尊敬のまなざしで眺めながら、顔も長すぎないし、声もしぶいし、三十代主婦よりも若い娘に人気があり、毎日パンツははき変えるし、顔も洗えば歯もみがくし、チャンと酒も呑めるし、三日に一回も尻もなでてくれるし、普通の人を亭主に持てて本当によかった！とつぶやくのです。》

二人の全文を想像してほしい。

（一〇）その死まで

永は『六輔その世界』を出した三十九歳から四十四年、八十三歳まで生きる。そして未来予想＝願望（？）は殆ど外れる。当たったのは「歌手」として、一時野坂昭如、小沢昭一と三人で「中年三家」として活動したことくらいか。

今度、永の資料調べをして「見たかったなあ」と思ったテレビ放送がある。永と岩井はんじ・けんじの司会で、あの『わらいえて』を原作とした『芸能わらいえて＝目で見る百年史』が一九六七年、NET（現・朝日放送）系列局などで放映されたこと。ゲストに花菱アチャコ、柳永二郎が出ていたらしい。

よく聴いたラジオ番組は、もう晩年に近い時代の「ラジオTOKYO・土曜ワイド」で、言葉がよく聞き取れないのに変に魅力があった。そして乗車したタクシーが衝突、トタンに言葉がはっきりしたという話をどこかで聞いた覚えがある。テレビは「夕焼け」を追う番組で、永が、私の思い出の地・谷中を歩く放映などが忘れられない。

そして没後の追悼記事の多さ。私は前回まで紹介した『六輔その世界』の「演出者」矢崎泰久が朝日新聞（二〇一六・九・一一読書頁）に寄せた「ひもとく＝永六輔その世界」と、同時期の朝日（二〇一六・八・一七文芸欄）に載った五木寛之・談の「大衆文化（を）表に引き上げた」に、共感した。

矢崎は書く《永六輔を作家としてくくるとすれば彼の全著作はすべて短い文章によって書かれている。（略）長編小説やドキュメンタリーにも挑戦するのだが、いずれも挫折している。（略）昭和ヒトケタ生まれ、小国民と呼ばれる軍国少年であった。（略）そして学童疎開から戻ると東京は焼け野原、浅草生家・最尊寺は跡形もなかった》

永は何を試みても安心出来ない、次々と新しいものにチャレンジしたが、どの現場でも何より言葉を大事にして生きた、と矢崎は言う。矢崎の結び。《徹底した反骨精神は反権力、反権威につながっている。叙勲制度には反対の立場を貫いた。理由として「天皇制に反対です」と堂々と言った。天皇は嫌いではない。むしろ同世代という連帯感もある。しかし軍国少年だった頃の屈辱感は消えることは無かった。》これは永と同年生まれの矢崎の考えでもあったし、やはり同年生まれの私の思いでもあった。

もう一つは五木寛之の談話。《永六輔さん、大橋巨泉さん、そして昨年亡くなった野坂昭如さんと、戦後の旗手たちが、ここへきて一斉に退場されたという感じがありますね。》と語り出す。《みな早大に入って中退、二十代で出会っている。ライバル意識もあり、つるむことはなかったが一目置いている同志でもあった。この辺りはすでに永の言葉にもあったわけだ》そして中段、五木は《誰も指摘しないことですが、彼らがこうした舞台に行き場を求めていった背景には戦後のレッドパージの影響があったと僕は見ています》と断り、永、大橋、青島幸男にしてもオーソドックスに行けば「左」だったはずの人達が屈折してテレビやラジオに行った、それは唐十郎や寺山修司、日活ロマンポルノなどもそういう流れで見る必要があるのでは、と言う。《そういう彼らが晩年になって、それぞれ反戦の思いを語った。「どうせこの世は冗談」をスピリットにしていた人たちが、冗談を言っている余裕がなくなった時代になって、最後に本音がぽろっと出た。僕はそんな気がしています。》と結ぶ。これは五木自身の気持ちを重ねたものであろう。

今年、朝日新聞は七月三日~七日、五回に亘って「永六輔の大往生」を連載した。筆者は宮島裕美（記者か）。これは永の長女・千絵、次女の麻理さん、医師たち、訪問看護師、ケアマネージャーに取材、構成したものである。

まず永は、パーキンソン病と分かる。同時に前立腺がんでホルモン療法を受けていることをラジオ番組の中で公表。一一年一一月、自宅で転び、「大腿骨頸部」を骨折する。入退院し、車椅子で移動するようになる。ラジオは続け地方講演にも出かけた。

一五年の年末に「背中が痛い」と訴えるようになり、一六年一月三日自分で立つことが出来なくなる。前立腺がんが背中の骨に転移していたのだ。私の連載第一回は、それでも黒柳徹子との「約束」だからテレビに出たのだろう。すでに「要介護５」と認定される。娘達が自宅で看護に当たった。麻理さんが「あたりめ」を手渡すと、永は二本しゃぶって口に入れた。のみ込みそうになるのを引っ張り出すと、永が「あぶないね」と言って、親子で笑った。

翌一月七日の午後二時半、二人の娘と家族らに囲まれ《永さんは旅だった。》

3　若き古本屋の恋

1昭和二十八年（二十歳）

八月十六日（日）曇時々雨

夕方、雨は降ったりやんだりしていた。

それでも、千住に花火があるとかで、土手まで見に行くのか店の前を沢山の人が、荒川にかかる堀切橋の方へゾロゾロと歩いて行くのが見られた。町は賑やかだった。自分の小さな古本屋へもよく人が入った。

銭湯から帰ると、自分はシャツを脱いでランニングのまま店番をしていた。傍ら、ノリとハサミで建場から買って来た雑誌の表紙に裏打ちする仕事をしていた。顔を上げると、何人かの客に交って若い娘が本を見ている。半袖のブラウスに黄色い長めのスカートをはいて、髪は短かく切られていた。自分はその細っそりとした若い娘に、百合ちゃんのユの字も思い出さなかった。ふとその娘がこちらを向いたのだ。自分は、何と言ってよいか分からないほど驚愕した。百合ちゃんの笑顔がそこにあったからだ。

そのことをどんなにか望んでいるのに、もう諦めて期待もしない、――そんな心持の自分だった。

彼女は、挨拶の言葉を何か言った。が、自分は、

「知らないよ」と言って、外へ飛び出して行って大きく溜め息をついた。

ランニング姿で雑誌の直しなどしているのを見られた、という体裁悪さの照れ隠しもあった。し

—社員慰安旅行（昭和28年）—

かし、すぐに嬉しさにそんなことは忘れた。かつてこれほど、嬉しい驚きを感じたことはなかった。店内へ戻っても、そわそわして一時も座ることが出来なかった。すぐに立ち上がってしきりと狭い店内を歩いた。西條八十の『抒情詩選』という本を一冊、奥の自分の本棚から抜いて百合ちゃんに上げるため手に持ち、母に店番を頼んで二人で外へ出た。向島に住む百合ちゃんを、東武線の堀切駅へ送って行く途中の堀切大橋の上で私は百合ちゃんに言った。

「百合ちゃん、民ちゃんとのこと、許してくれるの?」

「ごめんね。今日はお別れに来たのよ。でもその前に、私の初恋の人の小さな古本屋を見て置こうと思って……」

自分は駅まで百合ちゃんを送り、桃色の表紙のその詩集を手渡した。思えば、この本や生田春月の詩集から写して行って詩を、工場の休み時間に彼女に上げたことが彼女との文通の始めだったのである。

春立ちぬ

春立ちぬ　春立ちぬ
我が泣けばとて十五の春の返らんや
紫の長き袂をひるがへす
少女とひとははやせども

大いなる羽子板に
我が隠すなる胸の憂ひを誰か知る
紅のひろき帯して華やげる
少女とひとはうたへども

この巻頭詩を見る度に、自分は百合ちゃんを思い浮かべていたのだった。

百合ちゃんは、いつもの可愛いエクボを見せて始終にこにこしていた。買って上げた切符を手に改札口を通り、ホームへの階段の手前でこっちを向いた百合ちゃんは、今日初めて見せる悲しそうな表情をした。そしてピョコンとお辞儀をして、ホームの階段を駆け上がって行った。

夜、自分は百合ちゃんを裏切った直後に貰った、二ヶ月半前の彼女の手紙を広げて見た。

何度も何度も読み返したあの便りを、私は民ちゃんに見せた。彼女は感激かうれし涙か知れぬものを目に一杯浮かべて私の顔を見た。

あなたの心変りのお手紙、読む度に涙が無性に出てくる。初恋をしたと思ったらもう失恋である。短い私の青春だった。色々の楽しみや悲しみをともなった三ヶ月間を思い出しては涙がにじんでくる。

最初このお便りをもらった時、私はあなたを憎んだものだ。でも私のようなものなどと思い、朗らかな民ちゃんにひかれたのは無理もないことだし、悲しく自分の胸に言い聞かせた。この苦しみ、何とも言えぬわびしさが胸一杯になる、同時に涙が次から次とあふれ落ちる……。

私は民ちゃんがいつまでも幸せにあなたとくらして行けるのなら、そしてお互いの為にもそれが一番よいと思ったからあのお便りを見せたのだ。その結果、民ちゃんはただ一言、「本当に悪いわ」とおっしゃっただけだった。私はそれで満足だった。

あなたは〝荒城の月〟がとてもお好きだった。私はあなたに〝越天楽〟の歌をお教えしたっけ。あの頃は本当に楽しかった。今でもこの〝越天楽〟を唄うと涙になってしまう。本当に泣き虫だと思うでしょう。この頃はすっかり無口になってしまった。私がおとなしくなれば工場も少しは静かになる。

そう、お便りもらってからの私は泣き虫。毎夜お便りを広げ、あなたのことを思い出してむせび泣きをする。民ちゃんからそんな私に、「今度青木さんの家へ行こう」と言われた。もちろん私は承知した。でもあとでなにか落ちつかぬ感じがした。行って見たいし、又行ってはいけないようにも思う。一体どうすればよいのかわからなくなってしまう。今頃あなたは民ちゃんのことを思いながらお仕事をしていられるのではないかと思うと、なにか得たいの知れぬものがおなかの底からこみ上げてくる。

「私は強いように見えて弱かったのだ」これが結論になることは確実である。

×　×　×

あなたのいない工場へ出勤したのは今日で三日目、実に淋しいものです。たった三日しかたっていないのに、もう一年も二年も逢わないように思えるのです。私は自分でもわかるくらい無口になりました。考えてばかりいるのです、あなたのことを……。何らかのお便りをお待ちして居ります。（六月四日）

要するに自分が馬鹿だったのである。今、その報いを受けているのだ。

九月十四日（月）雨のち曇

夜、八時頃である。三日ほど前、棚の第一書房版『近代劇全集』を八冊抜いて、取って置いてくれと言って帰った若い女があり、今日やって来た。

あんまり美しく、かつ愛嬌がよいので、今日半分持って行くという四冊四百円を三百五十円に負けてやった。自分は女に甘い男である。眼に独特なハニカミを見せて笑う美しい女なのだ。そして斜めに首を曲げてお辞儀をする美しい女なのだ。ああ、こんな女を妻に出来たら、男はどんなに幸せなことであろう！丁度映画雑誌を見に来ていた、近所の踊りをやっているこまっしゃくれた和服姿の娘の影が、どんなに薄く見えたことか。

自分は時々娘の客に惚れる。

九月十五日（火）晴後曇

昨日、あの眼に独特のハニカミのある女が来、『近代劇全集』を又一冊買って行った。釣りを渡す時、微かに触れた掌の暖かな感触……そしてあのハニカミのある瞳と細っそりした体つき……。眼にしているだけで胸が痛んだ。

「この全集、もっと手に入るでしょうか？」と女は言った。

「ええ、出来るだけ探して見ます。どうか時々寄って見て下さい」と自分は言った。その瞬間、本の間へそっと手紙を忍ばせることなど想像したりした。彼女は友達を連れていた。二人して何か話しながら帰って行く彼女の後ろ姿を、自分は外へ出て暫く眺めていた。

十月七日（水）晴

例の、眼にハニカミのある女が来た。

今日は本を買ってくれと言う。本を前にして自分はドギマギと慌て、中々値が思い浮かばない。

「幾らでもいいんですよ」と女は言う。

でもお客さんによるんです、――と胸の中で言っている。千円でも買って上げたい。

「百五十円で戴きますけど——」とやっと言った。

「合うんですか？」と女。

「ええ、儲かるから買うんですよ」と、心にもない、不味い言葉が出てしまう。

彼女の去ったあと、満足に顔一つ見られなかった自分に気づく。第一自分は、古物商として、古物営業法の義務である身分証明書の提示を求めることさえ忘れていたことに気づく。

十月八日（木）曇後晴

昨日、例の『近代劇全集』の女から買った本の一冊に、to mis Nisimura と英語で書かれたものがあった。女の名は西村というのか？　何故自分は、買入れに必要な身元の確認をしなかったのだ。それさえしていれば、名前、年齢、勤務先（又は学校名？）さえ分かったのに！

読書の秋の、その秋なんだが、どうしたものか今日は余り売れない。が、それでも今日金額は二千円先売れた。もっとも、その内殆んど儲けなしの『資本論』の揃いが千二百円なので——。

十月九日（金）曇後雨

例の、『近代劇全集』の女の夢を見た。

雨の日だった。自分は、とある町を歩いていて、ふと見つけた古本屋へ立ち寄ったのである。するとその店に、『近代劇全集』の女が店番していた。相手もすぐ自分に気づいたらしかった。

「何だ、古本屋の娘だったのか」と思いながら、自分は咄嗟に何事か話かけている。どうやら、相手も自分が好きらしいのだ。

「あなたのような美しい方に、恋人がいない筈はないでしょう？」と言うと、「本当にいないんです」と女は言った。帰ろうとすると、女は立って来て自分の背中へ顔を伏せてしまう。そして一生懸命愛の言葉を囁き始める……残念だがそれからあとははっきり思い出せない。

――が不思議なのだ。そんな夢を見た今夜、女がやって来たのだ。自分は母に店番させて、奥で寝ころがっていたのだが、ふと起き上がって店を覗くと、女は本棚を見上げて店に立っているではないか。女は相変わらず美しかった。ああ、片思いも楽しいもの……しかしこれでもう来なくなってしまったら……。

十月二十八日（水）雨

「とんでもありませんわ。私のような者を……」

取り返しのつかぬことをしてしまったという悔い。今、自分の心は泣いている。何が悲しいのか？　何が？

自分にも美しい恋の夢はある。清い心はある。どうしてこうも弱く生まれついたのか。何も言えなかった自分が悲しい。

彼女は自分を哀れんだのか？

「とんでもありませんわ。私のような者を……」

それとも自分の心を知ってくれたのか？　そしてこの言葉が答えだったのか？　しかしそれでは

余りにも話がうますぎる！　　　　　　　　　　　　（女の帰った直後・記す）

午後、母に店番をさせ、本の仕入れに溜めてある金を持ってあやしげな街へ行った。

夜、自分が今本当に恋をしている女の人が来る。

「とんでもありませんわ。私のような者を……」

これがその人の言葉。自分は、ただ九十円の本を、

「七十円にして置きます」と言っただけなのに……。

自分はその人に対し、真実一つも性欲を感じていない。顔一つまともに見られないのだ。本当の姓名が知りたい。ただそれだけでも今の自分は満足だ。決して汚い気持からではないと、神にかけて言える。

十一月二十一日（土）晴

夜、久し振りに『近代劇全集』の女。赤い毛糸の帽子が印象的だった。しかしまともに顔を見ることも出来ない。

十一月二十二日（日）

ちょっと使いに出た時、男と何か笑い興じながら歩いて来る『近代劇全集』の女を見た。お勝手を出、路地から通りに出て、元宮橋の方へ通りを突っ切ろうとしたら、左から来る若い女とぶつかりそうになった。自分はそれを避けて、駅の方へ去って行くその女を眺めた。すると自分の眼に入っ

たのは、その女の後ろ姿よりも、向うから若い男と何か話しながら笑い声を上げてやって来る『近代劇全集』の女だった。

元宮橋にかかってから振り返って見た。同行の男が、さして美男子でもなかったので安心した。気づかなかったのか、女はこっちを向かずに行ってしまった。

――ともあれ、今日一番胸に淋しかった出来事。

十二月十一日（金）晴

夕方、『近代劇全集』の女が店へ入って来た。

「本を買って戴きたいんです」と女は言った。

「はあ、どうぞ」と言って、自分は女の出した風呂敷包みを受け取った。

自分は顔の火照るのを感じた。眼の前に女の胸元があった。自分は衣服に包まれた女の胸の膨らみを見た。豊かさは感じられなかったが、それがかえって何にも替え難い知的な美しいものを自分に感じさせた。自分が風呂敷を開くと、女は二、三冊ずつ本を取り出して自分に渡した。『レベッカ』三冊揃やベストセラーの『叛乱』（立野信之）などが出て来た。その一冊を、女は繰って見て、

「何か入ってると困るわ」と言った。

自分は、いいえその方がいいんですよ、と心の中で言った。本はみんなで八冊あった。四百円まで買えるな、と思った。しかし魔がさすように商売っ気が出た。

「三百円ばかりなんでけど」と言ってしまった。「よろしいですか？」

「ええ、いいですわ。第一そう予想して来たんですから」と言って連れの妹らしい十五、六の娘の方を見返して言った。

自分は女に三百円を渡し、有り難うを言った。

「今度は少しは増しなものを持って来ますから」と女。そして「随分お店の本が充実して来てますのね」などとお世辞を言った。

「大したことなくて」と自分は恥ずかしくなるのであった。

そのあとも女は二言三言話しかけて来た。自分は胸高鳴らせながらそれに答えていたが、すっかり上がってしまい嬉しさと同時に恐ろしさを感じていた。もう話かけるのはやめて下さい、と心の中で言った。女に幻滅を感じさせてしまう破滅が恐ろしかった。自分が幾らかしこまってキチンと座っていても、家の中で弟妹達がケンカでも始め、それへ母が金切り声で叱りでもしたらもう自分には破滅なのであった。

幸い、姉妹はそんな事態を見ずに間もなく美しいお辞儀を残して出て行ったが、すぐに自分は、重大なことを忘れていた自分を後悔した。又も女の住所氏名の確認をしなかったからである。

十時頃、女の持って来た本を繰っていたら、その一冊から姉妹の写真が一枚出て来た。正直のところ、自分は何かを期待して本を繰ったのだった。これでは余りにもうまく出来過ぎていると思った。故意に？　と思ったがすぐ又否定した。天が逆様になったってそんなことはないだろう。同じくもう一冊の本の見返しのところに受講証というのまでが入っていた。西村公恵と書かれてあった。

2昭和二十九年（二十一歳）

五月七日（金）曇

昨夜のことだ。

今これを書いている例の二畳たらずの板の間で、建場から買って来た雑誌の修理をしていた。ふと、店番している母の方を見ると、本を買って釣りを待っている『近代劇全集』の女が立っていた。彼女を見るのは何ヶ月振りであろう。何か、見ない間にずっとお姉さんになってしまったように思える。ふと女はそのハニカミのある眼でこっちを向きかかり、又向うへ戻ってしまった。自分は思わずギクリとし、誰も見ていない中で自分の顔が赤くなって行くのを覚えた。

早く行ってしまって欲しかった。自分の貧しい境遇が思われて淋しかった。間もなく女は帰ったが、自分はずっと市場へ出品するための雑誌の直しを続けた。

六月十一日（金）雨一時曇

明け方（だったと思う）夢を見る。

それは、昨日母親らしい女と一緒に本を売ることを聞きに来た娘に違いなかった。娘は昨日、「読んでしまった文庫なのですが、買って戴けるんですか？」と店番している母に聞いた。その時、今これを書いている二畳の板の間にいた自分は母に呼ばれて出て行き、その娘に言ったものだ。

「ええ、何でも買いますよ」と。

「二、三日中にでも、持って来ますので」と娘は言った。

傍らで品のよい娘の母親らしい女が、

「お米の通帳でも持たせればいいのですか?」と言葉を添えた。

「ええ、お願いします」と自分。

――母親と娘はそれで帰って行ったが、その時自分はその娘について思い出したのだった。あれは確か四、五日前の雨模様の午後であった。自分は例のあやしげな街へ行くべく、堀切菖蒲園駅のプラットホームへ上って行ったのだった。自分は千住大橋駅で降りた時に改札口が近いのを考えて、ホームの外れ近くまで歩るいて行った。この時雨はやんだが風が強かった。屋根のないホームの外れへは誰も人が出て来なかった。そこへ出て行ったのが、夜学へでも通う感じの彼女だった。自分も又その娘に釣られるようにして、風の強く吹くその屋根のないホームの外れへ出て行ったものだ。どこか遠く見詰めていたその横顔が美しかった。娘は派手な顔立ちではなく、地味で清楚な感じの美しい人だった。自分はすぐに惚れ込んでしまい、遠く離れたかつての恋人百合ちゃんと比較し、娘は百合ちゃんよりももっと美しいと思った。――そうだ、その時の娘だったのだ。

六月十三日(日)曇

それはもう明白なことなのだ。自分はあの娘に恋をしたのだ。相手がどうあろうと誰が何と言ったところで、自分は彼女が好きなのだ。嘘でない証拠に、今自分は泣きたいほどの気持でこれを書きかけている。こんな気持を恋と言わぬなら、この世に恋なんてあり得ない筈だ。そしてその恋しい気持の中に、これっぽっちの性欲もないのだ。自分はさっき、一度だって彼女の胸の辺りを気にしなかった。身の程を忘れて、いつの日か俺は恋を告白するんだ、――と、自分は彼女がやって来たさっき、決心したのだ。

――今日、自分が世田谷の仕入れから帰って来た時だった。店番していた母の前に、五、六冊の文庫本と、美術の本二冊が置いてあった。そうだ、確かにそれは恋の力なのだ、自分は直感した。これはきっと、先日の母親と連れ立ってやって来た娘が持って来たものに違いない、――と。

「お前、これ、夜来るって――」と母は言った。

「どんな人？」と自分。

「知らない人さ」と母は言った。

女の人？　とは聞けなかった。自分は夕方、弟を連れて銭湯へ出かけた。彼女の来るのを意識して出かけたのではなかった。しかしお風呂屋の鏡の前で、不器用な手付きで顔にカミソリを当てたのは彼女を意識してのそれであることは事実だった。

銭湯から帰ると、早々に夕食を済ませて店番をした。早く来てくれればいいのにと思った。二百五十が買う相場であった。しかし断じて三百円と言おう。

しかし娘は中々やって来なかった。来たら、何とか娘と言葉くらい交さなくては。丁度自分は丹羽文雄の『小説作法』を読んでいた。彼女は文庫本の内容を見る限り文学少女のようだから、これお読みになりました？――と聞こう。そして読んでいないと言ったら、じゃあ二、三日内に読み終りますから読みません？　面白いですよ、——と言おう。そして自分は本を渡す日までに恋の手紙を書いて置くのだ。そして本の間へ……。

娘はさっき、——九時頃にやって来た。

「あのう、昼頃に本を少しお預けしたのですが……」

「はい、これですね」と自分。「三百円で戴きますが——」

「そんなに買って戴けるんですか？　お願いします。母にこれを持ってくように言われたんです」

と娘は米穀通帳をそこへ出した。

どうやら父親がいないらしく、母親の名らしい〝生島スギ〟というのが筆頭者で、男、女、男と三人の子供の名があり、恵子というのがどうやら娘の名らしい。昭和九年十月三日生まれとあり、自分より一年六ヶ月下の今十九歳である。自分は、「恵子さんが、そうですね」と言って確認証に写した。

自分は写し終えた米穀通帳に三百円を添えて娘に返した。

「どうもすみません」と生島恵子。

「有り難うございました」と自分。

六月十四日（月）

今、これを店番をしながら書いている。ふいっと生島恵子が入って来るような気がする。今も見知らぬ女性客をそれと感じて、はっとした。その見知らぬ客というのも、生島恵子にちょっと体つきの似た娘なので……。

今朝、自転車で仕入れに出た。ペタルを踏んで出かかって下千葉町の方角を見たら、こちらへ歩いて来る生島恵子が見えた。その美しい顔に、魅力的な子供っぽい笑顔まで浮かべて自分を見た。

「お早よう御座居ます」と自分は呟いた。

そして、さっと自転車に飛び乗ると、彼女に後ろから見られていることを意識して元気よくペタルを踏んだ。胸の中がぞくぞくするほど嬉しかった。自分はつくずく彼女に恋をしている自分を感じた。

六月十五日（火）晴

昨日と今日、二日生島恵子を見ない。淋しい。

今日は朝から雨が降り続き、今もしきりに単調な音を立てて降り続いている。恋する心に本当に淋しい音だ。

百合ちゃんと、恋愛らしいものを始めた頃も、よく雨の日が続いたものだ。生島恵子のことが、もしうまく行ったならば、——もっともまだ相手の勤め先すら知らないのに、——自分は決して百合ちゃんとの時のような失敗は繰り返さないだろう。自分は本当にあの百合ちゃんにも純な恋を感じていた。民子に対するような、性欲の対象として彼女を考えたことはなかったのである。それで楽しかった。しかし民子には、性欲で対するより外に楽しみはなかったのである。

百合ちゃんは、——彼女は夜学の女子校生であっただけに、——民子のように肉感的な魅力だけでなく、精神的なもの、向上心といったものを沢山もっていた。そしてそういう彼女とは、ただ肉体を持つ女としてでなく、つまり性欲の対象としてでなく、恋愛を続けることが出来たのである。どんなに無理にその彼女に関する思い出を記憶の中から呼び起こして見ても、彼女の肉感的な面、——乳房がどうだったの何がどうだったのという感情は起きないのである。

ただ漠とした彼女が、容姿は単に可愛いかったというに止まって、交した沢山の手紙、交した沢山の言葉などしか思い起こすことが出来ないのである。虫のいい考えではあるが、本来ならまだ続くことの出来た綺麗な恋愛であったかもしれないのだ。それを破ったのは民子の出現である。しかし馬鹿だったのは自分である。自分が古本屋を始める頃には、民子からも自分は捨てられてしまったのだ。

今、十時五分すぎ。もう閑散である。生島恵子が寄ってくれれば本当に嬉しいのだが……とこれを書きながら駅から流れて行く人々の群を見たら、生島恵子らしい後ろ姿がすっと北へ向かって消えて行った。慌てて表へ出て見たのだが……もうそれはずっと向うの暗い中で、ただ若い娘のシルエットとなっていた。果してそれは本当に生島恵子であったかどうか……。

ああ、悲しいことだ。恋の告白は自惚れがあってこそ出来る。自分よ、もっと自惚れろ。この顔で？　否、顔は兎も角としても、兄弟八人の総領というこの環境で？　しかし、人の値打ちは外観や境遇ではない筈だ。馬鹿、自分の精神は外観や境遇なんかより、もっともっと愚劣なのだ。それは誰でもないお前が、一番よく自覚していることではないか。

しかし、やっぱり生島恵子が恋しい。

少なくとももう今夜は来る筈のない彼女だ。来たら、自分は言おうと思っていた。それはごく平凡な質問、

「どちらの学校へいらっしゃってるんです？」又は「どちらへお勤めなんですか」そして、「随分本がお好きなんですね……特にどういうものがお好きなんですか」などと。

もう十一時だ。前の新刊本屋も閉め始めた。こっちも閉めようと思う。

六月二十四日（木）晴

今日は朝方百合ちゃんの夢。長い、はっきりした夢だった。そして、やっぱり彼女に対しても性欲はあった。

向島の市へ行く。

六月二十六日（土）雨

昨日の夕方、生島恵子を見た。店番に座っていた自分が、ふいっと頭を上げると、彼女が雨の中を傘をさして駅の方へ向かいながら、傘をかざすようにしてこっちを見る。そして、美しい笑顔で頭を下げて……ああ、あんなに美しい娘が……。

六月二十七日（日）

さっき、（そう午後二時頃）生島恵子が来た。彼女は今日も本を売りに来た。自分などまだ読ん

だことのない本ばかりだ。そしてその一冊に、たしかに間違いない彼女の筆跡で、先日身元確認証に写したと同じ所番地と名前が書かれてあった。それは百合ちゃんのそれと似た綺麗な字なのだ。今日は文庫が八冊と単行本が二冊であった。三百円で買えば損はないと思った。しかし先日の時も三百円だった。同じ値と言うのは気が咎めた。自分はチラリと彼女の方を見た。彼女は店先で騒いでいる近所の子供達の方を見て笑っていた。

「済みません、三百五十円で戴きますけど——」と自分は言った。

六月二十八日（月）

先程、あなたを見ました。こっちは向いてくれませんでしたね。ただ、真っ直ぐを向いて。希望に満ちたあの独特な歩き方で。そう、あなたはいつも真っ直ぐを向いて歩いて行かれる。めったに横などお向きになりませんね。でも時々は私のために向いて下さるんですね。この次はきっとこっちを見て下さいね。今日は、はっとして、ただ後ろ姿だけでも見ていたくなりました。慌てて下駄を探したんですが、誰かが出て行ったのか店に下駄がなかったのです。お勝手へ廻り外へ出ました。もうずっと向うの方に、あなたの後ろ姿が……。

六月二十九日（火）雨

夜だった。自転車で広沢さんのところまで行った帰途、『近代劇全集』の西村公恵に会った。半年ぐらい会っていなかったので懐かしかった。

「今晩は」と自分は頭を下げて言った。

女も頭を下げて、

「今日は」と言った。

今晩は、とは言わなかった。今日の女は例の写真そっくりの顔であった。よく店に来た頃のにこにこした顔ではなかった。自分はしかし少しも恋の苦しさなど感じなかった。自分の気持はすっかり生島恵子のことで一杯なのである。

閉店後銭湯へ行って考えていたのは生島恵子のことだった。彼女に自分の総てを聞いて貰うのだ。自分は毎夜、彼女に話しかけるつもりでそれを文章に書くのだ。——つまり、実現は出来なくても、そういう形式で自分の総てを書いて置くのだ。余りにも貧しく、そして余りにも醜い自分の心と肉体の過去を書き記して行くのだ……。

今、店番して一人座っている。

店には誰もいない。しかし今仮りにもしここへ生島恵子が来たらどうだろう？　この機会に、自分は日頃の思いを吐くだろうか？　とんでもない、かえって人のいる前でよりか、もっと素っ気ない態度を取ってしまうに違いない。

七月十五日（木）雨

二日続けて、現実の自分と関連した夢を見た。言わば性的な夢である。とうとう生島恵子を性的にも思い始めているのだ。

一昨夜（多分、昨日の朝方）の夢は生島恵子に似た小柄な美しい娘を腕に抱いた夢。歩行中に会うかどうかして愛を告白したところ、彼女も自分に恋をしていたことを打ち明けるのだ。そして接吻や抱擁に無抵抗な娘と共に、幸せな語らいを続けながらどこまでも無人の道を歩いて行く……。眼が覚めてからも、その娘との接吻の実感は生々しかった。つくづく夢と過去、現実とが大して違いのないの感じた。

昨夜(又は今朝方)の夢はこうである。やはり相手は若い娘、——もっともこの日のはもっともっと誰だったかはっきりしないのだが、——とにかく前に接吻くらいしたことのある娘と夜の町で会うのだ。そして自分を見るなりどんどん娘は逃げて行ってしまう。自分は女のあとを駈け足で追った。すると向こうから娘が巡査を一人連れてやって来るではないか。しまった、と思ったが逃げようにも足が思うように動かず、自分はすぐに巡査に捕まってしまう。知った娘なんだと、いくら言い訳しても巡査は聞いてくれない……。

昨日までの日記を書いていたら、突然百合ちゃんがやって来た。(これは現実に、である。しかし夢であったとしても、現在の自分には大した変わりがない。)

店番は母がしていた。自分は机に向かって、——従って店に尻を向けてこの日記を書いているところだった。母に何か話しかけている若い女の声を聞いた。

「孝之のお友達だすか?」と母が弟のことを言った。

自分はある予感がして店の方を振り返った。微笑んで、いつもの可愛いエクボを見せて百合ちゃんが立っていた。去年の八月、丁度古本屋を始めた頃にやって来た百合ちゃん。今日はお別れに来たのよ、——と言っていた百合ちゃん。何で又やって来たんだ。嬉しいのだが、迷惑なのだ、——そういう気持を感じて店へ出た。自分の顔は不自然に百合ちゃんに向かって笑いかけているのを意識した。すぐに百合ちゃんを正視することも出来なかった。

「暫くね、すっかり御無沙汰しちゃって」と彼女は言った。

自分は何も言えなかった。言えない自分の気持を、胸を割って彼女の前に見せたい思いだった。彼女は普段思い出していたよりもずっと美しかった。髪は少女風に去年来た時よりもっと短くしてしまっていた。そしてネズミ色のレインコートを着て、雨靴を履いていた。手はナイロンか何かで出来た白い手提げを持っていた。どこのお嬢さんかと思われるほど垢抜けした娘になっていた。

「上野から青砥まで行く途中だったんだけど、ホームに堀切菖蒲園って書いてあったら急に降りたくなっちゃったの」と言った。「別に用もなかったのよ、すぐ青砥へ行かなくちゃならないの」

彼女は店の中を見廻していた。

「ね、ちょっと待ってて。一緒に青砥まで送るから——」と自分。

「あら」の彼女は驚いたように言った。「何か御用があるの？　青砥に」

復讐されているな、と自分は思った。自分はお勝手で傘と長靴を用意して店に廻った。

「もう学校の方、三年生？」などと自分は聞いた。

自分はポケットへ百合ちゃんに合うような内容の新潮文庫を二冊忍ばせておいた。やがて二人は外へ出、雨の中を駅の方へ向かった。一緒に出たことを、彼女は別に嫌がってもいなかった。駅へ

着くと、切符は自分が買った。電車はすぐ来てしまった。電車の中で、

「私、随分変ったでしょ」などと百合ちゃんは言った。

「ああ、美人になったよ」と自分は言った。

「いやね、そんなことじゃなくよ」と彼女は笑った。

青砥駅に近づいた頃、ポケットの文庫本二冊を渡した。

「悪くてもう行かれないわ。いつも貰うばかりで」

自分も青砥で降りてしまった。自分のさしかける相合傘で、(これればかりは事実で――、)そうて恋人同志の如く笑いながら、(これも第三者が見ればそう見えるだろう、)彼女の歩く方角に向かって歩いた。しかし気持は暗かった。彼女が青砥の石島という男の所へ来たのに違いないのを、自分は知っていたのである。黙り続ける自分に、

「青木さん、相変らず本ばかり読んでるんでしょ」と百合ちゃん。

「最近はそうでもないよ」と淋しい気持で答えた。

「青木さん、御免なさいね。あそこの角まで――」と百合ちゃん。

そしてもう一言二言百合ちゃんの言葉があって、二人はその街角で別れた。自分は去って行く百合ちゃんの後ろ姿をずっと見送っていた。彼女が不意にこちらを振り返った。自分を見つけて軽く頭を下げた。ずっと遠くへ行ってから彼女はもう一度後ろを振り返った。その時もまだ自分はそこに立ち尽くしていたのである。

帰途、青砥駅のホームで、上りの電車の中で、何も言えなかった自分を思った。何も言わなかった百合ちゃんを思った。何のことはないのだ、今の自分達には、もう友情すらないのだ。今日来たのも、女の気まぐれでしかなかったのだ。ただ別れ際に言った百合ちゃんの一言だけが意味ありげに思い浮かんだ。

「小説が出来たら、是非送って下さいね。小説よ」と念を押すように言った。

それは、手紙さえ出してくれるな、という意味なのであろうか……。

七月二十七日（火）曇

夜遅く、生島恵子が寄った。暫く見ていて、出て行く時に自分の方を見てお辞儀をした。

自分は咄嗟に、この二、三日思い詰めていたことを実行した。

「失礼ですが」と自分は生島恵子に声をかけた。「これ、読んでなかったら差し上げますけど、」

それは三島由紀夫が戦時中に出した『花ざかりの森』という、先日市場で買った雑本の山の中に入っていたもので、割と分厚な小説集であった。驚きながらも笑顔で受け取って、

「読んでいません。でもいいんですか、戴いてしまって」と生島恵子。

「ええ、よく三島由紀夫のものを読んでおられるようですので。これ、十六、七歳頃発行した本らしいのです」と自分はちょっと口篭もりながら言った。

彼女が帰ったあと、自分は今日の自分の勇気に改めてびっくりした。

しかし彼女が店で棚の本を見ていた時に、母が暑いので乳房も露わに出て来たことなど思い出し、

堪らなく恥ずかしくなった。人の気も知らないで、母は馬鹿だ、——と思った。すぐ又自分の親不孝が堪らなくなった。

八月七日（土）晴

朝から、建場、柳原の金沢さんと梅田の吉田さんへ行った。廻るのも大分馴れた。午後、奥でその買って来たものの整理をしていた。狭い家の中では、弟妹達がギャアギャアとケンカを始めた。それを大声上げてやめさせていたら、店番の母に呼ばれた。店を覗いたら生島恵子が、立っていた。本を三冊持って来たので百円で買った。

「この間はどうも済みませんでした」と彼女は言った。

「いや、どうも」とか何とか自分は不愛想に言った。

その時、さっきの弟妹達に上げた自分の怒声を思い出していたのである。畜生、俺は恋の出来る環境や立場にはないんだ。

八月二十六日（木）曇

昨夜、大工の田口さんに来て貰って、店をどう改造するかを相談している時に、ふと通りへ眼をやったら生島恵子が母親と歩いて行くところだった。彼女はこちらを向いて深々とお辞儀をした。そして娘のお辞儀をしたこちらを母親も見た。すると彼女がその母親に何ごとかを耳に囁いた。そして行ってしまった。自分は暫らく彼女を見ないような気がしていた。否、見たことは見たが、それは自分の方など見向きもせず急ぎ足で去って行く後ろ姿ばかりだった。

「もう自分の所へは来てくれないのかもしれない。もうお辞儀をしてもくれないのかもしれない」と思っていたところだったので、今日の彼女のお辞儀は全く嬉しかった。

所で、今朝生島恵子の夢をみていたのを思い出した。性的な夢だった。……何処か学校の教室のような所だった。何かの都合で彼女と近づく機会を得た。不意に彼女が自分の手を握ってきた。廻りに人がいたろうか？　どうもそれははっきりしない。自分も彼の手を強く握り返した。そしてこのことでさえ感激している自分の内股へ、ぐいぐいと彼女の腰を入れて来るのだ。――つまり彼女の夢には違いなかったが、それは例の悪習行為時に思いうかべる妄想の変型した表れだったのだ、と今では考える。

ともあれ、現実の過去とも大差のないほど生々しい夢の記憶を、今日一日中何度も何度も頭に描いて彼女を思った。そして現実の彼女も、夢の中のように案外自分の恋を受け入れてくれるのではないかと自惚れて見た。ああ、しかし自分がこれ以上の行動を起こすことを阻む、八人もの兄弟の長男という立場が変ることはないのだ！

八月二十八日

昨日は終日家にいた。午前中は店の棚整理、午後はただ無為に過ごした。夕方生島恵子を見た。細っそりした小柄な女だ。縁の広い紺の帽子がよく似合っていた。何処かの帰りなのか、もう一人の友達らしい娘と下千葉町の方へ歩いて行った。自分はいつまでも店の前に立ってその後ろ姿を見送っていた。自分には矢張り高嶺の花なのだ。

——とは思っても、誰か他の男と親しげに文学など語っている彼女を想像すると堪らなかった。

九月二十二日（水）曇

ずっと風邪で苦しんで来た。本当に治った気分になれたのは昨日あたりからである。

昨日、百合ちゃんから手紙が来、弟が渡してくれた。やはりドキッと胸が締め付けられ、正直嬉しくもあった。しかし開封して読んでがっかりした。つまり、もう書く内容のなくなってしまった手紙の、何と空々しきことよ、——だ。彼女は、今でも自分が彼女のことを思い続けていることを期待し、望んでいるのだ。あの日以来、自分が書いたであろうと彼女の想像している小説が送られて来ると彼女は思っていたのだ。あの人は私に惚れている、別れ際にああ言ったからにはすぐにでも小説を書いて送って来るであろうと期待していたのだ。否、彼女は私の泣きごとを書いた手紙が来ることを想像していたのかも知れない。しかし、相手の自分ときたら小説どころではない。日記を書くこともやっとのような仕事ばかりの忙しい生活を送っていたのだ。小説はいつまで経っても送られて来ない。本当はもうどうでもよいのだ。しかし出来るならもう二、三通男の恋心を読んで見たい。手紙を書くのが好きなあの人だ、私の手紙をみればすぐにでも小説を送るだろうし手紙も書くに違いない。今度の彼女の手紙はこのような気持で書いたものだ。返事など出すものか。とは言っても、返事を出さずに何日頑張れる自分だろうか？

十一月十日（水）晴

朝方夢を見た。それはこのところやって来ない生島恵子の夢だった。愛を打ち明けて迫る自分に彼女は無抵抗であった。

自分は彼女を左手で抱き抱えて公園のような所を歩いた。生れて初めてと言ってもよいくらいの恍惚感を覚えた。それは肉欲的なものだけでなく精神的なものも一緒だった。しかし向うへ廻した左手は彼女の胸の辺りに触れていた。それは丸く小さく柔らかな可憐な感触であった。彼女は慎ましく、されるがままになっていた。

十一月十三日（土）晴

店を閉める十分前頃に生島恵子が来た。私服で、綿入れを重ねていた。自分が開け閉ての悪い戸を直そうと思って、釘を取りに奥へ入り、店へ戻って見ると彼女がいたのだ。自分は嫌な気持ちがした。戸など直そうとしている自分がいかにも見窄らしかった。彼女に会わせる自分はこんな自分では駄目なのだ。彼女は自分を感じてこっちを見た。しかし自分は知らん顔で釘と金槌を持って外へ出た。早く彼女が帰るのを望んだ。彼女にトントンと戸に釘を打ち付けるところなど見せたくなかった。自分は又お勝手の方から家の中に入ってしまった。

代って店へ行っていた母が自分を呼んだ。仕方がなく出て行くと、生島恵子が、

「あのう、『ユリシーズ』ってのありますか?」と言った。

「あ、今晩は」と、今気づいたように自分は言った。「今ないんですよ。あれ、大分長いもんなんでしょ」

「じゃ、これ三冊下さい」

「有り難う御座居ます」と言って、自分は本を包みに店番台の方へ行った。

近づいて来る彼女を自分はちらっと見た。自分は彼女を正視することが出来なかった。自分の心は恋の苦しさで一杯だった。自分は勇気を振るって彼女に言った。

「ずい分沢山本をお読みになるんですね」

「駄目なんです。纏まった読み方を全然知らないもので……。乱読ばかり。それに、読むばかりで実行出来ないんです。頭でっかちなんです」

「今、お勤めなんですか？」と、もう一度勇気を出して聞いた。

「南綾瀬小学校で事務を取ってます。夜は絵のデッサンに通ってるんですけど……」

この時、母が人の気も知らないで忙しく店を閉め始めた。その上、

「お前、戸を直すんじゃなかったのかい？」とも言い出す。ああ、馬鹿め！

「もう、お閉になるんでしょう」

「ええ」と自分。

「小母さん、遅くまでどうも済みませんでした」と母に声をかけ、自分にも頭を下げて彼女は出て行った。

十二月二十四日（金）曇

夜、自分は均一雑誌の予備を積んで置く物置に入っていた。店番の母が自分を呼んだ。そこには

誰か美しい娘が立っていた。彼女は頭に毛糸のショールを巻いていたので、初めは誰だか分からなかった。しかし出て行こうとした自分に、

「今晩は」と言ったので、声で生島恵子と分かった。

手には、綺麗に包装された小函を持っていた。そして意外にもその函は自分の前に差し出された。それは夢にも思って見ない現実の出来事であった。ああ、生島恵子が間違いなく眼の前にあり、誰でもないこの自分にクリスマスの贈り物を差し出しているのだ。

「何でしょう」とか何とか自分は言ったのであろう。

「ほんのおしるしですの、いつか、三島由紀夫の本を貰いっぱなしで……。又来年もお世話になりますから……」と彼女は言った。

「そんなこと……」と自分は言った。

「いいえ、ボーナスも入りましたので、ほんのつまらないものですが……」と彼女はにっこりと微笑んで見せた。

自分は何度も何度も有難うを言った。

十二月二十九日（水）晴

生島恵子への年賀状の下書。

「新年御目出度う御座居ます。

いつも希望に満ちた歩き方をされる人、そしてお読みになる本もどんどん進んでおられる人、今

年もお元気でがんばって下さい。
お幸せを祈ります。」

十二月三十一日（金）晴

一昨夜、年賀状を十数枚書いた中に生島恵子宛のものがあった。こちらの名は書かずにあった。昨日その年賀状を取り出した。出す時、名を書こうと、思い切ってペンを取った。何故か万年筆のインクがすぐ出て来なかった。そうしたら書かない方がいいという気になってしまい、名は書かずに出した。

今は書かなくて本当によかったと思っている。

夕方、弟を連れて正月売の漫画本を仕入れに電車で神田の特価本問屋へ出かけた。お茶ノ水で降りて、三省堂の方へ向かって駿河台の坂を下りて行った。明治大学の前まで行った時、坂を上って来る若い男女に出会った。まだ彼女と確信出来ぬうちから、何故か予感がした。自分は確かめようと目を凝らして女の顔を見た。それは紛れもなく生島恵子であった。彼女の表情に、僅かに当惑の色が走った。自分の方はしかし、人間並の顔をしているのがやっとであった。

そしていつものようにお辞儀はしたが、すれ違ってからも胸の鼓動が激しく。夕闇の中で己れの顔色の変るのを意識した。弟の手前何気ない振りで後ろを振り返って見た。彼女の足取りは変わらなかった。

弟はお辞儀をしていたのを見てたらしく、

「知ってるの、今の人？」と聞いた。

「うん、ちょっと……」

自分は歩きながら、今生島恵子と歩いていた男の姿を思い浮かべていた。顔は思い出せなかったが、背の高い立派な体躯の青年であった。又一つ片思いが終わったんだな、と思った。

4　街の古本屋の棚に見る性風俗40年の興亡
——カストリ雑誌は生きている

昭和57・6「新潮45」

カストリ雑誌摘発第一号「猟奇」

一口に古本屋と言っても、最低二つには分けて話さなくてはならない。一つは、ほとんど定価以下の本を扱う「街の古本屋」、もう一つは神田、本郷などを中心とする専門書店及び目録販売、古書展を業としている「古書店」とにである。前者が日々扱っている定価以下の何千冊、何万冊の本のうち、一、二冊が、年月を経て骨董的資料的価値が生じ後者の扱うものとなって行くわけだ。勿論、この二つの混合店もあるし、正確にはもう一形態、和本・古文書などを扱う古典籍業というのを三つ目として指摘することも出来る。

明治以降の書物・自筆本などを中心とした凡ての文科系諸資料を扱う、神田の明治古典会という市場へ行ったとしよう。今、この市場で人気商品の一つとしてすでに古書扱いとなっている広義の軟派物古雑誌がある。最も人気の高い分野は児童読物雑誌で、年代別に言うと、明治期は安く、大正期は中間で、昭和期がずば抜けて高価である。昭和五年から十四年までが横綱時代で、「少年倶楽部」を例にとれば一冊一万から二万円が売値だ。その後は戦時色が強まるに加え、紙質、頁数も落ち、今日では読むに堪えない内容で、戦時資料としてのみの価値だけになり値も安い。こうして、中身は読物から絵物語、マンガに移行しながら少年少女雑誌の戦後期の横綱時代が、再び昭和三十年前後に来、この時期のものは売値で一万から一万五千円はしている。以後はテレビの影響下に入るのと、週刊誌化の中で価値を下げて行く。

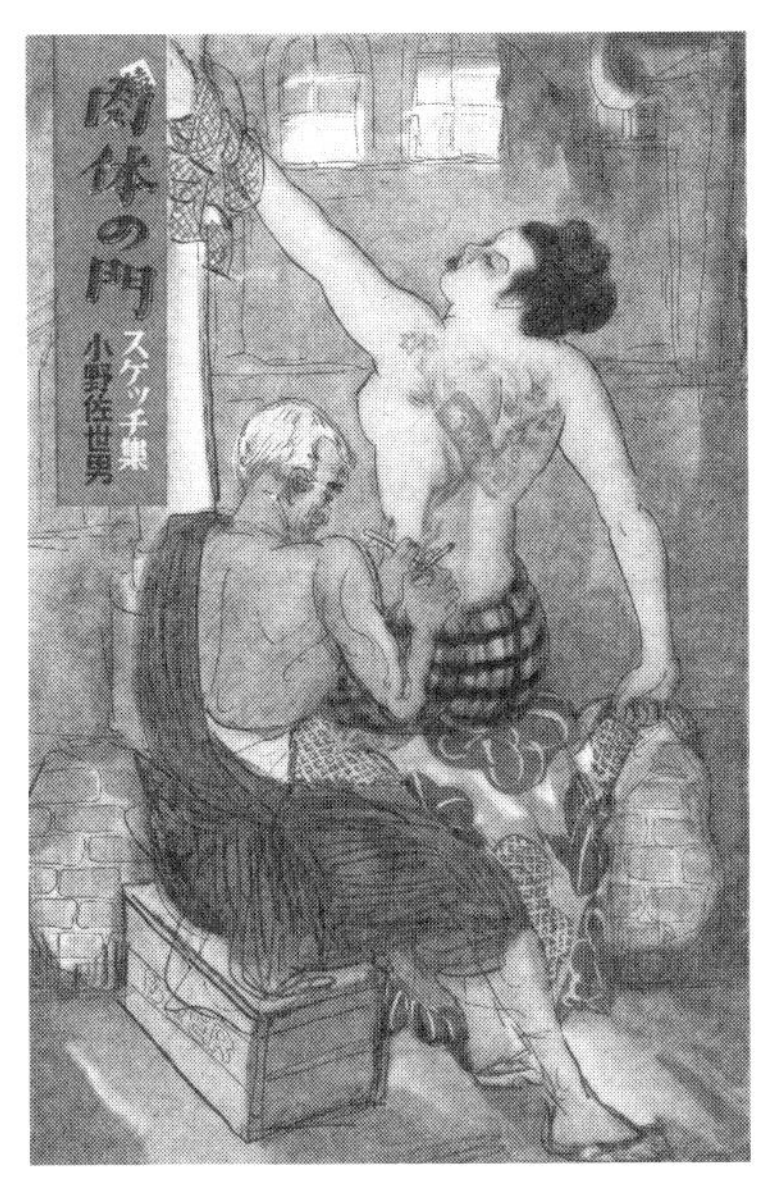
肉体の門
スケッチ集
小野佐世男

このように、人は（この場合、女性は想定していない）自分の少年時代を懐しむために金を払う。そして人々が次に金を惜しまない分野は、戦前の「講談倶楽部」「日の出」「新青年」などを代表とする大衆娯楽雑誌で、昭和十年前後発行のこれらの雑誌の売値は一冊一万円前後である。この頃のものなら「婦人倶楽部」でさえも二、三千円はしよう。これ又懐しむのは男で、女にはそういう資質がてんからないらしい。売値で一万から二万円もする「令女界」「少女倶楽部」「少女の友」や、果ては高畠華宵、蕗谷虹児、中原淳一の挿画一枚までも古書で懐しもうという人の中に女は極めて少ない。

ところで、いつ誰が呼び始めたのか〝カストリ雑誌〟という、戦後（昭和21～25年）雨後の筍のように乱立し、消滅して行った雑誌群がある。みなせいぜい三、四十頁前後、B6倍判（週刊誌大）で、主に表紙にけばけばしく女体が描かれているを特徴とする。市場に、高さ三十センチの一束でも出品されようものなら、同業十数人の札が入札封筒に殺到し、勿論買えるのは最高値を書いた一人だけである。これを私が買ったとし、仮に冊数が百あったとしよう。今の眼でこれを分類、規定するのは中々に厄介だが、総称は〝カストリ雑誌〟と呼ぶより仕方ない。

まずそのうちの四十冊はカストリにふさわしく、一流新聞、雑誌にはのらないエログロ物で、有名な作者名はほとんど登場しない。次の四十冊は、やがて「オール読物」「小説新潮」「小説公園」などに吸収される中間小説及び「平凡」「明星」などに発展する芸能情報誌で、永井荷風、菊池寛、川口松太郎、久米正雄、火野葦平、舟橋聖一、今日出海、田村泰次郎、田中英光などが書いているものもある。あとの十五冊は「新生」「真相」「政界ジープ」「旋風」「ホープ」「新風」などで、このジャンルはやがて総合雑誌、週刊誌へ吸収されていく。次の三、四冊は「真珠」「ぷろふいる」「トップ」「犯罪読物」などで、これらは明らかに探偵小説、怪奇小説、犯罪実話を志向したもので、遠からず「黒猫」「ロック」「探偵倶楽部」「探偵実話」「宝石」などへ進んだ。もし残りの一、二冊に、「少年ロック」「冒険ロマン」などでも入っていたら〝めっけもの〟で、『黄金バット』や戦後期の海野十三、杉浦茂のマンガも出ているので一冊一万円には売れよう。ついでに現在の評価で言うと、最も値が高いのは少年物で次いでは探偵物、芸能情報物、中間小説物、総合誌的な物と続き、いわゆるエログロ物は人気も売値も最低（創刊号のみは別の需要がある）である。

何故エログロが最低か？　それは、当時エログロと思っていた基準が、今では何のことでもなくなってしまったからだ。

戦後カストリ雑誌の中で当局に摘発された第一号が「猟奇」（昭和21年12月）にのった『H大佐夫人』（北川千代三・作）だったことは有名である。

〈終戦になった今だからこそ、こうした私の告白も、おおっぴらでお話が出来る（の）ですが、これが若し、あの軍閥政権の猛威を逞ましくしている時分だったら、こんな話の一駒でも公けにしようものなら、それこそ私という人間は、立ちどころに銃殺されているかさもなくば冷たい刑務所の中で、共産党の人達と一緒に日夜呻吟の憂目を見て居（る）かも知れないのです。

事実、私の話というのは、それ程恐怖とスリルに満ちているのです。でも私にとっては生涯忘れ

ることの出来ない甘美な追憶なのです。〉

という書き出しで、物語は敗戦の年の春のある日、二十歳の〝私〟が徴兵逃れのために寄宿していた現役の陸軍大佐宅の美しい夫人の誘惑にのって、大佐の留守中に姦通してしまうというもの。まずその前夜の、夫婦の風呂場を覗く克明な描写がある。

〈「呀ッ！」

私は危うく声を出しかけました。湯殿の中の情景は、そうした物を初めて眼にした私の神経を余りにも強く衝いたからです。（略）云わずと知れたそれはH大佐とあの絶世の美人である美根子夫人との湯浴中の光景でした。併しいくら鈍感な私でも、その夫人の姿態が単なる入浴の形とは思えないのでした。（略）見てはならない物のような女性の身体の一部、そして女性にとっては人には露はに見せる可からざる局所が、今やまともに、私の視縁(ママ)にぶつかろうとしているのです。私は軽い戦きに似たものを感じ乍ら、一段と息を殺して夫人の体を見守りました。（略）しかし、その悩ましい期待は瞬間にして消されたのです。そして更に強烈な刺戟を受けたのでした。（略）大理石のように艶々とした夫人の二本の肉柱の中央部には、半禿の大佐の頭が、人魚の肌に吸いついた海月(くらげ)のように固着して動かなかったからです。〉

翌日、砲兵学校教官の大佐は、十日ばかり帰らないと言って出かけた。その日〝私〟は夫人に誘われ共に入浴。夜、本を貸すから部屋に来なさいと言われる。突如空襲警報が発令され、二人で防空壕の中に入り、いつか抱き合ってしまう。

〈瞬間、私は理性を失いました。そして狂おしいような情熱の火は私の唇を夫人の頬の辺りに吸いつかせました。すると夫人は、慌ただしく私の唇を自分の唇へ当てがうのでした。（略）越えるべかざる垣を越して仕舞った私は、身も魂も今は夫人の胸の裡に溶け込んで仕舞いたいような気持ちに支配されていました。ですから当然、夫人の為すが侭に任せると、もに、夫人の執るであろう行動の変化を待ち構えていたのです。

夫人は、私の手や指先きを、私の未経験の神秘境へ誘導してくれました。そして湧き出る泉の中へ――。〉

これがさわりで、こんな程度で禁止されたのだ。それとも、末尾の〈夫人に対する愛慕と、灼くが如き情熱は今尚私に続かせているのです。しかもH大佐は既に戦犯として絞首刑に処されて此世を去ったのですから、私と美根子夫人は、堂々と新世界に愛情生活の極致を、展開出来るのです。〉というあたりが検閲官の反感を買ったのであろうか。

三島由紀夫が出席したパンパン座談会

もっとも、カストリ雑誌の価値はそんな深読みさえ可能なところにもあるのかもしれない。又一方では占領、復員、飢餓、闇市、浮浪児、天皇制論議、民主主義、闇の女などの戦後風景が如実に紙面に踊っていて、風俗資料として一級だとも言えなくはない。例えばこんな記事（『犯罪の帝都探訪記』古川渉・「りべらる」昭和21年4月）もあった。

〈戦争中のことであるが、日が暮れてから銀座を歩いて、白粉と紅の濃い女に会うと売春婦と思って間違いないという言葉が流布された。

やけ残った建物の陰に、ぽつんと立っている女の姿を見る。赤い唇をゆがめて微笑する、闇の中に白い顔が浮いて夕顔のようだ。「遊ばない」という。東北弁である。

ちょいとした遊びは、大抵やけ跡で行われ、泊るのは女の家か、巣である宿屋である。ちょいとした遊びが参拾円から五拾円で、泊りは八拾円から百円である。日比谷公園あたりは特に多いようである。一月の食費だけでも二百円や二百五十円ではすまぬ今日、転落してゆく女の殆んどが、月給取の（娘）である。その昔、貧しい百姓の（娘）が娼婦の殆んどをしめていたのとくらべて、全く時代は反対の現象をもちきたらせた。大手町の企画院跡から、一夜に十八名の闇の女が検挙された事実を一月三十一日の新聞が報じている。〉

更に筆者は結びで言う。〈私は飢餓と犯罪の帝都を探るという題を与えられて、数日、各所を放(ママ)徨して、かき上げたのが以上であるが、飢餓も犯罪も探る必要のないという結論を得た。私の友人だけでも、夕方オーバーをはぎとられたのが四人、財布と時計をまき上げられた者が三人いる。そして、米がないがどうにかならぬか、今の給料では全く食えぬという人々の声は私の周囲にみちみちている。そして私も又その一人である。〉

私達の戦後はこんなところから出発したのだ。その代り、ホコ先はどこにでも向けられる自由があった。天皇が帽子をかかげて全国を歩いたのを風刺し、首から上の写真をホウキでつないだグラ

ビア頁（「真相」11号・昭和22年9月）に、〈天皇は箒である——などといったら、神国日本の夢から醒めぬ天皇ゴジ派の諸君は〝ウム、不敬不遜、世が世であらば……〟と切歯扼腕するだろうことはヨク分るのだが、イカンセン真実なのだからしかたがない。数千人の労働者が命のつっかい棒と頼む坑木が腐りはてても一顧もしない炭砿資本家、数十万の人民が日夜往来する道路にウソッパチの公約スローガンが風にふかれてなびいていても見向きもしない官僚共が、われらが象徴の往くところ、地下数百尺の黒闇地帯から、オメシ車が一瞬疾駆し去る街頭の一角、建物の壁に至るまで、ナメルが如く、払うが如く、たちまちにして変る美（し）き町、美（し）き村。げに〝天皇は箒である〟といいたくなる次第である。不敬のついでに陛下に言上奉るが——小型自動車にでも乗って、全国津々浦々を走り廻ったら、さぞかし〝麗しき

国土となり、観光日本のために役立つであろうというものである。〉という文章を添えたものなどがそここに見つかるのだ。

丁度その頃、昭和二十二年三月号の「群像」にのった田村泰次郎の『肉体の門』ほど世間を沸かせた作品はなかった。「肉体の解放こそ人間の解放であり、肉体が思考するとき人間性の確立がある」とする田村の主張も新鮮で、人々は戦時中には得られなかったものをこの作品に求めた。たちまち田村は時代の寵児となり、各カストリ雑誌からさばき切れないほどの原稿依頼が殺到した。こうして闇の女、夜の女、パンパンなどと称された風俗が大きくカストリ雑誌に登場するようになった。何かと言えば〝肉体〟で本家の田村泰次郎が『肉体の何々』を書きまくり『肉魂』を連載するのは当然としても、〝肉体小説〟などと題名にかぶせた幾多の亜流まで出現する始末だった。田村は小説の外にも『この頃の夜の女』『姐御のお政さん』『夜の女の貞操観』『彼女たちの恋愛と結婚観』『脂粉をひさぐ女達』などという雑文を書いたり、求められてそういう女達との座談会にも出席した。

ここでちょっと、昔私が三島由紀夫資料として集めた、カストリ雑誌とは正反対に固い雑誌だった「改造」（昭和24年12月）についてふれてみたい。表紙に〝パンパン実態調査座談会〟と大きい見出しで印刷されていて、この時点でもまだまだこの風俗が終っていなかったことが分かる。この座談会は学者四人に混じって、佐多稲子、三島由紀夫が出席し、パンパン五人と語るというもの。〝彼女らの動機〟〝彼女たちの組織は小さな政府〟〝集団内部の構造〟〝リンチはあるか〟〝彼女たちの収入〃などと話題は進むが、三段組、細字で十四頁に亘る大座談会なのに、佐多はともかく、三島はほとんど口をはさまない。しかし最後の方で、〈三島　ちょっと質問を別にして、お話を伺うと非常に健康なものを感ずるわけですが、身体を大事にして、明日へ明日へと生活して行くということは。小説家の方が不健康で、ヒロポン中毒だとか何とかいうことを考えると僕は恥しいと思いますよ。〉と語っている。この一言は、三島の資質が田村や坂口安吾や織田作之助や太宰治など無頼派と異なることを示すばかりか、無頼派への批判にもなっていて、三島らしさが充分感じられる言葉ではないか。

ニセ「エロ雑誌」も売られていた

さて、ここまでは、書庫の雑誌数百冊を机上に積み上げて述べて来たわけだが、これからは先はすべて私自身の体験としての話が出来そうである。

昭和二十四年春、私は下町の新制中学を卒業、四月からは都立上野高校の定時制に通学することになった。学校は上野動物園の真裏にあり、京成上野駅から歩いて十五分ほどのところ。学校への行き方は、上野公園を通り芸大前から行く方法、不忍ノ池に沿って走る都電通りを池ノ端から行く方法と二通りあった。まだ明るい往路は前者を、帰路は暗くて怖い上野の山を避けて後者の道をとった。しかしどちらを通るにしろ、あたりにたむろする浮浪者や人待ち顔の夜の女の黒い影を見ないですむ道筋などない御時世であった。

私がはじめてカストリ雑誌らしきものを見かけたのは、往路の上野山下の舗道でのことであった。叩き売りの一種で、ゴザが敷かれ、テキ屋風のおにいさんが色とりどりの雑誌を売っているのだった。まず、時代読切といった題名のものが十人分並べられた。二冊目としては表紙の違う同じようなものが並び、次に実話雑誌風のものを二渡り。そしておにいさんは、

「最後はこれだ。大きな声じゃ言えないが、この間発禁になったばかりの、このエロ濃厚なやつをこれにつけちゃおう。ただしお客さん、ここで売ってたってことは絶対に内緒だからな」

と、こればかりはいかにも大事なものを扱うように手までふるわせながら、その大きく裸婦の描かれた表紙のものを五冊目として重ねた。それから、傍らの厚紙をまとめたものをパンパンと叩きながらしゃべり続けた。

「これで合計五冊。本当に買えば定価で三百五十円のものだ、それを半額の百八十円でどうだ。ヨシ、今日は発禁の売っちゃあいけないものまでつけちゃってる。こっちにも弱みがある、特別に十人さんだけだよ。百五十円とは言わない、百三十、百二十、エエイ持ってけ、百円だ!」

すると一番前で見ていた朴訥な感じの、いかにもお上り(のぼ)さん風のオヤジさんが、百円札をぬっとおにいさんに差し出した。次々と買い手がついた。おにいさんはその一山ずつを新聞紙に包み、客に渡した。驚いたことには、十一人目からは五、六組をすでにうしろの方に包んで用意してあったことである。本はすべて売れ、人垣も散った。私は学校へ向かって歩き出したが、あの発禁と称する五冊目の、色鮮やかに描かれた裸婦の絵が頭から消えず、百円札一枚持ち合わせていなかった自

分を悔いた。

結果論になるが、この時の「エロ雑誌」は多分発禁本などではなかった。それどころか、もしあれを発禁本と期待して持ち帰ったとしたら、頁を繰ったとたん落胆の声を上げたであろうことは間違いない。こうした場所で売られていたカストリ雑誌は、改造本として乱造されたものの可能性が大なのである。中味が実話物ならまだしも、時には「週刊朝日」「サンデー毎日」のような中味を、エロ雑誌らしく表紙だけ裸婦のものでくるんだものまで作られていた。そのことを知ったのは、四年後に自分が古本屋を始めてからだった。

この頃、急激に思春期の性の目覚めが来て、私が古本屋へ行くのは小説本漁りが半分、エロ雑誌さがしが半分になっていた。眼につく雑誌はＢ５判では何と言っても「りべらる」そして「青春タイムス」「千一夜」「オール・ロマンス」などで、頁数も百頁を越え始めていた。みな、充実感さえ感じられるもので、一説によると昭和二十五年上半期の雑誌の休廃刊は実に五百誌にのぼった(「東京古書組合五十年史・資料篇」)と言うから、その数誌のみが生き残ったというわけか。

昭和二十六年になると、頁数は以後数年変らずというところまで増え、明らかに風俗も変化して行く。闇の女、パンパンは誌上から消え、『ヨシワラ実態報告』(「青春タイムス」昭和26年8月)などという風俗案内に変る。

〈最近、漸く往年の活況を挽回しはじめ、店数もすでに二百四十七軒に達し、従業員も総数七百十五名にまでのぼっている。〉そして〃面白く安く遊ぶ秘訣〃として、一流店が並ぶ揚屋町ではショート・タイム七百円、一時間千円、泊り二千円だが、江戸町に行けばショート三百円、一時間五百円、泊り千五百円で、闇パンなどに引っかかるより安く安心である、と記されている。又記事中に芸能人のスキャンダルを扱ったものが多くなり、〃思春期と男女学生〃〃桃色事件〃〃アプレ少女〃などという題名が目次に躍る。昭和二十七年には、四六判の「夫婦生活」が古本屋に必ず二、三年分の量が積まれるようになった。しかしさすがに十九歳の身では中々にそれを手にとることが出来ない。〃特集・夫婦の夜の饗宴〃〃特集・新作性愛四十八態〃などという表紙の見出しに胸踊らせているばかりだった。

昭和二十年代の「宇能鴻一郎的小説」

昭和二十八年七月、二十歳で古本屋を開業。私はこうした雑誌の流通業者であると同時に、何と言ってもまだ読者でもあった。この頃になると、焼跡も建物で埋まり世の中も物心両面で安定し、貧しいながら生活のすべてが規則的なものとなりつつあった。敗戦直後一円五十銭、昭和二十二年八円、二十三年二十円、二十四年四十円、二十五年七十円と物価の上昇を象徴していたとも言える雑誌の定価も、この年に百円前後に落ちつき、以後急激な値上げはなくなる。

私が開いた店は葛飾区にあり、客のほとんどは商店や町工場などで働く人達だった。下町古本屋の標準的形態は、戦前から続く雑誌を主体としたもので、元々の下町は本所深川あたりが中心だったものが、戦災によって郊外へ伸びただけなのだ。

私は初めて古本市場なるところへ行った。市は『濹東綺譚』で有名な玉の井にあり、競り場は二十畳ほどの板の間であった。うずたかく、荷主別に商品が積み上げられていて、その九十パーセントが雑誌だ。雑誌はほぼ十冊単位に「オール読物」「小説新潮」「平凡」「明星」「近代映画」「スクリーン」と、バラエティを考えながら荷出し役が振り手に送り出した。

「夫婦生活、去年のところ十冊！」と振り手が唄うように言った。

「三百！」と同時に二、三人の声。

「Aさんが早いよ、エー三百、エー三百」

「エエイ、三百三十だ！」と今、息セキ切って駈つけたBさん。

「三百三十、三百三十、ヨシ三百三十円でBさんだ」と、決断を下した振り手がBさんに向け雑誌を投げつけた。

しばってもいない十冊が、空を飛んで立ったままのBさんに達し、Bさんの方でもそれを難なくピタリと受け取ってしまったのに私は驚く。ともあれ、「夫婦生活」十冊の相場はおよそ三百円ときまっていたのである。そしてBさんのように、どうしても欲しい場合には一割程をのせれば買えるわけだ。ただ、店で売れる値頃というのがきまっていて、一冊四十五円以上に値をつけては中々に売れないことも分かって来るのだった。

こうして、下町古本屋が、生活の糧とも営業のドル箱ともしていた雑誌の分野は〝エロ雑誌〟だったことも私は知らされるのであった。

そもそも、流れとしてこうした雑誌の源をさかのぼれば、戦後のカストリ雑誌の発生自体が、戦前の「桃色草紙」「変態黄表紙」「談奇党」「猟奇画報」「奇書」「犯罪科学」「犯罪公論」「実話雑誌」等の下地あってのことで、同時に長い抑圧への爆発だったことを、同業諸先輩の話から知るのである。ただし私は、同時代の商売としては、戦後のセンカ紙のカストリ雑誌は扱わなかった。すでに、三、四十頁前後の薄っぺらなものは、市場では見向きもされなくなっていたのだ。いや、その仕入先である屑屋の問屋でもカストリ雑誌はすでに捨てられていた。

先程ふれた「夫婦生活」はすでに昭和二十四年から出ていたし、二十八年にはこの種の四六判雑誌の全盛時代であった。「デカメロン」「モダン夫婦読本」「愛情生活」「実話と読物」「真相実話」「夫婦生活」ならぬ「夫婦の生活」「夫婦実話」等々、そしていわゆる時代読切物も複数出ていた。

これらを見様見真似で仕入れ、店先に置いて見ると実によく売れた。そしてこの判のエロ雑誌の中でも最もよく売れたのは新本でも古本でもやはり「夫婦生活」である。その他に、多少の稀少価値も加わって高く売れたのは「デカメロン」、その増刊号から始まった「モダン夫婦読本」「奇怪雑誌」などのうち、昭和二十六、七年度のものだった。もっと正確に言うと昭和二十七年夏までのものがよく売れた。というのも、この時期の雑誌の文章・挿画の表現内容が最もきわどかったからである。おそらくそれからずっと、この二十七年度のものを越える性表現は長く出なかったに違いない。その証拠に、その後古いものが市場に出て、カストリの生き残り「りべらる」、四六判の「デカメロン」等々、いずれをとっても値が高く取引されたのはこの年度のものであった。これものちに知るのだが、実は昭和二十七年秋、とめどなくエスカレートするこうした出版物に対して官憲の大弾圧が行なわれたという背景があったのだ。その弾圧直前、まさにすれすれの苦心の性表現の例(友人の留守中、その妻を訪ねた初老の男が、その若妻と暗い涼み台で相対しているという設定)を挙げよう。

〈肩に手をかけてみた。彼女が黙っている。男のその左手が、浴衣の上から、胸のあたりをやわらかくおさえた。が、やっぱり、彼女は黙っていた。

ときどき、男の指が、乳首をつまむ。(略)

「毎夜なのよ。あの歳をして。若い私の機嫌をとってるつもりかも知れないけれど、それが却って、おもちゃにされているみたいで……嫌なのよ」

ここまで聞かされれば、最早、片桐も遠慮は無用。片桐の右手が、涼み台に腰かけている彼女の浴衣の裾を、そうっと、すこし払いのけるようにして、やわらかい太腿のあたりを軽く揉んでいた。

その指先が内腿のほうへ這っていく。

彼女はそれを拒まず、じんわりと、どうやら緩めてくるらしい様子。最早、こうなっては据膳。

ズロースも穿いていないのだ。

さっき、電燈を消す時お座敷へあがって、ついでにお便所へも行ったようだったが、その時に脱いできたものとすれば、

「ウム」……

いま時の若い女は！　片桐は唸ってみたかった。（略）

「羞しいわ……」

男の肩に顔を隠そうとするのを、無理に、真正面から唇を押しつけると、羞かしそうに、舌のさきちらちらとからんでくるのだ。すこしまごついた。が、すっぽりと二人は抱き合ったのである。

「御自分でいいようにしなさいよ」

「だって……」

噛りつくように抱いた男の背中。その背中に、女のかよわい手が次第に力がこもってくる。〉（「モダン夫婦読本」昭和27年9月）

気を持たせるようだが、ここへ夫が帰って来て二人はあわてて体を離してしまうのだ。

この小説の作者は武野藤介、戦前は『文士の側面裏面』など書いた評論家で、この頃はこんなエロ小説を書いて一世を風靡していた。『色道』『小説・あまとりあ』他の単行本も出している。また、実はすでにその昭和二十七年当時、松村呂久良という作家が、

〈みんなはあたしのことを、あの人に床惚れしているというけれど、あたしも実は、そうじゃないかしらと思うわ。そりゃ、あの人ずいぶんうまいのよ。ひと晩じゅうあたしを寝かさないほどに、閨房の秘技とやらを用いて、あたしを有頂天にさせてくれるの。（略）

その瞬間まで、――あちらはもう昂奮して、そんなに急がなくてもと思うくらいに焦ってくるけれど、こちらはヘイチャラで、かえって汚いものに触れるみたいな気持ちでいるのに、あッ……と

思った瞬間から、もうダメになるの。いくら今夜は我慢して冷静でいてやろうと覚悟していても、からだが承知しないの。われしらず、ズズーンと、しびれるような全身の、いえ全霊といった方が当ってるかもしれない。魂全体に飛ぶ、とでも云ったように、なんにもわからなくなって、ドロドロと燃えさかる火に身を焼かれてでもしているようになってしまうんだもの。〉（『閨怨に濡れて』「青春タイムス」昭和27年8月）

などという、〝ズズーン〟まで入る、のちに宇能鴻一郎が得意とした女性告白体の先駆的小説も書いていているのだ。

神秘的評価を受けた「奇譚クラブ」

が、昭和二十八、二十九、三十年と、年度を経るのに従ってエロ雑誌の内容はその煽情度と熱っぽさと失って行った。しかし、エロを失ったことでへこたれるような業界ではなく、グロ・ＳＭの世界へ逃れ、それなりの読者を開拓して行くのである。つまり、女体への縛り、猿ぐつわ、鞭打ち、浣腸の場面などを登場させるばかりか、すでにホモの世界までが題材として表現され始めていた。

ともあれ、これら手をかえ品をかえてのエロ雑誌は、長く下町古本屋のドル箱であったことに変りはない。小売りの立場から言ってもそうであるから、当然建場（屑屋が買い集めた品物をまとめて売り渡す問屋）を廻る人間にとっては、見つけてほっとする商品もこの分野である。例えば、市場相場で時代読切物は十冊二百円である。「オール読物」「小説新潮」などはせいぜい十冊八十円である。「夫婦生活」十冊で三百円したことはすでに述べたが、「デカメロン」や「モダン夫婦読本」となると十冊五百円もした。そうしてA5判に移行しての「奇譚クラブ」、その対抗誌「風俗草紙」「裏窓」などは十冊二千円から三千円で取引された。建場廻りの最中、これらの雑誌が多量に束になって見つかった時のぞくぞくするようなよろこびが分かろうというものである。（開業寸前まで働いていた私の工員としての日給は百五十円だった）

又一方では、〝カズモノ〟という一流出版社出版物の常識では考えられないもっと下部の流通機関の存在も、実はめんめんと続いていた。雑誌は元々、発行部数がキレイに売り切れるというものではない。一流出版社のマジメな内容の雑誌などは、その余った分及び返品分などについては、断裁して製紙原料にしてしまう。ところが、ある基準以下の三流四流の出版社になると、そこが出版している時代読切雑誌、実話雑誌、もっとヘソ下に近い雑誌（すべてニュース性などにとらわれない、いつ読んでもいい内容の）などは三ヵ月おくれくらいで、特価本卸問屋に見切雑誌として並ぶようになる。いや、始めからそうした売り方が考慮ずみと言ってもよい。特価本屋は、これはこれで一応全国的ルートを持っていて、そのバックには古本屋は勿論、見切本専門の小売店さえ控えていた。値は極端に安く、百円定価のものが十五円か、せいぜい三十円くらいまでだった。

市場には特価本（ゾッキ本、見切本、カズ物と同義語）屋から番頭が本や雑誌を売りに来て、三十分もかけて毎回けっこうな金額を得て行くのが通例になっていた。下町の市場は特価本屋から見て、雑誌が売れるドル箱の市場だった。なにしろ持って来る見切雑誌がひっぱり凧のように売れたのである。そういう中に「風俗草紙」や「奇譚クラブ」が少部数だけ入って来る。読切物などは五、六十冊も持って来るから、一軒あたま三冊五冊と渡るが、「風俗草紙」や「奇譚クラブ」は一人一冊くらいしか渡らないし、それも希望した客の十一人目からは品物が切れしまうのが常だった。

ところで、特価本屋には、古本市場へ来る店と市場へは来ないで店売りだけの問屋があった。古本市場へ来るのは神田地区からの問屋で、上野地区からは来ていなかった。上野地区の特価本屋には、古本市場では足りない配給品である「奇譚クラブ」も見切本として山積みされていた。私は、上野の国電ガード下附近に無数に店を並べていた問屋を廻って、出来るだけ大量のものを仕入れて帰った。幸に上野は、私の店から京成電車で十五分ほどのところ。私は見切本が出た情報を得ると、よく仕入用の大きい風呂敷をかかえて、堀切菖蒲園駅のホームの階段を駈け上ったものである。そうして持っている金で買えるだけの量を買い、持てるだけのものを背負って帰り、預けた分をもう一度取りに行ったりもした。当時上野には、アメ横の一筋北に、小出太陽社、足立、竹田、宏文堂、児玉、清水、富士特価、一三堂、古宿、田中、高橋、一芳堂、石渡正文堂、そして昭和通りには清水商事、昭和通りを越えると、金園社として実用書の出版も手がけていた松本など、二十軒以上の特価本の卸屋があった。ちなみに述べると、これらの店の幾軒かはカストリ雑誌まがいの版元でもあったし、貸本マンガ全盛（昭和三十年代）の頃には、無名時代の水木しげる、小島剛夕、さいとう・たかを、滝田ゆう、つげ義春などの作品の版元ともなっていたのである。

私は商品としての「奇譚クラブ」に惚れ込み、各十冊ずつのバックナンバーまで揃えた。周知の如くこの雑誌は掲載（昭和31年12月から二十回）された小説『家畜人ヤプー』を三島由紀夫、埴谷雄高、渋沢龍彦らが絶賛したことで有名になった。この『家畜人ヤプー』という長編小説は〈マゾヒズムの極致ともいうべき空想的作品で、白人の美人たちのため便器や靴や小人や愛玩機械に嬉々としてなる家畜人の姿を豊富な幻想と歴史的教養やSF的知識で描いている。〉（奥野健男）というもの。ただ歴史的に調べるなら、すでに同じ著者による、〈広島、長崎の原爆は日本人の十数万人にとって死の苦しみであった。然し数千人の米国兵士の生命はヨリ尊いが故に「その損耗を防ぐためには原爆使用は有用な処置であった」と大統領は明言している。ビキニ環礁の原住民達は、墳墓の地を爆砕されて死の灰と化せしめ頭上から降り注がれることの苦しさを訴えた。まるで生地獄だ。だがストローズ委員長は水爆は自由国家にとって有用であるからとの理由で、実験続行を明言した。（略）こういう理論に支えられた強行された実験が不慮の福竜丸の被災や久保山愛吉氏の病死によって何等後ろめたさを感じていないのも当然であろう。〉（沼正三『あるマゾヒストの手帖から』「奇譚クラブ」昭和30年1月）などという文章を見つけることも出来、この種の雑誌にこうした内容の文章が掲載されることは異例で、傑作は一朝一夕で作られたものではなかったことも分かろうというものである。

そんなわけで、一種神秘的な評価を受け、この雑誌は仲間相場で一時一冊千円くらい（昭和四十年頃の話で、今の金銭感覚では五千円くらい）の値がつけられていた。私はまとまった金の必要をこのバックナンバーを売ることで作った記憶さえある。

「あまとりあ」の人気の秘密

私は又、昭和三十年八月号の「あまとりあ」終刊号を買いに行った日のこともよく覚えている。競合していた「人間探求」の方が二年早く三十六冊かでつぶれ、「あまとりあ」の方も結局四年六ヵ月続いて、ついに刀折れ矢尽きたのであった。この雑誌も又、最も充実を見せていたのは創刊時の昭和二十六、七年頃で、内容は終刊に近づくに従って面白くなくなってきた。しかし仕事としては儲かるので、この四百頁に近い普通号の倍以上もある終刊号を、私は七、八十冊も買って帰った。雑誌末尾には、高橋鉄、岡田甫、龍胆寺雄などが出席した〝おなごり・悪書？・製造者大いに語る〟などという座談会がのっている。高橋鉄は巻頭言様のものを執筆している。

〈私はよく「あまとりあ社内高橋社長殿」とか「あまとりあ社々長高橋鉄先生」とかいう名宛のお手紙をもらって苦笑いすることが多い。

又、「一学究者のブンザイで出版事業なんか経営し、金儲けをしているとは風上にもおけぬ奴」といった風な噂さを耳にし、恐縮することも珍らしくない。

一介の執筆者に過ぎない私を、世間サマでそれほど「利財の念」に、たけているようお考え下さるとは、まことに光栄の至りである。〉（「性科学の現在と未来」）

私も「人間探求」「あまとりあ」は高橋自身の経営による雑誌だと思っていたので、今この言葉を見て意外な気がするが、いかがであろう。

さて、この「あまとりあ」誌については忘れられない思い出が私にはある。

この頃私は、店の陳列台に「世界」「中央公論」から「将棋世界」などの趣味の雑誌、子供、婦人物からドル箱の「夫婦生活」まで最近号を並べ、更に二、三年分のバックナンバーも、出来る限りの種類を揃えておくように努力をしていた。ある日、店番をしていると、「あまとりあ」を手に取って、その数冊を別によけている一見して遊び人と見える若者がいた。やがて七、八冊のそれを私の眼の前に突き出し、

「おにいさん、いくらだい？」と聞く。

七冊計七百円であった。

「七百円です」

「高いじゃないか。五百円にしろ」

「無理です」

「ナメンじゃねえぞ。俺はお前んとこばかりで本を買ってるんじゃねえんだ。浅草の協立も千住の佐藤も立石の岡田もみんな行って買っているんだ」

と下町同業の大所の名を次々と言った。

「そうですか。でもそう言われても……」

「にいさんよ、そう言わずに少し負けとけよ。五百五十円！　な？」

と今度は少しやわらかく出た。

「百円だけ負けときます」

「じゃあ、あとバス代だけ。五百八十円……」

とますますへり下って、片手で拝むようになった。

「いいでしょう」

若者はそれで帰ったが三、四日すると再びやって来た。又バックナンバーを眺めていたが、

「にいさんよ。ここに出ている以外の〝あまとりあ〟はないのかよ。俺の欲しいのはこういう折込みの入ったやつなんだよ」と言う。

私は店番のうしろの予備棚から「あまとりあ」の在庫を調べ、望みのものを若者に見せた。若者はそこから七、八冊を選び、今度はこっちの言い値でおとなしく買って帰って行った。その若者が五、六度来ると、もう私の店の「あまとりあ」の在庫からは彼の望みのものがなくなってしまった。

「ねえ、これ何に使うのさ?」と、若者が来た最後の頃に尋ねてみたことがあった。

若者はにこっとして、その日選んだ雑誌から、口絵附近に入っている折込みの部分をはぎ取ってしまった。それは和紙に木版で刷られた歌麿、国芳などの〝あぶな絵〟で、その肝心の箇所だけぼかしてしまってあるものだった。若者はその部分を指で隠すようにし、

「こうしてさ、ここは絶対に見せねえのよ。田舎出の助兵衛じじいに売りつけるんだ」と言う。

「どこで?」

「浅草松屋の、東武線の駅とか、観音様の境内とか、ロックの映画街とかでよ。売る自信もあるん

だけど、何しろ『あまとりあ』のこの折込みが入ってるやつが少なくてねえ」

「それで堀切までも……」

「そういう、わけ」と言って若者は笑った。

私と丁度同年輩のこの若者は間もなく来なくなってしまった。

ヌード雑誌全盛の昭和三十年代

先に述べたように、昭和二十七年度を境として検閲機関が保守化に向ったわけだが、その時代条件が、この種の雑誌を収集していた私の行為に価値を与えてくれたともいえる。エロは厳しく取締られるほど求められるものなのである。昭和三十年代に入ると、エロは違う形で盛り返して来た。新しい目玉商品「百万人のよる」(季節風書店・A5判・昭和30年~)の登場である。表紙は毎号グラマーな下着の肢体写真で飾り、ヌード写真、きわどい姿勢の挿画が毎頁に入る二百数十頁で、定価は百二十円。記事はほどほどのエロ、事件物、芸能おいろけなどで、〝散らされた夜の秘密日記〟〝五百種類の暴行手口解剖〟〝淡谷のり子はちょびひげがお好き〟などが目次に並んでいる。昭和三十三年四月一日、売春防止法が施行されると、四月号で〝赤線の常連はどこへ行くか〟を特集。街娼、キャバレーやバーなどのネオン街、パンマ、結婚相談所などに潜るだろうと、〝各新聞社会部記者共同執筆〟名で予想している。そして例えば〝パンマ〟については、
〈パンマは、アンマをしながら、客を挑発して、売春をおこなうものである。警視庁の調査による

と免許をうけたアンマは、約一万八百人、ところが無免許のアンマがざっと四万人〜五万人いるだろうという推定だから驚く。すでに赤線業者がこれをあやつり、台東区のある治療院は、七、八人の女アンマを抱えているが正規のアンマはただ一人であとはパンマで、「全員ことごとく晴眼、五体完全、容姿共に優美」と暗になまめかしいマッサージであることをほのめかしている。〉

と書かれている。さすがに二、三年後には出現する〝トルコ風呂〟の流行は予言出来なかったようだが、近年流行の〝ファッションマッサージ〟なるものにこのパンマは酷似しているのではないだろうか。ともあれこうして「百万人のよる」は十余年続く。季節風書店は、昭和三十四年からは「世界裸美画報」「裸か美クラブ」「アベック写真画報」なども月刊で出した。ところどころに活字が入るだけで、雑誌用ザラ紙にただただヌードと映画の濡れ場を編集したものだが、市でもひっぱり凧の商品で、店のベストセラーとなった。

一方、昭和二十年代はあれほどシャレて見えた徳川夢声、石黒敬七などの「笑の泉」が、いつした野暮ったく見えて来て、全く売れない雑誌に成り下がった頃、突如変身してB6倍判のヌード雑誌「ユーモア画報」を増刊号として発刊（のち月刊）、ついにあのカストリ雑誌判に逆戻りした。ところがこれが当った。古本でも定価以上で取り引きされ、仕方なく問屋から八掛で取って古本屋が売るほどだった。これらのヌード雑誌は多くのまがいものも氾濫したが、それでも売れに売れ、高価なカラー頁のもう一廻り大判のものまで出て来て、正月などはこの種の雑誌の売上げが総売上げの七、八割に達した日もあった。

これらのあおりを食って、さすがの「夫婦生活」で盛況を誇っていた家庭社も経営が苦しくなる。立体用メガネまでつけて「夫婦生活増刊・飛び出すヌード」などを数集出したが、〃夫婦〃にこだわり続け、挽回は出来なかった。多分起死回生の思いで出したのであろう「週刊夫婦」（昭和35年11月3日）も失敗して敗退（二十三号で終刊）。昭和三十年代は又、「週刊新潮」（昭和31年2月19日）を皮切りに新聞社以外の週刊誌の発刊が続いた年代でもあった。

今も街の古本屋を助けるエログロ

昭和四十年代からは、幾種類ものＳＭ雑誌、ホモの雑誌、夫婦交換の情報雑誌までが続々発刊されて、内容はそれ以前のものにくらベグラビア、活字面ともにその煽情度、ＳＭ度、表現の自由さ（？）も増していく。ここでふれておきたいのは、戦前の「婦人公論」あたりから連綿とこの国に続く別冊付録のことだ。戦後は「あまとりあ」「デカメロン」などに始まり、芸能雑誌「平凡」「明星」などに受け継がれ、読者をまき込んでの、〃十代の告白〃〃性の過失相談室〃などという別冊付録が毎月のように競ってつけられたのである。こうした投書、投稿という形をとりながら、ついには我が妻の妊娠写真まで誌上へ公表するというところまで世の中は進んでしまっていた。昭和四十四年には、有名な『我が秘密の生涯』（田村隆一訳）が掲載された「えろちか」（三崎書房）が、かつて考えられない紙質の良い豪華版として出はじめる。四十年代半ば頃からは、世界的なポルノ解禁の風潮と合せて、――なお映画、演劇、テレビなどの風潮とも合せて、――これだけは下がることなどないと思われたエロ雑誌の王者「奇譚クラブ」の古書市場価まで下落してしまう。より新鮮な刺戟だけを求め買う時代であれば、当然の帰結であった。

思えば、いわゆるエロ読物の作家の変遷も激しかったといえよう。清水正二郎（現・胡桃沢耕史）という作家が、古本屋が扱うそのテの読物の王者であったことを指摘する者はもはやいない。この作者名による外国ポルノ小説の翻訳新書判は、明らかに一時期の古本屋のドル箱であった。ただ売るだけで、内容などはじっくり読んで見たこともないが、一期五十冊、二期五十冊というように、まるで幾人もの清水正二郎が翻訳作業をしているみたいに、短期間に湯水のように出版され、古本屋の棚を飾り、足早に売れて行った。そしてこれらの新書判の売れ行きがピタリととまり、清水正二郎がこうした読物の世界から消えて行った頃、何度か芥川賞候補にさえなった川上宗薫がエロ小説を書き始めていた。

少し細論すると、「小説公園」の廃刊（昭和33年）のあと、「小説中央公論」「小説サンデー毎日」「文芸朝日」などが出て敗退、昭和三十八年の「小説現代」（講談社）だけが中間小説をねらって成功した。この線に切り込み昭和四十三年「小説セブン」「小説エース」が小学館系から出た（やがて廃刊）。「小説現代」一、二号の項を見ても川上宗薫のかの字もないが、例えば「小説エース」創刊号（昭和43年10月）に、川上は、

〈綾子の体は蕩けてきた。体の芯が熱くなって来る。唇を重ね、乳房を委せ、やがて綾子の口は声を発し、体をうねらせた。（略）

綾子は自分の口からこんな鋭い声が出るとは思っていなかった。戸村からは感じられない、初めから震えるような悦楽が全身を貫き、彼女はのけぞり、自分の声がだんだんに遠くなるのを覚え、浮遊状態に陥ってしまった〉

などという描写のある『悦楽の傷み』をのせ、翌十一月号の「小説セブン」には〝話題小説〟と冠された『失神作家』を書き、いよいよ文字通り〝失神作家〟として名をはせるようになった。いや、すでに昭和四十二年の「小説現代」にこの種の小説を四篇発表したあたりからこの分野での文豪（?）への道を歩み始めていたと言ってよいかもしれない。川上の筆は水を得た魚の如くであった。先輩格がいるとしたら、宇野千代の前夫、北原武夫くらいだろう。ともあれ芥川賞候補だった川上のエロ小説界への参入を、芥川賞受賞者の宇能鴻一郎、石川利光が追い、ジュニア小説作家と思われていた富島健夫が、プロレタリヤ作家と思われていた泉大八が追った。このように、文学からエロ小説書きに転じた作家達の描写は、年毎に巧妙さを加え、もはや活字上では事実上のポルノ解禁が進んでいたといってても過言ではない。かつて、風呂場で〈大理石のように艶々とした夫人の二本の肉柱の中央部には、半禿の大佐の頭が、人魚の肌に吸いついた海月（くらげ）のように固着し〉ているのを見るといった描写で発禁になった戦争直後にくらべて、同じ〝中央部〟を描く川上の表現（『狩人の歌』）はこうだ。

〈その双の真っ白な大腿部の眺めや、柔らかで繊細な茂みの感触や、彼の、小指に一番近い薬指が覚えている、歓迎的にまつわりつこうとする気配などに対して、大きい感激を覚えていた。

松森夫人のその部分の眺めには、彼が想像していたのが図星であった部分と、少しちがっている部分とがあった。
図星の部分とは、付属品が少ないという点である。いかにも肌の白い、女らしく、たいそう小さくて、その両翼の太刀持ちや露払いも、小ぢんまりと縮小された感じであった。けれども彼の想像が当たっていなかったのは、夫人のその部分がピンク色だろうと思っていた点である。それは、はずれていて、むしろその部分は極悪なヤクザのような黒味を帯びていた。そして、全体にこまかいしわが、その周囲に多いという点だった。〉
あの『H大佐夫人』の時の検閲官が、もしタイムマシンにのってやって来たとしたら、眼を廻して驚くだろうか。それとも、まるで何かの風景描写としか思わないであろうか。
今や、昔は噂のみ高く古本屋でさえ中々に見ることの出来なかった、ヤミ値五十万円とも言われた「相対会研究報告書」(三十四冊)、及び「性心レポート」(三十六冊)、果ては識者(?)垂涎の「生活文化」(十四冊)、「造化」(十冊)、「新生」(五冊)までが、手をかえ品をかえて復刻され、ゾッキ本にさえなって出廻ってしまう現状である。活字の上で行きつくところまで来た次には、見るものに読者の要求が移った。グラビア写真や写真集は、気がつけばいつの間にかパンティストッキングを透してあるにしろ、良家の子女風の娘の陰毛陰裂まで見せてしまっている。端(はし)たなく言わなければならないが、放尿脱糞の場面までが被写体とされるところまでエスカレート、いや降下した。

東京の国電の駅々近くに、雨後の筍のようにビニール本屋が出現、時折ウラ本とやらの摘発が新聞をにぎわせていたのはもう何年前であろう。たしかに一時代、古本屋あたりがこうしたいわゆるエロ雑誌販売の最先端でなかったわけではないが、今や各家庭に備えられたテレビのビデオレコーダーへの、ポルノビデオテープ――アダルトビデオとやらに取って代られてしまったようだ。

とは言うものの、マジメな雑誌は「オール読物」「小説新潮」すら古本では売れなくなったというのに、相も変らず〝街の古本屋〟を助けてくれているのは実は〝エログロ〟なのだ。郊外の市場に特価本屋が持って来るＳＭ雑誌、女体緊縛写真集などに混じって、美しい娘の顔写真に装われたアート表紙以外は実に用紙の粗悪な、読むための エロ雑誌を今も見かける。

それらはみな〝地〟の部分に赤マジック（昔は赤インキ）の棒線が走っている。古本屋なら誰もが知っている三月おくれの〝ゾッキ本〟の印なのだ。Ａ５判、平均三百頁六百円のものが一、二割の卸値である。「小説アサヒ」「オール官能」「官能小説」「官能時代」「ザ・官能」「エロチカマガジン」「エロチカマ」「告白エロチカ」「告白エロス」「問題エロス」「告白チャンネル」「告白メッセージ」「熱烈告白」「読切秘小説」「小説大悦楽」「快感マガジン」「ルポルノマガジン」等々（まだ書きもらしていよう）と言った題名が立ち所に数えられる。無差別に頁を開く。

〈藤巻は腰の律動を強める。

「あっああ、いいわ」

「どこがいい？」

「どこって奥よ……こたえるの……あたるわ、あたる……」

「あたるのか？」

「あたるの……あなたのものが……ああ、当ってる……好きなの、好きなの」

「なにが好きだ、ええ」

「藤巻さんを好きよ……わたし、あなたのチ×ぽ（ママ）も好き……」

美和子の女の底に柔らかい蛭が顕われ、彼の先端を甘く咬み始める。

「おおっ、いい……」

「わたしのいいの？　具合いいの？」

「ああ、とてもいい……極上だよ」

「あうう、わたし、いくっ……藤巻さん、あたしました……」〉（北沢拓也『二重挿入』「小説アサヒ」昭和62年9月）

何やら思い出さないだろうか？　そう、四十年一日の如く、表現の直截さ、あしらわれてある風俗こそ違え、そこに描かれるものはこの世に男と女の生きてある限り続く、ある種の情熱のほとばしりである。正に、「カストリ雑誌は脈々と生きている！」のではないか。

5　下町古本屋の生活と盛衰

「自分史」の草分け…　二十歳で素人から古本業界入り…　支部市場の伝統と土地柄の相違…　島田道之助老人と会主の条件…　娯楽雑誌が下町市場の中心…　下町で売れた古雑誌…　市場も店もムキ出しに人間的…　市場の権力者たち…　建場（たてば）廻りに進出する…　白樺読書会の古雑誌を一手に…　背中のない本・改造本…　安い均一本はよく売れる…　十一会で勉強…　開業後五年間の一日売上げ…　下町業界の革命的発展…　新宿・京王デパートに進出…　飯田淳次さんの功績…　下町は初版本・マンガ本の宝庫…　週刊誌に追われた月刊誌…　チリ紙交換車の登場…　高値を呼ぶ三十年前の少年少女雑誌…　昭和五十年代の下町業界…

当日出席者　反町茂雄・八鍬光晴・小林静生・八木正自・中山信行

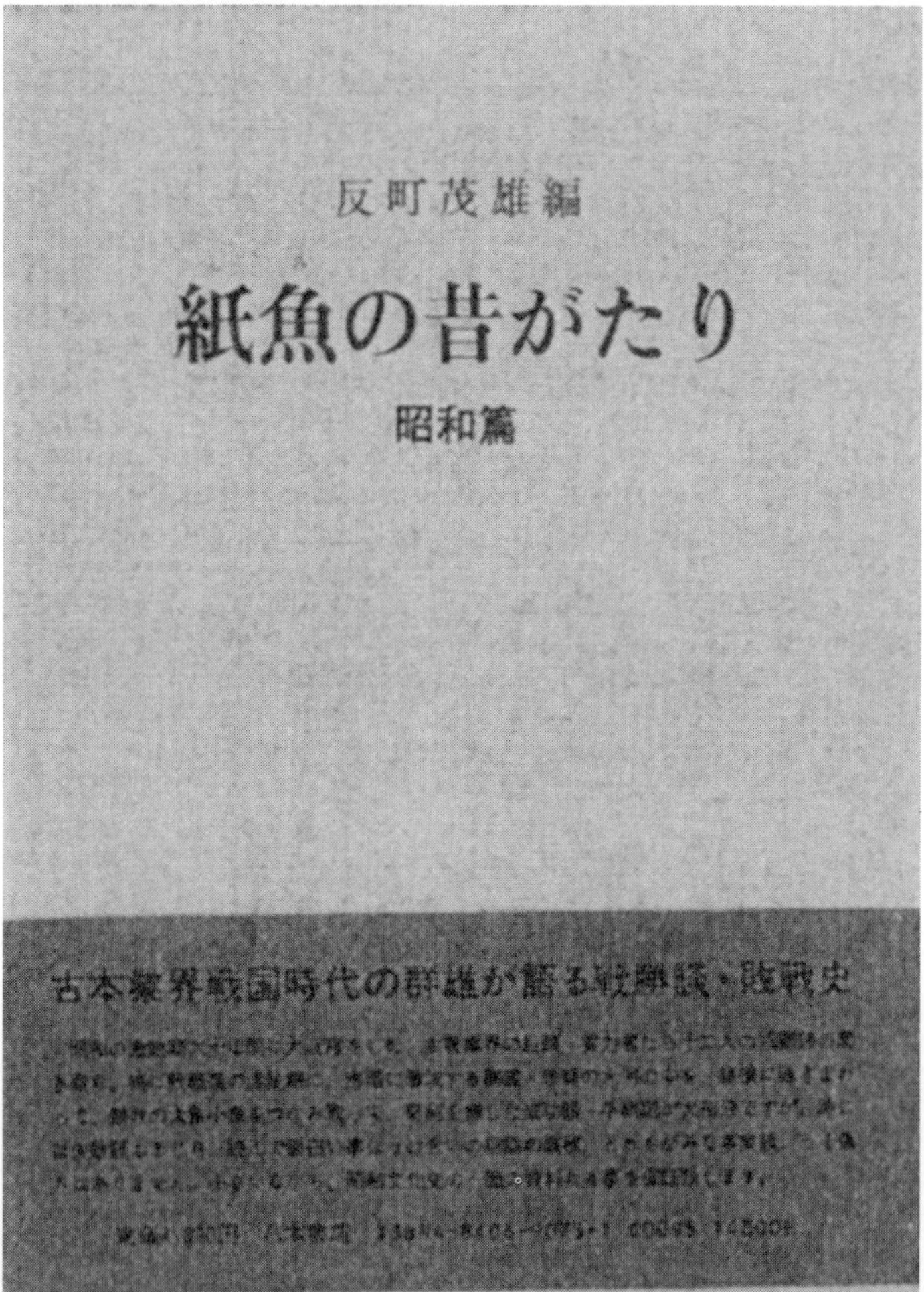

反町茂雄編

紙魚の昔がたり

昭和篇

古本業界戦国時代の群雄が語る戦争談・敗戦史

「自分史」の草分け

反町　では今から、菖蒲園で名高い葛飾区堀切の、青木書店の青木正美さんから、東京の下町の古本の市場を中心にしたお話を伺う事にいたします。「紙魚の昔がたり　昭和篇」は、古書籍業としては中心の、神田・本郷方面の、第一流の古本屋さんのお話、思い出話、むかし話を、お聞きする事を主にして居りますから、下町の話というのは、全く異色・例外でありますが、五十年前に編纂しました「紙魚の昔がたり」の中にも、セドリの人々のお話を二つのせて居りますので、この度も、下町の市場の故事や、ありし姿をお聞きするのも、一つの色どりとしてよいのではないか、と考えて居ります。

青木さんは、私たち業界では珍しいペンマンでいらっしゃって、既に「東京郊外昭和少年懐古」という自分史を、昭和五十二年に出版されていて、今はやりの「自分史」の草分けの様なお方です。五十七年には「東京下町古本屋三十年」というのを出され、これは仲々好評で、よく売れた相です。さらに、昨年には「古本商売蒐集三十年」というのを、すぐつづけて今年になってから「古本商売日記蒐集譚」を出版された事は、皆さんも御承知でありましょう。四冊を合わせますと千五、六百ページにも及ぶ自分史の語り手であられるわけです。聞く所によりますと、定時制の上野高校を二年で中退されただけだ相ですから、それにしては大変によく筆が立たれる、と恐れ入って居ります。お話もさぞ面白かろうと、大いに期待してます。では青木さん、どうぞよろしく。

青木　反町さんからの御依頼は「下町業界と下町の市場を語る」という題のもので、それを私にと言われたのは、私が明治古典会に入った時の会長が反町さんだったことなどありまして、下町業界の中では、少しばかり反町さんの知遇を得ているということからだと思います。しかし、私がこのテーマを語るにふさわしいのかどうかは、はなはだ心もとないのですが、自らの勉強にとも思って、お引受けしたわけです。

まず考えたのは、どういうことに基本を置いてお話をするか、ということでした。私たちには「東京古書組合五十年史」というのがありまして、すでに都内各地区の歴史が諸先輩によって語られ、下町を語ったものとしては、「東部支部史」という一章があります。四百字詰原稿用紙で三、四十枚もあり、下町の業界と業者の様子を、大まかながら、かなりまとめて記しています。今、これをなぞったのでは、屋上屋を架するわけで、意味がない。そこで私はあくまでも私の見た、体験したそれを語って見ようと決めました。

あまりにも独断的になったりする場面では、反町さん始め、みなさんの御意見・御質問・訂正など頂きながら、進めたいと念じて居ります。

なお今日は下町から、戦前からの典型的な下町の古本屋、葛飾区青砥の竹内書店・竹内鎮三郎さん、それから先程もふれました「東京古書組合五十年史」の編集にたずさわれた、江戸川区小岩の小林書店・小林静生さん、すでに長く「文車の会」の会員で、私とは親しい浅草御蔵前書房・八鍬（くわ）光晴さん、明治古典会の経営主任で、荒川区三河島で稲垣書店として営業されている中山信行さん、この四人の方を、話相手として、私の方からお頼みして、来ていただきました。中で竹内さんは、急にゼンソクの発作がひどくなり、来て頂けなくなったんですが、幸いに一夕おたずねして、お話を聞いてありますので、そのお話なども参考にして、語って行くつもりです。なお足りない所は小林さんたち、どうぞ補って話して下さい。

二十歳で素人から古本業界入り

青木　最初、戦後昭和二十年代末から話を始めますが、折々戦前についてもふれますし、最後に史論的に、現在との比較において全史的にお話するつもりですから、この点お含み置き下さい。

私がこの商売に入りましたのは、昭和二十八年、二十歳の時です。店は葛飾区堀切で、京成電鉄・上野線の堀切菖蒲園駅前通り、戦時中はしもた屋として借りていたのが、急激に開け、商売を出来るような場所になり、戦後軍需工場をやめた父が、自転車の修理業をしていました。その一部を使って始めたわけです。

戦前下町業界というのは本所・深川・向島・千住など旧市内が中心でしたが、戦後は焼け残った葛飾区辺りが、下町らしい新開地として、最も同業が増えていきました。すでにその二年前の昭和二十六年頃には、葛飾区立石に、葛飾交換会というのがあって、記録が残されています。私の町にも、この時すでに三軒の古本屋がありました。戦前には駅前にたった一軒だけあり、それは紅文堂書店といって、一昨年亡くなりました浅草の協立書店、これは下町では先ず一流でしたが、その御主人戸沢郁二氏の実兄で、戸沢卓治という人の店でした。この頃には、その店は養子の人が続いて、新刊屋をやっていて、卓治さん自身は、新しい二度目の奥さんと、京成高砂駅近くに、別の店を出していました。その二度目の奥さんの息子が、私と幼友達だったものですから、その縁で、戸沢さんの新しい店へ、開業の相談に行ったわけです。行って見ますと、こちらも店はほとんど新刊ばかりで、肝心の戸沢卓治さんは、専ら地方廻りの買い出しをして、それを神田の古書市場に出品して売るのが本業で、下町の業界とはほとんどつき合いがなく、下町の市場へは出席していませんでした。結局、戸沢さんからは、かなりの量の、どうしようもないような雑本を分けてもらって、店らしい格好をつけただけ。しかし何度か、神田へ出荷する戸沢さんの荷を、自転車で運ばされましたので、そのおかげで、まだ組合へ正式に加入する以前に、本場の神田の市を見ることが出来た位の収穫で、戸沢さんとの縁は切れました。

反町　その戸沢卓治さんというのは、よく神田の市場へ来て、古典会などへも、時々ウブい品物を出品し、中に珍しい本もまじっていましたから、私はよく知っていました。地方買出しは、関東から東北方面が主で、私の郷里の新潟へも、時々出向いていましたね。うわさは、あちこちで聞きましたが、仲々らつ腕家のようでしたね。

青木　買い出し方は荒っぽい人だとか聞きました。

反町　しかし逢って話をすると、それ程でもなかった。

青木　その後近所の乳母車屋さんから、墨田区吾嬬(あづま)町の岡田書店というのを紹介され、たずねて行って見たら店の半分が各種の幼児書、他の半分が古本というお店でした。そこにはモー三十歳くらいになっていた、さかえ堂星藤男さんがいました。ここで、さらに第十支部の西村書店というのを紹介され、その人の手引で古書組合加入の手続きをとりました。

支部市の伝統と土地柄の相違

反町　その辺で、古書組合の支部のことを、ちょっと説明して下さい。そうすると、お話がわかり易い。

青木　じゃあ、ここでちょっと、東京古書籍商業協同組合の支部制度について説明します。私が組合へはいった昭和二十八年には、都内の組合員総数は八百七名、これを十の支部に分けてありました。第一支部は神田地区、組合の事務所も神田の駿河台下にあって、ここを本部ともいっていました。あとは第二から第十まであって、その中で一般に下町というのは、台東区・荒川区・足立区三区を合せた第九支部と、江東区・墨田区・葛飾区・江戸川区の四区を含む第十支部と、この二つの地区です。第二支部は新宿区、第三は中野・杉並の二区と武蔵野市・立川市など。第四は中央区・港区、第五が渋谷・世田谷・目黒の三区でした。さらに南へ下って品川区・大田区が第六。東大方面を中心にした文京区が第七支部、都の西北の豊島・北・板橋・練馬の四区が第八。そういう風にわかれていました。

反町　区分の基準は地域の広さですか、人口ですか。

青木　ハッキリとは判りませんが、主に在住する業者の数、それとその土地・市場の伝統などではないでしょうか。

反町　市場の存在が重要な要素の一つなんですね。

青木　この内、第五、第六の二つの支部は交換会つまり市場を二つ持っていました。他の支部は大体一つずつ。どれもみな、支部経営でした。

反町　駿河台下の本部会館では？

青木　そこは特別で、第一支部経営の市場と組合直営の市場がありましたが、それらとは全く別の各種の専門書市があります。古典籍を主とする東京古典会とか、学術資料・バックナンバーを扱う東京資料会とか、専ら洋書を扱う洋書会というような。

反町　それは本部、つまり東京都古書籍商業協同組合の経営ですね。

青木　最終経理的には全くそうですが、日常の運営の事務は各会に任せております。

反町　本郷方面の第七支部は、常設の支部市はなかったんじゃありませんか。

青木　いや、湯島の坂の辺にあった。学術雑誌のバックナンバーなど資料中心でしたから、反町さんは御存じないのでしょう。

その後、昭和四十一年から組合の支部組織が変更され、十の支部が七つになりました。現在は、神田・新宿・中央線・文京・東部・南部・北部の七支部となり、市会も統合され本部と東西南北の五ヶ所になりました。これが、昭和六十年の現状です。――つまり、これから私がお話するもとの

第十支部の向島の市と、第九支部の三ノ輪の市とが合併して、現在は東部支部の市場となっているわけであります。

昭和二十八年に古本屋を始めた時、父の名義でした。その後すぐ、市場に出入りするのに必要と分かって私も古物商の鑑札を受ける事になって、そのために警察署に何度か行きました。ところが、不思議の縁で、署の側の代書屋の息子さん、年は私とおない年の二十の人から、実は自分も古本屋を始めたいのだが、と相談されました。それではというので、今度は私が彼を第十支部のお店へ連れて行って紹介した。その人が、後に本部の振り手として評判の高かった熊一書店の熊田幸男君でした。私の永らくの下町のライバルです。

さて、支部長から教えられて、支部の市場へ出かける。市場は墨田区向島にあり、東武浅草線の玉の井駅から五分くらいのところで、私の店から自転車では二十分くらいの距離でした。

ここで又、ちょっとこの時点での、背景となっております下町業界の概況についてお話しておきましょう。当時下町には向島の市場の外に、もう一ヶ所三ノ輪の市というのがあり、これは第九支部の経営でした。二つの市の距離は、三、四キロくらいのものですが、行政区としては向島は墨田区に、三ノ輪は台東区の中にあります。そして、性格はかなり違うんです。東京地図を見て下さると、すぐ判りますが、台東区は南北に細長い地区で、その右側（すなわち東側）は墨田区で全くの下町。左側（西側）は根岸から東日暮里方面で、主に住宅地域、従って山の手的な気分の土地柄です。神田などのように東京中はおろか、全国からお客の集まる所は別ですが、下町・山の手を問わず古本屋は、店売りを主とするかぎり、その営業は自分の店の周辺の土地柄によって支配されます。そのために第十支部の向島の市場は、第九支部の三ノ輪の支部とでは、客質（集まる業者の質）が違う。三ノ輪の市の集まる業者の中には、こちら（向島の市）へ来る人もありますが、こちら（墨田区葛飾区方面）の業者で三ノ輪の市へ行く人はほとんどありません。三ノ輪へは、一部の神田の業者さえ来ていました。向島へは、その地理的な関係もあってか、むしろ千葉方面の同業の幾人かが来ていました。市場で売買されるものも、質的に向島はあくまで娯楽雑誌が中心、三ノ輪は雑誌も扱うものの、中心は書籍でした。

反町　すると三ノ輪に出入りする一部の神田の業者は、その書籍をねらうのですね。

青木　そういうわけですね。

反町　そこには時に掘り出し物もあるのですね。

青木　時にはそういううま味もあるでしょう。逆に、何人か神田から来ているということで、出品する人達も、わざわざ神田へ運ぶほどでない少量の神田向きの本などは安心して出せるわけです。

反町　その人たちは向島の市へは行かないんですか。

青木　まず来ませんね。来ても出るものが娯楽雑誌がほとんどだから、買うものがないんです。

島田道之助と会主の条件

青木　当時、下町市場の中心人物は、向島でいうと竹内鎮三郎・林英一・岡田忠治・吉野秀男の各氏、それと昭和十二年開業という吾妻橋の宮崎金次郎氏などでした。一方、三ノ輪の市場の中心は戦前からの会主の一人島田道之助氏、それと瀧泰氏のお二人。二つの市場を通し最も古い方は、大正二年に夜店から始められたという島田道之助氏で、当時六十二、三才でした。この人は、「組合史」の中で、下町最古の市場と記されている「車屋の市」というのを、自分の体験として語っていた殆ど唯一の人で、市場の生き字引的な存在でした。七十才近くまで現役で働き、市場の振り手として無形文化財的名人芸を見せた人でした。

八鍬　あの種の最後の人でしょうね。

小林　「組合史」にもチャンとのってます。

青木　市場の運営は全く会主中心の一筋で、これが下町業界の特殊性でした。組合史・古書月報等にのせてある当時の思い出話を読んで見ても、市会内部の力関係、人間関係中心の記述ばかりです。しかし市場では経営には直接は無関係だが、お客・買手という立場の業者がいるわけです。市場経営にたずさわる人達は、たしかに業者間では有名ですが、概していうとそうした商品供給者が多い。つまり売手が多い。市場へいくら沢山出品しても、それは業者間の取引、生まれる利潤には限度がある。市場の経営には参加せず、そこでは客として仕入をし、持ち帰って自分の店で売る事に重点をおく業者の方が、永い目で見れば必ず有利です。経済的にはどうしても上です。当時下町の市場での買い手として、横綱的な有力者は千住新橋の佐藤書店、北千住の文祥堂書店、町屋の近藤書店など。それから向島の市場の会主を兼ねた吾妻橋の宮崎書店などでした。そして当時から特殊な古書を仕入れる人としては（これはだいたい三ノ輪の市でですが）、立石（後に浅草）の協立書店、銀座の奥村書店、人形町の千代田書店などでした。

以上のような事実を背景に置いて、私が向島市場に行き始めた話に戻ります。建物はまだ他業界と共同使用の向島古物会館で、たしか二十畳ほどの畳敷きが、振り市の場だったと思います。平素は三十人前後の業者が集まりました。市場は今では考えられないほど、真剣で、そして初心者にはこわい場所でした。というのは、今と全く正反対で、昭和二十八年頃はまだ徹底的に品不足の時代だったからです。店で売る品を自分の店での仕入れだけでまかなえる店などはごく少なく、店持ちの業者の仕入れは市場からが八十パーセント以上という頃。だから完全な売り手市場です。下町の主だった古本屋の親父さん達が五人くらい、いつも振り手にすぐ近い、買いに有利な場所に正座して、怒ったような声をはり上げて、値をきそい、セリ落しをきそっています。

反町　売り手はどういう人たちですか。

青木　出品者の中心は何といっても会主でしょう。元々この頃までは、会主になる条件の一つは、市場への出荷能力があるということでした。そしてこれは下町特有の仕入れ方法ですが、屑屋さんの問屋である建場（たてば）というところを、市の日から次ぎの市の日までの間に廻って買って歩き、それが（例えば読切雑誌が）売買の最低単価である十冊になるのを持って出品するわけです。勿論、会主以外でも店を持たない建場廻り専門の業者がいて、出品をしていたのです。下町ではその日の市の出品物の九十パーセントが、こうした業者からのものでした。このことは私の体験に即して、のちにもう一度話をさせていただくつもりです。

娯楽雑誌が下町市場の中心

青木　さて、中座（振り手）へ流れて来る本の内、点数でも量的にも八、九割が娯楽雑誌です。下町では買い手の数から見ても、店の商品の中、もっとも回転の速いのは娯楽雑誌で、売上げも多くそれに依存し、これを置かないでは、やって行けないのが下町の実状です。そのうちでも特に売れ足の早いのが読切物などの大衆雑誌です。多分、下町では当時映画などと共に、働く人達の日々の労働のあとの主な娯楽の一つが、こうした雑誌の読書だったのでしょう。そしてこの頃が、敗戦後のカストリ雑誌から始まった各種の娯楽雑誌が、もっとも充実して来た頃でもあったわけです。

菊判の「小説倶楽部」「読切倶楽部」「小説の泉」「読切読物倶楽部」、四六判の「読物と講談」などｏこの最後の、題名をさかさにしただけの「講談と読物」、「読物と実話」「実話読物」といった雑誌など。戦前からの「講談倶楽部」「キング」も講談社から出ていましたが、光文社の「面白倶楽部」などと共に、大手出版社のものは、下町ではもう昔日の面影はありませんでした。市場での取引は、十冊単価で百五十円から二百円が相場、売価は一冊三十円くらいでした。ハッキリと売りの値頃というのがあって、三十円だと売れるが、これを四十円とすると売れ行きがぐっと落ちるので、何とか十冊二百円までに落とさないとつらいわけです。

反町　敗戦後に岩波書店から「世界」という新雑誌が発行されて、並んで買うほどの大変な人気、私なども毎号必ず買いました。それからアメリカ資本系のリーダーズ・ダイジェスト、これはモ少し通俗的で、それだけに販売部数は莫大で、百万を越えるとかの評判。当時の百万は驚異的な数字でしたが、ああいうものはあまり売れないんですか。

青木　あとでお話ししますが、まず売れませんね。

八木（正自）　下町で求められものは、知識でなく娯楽なんですね。

下町で売れた古雑誌

青木　「オール読物」「小説新潮」「小説公園」「別冊文芸春秋」などは、さかのぼって二年間くらいのものが取引されていました。これは十冊単位でせるのを八十円から百円で仕入れ、それを十五円ずつで売ります。その外には探偵物の「宝石」「探偵実話」「探偵倶楽部」などもありました。

必ず置く雑誌のもう一分野は少年少女雑誌とその付録。まず幼児向きに「幼稚園」「たのしい幼稚園」「めばえ」などもありました。少年誌は「幼年クラブ」「少年クラブ」「冒険王」「少年」「少年画報」「野球少年」「痛快ブック」「ぼくら」「おもしろブック」、そしてもはや伝説的なものとなってしまって、戦後漫画の原点と言われている「漫画少年」もまだ続いていました。少女誌は「少女クラブ」「少女」「少女サロン」「少女ブック」「なかよし」「ひとみ」などです。――これは十冊で七、八十円から百円が相場で、売値は一冊十五円ずつです。

これらには別冊として毎号必ず数冊の小判の付録マンガが付いています。これは一冊の厚さが三ミリから五ミリくらいで、取引としては百冊しばり一本が百円です。これを仕入れて帰った各店々が、四、五冊ずつ釘で打ちつけて、十円で売ります。

反町（おそらく）墨田・葛飾方面の古本屋さんの営業というものは、ずい分零細なものですね。お話を伺っていると、一口に「下町」といっても、二通りある様な感じを受けますね。下谷や浅草、それに日本橋などを、私たちは「下町」と考えていますが、それは古い頭の考え方で、下町はもっと広く、墨田区・江東区を越えて、江戸川区・葛飾区・足立区まで拡がっている。そして多分、隅田川を境にして、西側（つまり浅草・下谷方面）と東側（即ち墨田から葛飾・江戸川方面）とは、少なくとも古本に関するかぎり、客層も売れる本も相当に違うものらしい。そう考えていいのでしょうか。

青木　そうともいえるかも知れませんね。特にあの頃ね。

反町　西側では主体は古本、東側では主体は古雑誌。どちらも娯楽本位という点では、ほぼ一致しているんですね。

青木　大体そうですね。

八鍬　私は父の代から浅草の蔵前で商売している者ですが、浅草は元来の下町、という風に考えています。戦後に繁昌した新開地が多い。

反町　八鍬さんのお店では本が主ですか、雑誌が主ですか。

八鍬　店には雑誌も多くならべていますが、売上げとしては、本のほうズッと多いですね。

青木　今の八鍬さんは、浅草でも少し特殊ですよ。……さてもう一種類、下町には営業の基本雑誌として〝エロ雑誌〟がありました。まず読物に近い「実話雑誌」「実話と秘録」「笑の泉」「百万人のよる」、そして有名な「夫婦生活」。この夫婦何々という名では、まがいもの雑誌が数種類あって、創刊・廃刊をくり返していました。それから「怪奇雑誌」「愛情生活」「デカメロン」「モダン夫婦読本」「モダン生活」。さらに異常性愛誌として「裏窓」「奇譚クラブ」「風俗草紙」。少し学術的な「あまとりあ」「人間探求」など。これは当時の下町で、古本になって定価以上に売れる唯一の分野だったと思います。さかのぼって二、三年前の「奇譚クラブ」「風俗草紙」など、定価百円のものを三百円にも四百円にも売っていましたし、又売れてもいました。

市場も店もムキ出しに人間的

青木　この他にも、売れる古雑誌としては、映画雑誌、各種実用雑誌などがあります。これは店頭のスペースのあるなし、広さ狭さで、並べる種類も違っていました。その名をあげるとキリがないので、ここでは映画雑誌についてだけ、ふれましょう。「映画ファン」「近代映画」「トルー・ストーリー」「映画ストーリー」「映画の友」「スクリーン」。そして歌の付録などがつく芸能情報雑誌「平凡」「明星」。――これは全くの余談ですが、この「平凡」「明星」の発行日の毎月二十四日という日の話です。四のつく日が市日となっている向島市場は、『君の名は』の放送時間はお風呂屋がガラ空きだったという話のように、二十四日には新古兼業者は、みな「平凡」「明星」の売りで忙しく、市では客の姿がチラホラというような状態でした。この二誌は、ケタ違いの発行部数を誇っていたのです。

八木（正）　新しい下町では、娯楽本位に徹底しているんですね。

青木　逆にどんなにスペースがあって並べても、学術雑誌、そしてインテリ向きの「中央公論」「世界」、純文学雑誌などは、下町では売れませんでした。婦人雑誌は、スタイル雑誌を含め、発行後二、三ヶ月が古本としての寿命です。ところが、それにつく婦人・子供服の作り方を教える型紙つきの付録だけは、二年前くらいに発行のものでも、季節がくれば、市場で引っぱりだこでした。

反町　娯楽本位である反面、生活本位でもあるんですね。ムキ出しに人間的というんでしょうか。面白いですね。しかし、人間には知識に対する欲望というものがある筈、と思うんですがね。

青木　じゃあ、下町の市で扱われ、当然各店が扱っていた単行本についてお話しします。その内容ですが、大衆娯楽本や、ハウツー物が多く、固いマトモな本は少なく、とくに全集の揃いものなどは、市場にさえ、めったに出品されませんでした。今では考えられない話ですが、各家庭の中で、子供に新本を買い与える余裕などはない貧しい時代で、少しでも定価より安い受験参考書や辞典の古本は、下町では割に売れる分野でした。

ともあれ下町は、いつも回転の速い新本まがいの本に不足していてごく硬い本は別として、どの分野の単行本でも、発行されたばかりのものは、ゆうに定価の七ガケ半までも競り上げられてしまいます。それを定価の一割引で売るのですから、下町の一流どころは、新刊屋よりも、利益率の悪い商いをしている部分があったのです。そのため、下町の古本屋としては、横綱格の文祥堂・北島、町屋の近藤各氏などを含め、下町の一等地にあった古本屋たちは、何年かの新古兼業期を経て、どんどん新刊屋に転向して行きます。否、終戦直後、もっとも活躍していた下町古本屋の大所たちは、まだ古書組合員としては在籍しながら、昭和二十八年当時、すでに実態は新刊屋でした。第一、私が古書組合加入のために伺った向島の支部長の店が新刊屋だったし、戦後下町で最初の古本市場となった四ツ木堂・伊藤啓次郎氏のお店も、この時すでに新刊屋でした。

では当時量的に、全く売るべき本が不足していたのかといえば、そうでもありません。神田や上野には、沢山の特価本の問屋がありました。それから下町の市には、戦前発行のゴミっぽい本もよく出ました。しかし〝何々の研究〟などという、明らかに神田の本部市で高くなりそうな本は別として、趣味本も戦記物も混じっていながら、古い雑本は一山積まれても、仲々セリの声がかかりませんでした。建場廻りの人たちも又、古くさい戦前の雑本は、見当たっても、買わずに置いて来てしまっていました。戦前の趣味本や戦記物、文学書など全ての文科系書物が貴重となり、ぐんぐん値が上がるのは、それから更に十年の歳月が必要でした。まだ下町の古本屋には、古書展に加入して、長い経験を持つ人達に伍して行くだけの実力はなく、そういう集まりを結成するメンバーもなかったのです。店の本棚に、売れ足のおそい、玄人っぽい古書を並べなどするのは、見えや道楽なら別ですが、営業としては自殺行為だったんです。

市場の権力者たち

青木　さて、二十歳の私にも、馴れるにしたがって、市場での人間関係、力関係などが、段々に伴って来ます。そこは、はっきりいって、会主と呼ばれる古い業者の支配する特殊社会でした。これは、昨年（昭和五十九年）、私たちの「東部支部報」にのっている、六十一歳くらいの会主の人の昔話ですが、当時市の中座をつとめる振り手のところへは、盆暮には、六畳間一杯ほどものつけ届けがあったといいます。話半分としても、四畳半一杯くらいのものが、少しでも高く売ってもらいたい希望の荷主から、少しでも安く落としてもらいたい買い手から、又は単に古い習慣から、何らかの贈り物があったことが想像されます。又、今五十歳ちょっとという人の話ですが、初めて行った市で、たまたま空いている席に坐っていたら、戻って来たその〝指定席〟に坐りつけの古株の人に、うしろから、いきなり足でけとばされた、ということです。当時は市場で本をセリ売りする振り手の権力は絶大なものでした。同時に、どの市場でも、横綱的な買手の方の力も大したもので、その坐る席は、ほとんど上席にきまっていました。

反町　それらの点は、まだ二十歳の若い、素人っぽい古本屋さんの青木さんの感じ方は、少し強すぎたのではないでしょうか。振り手も、有力者には相当気兼ねをしますし、いつも出入する年輩の人には遠慮もしますよ。又、それでなければ、会主は勤まらないでしょう。かりに大関・横綱的な買手にしても、その特権は、坐る席がほぼ一定しているくらいのものでしょう。少なくとも、神田の市場ではそうですね。

青木 何しろ不慣れだから、わからぬ事だらけ。少しへまな事をすると、すぐ大きな声で怒鳴られるんですから。

反町 （笑う）会主や振り手は、大きな声を出すのが商売だから。

青木 とに角荒っぽい所でした。

反町 神田の本部の市もほゞ同様でしたよ、昭和の初めの頃は。

青木 あゝそうですかね。

建場（たてば）廻りに進出する

青木 当時そこに出荷されて来る品物の中で、量的には八、九割も占めようという雑誌の出どころはどこだろう、と少し気をつけてしらべて見ましたら、それは町中の各家庭を廻っているクズ屋さんの、元締めである建場というところだと判って来ました。そこで、建場で買えば、市場で買うより安く買えるに違いない。よし、自分もその〝建場廻り〟を始めよう、と決心しました。しかし、これが又、仲々簡単ではないのです。

反町 よく建場建場と、一部の業者の人たちがいいますが、私などには、どうもその実体がハッキリと判らない。建場ってのは何ですか、店ですか。

青木 広辞苑を引いたことがありますが、明治以前は、街道などで人夫がカゴをとめて休憩する処、明治以後は、人力車や馬車などの発着所・休憩所のことをいった。現代では、屑屋などが集まって来て、その日に買い歩いた品物を売り渡す問屋、としてあります。その通りで、一種の問屋です。場所ではありません。私の見解では、単なる問屋ではなく、金主的な性格のものが多く、盛んな建場（勿論個人営業）ほど、個々の屑屋さんとの関係は密接で、屑屋さんたちは、まるで勤めでもするように、朝早くから三々伍々建場へやって来ます。建場の主人、経営者は、屑屋さんたちを〝買い子〟と呼んで、商売道具のリヤカーは勿論、天秤秤から、その日の資本まで貸し与えていたのです。どこも平均十人から二十人位の屑屋さんをかかえ、かかえている人数が多いほど、その建場は繁昌でした。夕方には、続々と引揚げて来る〝買い子〟たちで、店はひとしきり、戦場のようにゴタゴタと混雑します。見る見るそこに古繊維品、古金属、これから分解作業を要する古時計や古ラジオなどと共に、本や雑誌を含む紙類の山が出現するわけです。

　無論屑屋さんにも、どこの建場にも所属しない独立独歩の人も、十人に一人位はいたと思いますが、その人たちもやはり獲物は平素売りつけの建場に売っていました。

反町　なるほど、その積み揚げられた山の様な紙屑の中から、本や雑誌を選り分けて拾い出すわけですね。今でもそうですか。

青木　イヤ、今はすっかり変わりました。あれほど街の隅々まで入って、屑物を買って歩いた屑屋さんは、もう見かけることさえなく、すでに一昔前の風俗になってしまい、建場そのものも数少なくなり、形態さえ変わり、昭和五十年位からは、「建場」という言葉は、死語に近いのではないかと思います。屑屋さんに取って代わった存在が〃チリ交〃つまり自動車を使ってのチリ紙交換屋です。これは屑屋さんがリヤカーで集めるのなどとくらべてケタ違いに量が多く、納める場所も建場は素通り、その一つ先の古紙問屋へ行くわけです。

反町　なるほど、よく判りました。そこで屑の山の中から選り出した本や雑誌の値段を決める人は、誰れなんですか。建場の主人ですか。

青木　目方です。貫目で計るんです。

反町　一貫目いくらで売買するんですか。

青木　そうです。

反町　内容とか、美醜とか、学問的価値とかには、一切無関係に?

青木　そうです。中味などは一切頓着なし。建場まわりをする人の中で、たまには良いものだけを一冊いくらで抜買いをする人がありますが、それは例外です。

反町　そりゃあ、またサッパリしたものですね。われわれは殆ど考えられない。じゃあ、本でも雑誌でもなく、ただの紙なんですね。

青木　まあ、そうなんです。上下二通りくらいに分別して、値段にいくらか差別をつける位ですね。私の場合は長い間、上で一貫目百円、下で六十円くらいで買っていました。

反町　なるほど、それなら、市場で買うより安いでしょうね。そこの世界へ、若いあなたが、初めて乗り込んだわけですね。

青木　ところが、建場の中でも主だったところはみな、すでに古い業者が常時入っていて、それが一種の権利みたいなものになっているのでした。何度も無駄足をした末に、やっとある一つの建場に喰い込んで、買い始めたのですが、ある日その古い業者と、建場の店先きで、バッタり出合ってしまいます。「お前！　ここには俺がもう何年も来てるんだ。遠慮しとけ！」と、おどかされます。市では、そこの仕入れの死活を握っている振り手をやってる人ですから、さからうと、あとがこわい。ただ「ハイ」といって、引きさがりました。しかし、あとで考えました。市日には、彼は振り手としての勤務があるから、建場には廻らない、と。それから、その日を選んで廻ることにしました。それこれで、少しずつ段々に喰いこんでゆき、追い追い買えるようになりました。

反町　仲々苦労されたんですね。

青木　それはもう、苦労の連続です。

白樺読書会の古雑誌を一手に

八木（正）　目方で買えるようなら、どうして他の業者たちは建場へ行かないですか。

青木　建場まわりは、恥ずかしい仕事だ、というような考え方が、業界一般にあったと思うんです。それから、何しろ山の様な屑の中を、より分けるんですから、ほこりだらけの、とても汚れる仕事です。山をくずして、必要なものを取り出したあとは、又もとの様に片づけて、キチンとして置かないと、建場の主人にきらわれる。とに角、とても重労働で、普通の感覚では仲々やれません。

反町　青木さんの様な、若い、強健な、しかも異常な働き手でないと、仲々やれないわけですね。

青木　そうこうしている内に私は、会員制の、新刊雑誌の「読書会」というのをやっている人と出会いました。事務所は世田ヶ谷で白樺会という名、仲々繁昌の会でした。そこで使用された二ヶ月おくれの古雑誌を、一手に買わせてもらう事になりました。このルートから、当時わが国で出版されていた、主だった雑誌の殆どすべてが、毎月コンスタントに古本で入って来るようになりました。何しろあの当時は読書会が流行して、白樺会は世田ヶ谷を中心に、十もの支部を持って、盛んにやっていたんです。

八木（正）　読書会というのは、どういう組織のものですか。会員に本を貸し出すんですか。

青木　読書会というと立派ですが、実体は貸本屋です。但し本ではない、貸すのは雑誌ばかり。

反町　これもまた、零細な商売ですね。

青木　イヤ、一冊ずつ貸せば、零細すぎて、商売にならないでしょう。一つの家庭に、五種ずつの雑誌をセットにして貸すんです。日本中の主な雑誌の名前をのせた一覧表みたいなものを会員に渡しましてね。その中から、何でも好きな雑誌五種類を選ばせる。たとえばお父さん用に「文芸春秋」、お母さん用に「主婦の友」、息子さんは「スクリーン」、娘さんには「平凡」、子供には「幼年クラブ」とかね。それを五日おきに、次ぎ次ぎに大勢の学生アルバイトを使って、自転車で配達させるんです。経営者の方からいえば、会員の希望をうまく時刻表のように組合せることで、一冊の雑誌を月に六回転させることが出来るわけで、利益はそれによって上げるわけです。

八木（正）　便利なもんですね。会費というのは借り賃ですね。

青木　一冊の雑誌代で、家内中が好きな雑誌が読める。

反町　なるほど。しかし読みたいという雑誌は、どうしても娯楽雑誌に片寄るでしょう。

青木　そうでもないんです。もちろん「平凡」「明星」や婦人雑誌なんていうのは、一ヶ所で三十部や五十部はありました。地域で違いますが、次ぎに多いのは「文芸春秋」「婦人公論」「オール読物」「小説新潮」などでした。白樺会の様に支部が十ヶ所もあると、全体では同じものを二百部も三百部もの新刊をとるわけです。そういうのがいくつもある。だから全部合わせると、ずい分な数量です。

反町　二ヶ月おくれて、毎月それが、順々にみんなあなたの手に入るわけですね。

青木　そうなんです。自分の店売りではとてもさばき切れず、余ったものを市へ出品するまでになりました。ただ、これには大変な労力の裏付けを必要としました。葛飾区堀切から、世田谷区下馬まで、自転車で大量の古雑誌を取りに行くのです。一通り二た通りの労力ではとても間に合わない。

反町　ここでまた、あなたりは独特の働きぐせを発揮されたわけですね。

青木　後には運搬方法も、オートバイ、軽自動車と移り変りますが、初めは大変でした。私はそれを二十年余り続け、それを市場以外のところ、たとえば上野の特価本屋街へ卸す方法なども発見し、それらのおかげで、店の基礎をきずきました。

反町　これは雑誌と同じ定期的で、しかも一年に十二回転するんでしょうから、商売としては大きいですね。それを二十年余りも続けてね。なるほど、青木さんが下町の古本屋として巨富を積まれたのは、そこが大本なんですね。（一同大笑い）。

背中のない本・改造本

青木　もちろん並行して、先程お話した建場廻りの仕事も、十五年以上にわたって続けました。古本の世界では、小売りだけの人から見れば、市の値に当たります。しかし建場廻りをして、そこで仕入れる者から見れば、市場で売ってもうかる値で、雑誌や本が買えるわけです。市場だけで仕入れる人よりは、当然もうけの率はよいわけです。ここにも、私のささやかな経済的蓄積を始めることが出来た根拠があると思います。

反町　なるほど、よくわかりました。あなたは建場廻りでも、雑誌集めでも、二宮金次郎の様に骨身をくだいて、二十年余り働きつづけられたんですね。

青木　しかし、悲しいかな、昭和四十年に神田の本部の市場へ行き始めるまで、いわゆる玄人（くろうと）っぽい本、とくに背中のない類の本には無縁で過ごしました。

反町　ン、背中のない本って何ですか。

青木　厚さ半センチか、精々一センチ位の、紙表紙の学術報告書や風俗資料の類ですね。薄い仮とじ本だが、一冊三千円、五千円にも売れる本。そういう本には気がつかなかった。建場廻りの中で、下町で売れる雑誌や、わかり易い単行本、それにいかにも高くなりそうな〝何々の研究〟的な本は買って来ます。しかし、法律・経済書や、資料物や、うすいパンフレット的な品物は、価値が判らず、判らぬくせに頭からバカにして、買って来ませんでした。極端な一例だけお話しますと、「文芸市場」「変態資料」「変態黄表紙」などで活躍した佐藤紅霞という人の家から出たウブい資料類が、トラックで二台分も、行きつけの建場に出ましたが、私はさわって見る気もせず、見過ごしてしまったのです。今ならもちろんですが、あの当時でも、あれを上手に仕分けして市場へ出品したら、ずい分高く売れる良い資料が、いろいろあったに違いないのですが。

反町　誰れも、その紅霞さんの資料を買って、もうけた話を聞きませんから、結局つぶされたんでしょうが、惜しい事をしましたね。昭和二十六、七年頃の出来事ですが、太閤秀吉の参謀として有名な、竹中半兵衛重治の家に伝わった、土蔵に一ッ杯の和本・古典籍の半分が、屑屋に売られて、反古としてつぶされた事がありました。残る半分は、幸いに名古屋の伊藤園堂伊藤為之助さんが見付けて救いましたが、南北朝時代や足利時代の珍しい古写本も、いろいろありました。無知はこわいですね。

青木　話は変りますが、下町には、どうしても不足気味という雑誌がありました。読切物とエロ雑誌です。その不足をカバーしていたのが、下町業界が古くから受け継いでいる「改造本」というものです。当時、建場で目方で買って来た雑誌類を市場へ出品するには、かなりに修理が要するものが多く、その修理が建場廻りの人たちの日課でした。頁はしの折れ目の水のしや、破れた表紙の裏打ち、背中の補修などが、主な作業でした。例えば、読切物などよりもずっと高く売れるエロ雑誌などは、表紙ナシの本体だけでも買って来て置いて、別の、中身はダメで表紙がキレイな雑誌の表紙をまくり取って来て、それはをはりつけて、売ッてたりしました。

反町　ずい分細かく骨折るもんですね。

青木　まだ、反町さんなど驚かれるような、下町特有の話は、いろいろあります。では改造本のお話をしましょう。これはあらかじめ建場に頼んで置いて、表紙などなくとも、どんなにボロになっていようと、内容が読切らしいもの、エロ雑誌らしいもの、いわば雑誌のなれの果てを、まとめてとって置いて貰います。それらは「合本材（がっぽんざい）」と称しまして、つぶしすれすれの安い値で分けて貰えます。それを材料にして、キリのよい頁のを上にし、別のを下に重ねて、二～三センチほどの厚さにして釘で打ちつけます。古い同業者の誰彼の中には、未使用の表紙だけを持っている人がいました。私の場合は、町屋の横山という、テキ屋関係の人に本を卸していた人から、そういう表紙を分けて貰いました。その人の所には、読切物は勿論、実話雑誌・エロ雑誌まで、各種幾種類もの表紙がそろえてありました。「大評判面白読物号」などという、どの合本の背中に貼っても、うまくはまるような印刷物を売っていました。背と平とセットで、一冊分一円くらいの値で買って来たかと思います。それを釘で打ちつけ合本したものに貼りつけ、まわりを化粧断ちすれば、「改造本」が完成です。キチッとした形にするために、街の小さな製本屋に持ち込んで、裁断機にかけて、裁断して貰うのですが、釘の打ち方が下手で、裁断部分まで釘の先端が出ていて、あの大きな裁断機の刃を傷つけて、製本屋に怒られ、弁償をさせられたという同業の話も伝えられています。

反町　あなたなども、そんなのを造ったんですか。

青木　その頃は沢山造りました。

反町　奥さんなども手伝って？

青木　もちろんです。

反町　イギリスの諺で、奥さんを見れば、その人が金持ちになるかどうかが判る、というのがある相ですが。

青木　イヤーそれほどではないですよ。改造本は昭和四十年近くまで、その製作者たちによって市に出品され、下町のほとんどの業者たちの手で、お客に売られてました。私も一家総動員でこれを造った時期があり、何百冊か、何千冊かの改造本を売りました。

ついでに申しますと、戦前には、少年雑誌・絵本などまでこれが行なわれ、改造本の創始者の名をとって、たしか「権ちゃん本」とか呼ばれたものだと、古い「古書月報」で読んだことがあります。戦後でも、人気の「サザエさん」の改造本を作っていた人があったのを思い出します。又、現在の明治古典会の市などでも、まれに戦前の「演芸画報」のグラビア頁だけを一冊本にまとめたり、「歴史写真」という雑誌の、東海道五十三次の分をまとめたりした改造本が出ることがありますが、これもその昔の先輩たちの仕事だったのではないでしょうか。

安い均一本はよく売れる

青木　以上お話して来たのでお判りでしょうが、下町業界をバカにしていうのでも、又謙遜していうのでもないですが、この頃までの下町業界は、絶版書や珍本や初版本など、定価より高い本を買うお客を相手にするのでなく、あくまで娯楽目的で、安いから買う、そういう下町特有のお客を相手にして商売し、生活の糧を得る、というのが、大部分の業者の実態だったのではないでしょうか。

中山　その日その日の暮しのために、下町では何でもやるわけですね。私のところなどでも、もとは大体似たようなものだったようです。

反町　それはよく判りました。

青木　もちろん私とて例外ではありません。それどころか、その標本みたいなものでした。父が病気で倒れた事などもあって、私は開業二年後には、店を全部古本屋にし、いろんなことをやって見ては、試行錯誤をくり返し、時にはいくらか当てた事もありました。貸本ブームの頃には、貸本屋もやりました。店売りでは、当時下町業界では一番ダメなのが、戦前発行の雑本、時局向き、または右翼がかった傾向の本などでした。どこの店でも死蔵品となっているのは、そういう本で、みんなのもてあまし物でした。私はどうかしてそれを売りこなせないものかと考えて、均一本だけの店を、かたわらに作りました。中を、ごくごく安く、十円から四十円までの値で四つに仕切って、それらを分類して並べたんですが、これはその値の安さで、結構よく売れました。

反町　ゴミ本を均一売りにすると売れるものですね。特に、せまい場所で、五十冊や八十冊で、百円均一とか、二百円均一とかではあまり売れないが、相当広い場所を設けて、百円・二百円、三百円・五百円、千円とかいう風に、幾段階に分けて、二千冊三千冊のものをズラッと並べると、よく売れる。私の一誠堂勤務時代には、歳末十日間に、毎年それをやりましたが、業界でいういわゆる「ゴミ」本が、よくはけましたよ。

八木（正）　そういう形の本が、掘り出し物があり相なような感じがするんでしょうかね。

反町　そう、たくさん並べると、中には本当の掘り出し物があるんでしょう。

青木　これは余談になりますが、今から三、四年前に、この均一本ばかりを買っていたというお客さんから、買い物があった。来られたのは老婦人で、主人が亡くなって、不要だから値はいくらでもいいと言うのです。「お宅の均一本を、毎日買いに出かけるのを楽しみにしていた人です」という話に、それじゃ碌なものはない、と気のすすまぬ思いで出かけました。行ってみると案外そうばかりでもない。けっこう、今なら単独で評価できく趣味本や戦記物もまじり、時には珍しい戦前の文学書まで、ゴロゴロしていました。田山花袋の「時は過ぎ行く」、稲垣足穂の「天体嗜好症」、前者は美本ではないけれども函付で、後者は並本です。それぞれ初版で、間違いなく私の手で、四十円と記入されていました。一冊ずつ市へ出品すると、それぞれ一万二千円と九千円で売れました。

反町　お金もうけの種子はどこにもあるものですね。

青木　金額は高が知れてますがね。

反町　そう、遠慮なく申せば零細ですね。

青木　昭和二十九年から、棚の新しい古本が足りないので、三ノ輪の市へも行き始めます。この三ノ輪の市が、雑誌を主にした向島の市とくらべて、かなり格が上だったということは、すでにお話しました。しかし若い微力な私にも、そこへは割合に行き易い個人的理由がありました。というのは、飯田淳次さん、――これから十年後に、反町さんや西塚さん、八木（敏）さんたちが中心で、大刷新を加えて、新たに発展に向おうとしていた明治古典会の振り手に、急に思いがけなく登用されて、たちまち本部市の名振り手としても、明治以後の詩歌専門店としても、知られるようになる鶉屋書店・飯田淳次さんが、三ノ輪の市にいたからです。この人とは、すでに向島の市場でお会していました。その時、飯田さんに、自身が会主の一人だった三ノ輪へも来るようにと、勧められていたんです。氏とは、実はそれ以前からの知り合いだった。というのは、開業三年前、私がまだ都立上野高校の夜学に通っていた頃、その通学路にお店のあった飯田氏のところへ、文芸部の先輩に紹介されて行き始め、面識がありました。しかし、当時の三ノ輪の市場での飯田氏はすでに三十歳を越えようとしていながら、そのあり余る才能を内にひそめて、大きな身体をもて余すように、市場のせまい机にはさまさるようにしてヌキ（買手の買入品明細書）を書いて居られました。この仕事は、会主としては二等兵の仕事です。三ノ輪の市場はまだ老人支配で、且つ取引の一点々々の品物の量がこまかく、体力的にも老人の振りで間にあっていたのでした。

十一会で勉強

青木　一方、私の所属する向島の市場も、又似たりよったりの状況が続いていました。会主の中に、飯田氏より一歳下の文化堂・川野寿一氏が入っていましたが、やはりその役割は、来る日も来る日も、ヌキや会計の仕事でした。お二人はいつか親しくなって、若い古本屋の勉強会を作ろうとします。本の勉強ということを説く飯田氏と、業界の行政面での民主化を説く川野氏を中心に、池袋方面の若い業者にも呼びかけて、月一回、十一日の日に集まるので〃十一会（とおいち）〃というのを作ります。その人御自身も下町出身で、お店は当時水道橋近くで、おそらく神田地区でも、店売りでは一、二を争うほどのよいお店になっていた波木井（はきい）書店・波木井吉正さんという方がありました。十一会でこの人の話を聞く集まりがあり、その時にさそわれて初めて出席し、この時から、私も十一会の会員になりました。

反町　水道橋の波木井さんは、業界稀れに見る人物で、苦労もし、経験も豊富。おまけに商売には一見識ある人ですから、その話は、聞いて面白かったでしょう。「財布を二つ持て」という話をしませんでしたか。

青木　そうそう、商売用の財布と、暮しや小遣いの財布とを、それぞれ別にして、一つずつ持って居ろ、というんでしたね。商人のためには大変よい教訓でした。その外、いろいろありましたが、みんなよい話でした。

反町　あの人の話は生きていましたね。私も文車の会でその話を聞きました。それ以来今日でも、いつも紙入れを二つもってます。

青木　どの話も実生活に即していて面白かった。一つはその話が面白かった事もあって、入会したかも知れません。

会では、相互扶助と人集めの目的で、毎回無尽が行なわれ、また研究と称して、各自何点かずつの品物を持ち寄っては、市の真似事もしました。しかし私には、古い業界に対する批判精神の面でいうと、大いに共鳴もし、時折行なわれる研修旅行なども楽しかったんですが、次第に他の人について行けない自分を、感じないわけには行きませんでした。何といっても貧しかった。金がなかったのです。皆で飲むコーヒーの飲み方さえ知らぬ野暮天でした。私は病気の父を養うばかりか、幼い弟妹たちの全部の面倒を見る責務さえ背負っていたのです。

そんなわけで、私はだんだん十一会から離れて行きました。十一会自体も、四、五年で自然消滅しました。

反町　惜しい事をしましたね。

青木　どうも、そういう真面目の会は永続きしません。

反町　中心になる人が、余程しっかりして居なければ駄目です。

開業五年間の一日売上

青木　さて、この辺で、皆さんの御参考までに、私の店の、昭和二十八年の開店時から五年間の、一日平均売上高をお話しして置きましょう。この間には、市場の買い振りは、大関横綱的買い方をする下町の大手筋よりは、もちろん落ちますが、平均から見て、そう悪い方ではなかったと、自分では思って居ります。ですから、うちの売上高をお話すれば、当時の下町の古本屋の標準的売上方を推量なさる事が出来ると思います。昭和二十八年・千五百円。ちなみに、私が開業一ヶ月前まで働いていた町工場の日給は百五十円でした。昭和二十九年・二千七百円。三十年・六千円。この年に、お店を間口一間から三間にしました。三十一年・五千七百円。この年、近所に同業が開店しました。三十二年・六千五百円。そしてこの五年間は、年中無休でした。一日の売り上げが一万円平均になるのは、昭和三十九年まで待たなくてはなりませんでした。

反町　その記録の最終の年三十二年が、一日平均六千五百円だったといわれましたが、すると一年に積もれば、約二四〇万円ですね。これは決して自慢するわけではありませんが、他のお店の一年の売上げの事は全く知りませんが、一つの比較として、私共の同じ頃の売上げをお話して見ましょう。

弘文荘は、その年にちょうど創業二十五年に当たりましたので、それを記念して「弘文荘善本目録」というのを発行しました。へその緒切って以来、初めての堂々たる目録で、内容は、優秀なもののフンダンに出た時代でしたから、充実したものでした。当時の弘文荘の分としては贅をつくしましたから、この一冊で、一、五〇〇万円くらいは是非売りたいと、希望していたのですが、成績は予想外によく、三、〇〇〇万近く売れました。この年の一年の総売上は、四、五〇〇万円を越えて弘文荘としては空前の成績でした。これは本郷の業者間では、多分上の部に属するでしょう。神田の中に移せば、中の上くらいかな、その辺だったろうと想像致します。

八木（正）その頃の葛飾・江戸川方面の下町と、神田方面との相違が、大体想像出来ますね。

青木 その後約十年間は、下町の業界は、ほとんど無風状態で過ぎました。大きな変化はありません。わずかに浅草二ノ橋書店・田中義夫氏が俳句の本で、国際劇場前の協立書店が趣味関係の本で、深川森下町の平野書店が文学書で、そして日暮里谷中の鶉屋書店が詩歌の書物を扱って、それぞれ着々と実力を養っていました。

昭和四十一年には、折から神田の本部会館の新築がきまり、下町地区からの要望と、時の理事長・三橋猛雄氏の英断もあって、本部支部綜合建設案が組合理事会で採択されます。そして私たちの下町に二ヶ所あった、三ノ輪・向島の二つの市場が、一ヶ所に統合されることになります。

昭和四十一年七月、下町地区待望の東部古書会館が竣工しました。三ノ輪・向島の二つの市場が合併して、ここで行なわれるようになる。第九・第十の両支部の合併により、支部員数は一二七名を数える大世帯になりました。

下町業界の革命的発展

青木 十年近くつづいた下町業界の無風状態は、このころから破れ始める動きが出て来ました。

上へ伸びはじめました。

戦後二十年を経た昭和四十年の頃から、戦後に出版された文学書の初版本が、明治・大正の初版本の後をうけて初版本としての価値を認知されて、追々値上がりしはじめます。川端康成・三島由紀夫・安部公房などという人気作家のものが中心でした。若い人たちには、藤村や漱石よりも身近かで、わかり易いせいもあったのでしょう。段々と上昇の速度ははやまり、四十三年の川端さんのノーベル賞受賞が、さらにそれに拍車をかけます。四十五年十一月の三島由紀夫の劇的な自決を頂点として爆発的に人気が高まって、一種のブームになりました。ブームは、中央線沿線・早稲田方面に起こり、神田地区でも盛んとなり下町にも波及します。戦後作家のものなどは、下町の市にも時々出ますから、先行地区の同業が、下町地区の市場に来て、それらを高く買う姿が見られ、当時下町の業者たちも、高く売れる初版本の書名などを覚えます。しかし、神田の古書会館の階上での時々の古書展に参加していた夏目一郎さん、小林静生さん、文化堂書店、私など数人の外は、下町の業者たちは、残念ながら、ブームになった初版本を手に入れても、その売場をまだ持ちませんでした。

昭和四十四年の初夏、神田の八木書店を通じて、浅草観光連盟主催の、浅草観音境内での「浅草市の市」という新しい企画に参加して、古書即売展をやらないか、との勧誘がありました。会場は浅草寺の大きな仁王門と御本堂との中間の、かなり広い敷地の、御堂に向かって右側、ここの露天に台を設け、その上に商品を陳列する。参加者は、衣料品や玩具や各種の土産品、植木屋さんまで加えた賑やかなもの。その中に古本を並べるという話。何しろ野天でやるのですから。雨に弱い本の即売展としては、いくらか冒険。これまでに例のない事でした。有志の人たちが相談しましたが、結局ためしにやって見ようという意見が多数を占めた。有志は誰でも参加出来る様にという主旨で、支部の行事として参加者をつのりました。予想外に参加者が多く、岡島書店、おもしろ文庫、協立書店、熊一書店、泰川堂書店、文化堂書店、峯尾文泉堂など、二十数店が参加しました。会期は六月三十日から一週間。何しろ観音さまのすぐ前で、みなさん御承知の通り、朝から晩まで人通りの大変沢山な場所。そのすぐそばで、ジャン〳〵やるんですから、立寄る人、漁る人の数は多い。品物はどちらかというと娯楽本位、文学物やハウ・ツーものなども交じえて、手の出し易い値のものばかりですから、よく売れました。大成功でした。出品した業者の人は大よろこび。店売りしか知らない人たちがほとんどの下町業者にとっては、初めての経験。こういう販売方法もあるのか、と目の覚める思いがした人も少なくなかったでしょう。画期的な出来事でした。

反町　新しい道が一つ開けたという事ですね。

青木　今思えば、「浅草市の市」への参加は、下町にとって革命的な出来事ですね。下町の開国です。

反町　話を持って来た八木敏夫さんは、さしづめペルリ提督ですかね（一同笑う）。その「市の市」は、いつまで続いたんですか。

青木　昭和四十六年に、第三回で終ります。理由は色々ありますが、この話は直接関係ないから略します。

八木　（正）　惜しい事をしましたね。

青木　イヤ、そうばかりでもありません。

一方、第一回の「市の市」での好成績は、下町の市場にも新風をもたらし、支部では有士を語らって、より恒久的な古書展が開ける場所をさがし始めます。「市の市」を主催した浅草観光連盟などの話を聞いて、吾妻橋のたもとの、浅草松屋の並びに立つ都立台東産業会館というのに当たって見ましたところ、運よくその広大な展覧会場が、年三回借りられることになった。そこで、翌四十五年からここで、今度立派な屋内の即売展をやりはじめましたが、これにも成功します。ある先輩が「下町だけで、いつかうこういう展覧会をやりたかった。まるで夢みたいだ」といって、よろこんだ言葉が耳に残っています。ここをやり始めたメンバーは、「市の市」のメンバーとほとんどダブり、私は一年後くらいからこれに参加しました。その後は、いろいろな事情で同人制に移り、下町書友会と称し、今日もなお続いています。現在は台東産業会館で一回、東京古書会館で一回と、年二回開催しています。当初の頃のこの古書展の売上げですが、一回の会期二日間で、合計が二百五十万から三百万円くらいでした。

反町　（驚く）　ホホー、残念ながら、金額はまだずい分と小さいものですね。

青木　数は沢山売れるんですが、下町では売れる本の単価が低いですから。

反町　しかしよくそれで、営業として引合いますね。

青木　その代り、そういう本のマージンは、あなた方の硬い本にくらべると、比較的大きいから。

新宿・京王デパートに進出

青木　下町業界のもう一つの催しとしては、昭和四十六年から始まる新宿の京王百貨店での「古書市」があります。これはある有力な同業者の口ききで、私たちの支部ではなく、他の支部への話だったのですが、当時はデパートでの古書展の流行った時代で、新宿や池袋、あるいは渋谷などの、いくつもの百貨店の方から、積極的に古書組合の支部へ働きかけが、しきりだったので、その支部は京王のはお断わりしました。それで代りに、話がわれわれの下町へ廻って来たのでした。京王の条件が少し悪く、第二回まで、テッペンの屋上の野天に台を並べてのものでした。しかし、何が幸いになるかわからないもので、野天だから空中から写真がとれる。ある新聞社がヘリコプターを飛ばして、機上から古書展の賑わいを撮影して、その写真を紙上にのせた。これが又評判になって、人気を盛り上げましてね。大盛況でした。それこれで、デパート側もよろこんだでしょう。四十八年からは、屋内での本格的なデパート展となります。こっちも又、一段と張り切って、全下町業界に呼びかけて、一時は三十人くらいが、これに参加しました。やがて春・夏の年二回開催で、以後引きつづいて八年間、第十五回まで、この催しを支部が主催して行ないます。五十四年からは同人制のものに受け継がれました。

このデパート展の当初の頃の売上ですが、会期六日間で、千二百万から千五百万円くらいでした。

反町　それ又、前の浅草のにくらべると大発展ですねえ。
青木　イヤ、反町さんや文車の会などとくらべると、ささやかなものですが。
反町　それにしても、わずかの間に四倍余りにも伸びたんでしょう。
青木　皆が慣れましたから。デパート展は期間が六日間ということもあります。それに場所も新宿で格段によかったし。
反町　皆さんの力も段々充実し、出品物の品質も向上したんでしょうね。
青木　これが下町業界、また市場に、大きな好結果をもたらせた歴史的事実は疑うことが出来ません。やっと下町業界が、まがりなりにも、山の手でも通用することの実証となったわけです。
反町　さっき言われた通り、下町にとっては画期的ですね。

飯田淳次さんの功績

反町　ほぼ時を同じくして、四十年代に、下町の人たちが急に本部市へ進出した事も、かなり目立った事実ですね。それはさっき一寸お話が出た、谷中の鶉屋書店の飯田淳次さんの功績じゃないでしょうか。
青木　全くそうだと思います。私などにしましても、飯田さんの引立てで、本部の市へ本格的に出入りするようになりました。
反町　私たちが、三十年代にスッカリ衰微していた明治古典会の再興に着手した時に、気分一新のための新企画の一つとして、中座に当時支部市でバリバリ働いていた飯田さんの起用を思い立って、その話をしました。飯田さんは大変よろこびましてね。私の様なものに、本部の専門書市の振り手をやらせて下さるんですか、光栄です。全力をあげて働かせてもらいます、と答えました。やや肥え気味、背は高く、男振りも仲々立派、声が大きく、歯切れがよく、決断が速い。振り手にもって来いの人でした。すぐに、いくらか遠慮をしつつ、本の仕分けにも働き、本務の振り手には、火の玉の様に奮闘し始めました。あの頃は、私たちも会の新興のために、懸命に働いていましたから、明治古典会は、アレヨアレヨというばかりに急成長して、二年ほどの内に、出来高は以前の十倍余りにも躍進して、今日の基礎を築きました。飯田さんの功績を忘れてはなりません。

青木　それに下町の者をよく引立てて下さった。赤羽の紅谷さんや、今日ここに見えている蔵前の八鍬さん、中山さん、それに金城正一郎さんなども、みんな飯田さんの手引きで、本部市に大手をふって出入りする様になったんです。

反町　世話好きで、親切な人でしたね。今は地図の方では日本一といってもいい位に成長した忠敬堂の今井哲夫さんなども、一時期は逆境にありましたが、その時に、飯田さんだけは「今井さんはいい人です。本もよく知っています」といって、よく私などに推せんしました。心の温かい人です。

青木　それから十年後の昭和五十年には、選挙されて明治古典会の会長になられましたが、下町出身で、本部の文科系の専門市会の会長になった人は、殆ど前例がありません。さて展覧会の話はそのくらいにして、本の話に戻りましょう。

反町　どうぞ、モ少し続けて下さい。お願いします。

下町は初版本・マンガ本の宝庫

青木　昭和四十五年十一月には三島由紀夫の自決事件があり、この前後一、二年が戦後出版の初版本のブームのピークです。二、三年好況がつづきましたが、その以後は追い追い熱もさめて、三島由紀夫・安部公房・福永武彦などを中心とした戦後初版本の人気も、少しずつ衰える。相場もはじめはゆるやかに、やがて急激に、下降線をたどりはじめました。無論例外はありまして、受賞物であるとか、その作家の初期の作品の完全本などは、その後も逆に値上がりしているわけです。

八木（正）　移り変りが速いですね。本来は内容の価値の大小で動く筈の古書価が、ファッションの様に、流行りすたりで左右されるんですか。

青木　今度はその代り曾てこればかりは、私たち下町でしか取扱わなった子供マンガ本の、異常なまでのブームが起こりました。中央の神田方面へも、たちまち波及しました。もちろん、戦後版の初版本にしても、マンガ本等にしても、その稀少価値から高値になったわけですが、しかしそれらを探して、最も宝庫的に、安価に見つかるのは、まだ下町が一番でした。

ここでちょっとだけ寄り道しますと、下町では十年ほど前の一時期に、貸本が大変はやり、大阪からネオ書房というチェーン店の進出もありましてね。一寸したブーム状態、あっちこっちに貸本屋さんが出来ました。どれもほとんど皆小規模のものでしたが、貸し出す本はむろん娯楽ものや子供向きのものが多かった。

数年後に流行が通り過ぎますと、廃業した貸本屋から、小説本やマンガ本の古本が、市の度にドッと出荷される。その沢山の中には、戦後ブーム時のスター商品も、けっこうまじっていたのです。三島由紀夫の初版本もあれば、手塚治虫のマンガ本もふんだんに入っていました。ブーム時というのはおそろしいもので、少々汚れたり破れがあったり、外観の悪いものでも、飛ぶように売れたのです。そういう時代背景があった事も又、下町の業者が古書展に参加したり、自分たちで古書展そのものを結成したり、新宿あたりデパート展を初めても、何とか格好をつけ得た一つの理由だと思います。もしこれが、そういう場所の古書展では、明治大正の古書、戦前の文学書、そして限定本などしか売れなかったとしたら、ごく一部の山の手の人を別にして、すべての郊外の古本屋と共に、下町の者は、今もってその時々の新刊書の読み古しの古本だけを扱って居て、古書については、不毛の地だったのではないでしょうか。

こうしてしばらくの間は、下町の各店は、わが家の棚の隅々を見渡し、その度に幾冊かの初版本や、古いが高く売れる子供雑誌や、流行のマンガ本を見出し、それらが思わぬ金になるという、よい時代を味わいつづけます。もう忘れられた下積みの品物が脚光を浴びます。中央や山の手からの同業や、セミプロ級のブックマニアの方々までもが、毎日のように下町の古本屋をおとずれます。

しかし、やがて、下町からは初版本もマンガ本も払底してしまいます。いつでも、どんな内容の本でも、その相場が高くさえなれば、中央の同業がそれを扱い、中央の市場の方がより高値になるから、下町は太刀打ち出来なくなり、自然置かなくなるものです。

反町　割りの悪い立場ですね。

週刊誌に追われた月刊誌

青木　さてここで、三十年前に私が初めて行き始めてから昨今までの、下町の市場と、建場廻りの変化のあとをたどって見ましょう。正に高度成長経済のまっただ中で、建場廻りをして安く買い集めて、市場へ出荷する雑誌の内容も、めまぐるしく移り変って行きます。人々の教養・趣味・娯楽の内容、そして嗜好・飲食の中味までが、激しく変化していました。

時代物などを主に載せた、各種の「読切雑誌」のような娯楽雑誌が、徐々に消えて行きます。これよりは少し程度が高く、純文学との間を行く中間小説誌として、ずっと続いている「オール読物」「小説新潮」などが、それらの読者を吸収してしまったのでしょうか。かつては下町の古本屋のドル箱というほどによく売れた読切雑誌を、たまに買いに来るのは、一目で高齢と判る人々ばかりになってしまいます。九十何パーセントの高校進学率からすれば、「オール読物」「小説新潮」「文芸春秋」あたりが、読書としての最低線になってしまったのでしょうか？　イエ、そうではありません。いまは大学生までが、少年マンガ週刊誌を読む世の中なのです。要するに、世の中が変ったのでしょう。

反町　そんなもんですかね。しかし、そうばっかりでもないんじゃないですか。「小説新潮」や「オール読物」くらいは読むでしょう。

八鍬　話のはずみで、いくらかオーバーかも知れませんが、一口にいえば、青木さんの話の通りかも知れません。

青木　女性が好んだ「平凡」「明星」は、それぞれに月刊のと並行して、「週刊平凡」「週刊明星」が出始めます。そうしますと、月刊の方は週刊に押されて、発行部数が極端に少なくなります。昔、あんなにも下町の市場で取引の多かった「平凡」「明星」も、建場を廻って出荷する、最低単位の十冊をためるには、相当な日時が必要となって来ました。映画雑誌は、邦画誌では「近代映画」が生き残り、洋画誌では「映画の友」は廃刊し、「スクリーン」が残りました。残ったものも、肝心の映画そのものが、ようやく普及したテレビに観客を奪われましたので、内容は映画雑誌か、テレビ紹介雑誌か、判らなくなって、古本価値を下げます。その結果、あの大型部厚な「スクリーン」を、一メートルもの高さに積み上げて、市場でセリにかけても、三百円の声もかからなくなってしまいました。

八木（正）　もう商品としては通用しない、という意味ですね。

反町　ずい分えらい変り様ですね。

青木　少年雑誌・少女雑誌も、またほぼ同じ道をたどっています。少年少女向きの週刊誌の相次ぐ廃刊によって、月刊誌はほとんど廃刊になり、あるいは発行部数を少なくし、ページ数が薄くなり、定価ばかりが上がります。おまけに古本としての流通期間が短くなって、建場から買って来て出品して、どうやら手間に見合う少年少女誌などは、発行後わずか二、三ヶ月の生命しか、なくなってしまいました。

反町　青木さんのお話をお聞きしていると、下町全体が段々くらくなる様な感じですが、本当ですか、中山さん。

中山　私も下町もんですが、まあ大筋ではほぼお話の通りでしょうね。

青木　いや、私見ですが、見ききして居る通りをお話ししているつもりです。

反町　神田あたりより変化が急激の様です。

チリ紙交換車の登場

青木　昭和四十五年ころまでは、市場に出る雑誌には、それぞれ十冊単位の安定した相場というものがありました。それが世の中の多様化で、くずれて行きました。四十五年頃から始まったチリ紙交換車の横行で、くずれが激しくなります。あの交換車が買い取った古雑誌類の流通の終着駅として、何らかの形で、下町方面の古本屋が、これに直結します。チリ交と結んだ業者に対して、昔通りの建場廻りの業者が対抗しようというのは無理でした。買い受け得る量が、大きく違うのです。建場まわりの出品は、同じ雑誌五冊・十冊くらいが、市場での取引単位でしたが、チリ交からまわって来るものは、二十冊も三十冊もの一くくりにしたのが幾組もあって、五人にも十人にも、同じ値で売られるようになりました。以前とは様変りです。

反町 ヘエー、うちあたりの住宅地辺を、大声で流し歩いているチリ紙交換の人たちの買った古雑誌というものは、そういう形で、下町の古本屋さんと結びついているんですか。初めて聞きました。

青木 正統的な性愛雑誌である「夫婦生活」は、すでに廃刊になって、より極端な刺激を与えるSM雑誌が氾濫します。ホモセクシャルの雑誌、スワッピングの雑誌まで、幾種類ものものが発行されているのが建場廻りの人の出品の内容で判ります。そして昭和五十年代になると、いわゆる「ビニール本」が世間に氾濫し、一時期下町の古本屋を、そして建場廻りを、ささやかにうるおしてくれました。

一方、世相の変化の厳しさは、下町の古本相場に直ちに反映して、市場には、その日の相場はあっても、もう次の日の相場は読めない、という時代が来ました。また本や雑誌が、大量に短時日の内に生産され、それが次ぎ次ぎに古本業界に廻って来ましたから、需要と供給のバランスがくずれ、供給が常に需要にまさるようになりました。極論すると、下町のほとんどの店が、自給自足でやって行ける、市場へ来なくてもすむようになってしまいます。大層な変り様です。新刊を買う客と、古本を買う客は、完全に分かれまして、一度読んだ切りの、新本のような文庫本や新書判が、お客様から、毎日のようにいくらでも持ち込まれます。雑誌は、頼めばチリ交が寄って、安い値で店頭で降ろして行ってくれるのです。三十年代には映画と並んで、下町の人たちの娯楽の大本だった本、古本が、四十年代を経て、五十年代になりますと、物及び娯楽の多種多様化によって、娯楽の中の小さな一分野しか占めない様になりました。若者の活字離れも急に進んで、以前にはあんなに客の立て込んだ下町の古本屋の店先きは、今では終日、人の姿はチラホラ、という状態になってしまいました。一例を申せば、私の店では最盛時には一日にレジは二百回も音を立て、平均でも百五十回前後でしたが、今日では三十―五十回くらいです。

もう建場廻りの時代は終りました。市場で雑誌を五冊・十冊で取引した時代も終りました。文庫・新書は、四十センチにも、五十センチにもしばって、何本も重ねて取引されるようになりました。以前は、手間ヒマを惜しまないのが古本屋の気質でしたが、それも一変して雑本一山の中に評価できる本が一冊見つかっても、それを分別して売る労をいとって、そのまま売ってしまう。古本屋も手間が掛ることを嫌う業態になって行くのでしょうか？

反町　何というテンポの速さでしょう。私などには大きな驚きです。それほどに時勢の変化ははげしく、又急なものなんですかね。

高価を呼ぶ三十年前の少年少女雑誌

青木　その反面では又、不思議な現象が、市場に起きて来ています。私が開業した頃、すなわち約三十年前に、あんたにも邪魔にし、時にはつぶしもし、二束三文に取り扱った、当時の「平凡」「明星」、映画雑誌、月刊少年少女雑誌、少年週刊誌などの、異常なまでの値上がりです。そういうものが今日では、一つにはわが「若き日懐かし」の懐古趣味から、又一つには資料として、一部の人達から求められているんです。ところが店頭からは、とっくの昔に姿を消している。建場廻りの人たちが、血眼で探しますが、今となっては、簡単にはみつかりません。容易に見つけられないから値が高いというのが、古本屋の世界なのです。

反町 みんな過渡期の混乱でしょう。

青木 そうなんでしょうか。

昔あんなにも大量に出て、私たち建場廻りを悩ませた少年少女雑誌の附録マンガ。お付き合いで、イヤイヤ買って来る一番儲からない品物でした。当時市場でも歓迎されない。逃げ道は、百冊単位にしばって、物置きに積み込み、それらが売れる夏休みの時期を待つだけ。真夏の暑い盛りにそれが、夏休みでどっと群れをなして買いに来る子供達に売れて、どんどんなくなっていく時の爽快感ったらないような、そんな品物でした。それが今や、百冊も出れば、ものによっては何万円にもなってしまいます。昭和三十年前後の少年少女雑誌でも出れば、少し大ゲサに申しますと、それを専門とする業者の眼の色が変ってしまいます。

反町 失礼ですが、古書業界としては、末端のごく小さな世界のお話ですが、それにしても、時勢の変化の反映のてき面なることは、難しいものですなあ。

青木 これも少し極端な例ですが、この頃の雑誌のあるものは、一冊が五千円くらいでも売られ、付録マンガも最低一冊三百円。当時は冊数などは気にしないで、何冊も釘で打ちつけて合本して、安く売っていた付録マンガのうち、杉浦茂・手塚治虫・横山光輝・つげ義春などのマンガ本であれば、それぞれ作品によって違いますが、数千円・数万円の値がつけられているのが現状です。

昭和五十年代の下町業界

青木　建場そのものも、当時と今とでは、きわだって変っています。そういえば、梱包用の縄も、荒縄からビニール紐に変わりました。貫目で計っていたのも、尺貫法の改正で、キロ単位に変りました。建場の軒数が減り、天秤秤（ばかり）を持って歩いたクズ屋さんは今はもう一人もいません。

反町　（感動する）四十年代五十年代は、日本にとって驚くべき変化の年代でしたね。その結果が今日、大きな政治経済の場面にも、小さな場面にも、深刻に現われている。毎日の新聞の紙面が、それを見せてくれている。

青木　それこれの、色々な変化の要素が、複雑にからみあって、昭和五十年代が進むに従って、下町業界の店頭の売上げは、どんどん低下します。来客数は減少し、在庫が動かないから、市も安くなります。古書展もデパート展も、客はあるのだが、客の求める品物が少ないのです。古本業界の情報の伝播はより速くなり、元々は下町の商品であったマンガ、そして特に売れ行きのよい映画物なども、中央の市に集まります。下町の者の手には残らない。私たちにとっては、願ってもない売場だったデパート展なども、次第にさびしくなって、デパート側の要求する売上げノルマにたえられないところまで下がってしまって、下町の支部は、とうとう新宿の百貨店からも手を引いてしまいます。

この売上げ減少から逃れる一つの路として見出されたのが、中央から少し離れた繁華街にある、スーパーマーケットなどの一部を借りての、並べ売りという行き方。昭和五十年ころから始まり、今日はあっちこっちで利用されています。

反町 これは東京の下町方面だけでなく、古本業界の全国的な現象ですね。大阪・京都などはもちろん、九州でも北海道でも、一寸した都市では、どこでも行なわれてますね。流行している。安易な逃げ道なんでしょうね。

青木 これはもう古書ではなく、白っぽい、なるべく新本同様にキレイな本を、定価よりずっと安く売ることで、供給過剰な古本の量をさばく商法。これが、今のところ相当に売れて、店の売上げ不振をカバーしている。だから、そこと結びついた業者が、下町の市の有力な買手となって行きます。五十年代に、もしこの抜け道がなかったとしたら、下町業界は、もっと暗い時代を送ったかもしれません。

反町 では最後に、モ一つの質問。五十年前、三十年前と、今とでは、下町の古本屋さんたちの生活は、全体としてよくなったでしょうか、悪くなったでしょう。

青木 このお話をお引き受けしてから、実は私なりに、戦前の下町業界というものを、残された文献によって、かなり調べて見ました。また一夕、下町の古老、竹内書店・竹内鎮三郎氏をお訪ねして、お話も伺ってあります。島田道之助老が古書月報などで語った昔の話も調べてありますが、それには、全くと言ってよいほどの本の話がないのです。人間関係の話が多いし、長くなりますから略しました。一つだけお話して置きましょう。竹内さんのお宅での、いろいろの聞き取りの席に、鎮三郎氏の奥さんも居られたのですが、むきつけに奥さんに向かって、「で、正直のところ、生活は、昔は今とくらべていかがでしたか」と聞きました。即座に答えがはね返って来ました。「そりゃあ、比較にならないほど、昔は貧しかった」。竹内鎮三郎氏も、あのころは、毎日のように夜店に出、それがなかったら、一般的な下町の古本屋は食えなかった、と言われました。付け加えて、笑いながら「比較は悪いが、今のスーパーの店頭販売が、当時の夜店かな」とも言って居られました。

反町　しかし、それは基礎がグンと違うんでしょう。

どうも長時間にわたって、下町の市場と業界の詳しいお話を聞かせていただき、ありがとう存じました。初耳の事実が多く、大変面白く、また参考にもなりました。

6　古本屋の船旅世界一周記

古本屋の船旅世界一周記(1)

とりあえず今回は、この百日の船旅前後に参考にした本について書こう。

昨年まず読んだ本は、明治三十三年に出た、大橋乙羽の『**欧山米水**』(博文館)がある。これは博文館の大橋家に入婿した乙羽が、この年欧米視察した紀行文の序に、「本年の遊、三月三十一日を以て程を起し、九月三日を以て帰朝す。日を閲する百五十余日に過ぎず、経る所、佛、白、蘭、独、澳、洪、瑞西、伊、英、米の十国のみ」とある。巻頭に木版口絵を置き、五十八頁もの写真が添えられている。丁度パリの世界大博覧会にも遭遇、エッフル塔にも昇っている。

そして翌三十四年には『**欧米小観**』も博文館から出るが、すでに船旅以前からの過労もたたり、六月四日に乙羽は没している。この本には乙羽の小伝と共に、学海、信綱、露伴、紅葉、花袋などの哀悼の詞章が収録されている。三十頁の図版も入る小形本である。

同じ袖珍本で出されている徳冨蘆花の『**順礼紀行**』(明39・警醒社)は、船でシンガポールからパレスチナ経由で、ヤスナヤポリヤナにトルストイを訪問する旅の記録で、シベリア鉄道で帰っている。が、未だに読み切れずにいるのは、妻愛との共著『**日本から日本へ**』(全二冊、大10・金尾文淵堂)。これは大正八年、第二のアダムとイブになる自覚を得た夫婦が、新紀元第一年を宣言して世界一周の旅をした記録である。この本、〝東の巻〟が六一八、〝西の巻〟は八三六頁もある上、細字で横組みに印刷されていてはなはだしく読みにくい。大正八年一月二十五日からの日記で、欧文もふんだんに入る。定価は各五円もする。それでも本は売れに売れ、私の所蔵本は発売二ヵ月で二十六版になっている。

《大正九年三月八日の午前十時すぎ、私共は一年二ヶ月の世界一周を終って、春洋丸から横浜の岸壁に下りた》とは、この本の最終章〝日本〟の書き出しである。概算四百字二二〇〇枚の大冊だ。

少し飛ぶが、土岐善麿『**外遊心境**』（昭4・改造社）は、昭和二年の春から暮まで、「週刊アサヒクラブ」に連載した旅行記。カメラも本人の達者な撮影で、福原信三の跋文もある。正式には朝日新聞特派員としてジュネーブの海軍軍縮会議を取材し、ダンチヒのエスペランチスト第十九回万国大会にも出席しての欧米順礼だった。勿論アメリカへも行き、

《アメリカへ廻ると、さすがに流行も有頂天で、百人百様、千人千態、華美で、成金的で、珍らしがりやで、見てくれがしで、婦人は勿論、男のネクタイ一本にしても、僕などには到底結んでみる気も起らないやうなものを得々と結んでゐる》などと書く。

時代を戻せば、明治十七年には鷗外が、明治三十三年には漱石が洋行、藤村も大正二年に渡仏し、三年間フランスに滞在し『海へ』『新生』などを生んだ。私はこの『**海へ**』を筆頭に、携行する本の選定を始めた。興味を持つ茂吉関連では、大正十一年に外遊した事蹟を追った藤岡武雄著『**ヨーロッパの斎藤茂吉**』を選ぶ。

今年に入ってからは、参考書として最近の航海記を探しにかかった。土井全二郎『**九十日間世界一周**』（'99・光人社）。「客船にっぽん丸航海記」の副題がつき、筆者は私と同い年の元朝日新聞編

集委員だった人。

斎藤茂太『**船旅への招待**』（'97・PHP）は角書き二行に「豪華客船飛鳥でゆく世界一周の楽しみ」とある。著者は茂吉の長男で精神科医、飛鳥第一回の乗船記録。すでに八十歳になっており、現在九十歳の人。これは絶版だったが、嫁にパソコンで検索してもらって七百円で購入。無論飛鳥一世の話で、この頃は香港、上海にも寄った。

次は八重洲ブックセンターで見つけた内田康夫『**ふり向けば飛鳥**』（'99・徳間書店）。写真豊富の本で、夫婦各千五百万円を払い乗船した、ザックバランな内容で、いつも広告などで若げに登場するこのベストセラー作家が、私より一つ下の年配者だったとは、意外だった。

さて、最後にこれは帰国後、古通の八木福次郎氏からお借りした『**世界の古物市場と珍商売を尋ねて**』（昭7・駸々堂）を紹介したい。序に曰く、《余素より浅学菲才、一商估、古本屋の爺に過ぎざれ共やがては大阪一…否日本一…の書籍店たらんとの念願を有し先づ欧米先進国の業績を視察し以つて参考たらしめんとしたのに外ならない。短日月の間に而も専門的智識と鑑識眼に乏しい爲に完璧を期待する事は出来ないが、折角蒐集した資料は之れを公開し未知の諸賢の御参考に供し且又諸兄の叱正を得るならば何より幸甚である》と。著者名は外山與治郎。

また末には、亡父は七十九歳で没し、八十七歳で余生を送る母に捧ぐとあり、自称〝爺〟とあることを合せると外山は六十代にはなる人のようだ。内地出発は六月一日とあり、大連から南満鉄道で北上、ハルピンからロシアに入る。一週間の列車生活でモスクワ、ポーランド、チェコ、ベルリンと入り、ヨーロッパから大西洋をアメリカへ渡り、ハワイにも寄って帰国。写真も毎頁に入る四百六十頁の本で、末尾には、秩父丸で横浜に到着、東京神田小川町料亭での、北沢書店、悠久堂、高山書店、高林一心堂などの書店主が催してくれた歓迎会に出席、九月十五日帰阪するまでを記していた。

さて、著者の外山與治郎探しだ。結局、昭和8～12年まで出されている、古典社の「古本年鑑」に、「南区日本橋筋三ノ三五・外山書店」というのが記録されてあり、どうやらこの書店主だったようである。

古本屋の船旅世界一周記(2)　見ると聞くとは……

「船の旅、どうでした」と、もう何度聞かれたろう。「はい、説明すると長くなりますが、結局日本の良さが分かったことです」と私はその度に答えている。では、全員がそういう結論に達するのか？私はそうではないと思う。現に百日間一緒に過ごした上さんは、

「飛鳥(ふね)って最高ね。優雅だし、食事の支度も一切ないし、ベットのシーツも朝晩メード（正式にはキャビンスチュワーデス）が取り替えに来てくれるし……」と言うようになった。上さんはここ二十年くらい足腰がよくなく、途中五十日目程にギックリ腰になって苦しんだのに、そう言うのである。

ところが私ときたら、その三分の一の行程でもう、「早く日本に帰りたい」の毎日であった。何

が気に入らなかったのか？　①書斎がなかった②当然本と文房具がなかった③冠婚葬祭の時以外ネクタイもしめない主義に、週一回くらいにやって来るフォーマルの日が苦痛④船揺れ。

　そして上陸の時には①外国語（カタカナ語すら）が分からない②食べ物③トイレ④ツアーバスの問題。――などで、全体的には回を追って記すが、もう一つ、今日の古本市場に何が出てるだろうか？などという飽くなき紙資料への憧れも、とうとう消えることがなかったこともある。

「何だ、初めから分かってることばかりじゃないか」と言われてしまいそうである。しかし私としては、これらの不満を早々と知り、つくずくもう治らない本当の自分の性格を確かめることが出来たのである。少なくもこの二十年、食うための（または経済的安定感を維持したいための）古本売買以外は、毎日が書斎生活だった。今私は、十四年前に建てた十二坪の三階（四階に屋根裏部屋）家に住んでいるのだが、ここは初めから二階の寝室兼上さんの持ち分の外は全スペースに棚を巡らせ書斎にしてしまった。それも、このところの体力の衰えから、階段を上らずに済む一階居間までも書斎にしてしまったのである。それも一階毎に机を置き、座りさえすれば左右に最低限の辞書、参考書、電話、文具の類を用意、そのまま立たずに手にすることが出来るように、である。

　無論自らに鞭打つように、百日の世界一周を楽しもうと活動的になろうとしたし、精一杯ふだん出来なかった上さんへのサービスにも努めた。句会にも入ったしそこで仲良くなった人達を呼んで、早くも四月二十二日には誕生会もして貰った。シンガポール→コロンボ→サラーサ、荒川放水路かと見えたのがやがて大河、湖水となって広がるスエズ運河と、どのツアーにも参加した。こうして、同二十七日、〝元気コース〟の「ピラミット・カイロ一日観光」に参加する。

一台に三十五名くらい乗せた十三台のバスが、一路カイロへ向けて出発する。ガイドは日本にも留学していたという日本語ペラペラの三十五歳の大男。また運転手の脇には別に二人の男。一人は年配者でマネージャー格、もう一人はガイド以上に屈強そうな目付鋭い若者。全身黒ずくめで、腰にチラチラ見えるのはピストルならぬ自動小銃で、どうやら護衛だ。その上バスの行列はパトカーが先導し、時々サイレンを鳴らして他の車を牽制する。ガイドは、エジプトではガソリンがミネラルウォーターより安いことや、国民は男五十五、女六十五歳が平均寿命……などとしゃべり続ける。私がピラミットを連想、「地震はないの?」と質問すると、「ここ五百年ないです」と答えた。

目の前にピラミットの見えているカイロのホテルで昼食とトイレ。そのトイレたるや女用が壊れて使えず、男女共用だった。十五分バスに乗ると、いよいよ「世界の七不思議」などと子供の頃から教えられたカフラーのピラミットに着く。とにかく、災熱の地だ。その、人が出入りしている検問所のような所に連れられて順番を待つ。切符を渡し短い桟橋を渡って穴蔵に入るのだが、入口は高さ一・四メートル位、横巾もその位。首をすくめるようにして入る外はない。すると左側通行で奥からも出て来る人々がある。私はその日本人らしいのに「道は広がるんでしょう?」と聞く。「ずっと最後のところで少しだけ。ほとんどこ

の状態です」と言う。私はこれはいけない、と思った。すると後ろの上さんが、「お父さん、私帰る」とUターンしてしまった。私は行ってみよう、と決めた。とにかく、見て帰らねばという意地だけだった。屈み腰で進む難行と、出て来る人々との手さぐりと言っていいすれ違いに耐える、二百メートルもある苦しい上り下りだった。そこばかりは天井も高い石室についたが、裸電球程の薄暗さの中、中央に石棺様のものがほの白く見えるだけ。

丁寧に眺める人もあったが、私はすぐに引き返した。帰りも次々とやって来る人々と苦しい譲り合いをしながらの五、六分なのだが、私には後悔と恐怖の混じる三十分にも四十分にも感じられるもので、やっと下り坂の先に地上の光が見えた時には、「助かった」と思った。正に地獄から生還の思いがした。

そこからまた、スフィンクス前に移動したが、もう私は上さんと二人、砂の上に座ったままだった。私は自分が、紙の文化——本と文房具に囲まれた国でしか生きられない自分を、すでに二十三日目に思い知ったのである。

古本屋の船旅世界一周記(3)　パルノテン神殿とポンペイ遺蹟

ピラミッドでがっかりしたのが四月二十七日、三十日にはギリシアのアクロポリスの丘に建つパルテノン神殿他の一日観光に参加した。アテネの外港ピレウスに着岸、ここからバスで出発、大柄のギリシア娘が日本語でガイド。九時半、午前の見学地スニオン岬へ向かう。空は雲が重く立ち込めていた。平地を走っている時の、ギリシア国民は日本に次いで長寿国であること、日本の車と電気製品を愛用していること、日本のようには大地震のない国であることなどを聞いているうちはよかったのである。がやがて、エーゲ海を見下す目もくらむ断崖の道を、山肌をぬうようにくねくねとバスが登り出すと、生来の高所恐怖症の私はすぐに怖ろしさにふるえた。

途中、岬の神殿を遠く望む場所でバスを下車、エーゲ海や岬をのぞんでの写真を撮るが、すでに雨が降り出した。三十分ほどしてやっと〝海の神ポセイドン〟に捧げて作られたという神殿の下に立った時には、どしゃ降りの雨になってしまった。その巨大な石の柱を手で触れただけで、見学基地になっている土産店に戻った時には、合羽を通った雨で全員がぐしょぬれになっていた。

バスのエアコンを急遽暖房に替えて貰って所定のホテルへ向かう。とりあえずトイレに入って下着を脱いで来て、乾くのを待った。ここはエジプトとは違い、ギリシアの料理は神経の行き届いたものであった。こうしてもう一度アテネに戻る形で、午後は主目的の世界遺産の古代遺蹟・パルテノン神殿へ向かう。幸い雨はやんだが、その丘へ続く大きな石畳を上るのはきつかった。しかし中腹から見える眼下のアテネ市、膝元の円形劇場、これから辿りつく神殿を見上げる光景は、何とも言えぬ快い存在感となって胸を打った。やがて台上に出て想像以上の大きな神殿を見上げては、「ああ、これが『ホメロス』、ソクラテス、プラトンを生んだギリシアか！」と、叫びたくなるほどだった。私はこの神殿に、ピラミットの野蛮さに代って、やっと〝文明の源〟を感じたのである。

ところで、私は昨年暮れに見たＮＨＫテレビの番組「行きたい世界遺産ベスト30」なる番組を思

ポンペイ遺蹟

い出す。視聴者の投票を集計、順次30位から影像と共に発表して行くもので、逆に1位から30位までのその時のメモを写すと、①ペルー・マチュピチュ②モンサンミッシェル修道院③ピラミット④九寨溝⑤アンコールワット⑥古代都市ペトラ⑦アルハンブラ宮殿⑧カナイマ国立公園⑨バチカン市国⑩フィレンチェ⑪ベネチア⑫ナスカ地上絵⑬ハージ・マハル（インド）⑭イグアス国立公園⑮ダージソンヒラマヤ鉄道⑯イースター島⑰カッパドキア⑱ウルル⑲イスタンブール⑳ガラバコス諸島㉒黄龍㉓ベルサイユ宮殿㉔シェーンブルグ宮殿㉕ルウェンゾル山地㉖ポンペイ㉗グランドキャニオン㉘知床㉙モルダ川㉚デーベ。

この内今度の旅で参加したのは②③⑪㉖で、すでに昔空の旅で観光したのは⑨㉒。先程のパルテオン神殿だが、この投票には30位にも入っていない。つまるところ、行きたい場所とは人それぞれの感じ方なのだろう。このギリシアのあとの五月七日、私はナポリ港から人気投票26位の、ポンペイへの半日観光をしたのであるが、私にとっては、こここそが最高の思い出となったのである。

当日イタリヤ特有の暑さが喧伝されていたので、夫婦は午後のコースを選んであった。ガイドは日本語をしゃべるイタリヤ男で、バスは一時半に出発、港からは二十三キロしかないとか。

　ポンペイの街にはトイレが一切ないというので、平均七十歳すぎの私達三十人はまずバス基地のトイレに並ぶ。意外にもポンペイは高台で、その崖を見上げながら入口近くでこれから先の概略をガイドから聞く。それから二時間、万歩計で四千歩を私は夢をさまよう如く歩いた。ここは『ポンペイ最後の日』を読んだ若き日、いつかはそこに立ちたいと思った街だった。《ポンペイは、その時代の文明の縮図であった。その城壁内の狭い範囲内には、栄華が与え得るあらゆる贈物の標本があった。その精細な、輝く商店、小さな宮殿、浴場、市場、または劇場や曲芸場に――その市民の活動、むしろその腐敗に、精美、むしろその悪徳に全ローマ帝国のモデルが見られた。》とは、この小説の原作者エドワード・リットン卿の言葉だ。その二千年前の街に自分が立っているのだ。その小劇場には、後年ローマに火を放って自殺したローマの皇帝ネロが訪れ、歌を唄ったことをガイドは話した。

　結局ポンペイは、紀元七十九年ベエスビオ火山の大噴火に会い、全市近郊ことごとく溶岩と熱灰の下に埋もれ、全く世界の表面から消失していたのだった。

　ともあれ、この日はまだ五月の暑さだったからよかったが、もし真夏の旅だったら街中日蔭の場所一つ作られていないのである。がこのことや、売店はおろか水飲み場一つ置かないことがポンペイを今輝かせている。これと対象的だったのは人気投票2位のモンサン・ミッシェル修道院で、上に昇るまでのあの浅草の仲見世を思わせる土産物店街には、さすがにあきれてものが言えない思いだった。

古本屋の船旅世界一周記(4) 〝飛鳥Ⅱ〟とその生活

各寄港地からバス旅行する話もだが、私が100日間をすごす〝飛鳥Ⅱ〟なる船の話もしておく。この船は一九九〇年に日本で造られ、日本郵船系のクリスタルクルーズ社で〝クリスタルハーモニー〟の名で客船として活躍していた。

だからすでに十六年、外国航路に使われていたのである。これがまた、見ると聞くとは大違い、外観は白亜の豪華船にも見えたが、乗るとすぐ、中古のボロ船と分かった。どういうことかと言うと、二〇〇六年四月四日の出発に合せて、三ヵ月で日本人向けに改装したが、どうやら万全でなくある部分補修を重ねながらの航海だったのである。船は従来の飛鳥より大きく241×29・6メートルあり、5万142トン、航海速力23ノット、客室数四六二、乗客数七二〇名、乗組員四〇〇名とある。

船は十二階だった。客室は五階から上で上へ行くほど値は高く、部屋にバルコニーがつくのは九、十階で、七階(六階は後述)、五階は固定の窓である。私達夫婦は、右舷九階、エレベーター近くに部屋がとれたのだが、我がバルコニーたるや初めから天井に赤錆の液が這っており、豪華客船と言われたものの実態を知ってしまう。これら欠陥はかなりの客室に共通だったらしく、後に船をあげての大騒動になるがこの件は一回分としてやがて触れる。ところで今六階について〝後述〟としてあったが、この階に客室はなく船中もっとも華やかなショッピングエリア、フォトショップ、カフェー、カジノコーナー、劇場、映画館、図書室、各種習いごとの部屋などで占められているわけだ。また吹き抜けの形で五階の後ろ半分はレセプション（フロントと言わない）と大食堂。また同時間に十一階にはリドカフェーとリドグリル（要するにバイキング）。中央では屋上に出られ、プールが開け、その奥はバームコートラウンジ、舳先部分には最も見晴らしのよいビスタラウンジ。その上の十二階にはフィットネスセンターと美容室。そして新設の大浴場とテニスコート。

さて、一階から四階までは何の説明もしないで来たが、実はここにほとんどの船員が勤務（操舵室と船長室は九、十階の舳先にあるが）して船を動かしているのだ。そしてこの飛鳥Ⅱとしての初航海では、乗客も六五〇名に押さえ、逆に船員は五〇〇名を乗せていたとか。つまり四階から下には船を動かす諸機関から燃料、100日間の諸物質（食糧は土地々々で調達）も積み込み、無論何百かの寝台も存在しているのであろう。だから、私達が常時五階から上で見かける船員達は、食堂の沢山のウェイター達を含め二〇〇人前後だから、帰国までに顔を合せなかった人員はゆうに三〇〇人もいたのかも知れない。

ついでに記すと、船客六五〇名の内、四〇〇人が夫婦連れ、二五〇名が単身乗込み（独身？）だった。またこの内の一五〇名は女性で、この単身乗込みの男女がくり広げる人間模様が最も面白く展開するのは至極当然だった。そしてやがて帰国間際の船上では、異性の争奪戦さえ演じていると噂されたのは、きまって女性の方であった。その上全体の三分の一、四分の一の人達が、すでに船旅経験者というのに驚いたのである。

一方船員五〇〇名の内訳だが、大ざっぱに見たところ日本人が一〇〇人、フィリッピン人四〇〇人（セキュリティ責任者のイギリス人等数十人を含む）というところか。ちなみにフィリッピン人というのはほとんど日本人と変らぬ体型で、性格も概して温和だった。

ところで、最初の船酔に苦しんだ私も、船には揺れ防止装置に、両側の船腹から翼のようなものが出てるんだよ、と教えられてからは帰国まで症状は出なくてすんだ。部屋は十二坪くらいあり（バス・トイレ付）、納戸、冷蔵庫、テレビが設置されている。チャンネルは20もあって、飛鳥IIの舳先のマストが四六時中写され、他では走航中の位置が地図上に示されていたり、寄港地案内、ショーの再上映、映画も五種類くらい放映されている。ではそれらと別に、私達の毎日はどうなっていたかというと、朝食は七時十五分から大食堂で始まる。また同じく十一階のヴァイキングも食べに行ける。これ以前、朝起きしても七階のウォーキング甲板で一周四四〇メートルを歩行、ジョギングも可能で、屋上の大風呂は四六時中入れる。昼・夕食以外にも何ヵ所もの間食が出来、夜食まで可能だった。二日で替る映画館や、寄港の度に乗って来る芸能人が劇場に出演していて、よほど選ばないと忙しくてたまらない。加えてダンスなど、習いごとも多彩で二十種類もあった。

私はやむを得ぬ事情で仕事を持って来ており、毎日二、三時間それに取られていた。また、ダンスやヨガなど体で演じることなどは苦手、カジノコーナー、ブリッジ、麻雀、囲碁、みんなダメ。そんな時、毎夕入って来る〝ＡＳＵＫＡ・ＤＡＩＬＹ〟に載ったのが「俳句教室」の案内。私はこの十年、「煉瓦」なる名の同人雑誌に入っているが、俳句会に入ったことはなかった。私は丁度よい機会かな、とこれに入会する。

そして妻の方だが、腰痛持ちでダンスがダメ、時々手芸や料理教室など短期の催しに出かけていたようだ。――そんな船の生活だった。

古本屋の船旅世界一周記(5)　船中「俳句教室」

初めて〝飛鳥〟船内の俳句教室に出たのは、横浜を出港してから四日目の四月七日。先生は句誌「青山」をもう四半世紀も主宰しているという、昭和二年生まれの山崎ひさを氏だった。

当日午後三時、六階〝コンパスルーム〟へ行く。部屋は縦長の四十坪ほどで、入口側は船の廊下だが、外側は全面窓で海景色が開けていた。定刻に行ったのが油断で、もう部屋は五十人もの人であふれていた。やっと空席を見つけて座ったが、そのあとも十人ほどは増えた。やがて山崎先生は船の若い女子スタッフに印刷物を配らせた。

俳句を楽しむ・俳句入門講座─世界一周クルーズ　平成18／4～7月

がタイトル。一、俳句は世界でもっとも短い詩。二、俳句の約束。三、まず作ってみよう。四、切字・文法・旧仮名。五、中高年入門。六、俳句を楽しむ。七、毎日作る。八、自由詠と題詠。九、吟行。十、句会。十一、続けて作る。十二、用意するもの。──とあり、それぞれに説明もあったが略す。先生は背後の黒板にチョークで主要単語を書きながらの講義を始めた。そうして一時間して、先生は今年度の教室は今月八、十、十二、十六、十八、二十一、二十四日で終わること、とりあえず明日は全員三句を作って来るようにと言って、散会となった。

翌日出かけて驚いたのは、あの六十人が、先生を囲んでゆうゆう座れる三十人に半減してしまったこと。みな実作して来いと言われて恐れをなしたのか、逆に自信ありげな出席者ばかりで、女性7、男3の割合で、平均年齢は七十代半ばと見えた。私達は早速先生の指導で〝句会〟を初体験した。まず出席者が作って来た三句の短冊を、先生の前へ裏返しに三列に重ねて行く。次に各三枚宛の白紙が配られ、先生が一人々々に番号を与え、短冊三枚を手渡して行く。それを出席者が一枚に三句を清書連記し先生に戻す。戻し終った〝清記〟紙片を、今度は先生から順に出席者に流し、選句して行き、最後は更に一人三句を清書、署名をして戻す。

先生がこの選句稿を読み上げ、それが自分の句だった場合は「はい」と言って名乗るわけだ。従って誰の句が選ばれるかは分からず、概して人気は何句かに集中し、凡句は選ばれずに終ってしまう。そんな中、

強東風（つよこち）に孫へのテープ届かざり

　春の船うねりの中を南国へ

と、私の句も二句選ばれたのには驚いた。「東風（こち）」などという言葉は、大揺れの船内図書館へ行き歳時記に当たって見つけたものだった。四月十日には、私の、

　春航路人生いろいろ乗せて往く

に、八人もの票が入った。四月十二日の句会では、前日のシンガポール上陸での句も。

　そのかみの昭南島や春の雨

　しかしここまで来ると日付とは違って船はすっかり夏を航行しており、季語も〝夏〟となった。そして先生は半月後のギリシャ（アテネ）で下船、帰国予定と言う。その後の句会で比較的票が多かった自句を並べよう。

　甚平を着てより亭主風吹かす

　夏の灯や「この船にまた乗りたいわ」

　夏雲や少年の日に国敗れ

　雲の峰少年大志を抱きしが

　夏沙漠乳香の木に砂塵舞ひ（サラーサ）

　夏デッキ突風帽子さらひゆく

　二十九日、船側の都合で一週遅れの私の誕生会。山崎先生と句会の友七人が出席してくれる。「春

生まれ誕生会は夏の航」

――さて、最後の俳句教室となった二十四日、先生には希望してあった私が、このあと五～七月まで有志で〝俳句同好会〟を続けませんか、とおせっかいをやいた。讃意多く（退会は二、三名）、第一回を五月二日に開くことがきまる。当日、有志とも相談しておき、私が発言した。「実は運営について四、五名の方と話し合ってありますので、おはかりしてみます。相談に乗って頂いた方は……」と、

神原昌言（大15生）娘と来ている内科医
原美鈴（神原氏息女で小児科医）
樺島謙三（大14生・俳号けん三）経理士
水島宣昭（昭2生・俳号東雲）産婦人科医

四氏を紹介、続けた。

「僭越ですが、選挙とかする問題でもないと思いますので、同好会の代表を神原さんになって貰おうと思います。次に会報というもっとも大切な情報を、ワープロで印字して下さる仕事を樺島さんがやってくれることになりました。庶務の仕事は代

表の神原さんの娘である原さんがつとめてくれることになりました。水島さんは句集も出している方で、顧問的にご援助して下さることになります。私の仕事はこれで終りますが、よろしく……」

こうして同好会の句会が行われ、私の前日のツアー、ギリシャでの作句三篇が選ばれた。

驟雨降るスニオン岬の神殿へ
五月雨やアクロポリスの石畳
白壁のサントリーニに初夏の風

その後同好会の句会は、逆に二、三名増えて七月一日の第八回をもって終了した。全員、イルカには無数に遭遇したが、鯨は噂がほとんどだった。私の、

見た見ない鯨の背中夏の海

が五票を得た。

私の俳句は時間つぶしだったのだろう、帰国後一句も作っていない。

古本屋の船旅世界一周記(6)　モンサンミッシェル修道院

二〇〇六年五月十六日、今日はNHKの番組前年暮の視聴者投票「行きたい〝世界遺産〟ベスト30」で第二位だったフランス「モンサンミッシェル」修道院行きの日だ。夫婦にはその観光写真と人気情報から、船旅での憧れの地の一つだった。が、四十日の経験で、妻は足腰の弱さからキャンセルの可能な一週間前、「やっぱりやめるわ」と言った。

八時半の出発とあり朝、私が前夜食堂（正式にはフォーシズン・ダイニングルーム）で約束し待ち合わせた六階出発場へ行くと、すでに江田さんは三十分前というのに待っていてくれた。そこには江田さんの取り巻き№1のおかっぱ頭の女と、痩身の活発そうな六十前後の女性とが来ていたので私は、

「江田さん、せっかくご一緒なのに」と言った。「いいの、いいの」と江田さんはさっぱりしたもの。

バスでは女達が前列に、自分は窓際の江田さんと並んで座った。妻がどこからか聞いて来た話では、〝らくらく〟〝一般〟より上の〝元気印〟を恐れ、「行く人一台らしいですよ」と言っていたのが二台七十名の同行となり、私達は②号車だった。船の添乗員は谷君という青年、ガイドは三十代半ばの斎藤氏。ふだん両者とも女性だから、やはり強行軍なのか。ガイドの説明は、まず出発港の古都ルーアンの歴史から始める。学者のような話ぶりで、すぐに眠くなって来た。と言って、余りにも狭い座席で安眠とは行かない。景色はせいぜい丘陵程度で、黄色い菜の花畠ばかりが多いのは、ヨーロッパでの協定で農作物が制限されているせいとか。

江田さんは窓からしきりに、放牧されている牛の群れを撮り続けている。江田さんはすでに八十三歳というが、オーバーでなく青年のような人で、カメラ操作などプロ級、よく撮れた時には拡大した場面を私に見せる。

モンサンミッシェルへの道は遠く三時間もかかった。トイレ休憩があったが、ただ昔風のセメン

トの上に並ぶもので、何人も後ろに並ばれての排尿は辛かった。七十名の内の四十名の女性軍はもっと大変で、一つだけある男性用大便所まですぐに占領してしまった。

やがてガイドがまたしゃべり始め、中世の頃の信仰者のモンサンミッシェル詣でがいかに困難が伴うものだったかを語った。到着したとしてもそこは海の中、引き潮にやっと上陸するが、庶民がのぼるのを許されるのは高層のやっと三分の一の位置くらいまでだ。……やっとバスの窓から小さく島影がぼんやり見えるか見えないかとなった頃に、ガイドは言った。「例えばここからでも、当時の人は何日も何日も歩き続けたのです」

バスはとうとう、江ノ島に道がつながっているような道を走り始め、砂浜の駐車場に着いた。私は②の旗を持った長身のガイドにぴったり付いて行くことに決めた。坂の両側はまるで浅草の仲見世を思い出させる商店街で、不揃いの階段様に道は続く。すでに往復の観光客が一杯で、一、二枚写真を撮ったらもう②の旗は上の方だ。そんな中でも、いつも軽々と先頭に出ているのは外からぬ江田さんと二人の女達で、見るべきものは見、女達の写真まで撮ってやっているのだ。その十人ほどの列に、はあはあしながらついて、二十分くらいで僧院の砦のような頂上の広場へ上った。そこからは一望に海が開けており、眼下に小さく駐車場の何十台ものバスが見下せた。

すると息つくヒマなく、腕時計を見やったガイドが僧院内へ誘導し始めた。次々と会堂の説明をしながら迷路のような階段を降りて行く。ここは一七九二年から一八六三年までは監獄としても使われていたとかで、火災や崩壊もあり今も修復工事が必要とされているとか。内部は色という色の

モンサンミッシェル修道院の昇り口商店街（?）

ない石造りの柱、天井、階段の連続であった。私はガイドに近づき当時のトイレ事情を質問した。

「……です。今ご質問があったので、トイレがどうなっていたかですが」と隅の方に歩き、入口を示し「この中にありました。勿論今は使用出来ませんが」——私はこの四日前、リスボンのシンドラ宮殿（天正少年使節団が訪れた部屋があった）見学で同じ質問をした時の女性ガイドの言葉を思い出した。「はい、トイレは日本で言うオマルですね。当時はパリの宮殿も同じで、淑女達もめったに入浴してません。ヨーロッパで香水が発達したのはそんな事情からなのです」

とにかく、ガイドを追いかけ説明に耳傾けるだけで大変。写真を撮るヒマもなく、おかっぱの女性と並んで、やっと江田さんに一枚だけ私のカメラで撮って貰った。途中ミサをやっている部屋があり思わずカメラを向けると、入口の男が手で「×」を示す。しかしあえて言えば、まるで全島を商売にしてしまっている僧院に「写真撮るな」など言える筈もないのに！

こうして上り切るのに二十分、ガイドの説明で下りて行くのに四十五分（というきめられた）、一時間ほどの僧院見学を終えた。入口には鈴なりに次を待つ観光客が順番を待っていた。そこにあった有料トイレに入ると、入口に窓口があり5ユーロ札を出すと女性が間髪を入れずお釣りをくれた。

それから遅い昼食の場所に連れて行かれ、帰船したのは夕刻六時に近かった。妻が心配して、入口付近に来て待っていてくれた。

古本屋の船旅世界一周記(7)　ドイツ・ブランデンブルグ門まで

二〇〇六年五月十九日。雨、晴、また雨。ドイツ・ベルリン一日観光に、夫婦で参加。

九時集合の、前方ギャラクシーラウンジへ。すでに「元気コース」の人達のバッチ渡しが終り、仕切役が、

「一般コースの方！」と言ったとたん、平均七十半ばの参加者が我先にとバッチを受取り、一斉に階段へ向かい、乗船証をかざし、競争で港に待機したバスへ向かう。私達はもう⑤号車であった。バスは新車と見まがうキレイさで、身の廻りの設備もよかった。添乗員は飛鳥Ⅱ娘の小林みどりさん、ガイドは後ろ向きのまま菊池と名乗った小太りの女性、しばし走り出してから立ち上り、

「まだつらを見せませんで失礼しました」と参加者を見廻したのには驚かされた。化粧っ気なしの四十半ばの女性だが人はよさそう。

外は今にも降り出しそう、何しろこれから三時間かけて二四〇キロあるベルリンへ向かうのだ。出発して来たワルネミュンデは元東ドイツに属した軍港で二〇万あった人口は現在十六万まで減り、18％の失業率。みな都会へ都会へと出て行ってしまうと言う。街を抜けて高速道路に入るが、ドイツは高速道路は無料で、トラックだけコンピューターに記録されてあとで料金が請求されるのだと

の、菊池さんの説明。

左右の景色は畠と山林ばかりで、初めは珍しかったノッポの風力発電用の風車にも、さすがに見飽きてしまう。一度二時間位あとにトイレ休憩があった。小雨の中、ほとんど全員がバスを降りて急ぐ。

十二時予定が十五分遅れてベルリン市内に入った。まずビュッフェスタイルのホテルで昼食。食べ物はバイキング式のひどいものだった。外へ出て、古い教会前で夫婦で写真を撮り合う。と、熊と兎のぬいぐるみの大男二人が近づき、私達の背をかかえ、二人を撮ってやろうというしぐさ。夫婦は、外では気をつけるようにとの船内での情報を思い出し、身を引く。が、どっちにしてもデジタルカメラ一個のことじゃないかと考え直し、その一人にカメラを渡した。大男二人は、何事もなかったように手を振って去る。

ブランデンブルグ門上の彫刻

一時二十分、いよいよベルリン市街見学に出発。まず、ドイツドーム・フランスドームのあるジャンダルメンマルト広場などを車窓から眺め、いよいよ今日の観光の目玉・二百年前にプロイセン王国の凱旋門として建造された、あのブランデンブルグ門へ向かっていることが菊池さんから告げられる。ところが、すぐに車の渋滞で全くバスが動かなくなってしまった。初めは、「金曜日の半ドンのせいでしょう」と言っていた菊池さんも、首をかしげ始め、携帯で連絡、「デモがあったんです」と告げた。バスはとまったままか、動いてもほとんど一寸刻みになって、みな居眠り状態だ。「間もなく……」と言った交差点では、警察官に直進を命ぜられ、もう一度別の道を遠廻りさせられてしまう。時間ばかりが経ち、突然、「ここからブランデルブルグ門までは七、八分です。遅れすぎましたので十五分で見て来ることになりました」と菊池さんに言われた。

そこはドイツ国家がユダヤ人虐殺のモニュメントとして作った、石々の墓の街を右手にした通りで、何やら演説に聞き入るデモ隊の中を、夫婦は菊池さんのかざす旗を追いかけた。やがて東西分裂時代はベルリン分断の象徴、現在は統一ドイツの象徴たる凱旋門の真下に出た。道路にはまだ生々しく壁の跡も残るこの歴史的建造物を前に、さすがに感無量の思いがした。かまわず、デモ隊の一人に手マネで言って写真を撮って貰った。菊池さんが二人を探しに来て、バスへ戻りながら言った。「医療関係者の要求デモだったんです」

帰途、ベルリンでは一番という百貨店に寄る。ここにも二十五分で見て来るようにと、菊池さん。「トイレを済ませたい方は私について来て下さいね」

私達夫婦を含めた女性中心の二十名くらいが続く。菊池さんはエレベーター前に行き、ボタンを押した。

「トイレは七階にあるんです。ドイツのデパートには、日本のように各階にはありません。何故か最上階だけ。スーパーにもほとんどトイレがない。それで私なんか、スーパーでは買い物して一目散に家に帰ることなどザラなんですよ」

七階へ上ると、相変らず菊池さんは旗をかざして歩く。老人達はまるで小学生の昔を思い出したように、二列になっておいちに、おいちにと付いて行く。途中には喫茶店様のラウンジがあって腰の高い椅子でドイツの婦人達がコーヒーを飲んでいる。丁度一隊の行く通路に面した中の二人が、「あら、まただわ」という風に私達を見てささやき合っている。シンガリにいた私は、思わず自嘲的に、「小学生、小学生！」と二人に言って手を振った。意味が分かったのか、二人の婦人も手を口に当てて笑った。それはいかにもほほ笑ましいという笑い方だったが、その心の内までは分からなかった。

バスではほとんどの乗客が眠りこけた。やがて菊池さんの、「もう十五分位で船ですよ……」の声に港の方角を眺めやると、そこには紛れもなく白亜の「飛鳥Ⅱ」の美しい船体が小雨に煙って浮かんでおり、自分達をほっとさせた。この瞬間ばかりは、我が家の灯を見て安心するのと同じだった。

古本屋の船旅世界一周記(8)　―船長と会食する

ここらで、飛鳥Ⅱで出合った人々の話をしたいが、とりあえず小田武船長（59歳・二〇〇三年より飛鳥船長、二〇〇六年初代飛鳥Ⅱ船長）の話をしよう。部屋のテレビには朝、現在位置や天候等の談話で出て来るが、船長の一際目立つ日焼けした赤ら顔を実際に見たのは四月十二日の新規乗船者歓迎会の日が最初であった。集まった人々は次々と競うように船長と肩を並べた写真を撮った。私はその時、持参のある資料の話をしてみようと思った。

渡歐案内（週刊誌大20頁・大正10／日本郵船刊）他の三点で、内二部はコピーの冊子にして来た。そして最後「実は古本屋をしてて見つけたものです」と。「ほう、そんな貴重なものが……いつか見せて下さいな」と船長。

四月末に船側の封書が船室に届けられた。

五月五日のご夕食時、テーブルをご一緒させていただきたくご案内申し上げます。

日時・5月5日17時15分

飛鳥Ⅱ二〇〇六年世界一周クルーズ

船長　小田武

当日は晴。朝六時、私は例の如く甲板を六周ウォーキング。船尾には国旗と共に鯉のぼりが。「季節風負けずに泳ぐ鯉のぼり」の句が浮かぶ。妻はすでに食堂へ出かけ、私は飲みものと果実が並ぶ十一階のビュッフェ（バイキング）へ。

午前、妻は屋上近くの大風呂へ出かけ、私は持参のラジオカセットで戦前の流行歌を聴きながら校正の仕事。午後は映画館へ行き「ベン・ハー」を観る。観客は四、五名。夕刻、夫婦してフォーマルの服装でその〝オフィサーテーブル〟に出席する。一回五十名ほどの招待と聞いていたので、

船長は十人テーブルを順に廻るのかと思ったら、私達のテーブル以外は副船長等の幹部が一緒だった。

テーブルには名札が置かれてあり、簡単に自己紹介して始まる。船長はいつもにこにこした人で、「とりあえず乾杯を……」と立ち上る。

最初、最上階で船長と接触しているらしい夫婦が、先日南十字星下で一緒に撮ったという拡大写真を皆に見せつけるように船長に贈呈した。その話題が静まるのを待ち、私は忍ばせて来た持参の資料コピー三点を船長に示し、「実物大のカラーコピーにしたものです」と言って二点を渡し、

「コピーばかりでは失礼ですので、これは実物です、お納め下さい」と会食の場では古物を広げにくく、ファイルに入ったままを謹呈した。船長はこれは皆さんにも見て貰いましょうとコピーの一冊をテーブル上に廻し、二冊を、

「宝物にします」とそつなくかかげるようにして手元に置いた。私は早速、二つ質問した。各国の港で必ず乗り込む〝パイロット〟と船長の関係、も一つは数日前に起きた一寸先も見えない霧の中を船が航行している時の船長の心境。それが先鞭となり、この日の会食はその形式になってしまっ

た。船長は次々と質問に応じた。

私の質問には他に、「船長という身分は、会社では重役クラスなのでしょう?」「先日すれ違った外国船は乗員千六百人と聞いてますが、対比した乗組員はどのくらいなのですか」「飛鳥Ⅰはその後どうしたのか」「右舷左舷に船室をきめるのはどっちが得か?」などがあった。

小田船長は〝右舷左舷〟の問題以外はキチンと答えた。「千人からの人の命を預かるキャプテンも、会社から見たら何百人かの船長の一人です。重役でもなんでもないんですよ」「乗客と乗組員の割合は圧倒的に飛鳥がいいです。向うは三分の一の乗組員なのにこっちは半分近くが乗組員ですからね」「飛鳥Ⅰはドイツの船会社が買って使っています。何しろ日本人の使った船の手入れの良さに驚いているって言います」

他の人達(質問者はほとんど男性)の質問では、「船にかなり錆が目立つが?」「船長の休みは?」「海水を飲み水にする方法」「アンケートが来てるが厳しく書いていいのか」「海賊対策はどうしているのか」などというのがあった。

船長は答えた。「何しろ十七年外国で働いた船です。これから少しずつ手を入れて行くわけです」「船長は確かに激務です。乗ったら最後絶対に風邪さえ引きませんね。休みはいつかということですが、一つの船にキャプテンは二人いて、半年おきに交代なんです」「水はほとんど自給できますが、まあ東京湾などでは作りませんね」「アンケートは厳しいご意見ほど参考になります」「実は客船への海賊はほとんど例がないのですよ。ただね、もしテロ集団がヘリコプターか何かでやって来た時です。これはもう処置なしでしょうね」

なお、船長が右舷左舷の件でハッキリ答えられなかったのは、どちらがいいなどと言ってしまったら半数ずつ乗っている片側の客から総スカン食ってしまうに違いないからであろう。そのテーブルの一夫婦は初め右舷にきまりながら、夫人が海を見たいからと左舷に直して貰ったとかで、夫の方は、

「やはり右廻り航路は右舷でしょうな。海ばかり見てるのもしまいに飽きますよ」とチラっと夫人の方をうらめしそうに見て言った。世界一周航路は、ほとんど右廻りなのである。

古本屋の船旅世界一周記(9) ―サンクトペテルブルグとエルミタージュ美術館

(〇六年)五月二十二日(月)雨、曇、晴。午後の半日観光だった。

バスにはパーサー部の小町君と田中洋子さんが乗って来た。ロシア娘の、小柄で顔の細いガイド・ジョーヤさんが紹介され、文字通り流暢な日本語で語り始めた。

「当地はサンクトペテルブルクです。三度来ていいるとでも覚えて下さいませ」と下手なジョーク。

「相当に寒い国と思われているかも知れませんが、夏は25～30度になってしまうことがあります。でも冬は寒い。部屋は必ず暖房がありますけどね……」

革命後はレニングラードと呼ばれていたが、いわれはレーニンが住んでいたからで、現在は元の地名に戻されたのだとか。「ここの人々の平均給与ですが、今まだ日本円では三、四万円です。家

屋は全部国家のもので、家賃は五千円で暮らせます」

私はバスの窓から、珍しく憑かれたもののように街の風景写真を撮った。街の建物は今、外装をキレイに直している段階で、中や裏はまだ汚ない昔のままなのですよ、とジョーヤは言った。まず「聖イサク寺院前」下車、見学。あれこれと写真に収め、チャンスを見ては田中さんに撮って貰ったりし、ジョーヤを入れても撮ることが出来た。

次に宮殿広場に出た。そろそろ全員、トイレの心配を始めたが、バスは狭い上にトイレはなかった。ジョーヤが察して、

「このあと〝血の上の教会〟へ行きます。トイレはそこのお土産売場にありますので……」

底冷えのする日で、私も尿意をもよおして来た。教会前で写真を撮るが、気になるのはそればかりだ。すると妻が、「あそこにあるんだけど、ユーロ銭がないの」と言った。おばさんが隅に座り、四箇の箱（ボックス）トイレを管理していた。私は財布から1ドル札を二枚抜いた。「これでいい？」と手マネ。「いい、いい」とおばさん。順が来て1ドルを渡すとおばさんは、便器を掃いて、「やれ」と合図する。妻は半開きの扉を気にしているので「押さえてるから」と言った。2ドルでスッキリした夫婦は、にこにことまた写真を撮り始めたが、見れば、トイレにはますます行列が長くなっており、「もう一々、おばさんは掃いてないようよ」と妻。

次は例の如く船とタイアップしているお土産店の館に連れて行かれた。入口でボディガードの若者が外部に眼を光らせた宝石店で、日本人と確かめながら一人々々中へ入れた。すでに先発隊の日

本人が右横左横していた。そこでは10階に乗船しているお金持ちの婦人達の泳ぎが目立ち、私達が片隅でお茶を飲んでいると、店長らしいのが、

「何故奥さんに買って上げないのか?」と言葉をかけて来た。

やっとバスに戻るともう帰り道だった。私はジョーヤに、

「ドストエフスキーを愛読した者だが、〝罪と罰〟はこの土地の話ですよね」と聞いた。

「ペテルブルグがモデルです」とジョーヤ。

車が走り出すと、一天にわかに雲行きがあやしくなり、驟雨が来た。すかさず「晴れた街、雨の街と両方見られて幸せでしたね」とジョーヤ。

「日本語、どこで学んだの?」

「六年間大学の東洋学科・日本語教室で……」

雨がやんで来た。私は『罪と罰』の舞台をバスは通るのかを尋ねた。ジョーヤは間もなくですよと言い、やがて、「あすこがラスコリニフが大地に接吻した昔センヤナ広場と言った所です」と言った。立ってカメラをかまえると、「立つと危ないですよ」と。

私はジョーヤにカメラを渡し言った。「かまわず、バシャバシャ撮って下さいな」

ジョーヤがそのあと『罪と罰』の簡単な粗筋を述べると、後ろの方で一人「また読んでみようかな」の声があった。私が後ろに目をやると、その人以外はほとんど居眠りをしていた。

帰船してバスを降りながら、お世話様と言うと、ジョーヤはにっこりして「どう致しまして」と言った。

ロシアはいいな、と思った翌二十三日（火）はエルミタージュ美術館観光だ。我々のバス③号車のガイドについた日本語科の現役学生アルバイトの娘が、昨日とはうって変ってよくなかった。バスを降りたとたんに、旗もかかげずに早足でどんどん歩いて行ってしまう。

その無神経さは美術館に入るともっとひどく、平均七十五歳の私達を置いて階段を駆け上ってしまう。私は追いかけて、もっとゆっくり行ってくれ、そして旗もかかげるようにと言った。娘はその時だけ、分かりましたと言ったが、調子は変らなかった。場内は芋を洗うような混雑だった。その上ロシアの青年がうろうろし、カタログ売りまでしているのがいた。……ふと気づくと、ポケットの乗船前に四万一千円で買ったデジカメがなくなっていた。落とせば音がするだろうから見事に掏られたのである。

ガイドはそのあと、私達をゴーギャンの絵のある室に置き、三十分ほど失礼しますと消えてしまう。私は飽れて人々の往来する階段の模様を眺めていた。……と、その隅で、あのガイドの娘が太った年配のロシア女に何か詰問されているのが見え、パシっと頬を叩かれた。その上娘が出した財布から紙幣を数枚抜いていた。

ロシアにはいろいろあるんだな、と私はまるで白昼夢を見ている気がしたが、これは妻にも言わなかった。

古本屋の船旅世界一周記⑽ ——忘れ得ぬ人々

航海中に出合った中で、私に強い印象を残したお一人は、八十三歳になるという江田進一（仮名）さんだった。中肉中背、一見職人上り風、美男子ではない。博識で船の構造は勿論、船内機構からその船員個人についてまで知らないことがないのだ。そして誰にでも親切だった。例の若やげにオカッパ頭にした女性、細面のスタイル抜群のスラックス姿の女性を中心に、いつも七、八人の女たちが江田さんになつき、皆を羨やましがらせた。船の中でもっとも持てるのはダンスが上手なことで、江田さんは全てに万能だった。

それまでにも夫婦で色々分からないことを聞いたりはしたが、私が江田さんと親しく話をしたのは「リスボン市内とロカ岬・シンドラ王宮一日観光」の時。妻は足痛で半日観光を選んでおり、私はうまく江田さんとバスの席を同じくしたのだった。……江田さんは××建設の下請会社を経営していたとか。今は店を次男に譲って悠々自適の身と言う。去年三人いる子供（男二人・女一人、長男は航空機の機長）に自分の余生分以外の財産分けをした。夫人は三年前に病没、と。

この船では約十二、三人の女達と知り合い、中には財産家の未亡人でいかにも上品な美女も一人いるが、誰とも変な関係はないですよ、と。「老後に一人選ばれたら？」と言うと、「それはダメです。一緒に暮したら、女はここで見せてる態度とはガラリ変るもんでしょう」……二十一で兵隊に取られ、すぐ部隊長付となる。ここで星一つから上等兵まで勤める。部所柄、部隊中の情報が手に取るように分かる。酒の配分を任せられたりで、他の上官までがお世辞を使うようになった。「それに甘えたりしちゃいけないと、ここで人間が鍛えられましたね」

夫人は重い心臓病で半年と言われたのが二年もって七十七歳で亡くなった。嫁に来た晩に一緒に入浴して妻を洗って上げて入床。それを晩年まで続ける。死の直前に××温泉へ出かけ、三夜同衾すると妻が「よくこれまで私などを……」と礼を言った。かと言って、妻だけを守ったわけでなく、二十人はいた社員を台湾へ連れて行き、当時は当然だった買春を江田さんは仕切った。「私は、いつも皆に選ばせ、最後に残った女と遊ぶのを徹底した。――そこでのことは帰ってからは誰もしゃべらない。店の者は一人もやめて行かなかった……」

船の中でもっとも孤高の人と感じたのは七十代末の岸（仮名）さんだった。白髪を乱し、旧型のメガネ。ヒゲ面に履きっぱなしのドタ靴、ウツロな眼。夕刻一人、甲板に出ると海を見ているのに会う。「夕陽きれいですね。いつもお一人で……」と私。岸さんは語り始めた。

「誰も寄りつきませんね。十年前に妻に先立れて以来隣近所でも変人扱い。子供は女二人と男一人いますし、孫も五人いますが子供とうまく行ってないので来もしません。特に娘ってのは欲深です。世界一周も四度目、もう金もないしこれが最後でしょう。でも、親代々の土地が多少あるんで、子供はそのことだけで寄って来ます。証書は貸金庫に入れて教えません。……これでも六十五歳ま

助手の方が撮ってくれたドナルド・キーン氏との写真

で短大で国語を教えてたんですよ」と、女学校から始まった教師生活の話を、楽しかった若き日から、老いて教員室でうとまれるようになるまでを語り続けるのだった。

「国語も、いつか教科書から藤村も泣菫も蒲原有明も消えて、現代詩なんかが載り始めました。あんなもの、教えるこっちが分からないよ。今回も『断腸亭日乗』や『伊藤整日記』なんかを持って来て読んでます。やはり一番好きな小説は『濹東綺譚』でしょうか」別れ際に握手すると、岸さんは中々こっちの手を離さなかった。

――さて、出合ったというより通りすぎた人々と言ったらよいか、毎日毎夜のように催されるステージ上の芸人や講演者のことがある。「俳句会」のところで触れたように講師がアテネで帰国してしまったように、外国人も含め一仕事終えて下船して行く人々だ。それらは録画されて二、三日すると室内テレビでも流すから、私はよほどでないと出かけなくなった。たまたま見に行って、私がもっとも感動した歌手はつのだ・ひろさんで、次の日ビュッフェでの食事中を見かけ、昨夜の感動を伝えると立上って握手を求め、「ありがとうございます」と笑顔で言ってくれた。

ある日そのビュッフェで食事していると、外階段から入って来られたのが、数日後に講演予定のドナルド・キーン氏と助手の方で、私は立って行き思わず話しかけてしまった。もう十七年前になるが、正月のNHK・ETV8「人は何故日記を書くのか」の導入部に、キーン氏、紀田順一郎と共に、私も少しだけ出たのだ。

「覚えてますよ」と言って下さった氏から二、四十分「日記」への一家言をお聞きすることが出来た。全三回の講演の一回は「芭蕉―その俳句を中心に」で、最後に質問の時間があった。私は平成八年発見の中尾本「奥の細道」につき、学者間で多少真偽のことが話題になったことを述べ「先生はどう思われますか？」と訊いた。氏は「用紙、丁寧な筆跡、直しの貼り紙等から考え、私は直筆説を取ります」と答え、つけ加えた。「ただし、私には×億円はとても出せません……」

古本屋の船旅世界一周記㊦　―ある出来事

この船旅には、思わぬ出来事も起きた。

六月四日、飛鳥の自慢だった11階の展望大風呂〝使用中止〟の文書が配られ、翌日朝九時から、ギャラクシーラウンド（船内劇場）で朝から説明会があると言うので行く。そこはもう満席で、舞台には船長以下八名が並び、船客の一人が急死、運ばれた英国ドーバーの病院から、レジオネラ菌の疑いがあるとかの報告で、万一の感染があってはと、大風呂の閉鎖となったものとか。次のケベッ

06／7月12日、横浜に帰港

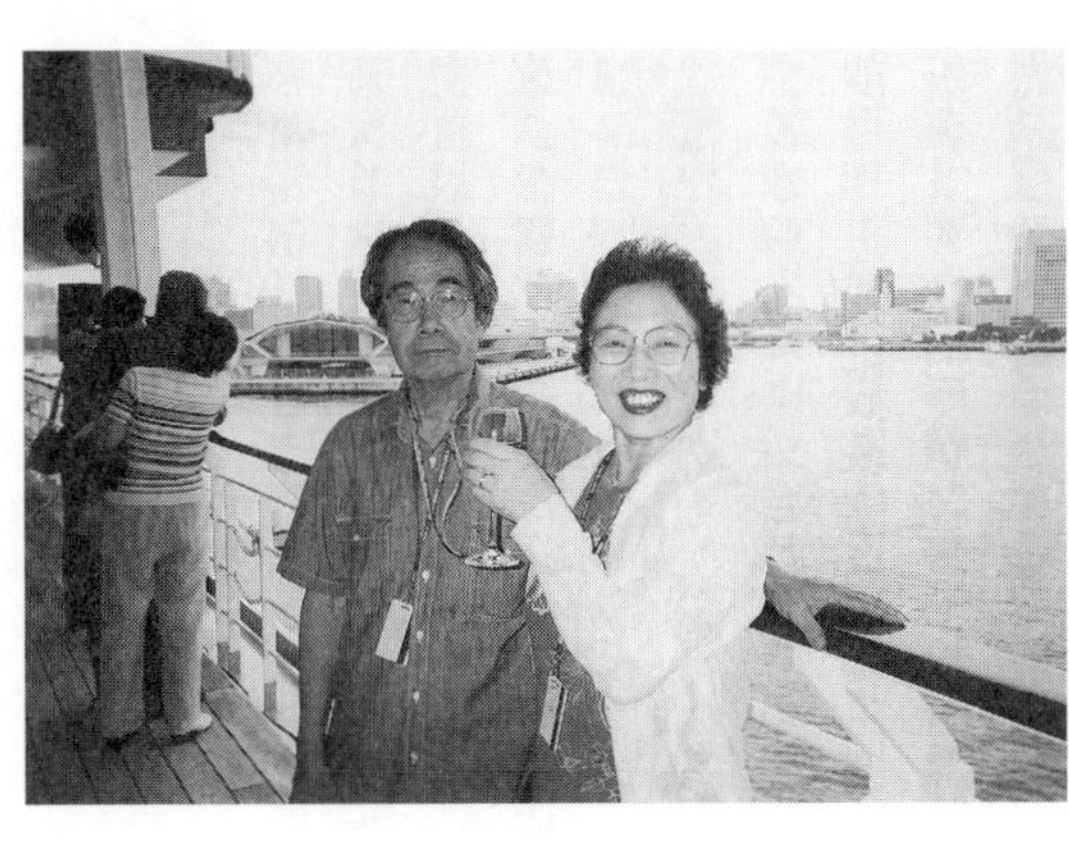

クでは検疫を受ける予定、とも。

すると質問の嵐だった。応答はドクターで、この菌の潜伏期は二～十日ほどで、初期はインフルエンザの症状を呈するが、現在船内での報告はないと言う。が、これまでの、もやもやしていた一部船室の不備の問題が吹き出す。実は東京では、五月二十日の「朝日新聞」夕刊に「排出逆流、自動ドア故障・飛鳥Ⅱで不具合続出」のもと、カラーの船影と共に約一〇〇〇字もの記事が出ていた（船への新聞到着は二、三週間あとでそれも朝刊のみ）。

「配布されたパンフで、一部の方々に大変ご迷惑とあったが、その後ほとんどの人々が不備を嘆いているというのが現実だ」とイキリ立つ人まであった。「だいたい本社はこのことを知っているのか！　どうこの不手際を謝罪するつもりか？」

その後八日で大西洋を渡り、船はカナダへ着き、ケベックでのレジオネラ菌の疑いも晴れ、いよいよニューヨークへ。六月三十日、アメリカをあとにもうハワイへ向かう海上でのこと。今回の不祥事につきサンフランシスコから乗船した日本郵船・松平社長が十～十一時予定の説明会を開くとの通知。噂では映画館を第二会場にしているとか。

司会の紹介で社長、「今回のことでは恐縮している。出航前は万全の体制でのぞんだつもりだったが、結果的に沢山の不具合が生じてしまった。心からおわびします」と挨拶、「順不同ですが……」と、障害の一々につき四十五分間に亘りしゃべり続け、司会が、

「十五分だけ質問をお受けします」と。その瞬間手を上げたつもりの私だったが、三番目だった。①②の人、要するに社長の言葉は官僚的弁明ばかりではないか、我々は欠陥商品を買わされてしまったようなものだ、これに保障する気はあるのか、などと厳しいものだった。やがて私のところへマイクが渡された。

「すでに十五分が過ぎたが、挙手した人の質問だけでも受けるべきでしょう」と私、うなずく社長。「私は事実だけを話します。実は昨夜、私はハムレットの心境でした。我発言すべきか黙すべきか、ということです。話は出港の時にさかのぼります。対岸で子や孫が手を振っている。私達は初めてベランダの手すりのところへ出てそれに応える。やがて動きだし、夫婦は思ってもみない現実に驚かされる。テーブルを囲む椅子の一つには赤サビの液が点々とし、見上げる天井には今にもしたたり落ちそうな赤い液体のかたまりです。あれ、これが夢の豪華客船の実態なのかと、愕然としたわけです。いやこれは私達だけの不運だったのだろうと思った。やっとこのことをフロント（レセプションと称している）に言ったのは、多分二、三週あとのことだったでしょう。確かに、即刻修理に来てくれました。ついでに言っておきますと、船で働いている人達の応待はこれ以上なくよ

いです、それは認めます（何故か拍手）。……そうするうち、ニューヨークで家族全員の手紙が届きました。家ではずっとインターネットで飛鳥を追っていたことなど書いてあり、朝日のスクープ記事も切り抜いて貼ってある。家ではみな知っているわけです（笑い）。私が昨夜ハムレットの心境になったのは、帰宅して自分達の船室は大丈夫だったよ、とキレイ事にしてしまうか事実を話すべきかということでした。結局後者を選んだというのが、先程の挙手だったのです。赤サビは結局二度直しに見え、実は今も完全ではないんです。社長には弁解より、実態を把握してもらいたいと思います。どうか、私までで打ち切らず、このあとも挙手の人には機会を上げて下さい」

すると私のあとにも次々と質問や意見の手が上がり、延長した十二時になると司会が、

「近日この件についてはもう一日日を設けますので」と言い、散会となった。

エレベーターに乗ると俳句会のTさんが、

「いや、ハムレットの例えはよかった」と声をかけて来た。すると午後、松平社長と船長が船室へやって来た。

「早速ですがベランダを見させて下さいな」

二人は天井を見上げ、「これはひどい」「中が腐ってますね」などなどの会話。社長、

「何度でも言って下さればよかったんですのに」

「いやいややってるんだったら、何度でも文句言いに行きましたけどね」

「とにかく明日やらせます」

「もう何日もないしこのままでいいですよ」

×　×　×

感銘深く巡った北欧諸国、もっともこの眼で見ておきたかったアメリカ本土、十五歳の時はやった「憧れのハワイ航路」以来想像して来たハワイ島と、日記には詳しいのだが、この船旅の記録もひとまず完結としよう。

7 私の徒然草

お読みいただく前に

○本章は一九八六（昭和六〇）年〜二〇二一（令和三）年に、「日本古書通信」誌上に〝古本屋控え帳〟として連載した文章のうち、かつて本にし、あるいは他に利用した全てを除いたものから今回そのほとんどを収載しました。まず全てを内容別に仕分けしたものです。各文末には執筆年月を明記してあり（上）（下）、（上）（中）（下）とありますのはそれぞれ二ヶ月〜三ヶ月をかけて書いたという意味です。

○みな独立した文章ですので、どうかご興味を持たれた順にお読み下さい。

私の徒然草　目次

A「思い出の章」

B「諸文献の章」

C「人物像の章」

D「その他の章」

7　私の徒然草

A「思い出の章」

「群像・文学通信」

（日本古書通信 '96年7月号掲載）

昔、葉書判の「群像・文学通信」というのが出ていた。見出しを赤にした二色刷りで、6ポという極小の活字を使った、雑誌「群像」の宣伝紙である。私宛の、昭和二十四年十二月と二十五年一月消印の、二枚が手元に残っている。例えば前者の「熱海だより」は、滅多に書かぬ志賀直哉が「末っ児」を寄せたこと、「注視を浴びる大岡氏の新長編」は「武蔵野夫人」第一回が、「戦後文壇三人男」では太宰亡き今日、石川淳、坂口安吾がそれぞれ「野守鏡」「火」を脱稿、共に新年号に轡を並べて載ることが報じられている。

私は、都立上野高の夜学の一年生で、急に文学に目覚めた十六歳。学校では文芸部に入った。と言って、「群像」など買える身ではなかった。何しろ今その新年号を見るに、定価九十五円（昭和二十五年の大手会社・大卒初任給二千二百円）もしていて、家業の自転車修理手伝いの身で買えるわけはない。実はこの二月前の十月二十九日土曜日、私は友達に教えられた講談社の「文芸講演会」を聴きに出かけたのである。日記が残っている。

《午後から、運動会があるからと、十一時過ぎに家を出た。上野で交番で聞いたりして、大体の行き道が分かった。松坂屋の横から大塚行きの都電に乗り、大塚仲町下車。乗り換えて二つ目の音羽町。すぐ見える大きな建物が講談社だった。

自分は恐る恐る二、三人のあとについて、下駄の音をさせないよう努めながら受付に進んだ。署名が必要だったが、C君の言った通り無料で、別に年齢も聞かれずすぐ入場券とプログラムをくれた。会場は六階です、と一人一人に言う。入口に、下駄の方はお脱ぎ下さいと書いた紙が貼ってあったので、他の人が靴で歩く所を馬鹿正直に、裸足で歩まねばならなかった。皆大人かせいぜい大学生で、自分位の者は一人もいなかった。それに、女の人も皆無に等しかった。

「私は職人です」と題する坂口安吾の講演は、実に下手くそ極まりないものでがっかりだった。それも五分としゃべることが出来ず、「どうも今日は調子が悪い」とか言って、聴衆の笑い声をあとに引っ込んでしまった。でっぷり太った人で、度の厚い眼鏡をかけていた。

「小説の方法」の伊藤整は、全く上手なものだった。大学教授の如く整然とした、物柔らかな話ぶりだった。痩せ型の、紳士と言った感じで、やはり眼鏡をかけていた。三島由紀夫の演題は「天が下に新しきものなし」であった。やはり話し方は巧みで、何の紙片も見るでなく、ただとうとうと、立て板に水の如くしゃべり続けた。

三人が終わって、十分間休憩。

後半は、三好達治から。題は「現代詩について」であまり面白くなかった。「スタンダールと現代」と題した講演者は大岡昇平という人で、自分には初めて聞く名だった。最後の舟橋聖一の話が一番面白かった。六歳ですでに「死んでも小説家になる」と、親兄弟に言ったそうだ。

ともかく、実物の作家というものを六人もこの眼目で見たことは嬉しい。それから文化祭の最中

である学校の「音楽と映画の夕」へ寄り、出席だけ申し出てすぐ帰った。》

……右の内、「下駄の音」云々は、当時夜学校の生徒中の多くが、朴歯の下駄を常用していたのだ。また、如何にも人を食ったこの日の坂口安吾について言うと、この年薬物中毒に悩ませられていた。「昭和二十四年二月、睡眠薬（アドルム）と覚醒剤と中毒が昂じ東大神経科に入院した。日常生活には狂暴的錯乱的行動が続いたが……」と、『日本近代文学大事典』にあり、「四月退院、（略）七月、鬱病が再発し、伊東市の旅館に転地療養」（『昭和文学全集』年譜）だったのである。ちなみに、この頃の安吾の評価はあまりよくなく、「別冊文芸春秋」三月号に発表の「水鳥亭由来」についての「群像」六月号の「創作合評」で、高見順は言う。「僕は作家が死に急ぎすることは反対ですけれども、牧野信一は死んでいます。死んでいるだけのものが牧野信一にはあります。太宰治にも織田作之助にもそういうものがある。ところが安吾さんの場合は、今にも死にそうだ、そういうポーズだけで……。ポーズを売りものしているというか」そして、「……アドロム中毒とかなんとかいっても、今じゃケロッとしている」と。また少年の私が読むこともなく名さえ知らなかった、現在は大作家と遇される大岡昇平は、「俘虜記」で横光利一賞を受賞はしたが、その後も戦場ものを書き続け、スタンダール研究でも一流だった大岡が、やがてそれを脱却して何を書くかが注目の的の頃であった。結局この頃は「武蔵野夫人」執筆に邁進していたのであった。

所であの「群像・文学通信」が、どうして少年の私にまで送られて来たのか？　もうすっかり記憶にはないが、署名の時に、きっと住所も記して帰ったのであろう。そしてその後もこの通信が続けて送られて来たのか、この二枚だけで終わったのかも今は分からない。

新憲法初期文献集　(日本古書通信　'14年9月号掲載)

この回は、ある意味「平和憲法」に初めて接した世代の筆者が、古本屋の立場からいつか集めてしまった「新憲法」と言われた初期の関係冊子を記録しておくものである。まず敗戦後一年、

(1)**現行憲法と改正憲法―付・大日本帝国憲法＝帝国憲法改正案**(昭和21／9植村悦二郎、東洋経済新報社)が出る。有名な第九条は、

「国の主権の発動たる戦争と、武力による威嚇又は武力の行使は、他国との間の紛争の解決の手段としては、永久にこれを拋棄する。／陸海空軍その他の戦力は、これを保持してはならない。国の交戦権は、これを認めない。」

とあり、発表された表現はこれよりやわらいだものとなる。植原はこの年第一次吉田内閣の国務相、翌年内相に就任。次の、

(2)**新憲法読本―付・改正付属法の解説**(昭21／11読売新聞社)改訂版は、金森徳次郎の序が、末尾には「憲法審議をめぐって」「各国憲法との比較」などがつく。

(3)**新憲法読本**(昭21／11渡辺実太郎、弘文社)――この本には巻頭「憲法公布の勅語」「憲法公布の上諭」が載っている。短い後者のみ引用しよう。

「朕は、日本国民の総意に基いて、新日本建設の礎が、定まるに至つたことを、深くよろこび、樞密顧問の諮詢及び帝国憲法第七十三條による帝国議会の議決を経た帝国憲法の改正を裁可し、ここにこれを公布せしめる。

御名御璽

昭和二十一年十一月三日」

(2)が新聞社発行のザラ紙への小字印刷(ベタグミ)で読むに骨のおれる「日本国憲法前文」が、当時としては真っ白い用紙に大きく印刷されて目にとび込む。「日本国民は、正当に選挙された国会における代表者を通じて行動し、われらとわれら子孫のために、諸国民との協和による成果と、わが国全土にわたって自由のもたらす恵澤(ママ)を確保し、政府の行為によって再び戦争の惨禍が起ることのないやうにすることを決意し……(略)日本国民は、国家の名誉にかけ、全力をあげてこの崇高な理想と目的を達成することを誓ふ。」と結ばれる。

(4)**日本国憲法―解説と資料**(昭21/11時事通信社)――金森徳次郎、宮沢俊義、芦田均、安倍能成、片山哲、野坂参三、尾崎行雄、他に四名の文が載り、末尾左頁より「英文・日本国憲法」を掲げる。

(5)**新憲法解説**(昭21/11京都新聞社)

(6)**新憲法解釋**(昭21/11芦田均、ダイヤモンド社)――のち、芦田は七ヶ月の短命内閣を組織。

(7)**日本国憲法**(昭22/3白王社)――先の、(3)で略された各国務大臣名も、総理・吉田茂以下、幣原喜重郎、田中耕太郎等・八名の名がキチンと記されている。

(8)**新憲法の解説**（昭22／3司法大臣・木村篤太郎序・中山宏著、千葉県教育会）――付録として「ポツダム宣言」「カイロ宣言」「明治憲法」等の印刷あり。

(9)**憲法随想**（昭22／3金森徳次郎、美和書房）――「私の立場」他、新憲法成立にたずさわった人の裏話と言えようか。金森はのち初代国立国会図書館々長。

(10)**新憲法の精神**（昭22／5金森徳次郎、社会教育連合会）「憲法改正の意義」「改正憲法の内容」「天皇制の問題」の三章が内容で、「公民叢書6」として出る。

(11)**新憲法解説と批判**（昭22／5鈴木安蔵、新文芸社）――前文以下、天皇、戦争放棄等につき全国憲、憲法会議、日本民主法律家協会などの指導的立場から批判した書。

(12)**新憲法講話**（昭22／7憲法普及会編、政界通信社）――内容は、内閣各省の中堅官吏七百名と東大生三百名の傍聴者、他に千名の受講者の前で、金森、芦田、鈴木、宮沢の他、横田喜三郎、我妻栄、田中二郎、森戸辰男、堀眞琴が講演、その速記録に各氏が校閲した文章を集めた、文献中最大の厚冊本である。

(13)**新憲法ノート**（昭22／11中村哲、共和出版社）――基本的人権や自由は保障されているようだが、もっと眞に民主的なものとして改定さるべき、と言った思想からの批判の書。中村は憲法学者。

(14)**あたらしい憲法のはなし**（昭22／8著作権発行者、文部省）――これは、B6判ザラ紙52頁の小冊子で、定価2円50銭。

「みなさん、あたらしい憲法ができました。そうして昭和二十二年五月三日から、私たち日本国民は、この憲法を守ってゆくことになりました」から始まる十数場面もの絵も入る。その後お仕着せ憲法だったとの話も伝わるが、発行者文部省が泣かせる。

……さて私をこの年の四月まで記憶を戻すが、三月に小学校高等科一年を終了、二年に進及自転車修理店を手伝う筈だった。この時身に振りかかったのが連合国教育使節団の勧告による六・三制の教育改革。四月私は中学二年生に拾われ、学校も新憲法と民主々義を教えた。この好運がなければ、私は夜間高校へ行くこともなく、やがて文章など書く己の人生はなかったであろう。高等科は青年学級的なもので、一年先に生まれた二年卒業の人達が中学三年に拾われることはなかったのだから。

ある〝遺稿集〟のこと　（日本古書通信　'12年1月号掲載）

二ヶ月で三商から同じ定時制の上野高校に移り十六歳の私が感じたのは、ここの生徒は大人だな、ということ。私はすぐ文芸部に入ったが部長は坊主頭の若旦那風の二十二、三の男。その部会で見る二級上の飯田という青年には目を見張った。部は彼が仕切っており、部の機関誌には毎号彼の作品が重要な役目を果たすということだった。

実はそればかりか、定時制高校にはやったマイクを前にそれぞれが台本を持ち配役がドラマを放送する「朗研クラブ」でも飯田はスターだった。すでに男女共学ではあったが、全校で五人ほどしか女子はおらず、女役が不足だった。そこへこの年入部したのが美しい石川嬢で、すぐに主役をこなし飯田と仲むつまじく登校して来るのが見られた。

昭和二十四年のことで、秋には部誌「水車」6号の原稿募集があり、私も幼稚な私小説「日曜の憂鬱」と詩二篇を提出した。それまで謄写刷りだったのを、小菅刑務所に活字印刷を依頼するとのこと。が私は翌年春には学校を退学していた。そこへ送られて来たのが「水車」で、何と私の作品が巻頭を飾り、詩も大きくスペースを取って掲載されているではないか。ある日私は「佳作」賞状と賞品を貰いに、のこのこと学校へ出かけ、飯田からそれを受け取ったのである。数日後の日曜日、その合評会にも誘われて出る。やはりその号のトリを取っていた飯田の練達の筆になる「をりづる」の評判がよく、私の小説は「幼稚」と言われた。帰りはみな日暮里駅まで歩き別れたのだが、飯田とはそこで縁が切れた。

……八年前のこと、ある日私は上野高からの友人で詩人（職業は税理士）関塚昇から、「ちょっと協力したので」と、A5判二段組220頁の『飯田正勝君遺稿集』（平5）の恵送を受ける。「おや、あの飯田さんの……」と私は思った。

冊子は遺影三枚から始まる。すぐ8作品が選ばれ印刷され、続いて「それぞれの思い出」を20名が記し、編集者の言葉で終わる。思い出は6人が上野高時代、3人が早大時代、11名が主婦の友社時代を書いている。

最初に上野高の恩師だった金子大麓の「珍らしい師弟関係」が載る。朗研クラブ発足の日の飯田に触れ、《その日集まった彼等はいずれも優秀だった。後には芥川賞のT氏のような人まで出た》台本は漱石の「三四郎」で、飯田は野々宮理学士を熱演し、文化祭ではやんやの喝采を受けた。その後都立定時制高連盟の芸術祭に乗り込み、他の演劇を尻目に放送劇で優勝してしまう。飯田の早大進学後はずっとアルバイトの相談にも乗った。

「早熟の天才」は山内一憲の文。山内はお互い十五歳だった頃の夢を未だに見ると言う。山内も、紅一点の石川嬢の活躍する朗研に入り、声優・小山源喜の指導を受けた。しかし、《主婦の友社に入社し結婚した彼の神田川近くの新居を訪ねた時、夫人はかの石川嬢ではなかった》とも記している。

黒子恭生「飯田君と私」には、《そもそもの出合いは上野高文芸部から始まっている。しかも因縁めくが第一回「水車」文芸賞にお互い同席一位となり、当時の文芸部長田久保先輩から賞と賞品の原稿用紙を頂戴し（略）つき合が始まった》と書いている。

冨田幸正「飯田君を想う」では、《飯田君はすでに作家としての片鱗を見せていた。人間の本性を深く探るような、高校生としては「ませたもの」を書いていた。「水車」の「小さな死」は特に評価が高く、志賀直哉の「城崎にて」を思わせる作品だった》という。

その後の飯田の歩みは、二十七年三月卒業、一浪して早稲田大学第二文学部入学、その後第一文学部へ編入。三十二年卒業して主婦の友社へ入社。雑誌記者となり「主婦の友」「アイ」「園芸ガイド」と活躍。管理職について数年心臓病で入院。平成三年定年退職する。

主婦の友社の友人水原康夫は「『アイ』の頃」を書いている。《飯田さんは自分の作家への夢を、逆に場を提供することで昇華しようとした。彼は積極的に先生方に働きかけた。名を挙げると立原正秋、三浦哲郎、高井有一、後藤明生、吉田知子、吉村昭、津村節子、永井路子、杉本苑子、平岩弓枝、遠藤周作、井上ひさし、楠本憲吉などなど》

中村洋一は立原の文「坂道と雲と」中に旅行中のヌードスタジオにからめ、《馬鹿者！　われら見ざるに、かの二人観し、と想像せん読者をらば、その者すなはち心いやしかるべし。われらは三浦・飯田組とはことなるべし》の一節ありと言う。飯田は中村に、「まずいよ三浦（哲郎）さんが怒っちゃうよ」と嘆いた。《それから一昔の月日がたち、立原正秋氏はこの世を去った。さらに一昔の月日がたち、飯田さんもまた同じ季節に逝ってしまった》

ちなみに、途中に傍点を振った〝T氏〟〝先輩田久保氏〟は芥川賞作家・田久保英夫のことである。年譜には「二十歳、慶応大学予科に入る」とあり、上野高のことは何故か空白である。

飯田はとうとう創作集は出しておらず、八年前にネットで検索した時は、確か数冊園芸の本の著者としてのっていたと記憶している。

（敬称略）

その時古本屋は！　―東京大空襲から五十年

（日本古書通信　'95年3月号掲載）

与えられたテーマは「昭和二十年三月十日を中心とする東京の古本屋」ということであろう。筆者の開業は昭和二十八年、二十歳の時。東京大空襲の頃は国民学校五年生で、新潟に集団疎開していた。従って見て来たようには書けないが、「下町業界史」の一端としてこの頃のことを調べたことがあるので、出来るだけ資料等で再現してみたい。

去年私は『下町の古本屋』なる本を出版したが、そのノート段階で、戦前下町の主要業者を十二人選び、下町に古本屋が発祥した明治末頃からの年齢比較表を作った。十二人の、戦時下での平均年齢はすでに四十歳を越えていたからもう徴兵された人はなかった。しかし中で戦災で店が焼けなかったのは、葛飾区立石に在住の一人という、時代の厳しさであった。また十二人中のお二人の方が夫人を空襲で亡くされ、一人の方は一家もろ共（一説には同居中の愛妾も）空爆死された。本所区の緑町の石川書店・石川光太郎がその人であった。享年五十七歳。

本所は今の江東区である。緑町は両国橋を錦糸町方面に向かって渡り、左に両国駅、右に国技館を見て少し行き、一つ目の交差点の一帯がそうだった。当時は路面電車が縦横に往き来する下町有数の繁華街。石川は昭和初年からこの交差点際に棚揃えのよい店を持ち、小売の外図書館向けに児童書籍などの通信販売も手がけていたと言われる。下町では横綱級の実力と「顔」で、古本市場では振り手に最も近い場所に定席があり、辛辣を競ったウルサ方連の中で一目も二目も置かれた存在であった。今でもそう変らないが、下町の古本屋というのは娯楽本主体の店が多く、主人も客もインテリは少なかった。古本屋になる前は新聞記者だった石川は、もう緑町に出店した頃から選ばれて評議員（現在の理事）として神田の本部へ出入りしていた。いや、昭和四年には当時組合の「三役」とも言われた月報委員長になった。石川が受け継いだ頃の月報は、四〜八頁の片々たるものだったが、即座に三十二頁の雑誌版に改め、以後十二年間という長期に亘り、石川は「組合月報」（現在の「古書月報」）を発行する。

石川は昭和十六年に月報委員長を辞した。下町での石川の「存在」は変らず、長老の一人として監事役などを務め、悠々と商売を続けた。

昭和十七年、組合は当局から統制組合への移行を告げられ、古本の公定価販売が命ぜられる。それでも石川から受け継いだ月報委員は、昭和十八年度まで三十二頁立ての月報を出し続けた。市場が組合直営となり、支部別では下町地区が最もよい成績をあげた。この頃の一時期、下町は「貸本」という方式を考え出し、そのことでも店はうるおっていた。すると逸早く、当局は「貸本料金」に規制をかけた。十九年になると、男子は四十五歳位まで徴用に取られ工場勤めなどさせられた。この頃、月報は二ヶ月合併号でわずか八頁立てとなる。昭和二十年一月号の月報はわずかに四頁となった。それでも「東京組合欄」として、

「十二月（註・十九年）中は空襲の爲め古書籍会館に於ける即売展は一時休止されたが、本年一月より常態に復し古書籍愛好会が十一日より十三日、東都古典連盟は二十四日より二十六日迄定期に開催」とキチンと印刷されているのにはいささかならず驚かされる。

逆に言うと、東京もこの月報が編集されたであろう十九年暮れまでは、まだまだ余裕があったのかもしれない。

実際にはしかし、すでに十二月三日、十二月二十七日と続き、東京は大がかりな空襲を受けていたのだ。ただ大本営は「盲爆による損害軽微」などと新聞に発表した。昭和二十年一月二十七日にはB29が大挙襲来、銀座・京橋・丸の内方面を爆撃、四千三百名が罹災、二月十六、七日にも、二十五日、三月四日にも襲来。そして運命の三月十日が来る。下町地区を中心に、この大空襲で死者二万一千四百八十九名、負傷者四千三百二十名、行方不明多数、全焼二十三万三千三百九十四戸、罹災者四万五千三百九十二名を出す。即ちこの九日未明、東京下町の住宅街は忽ち紅蓮の巷と化し、

浅草方面　四、一〇〇名
本所方面　五、九〇〇名
深川方面　六、五〇〇名
荒川方面　　　三一一名
城東方面　四、〇〇〇名

の、死者を出したのである。右の「本所方面」の統計の中には、おそらく石川光太郎一家の数字も

含まれているものと思われる。ともあれこの日の空襲で、葛飾・江戸川・足立区等、当時は郊外だった地区の業者を徐き、下町の業者のほとんどが焼け出されたのだ。昔私が二ノ橋書店・田中義夫氏に聞いた話だが、石川の外にも「月報」寄稿者の常連だった耕文堂・鈴木清次郎他四名がこの空襲の犠牲になったと言われる。また今も北千住でお元気な文祥堂・北島慶三郎氏に聞いた話だが、翌朝千住の日光街道を埼玉県方面へ避難して行く群れの中に、リヤカーを引いた下町有力市場の会主・早乙女茂平という人がいたと言う。早乙女はリヤカーの上の息子の遺骸を、ムシロを取って示し、これから田舎を頼って歩いて行くんだと、北島氏に言ったという。

ともあれ、この時点まで下町には、

荒川区　五八名
下谷区　四六名
浅草区　五五名
本所区　四九名
深川区　三七名
城東区　一七名
向島区　二九名
足立・葛飾区　四一名

の、合計三二三人もの古本屋が集中していたのである。五十年後の現在、この全域の組合員数はわずかに八十六名にすぎない。

一方、この時点で言えばまだ東京図書倶楽部（現在の東京古書会館の前身）は健在だった。それも一ヶ月後のB29百七十機からなる来襲により、焼夷弾を受けて炎上するのだ。その会館の隣りに店舗があった明治堂・三橋猛雄の証言が残っている。

「昭和二十年四月十三日夜十一時過ぎた頃、警戒警報もなしにいきなり空襲警報が鳴り出した。私は神田猿楽町奥の住いでまだ寝ずにいたので、着たっきりの警防服に鉄兜をかぶって表へ出た。敵機は頭上を飛んでいた（B29百数十機と翌日報道された）。近くに爆弾も落ちないので小川町の店へ駈けつけた。敵機は次々に来て爆弾を投下する。その爆弾は地上近くで炸裂し、数十の焼夷弾が飛散って屋根に路上に火柱をあげている。店の向側まできてしばしたちすくんだが、防空用水の水を頭からかぶって店へ入った。母達は逃げて誰もいない。二階へ上った。隣家に落ちた焼夷弾が境の壁から火を吹き出していた。裏を見ると古書会館も数ヶ所から焔が上っていた。もう駄目だ、すぐ引返し、妻と二人身一つで夜道を歩き通して、夜明け前に妻の実家のある代々木上原に逃れ着いた」

ここでまた、「月報」に戻ろう。次に出されたのは四月で、二・三・四月合併号。とうとう印刷がガリ版刷りとなる。またまた「古典籍公定価格改訂要綱並ニ注意事項」や「官報告示写」「古書籍価格査定規則（案）」と難しい内容の印刷文が続くが、資料としてはこのあとの一頁が役立つ。

▼交換会再開

和　本｛神田区神保町一―一〇　西神田倶楽部方（毎月3・8日六回　午前十時ヨリ）

一　般　書｛同区　同所　西神田倶楽部方（毎月7日三回　午前十時ヨリ）

洋書資料（合同）｛同区　同所　西神田倶楽部方（毎月9・19・29日3回　午前十時ヨリ）

右を写しながら思うのは、早くも、「西神田倶楽部」なる場所を確保、市場を再開させていることの敗戦四ヶ月前の、我が古書業界のたくましさである。次いで、

▼事務所移転公告

今回事務所を左記に移転す

神田区神保町一丁目七番地

一誠堂書店方

全国古書籍業統制組合

東京都古書籍統制組合

という記事もある。ちなみに、この二十三年前の関東大震災時の会館消失時には、焼け残った本郷・井上書店が組合の仮事務所となった歴史も組合にはあった。ともあれ記事は、

▼罹災組合員に告ぐ
疎開又は戦災の爲め組合員にて営業所又は住所を変更されたる方は至急新住所を組合事務所宛御通知を乞ふ
東京都古書籍統制組合

が末尾であった。奥付はむろん「一誠堂書店方」である。

「月報」の昭和二十年五・六・七月合併号には、理事長・田中慶太郎の「休戦(ママ)に際し組合員に告ぐ」が間に合い巻頭に載る。しかし八・九月合併号共に、未だ内容は「古書籍査定価格並ニ類別指定」など通達様のものばかりだ。さすがに十・十一月合併号になると、「公定価撤廃と統制組合解散」を理事長が宣言し、自由経済への移行を説いている。「月報」はたった四頁のものだが、

「業界徐々に復興軌道へ」

の報告は希望に満ちたものである。まず、九月・十月に行なわれた本郷第七支部市場での資料交換会が活況を呈したこと、十一月九日の西神田倶楽部での「一般書」臨時古本交換会も盛況だったことが記され、今後同会は継続して毎月四・九の日六回の開催が決定された、とある。また「東京組合復興交換会案内」として、和本交換会、洋書交換会、資料交換会の案内も出している。

中にしかし一項目、

▼第七支部長後任決定

前支部長・水谷倉吉氏の殉職災死後の第七支部長は推薦に基づき十月五日、後任に今泉亮一氏任命さる。

の記事が見えるのは、あの大空襲被害が決して下町地区ばかりでなかったことを示していた。

『昭和22年9月風水害の概要』(日本古書通信 '95年4月号掲載)

昨年暮、ある古書展でこの本が八千円で売られているのを見た。東京都の文書課が同年暮に出したもので、B5判百三十頁あり、別に序と目次で四頁、昭和天皇が江戸川区を視察する場面等の口絵六頁がついた、この頃の出版事情からすると中々の製本である。私は一度は手にとったが、一札は我が書庫中にあったのを思い出し、買うのはあきらめてしまった。今度私がこの本を取り出してみる気になったのは、今も阪神大震災関係のニュースをテレビで見続けているからである。

……昭和二十二年九月、キャスリーン台風が関東をかすめ、記録的雨量をもたらして去った。十六日、まず栗橋付近で利根川が切れ、十九日未明、亀有の中川桜堤防が決潰した。濁流は落差五メートルの葛飾、江戸川、足立一帯に流れ込んだ。これにより三区住民は床上浸水だけでも八万三千家屋が被災、罹災総人員は三十七万八千名と言われた。それも私の居住する葛飾区の場合は全区民が水に漬かった。何しろ深い水位は三メートルもあり、ピーク時の避難人員は二百七十個所、十二万余と記録されている。

私は十四歳、この年発足した新制中学二年生。もう台風もすぎ一安心という昼間、誰言うとなく中川堤が危ないという噂が聞こえ、私は自転車で二十分もある亀有まで、川の流れを見に出かけた。水は普段道路になっている土手上まであふれ、中ほどの急流には家一軒そのままの状態で流れて来るのなどが見えた。明くる朝、「桜堤決潰」が知らされた。父は平屋の自転車修理店兼住居の中で、もっとも物置として高い場所である押入れの上段に、大事なものを詰め込み始めた。するとまた知らせがあって、この辺は軒まで水が来る恐れ、と言う。

すると、百メートル位先に見える京成電鉄堀切菖蒲園駅の高架線ホーム下の鉄骨に、早くも場所取りをしてる人の姿が見えた。父と私もすぐに場所の確保に出かけ、ありたけの材木を渡し畳を敷き、二坪ほどの居間を造った。そこへ布団等を運び、一家は父と私以外そこへ移した。水は初め、店前の渇いた道路にヒタヒタとやって来、やがて濁流となって町へ入って来た。間もなく床を埋め、押入れの上段へも迫った。父と私とそこの荷を屋根へ運ぶ。水は知らされた通り軒を越えた。その夜父と私は星空の下、屋根の上で荷物と共に眠った。この当時、この郊外の町に二階家は百軒に一軒もなかったのである。

では、この時大多数の人々はどこへ避難したのか。私達の町で言えば、私が卒業し、現にこの年新制中学校としても一部使用されていた堀切小学校の二階教室等々が、都の認めた避難場所だった。あとは、堀切菖蒲園駅から荒川鉄橋へ向かう京成電鉄の線路上（お花茶屋に向かうと線路はすぐ平地へ下りる）か、直接荒川土手へ行くかであった。幸い雨はそれから半月も降らなかった。

ともかく屋根上で夜を明かした父と私は、翌朝泳いでホーム下へ移動し、荷物はやっと町会の人の舟で運ぶことが出来た。線路は駅を「下り」へ少し外れると冠水、それから電車が開通するまでの十日程を、一家はホーム下で暮したのである。そしてその生活はと言えば……飲み水、食べ物、トイレと、この度の「阪神大震災」の避難者が経験した通りの体験を、私達もこの時したのだった。

まず、水は水でも廻りは泥水だらけで飲み水がない。私は長男たるを自覚、我が家の水の確保を担った。昔よく歩いて土方に追われた線路上を、荒川土手に向かう。更に綾瀬川・荒川鉄橋を渡って千住側まで水汲みに行くのだ。電車は関屋から折返し運転だから轢かれる心配はないが危険がないわけではなかった。というのは、資材不足の年代で、鉄橋上には板さえ渡してなく、私達は三、四十センチ間隔の枕木をピョンピョン跳んで越えて行かなくてはならなかった。上流からの茶褐色の濁流が目もくらむ下を流れ続けているから、落ちたら命はないのだ。それも、カラバケツの行きはともかく、帰りは両腕に水を満たしたバケツを持って走るのである。そして確かに、水をくれる被害のない対岸の人は親切だったが、川一つを境に広がる平和境と水びたしの我が町は、まるで天国と地獄の感じがしたのを覚えている。

ところで、この当時この区域だけは何軒位古本屋が存在していたのだろう？　組合機関誌「古書月報」昭和二十二年十一月号には、次のように報告（組合録事）されている。

「過般の大水害につき東京都商工協同組合より本組合に対し、組合並びに組合員の罹災状況を照会して来た。組合で調査したところ、罹災人員は第九支部（荒川・台東・足立）十名、第十支部（葛飾・墨田・江戸川・江東）三十五名計四十五名で、その損害額は最高二十万一名、十万円三名、その他五～十万円程度が多く、総計三百六十万円に達している」

元々この地区は戦災でみなバラバラになってしまった旧下町（本所・深川等）の業者の流入で出来上った業界で、戦災から二年、今度は水禍の犠牲となった。この頃からずっと、都内八百軒前後という全組合員数はほとんど変らない業界だが、災禍が多いこのあたりに、下町が減り中央線沿線に同業がふえるという現象の遠因があるのでは、と業界史を調べている立場として、私はひそかに思っているのである。

（なお、この水害については『昭和22年・足立区水害記録』（昭23／8月）という本も足立区から出されている。）

（日本古書通信 '02年9月号掲載）

古書会館の思い出

〃東京古書会館〃の前身、いやそのルーツとでも言うべきか、現在地（一度区画整理の移動あり）に古本市場が出来たのは、大正五（一九一六）年のことである。名称は〃東京図書倶楽部〃。

和本屋と比べて、一段も二段も下位に見られていた洋本屋――一般洋装本を扱う古書店――から、和本屋に匹敵する店が出現したと騒がれたのは、わずかにその三年前の大正二年の一誠堂の開業頃からである。

小川町の桔梗屋洋品店が持っていた四軒長屋を、有力同業有志がその権利（借地権）を月賦で購入、二階を広間にぶち抜いた造りにして、古本市場として使い、階下の一軒を事務所に当て、残る三軒は以前からの人々が住むようにこしらえたものであった。その住人の一人が、今日スポーツ用具で名をなした美津濃の先代であったという話が、エピソードとしてわが組合史に出ている。しかしこの建物は、大正十二年の関東大震災で焼失、翌年四月、復興工事を行ない新築落成させた。工事費一万五千四百円。

すると昭和三年五月、この東京図書倶楽部及び組合事務所が今川小路に仮移転、建物が移動工事される。六月に改築工事が終ったと言うが、その移動規模の詳細は分からない。昭和九年七月、またも東京図書倶楽部改築の機運が高まり、事務所を明治堂書店に移し、市会は松本亭、志久本に移転開催。十年一月二十九日、東京図書倶楽部が新築落成し、記念大市会が開催された。

昭和十七年一月、組合総会を開き、商業組合に改組され、ここまで有志所有だった図書倶楽部が組合に買収された。しかるに三年後の昭和二十年四月十三日、わが東京図書倶楽部は米軍機の焼夷弾を受けてあえなく全焼してしまうのである。昭和十年以来、幾多の大市会や名家の売立入札市会が開かれた思い出深い建物であった。また併設の組合事務所には、組合や明治期の古本屋に関する貴重な資料が所蔵されていたが、それらも全て消滅してしまった。

戦後昭和二十三年、組合は平屋建の会館を建設、初めて〝東京古書会館〟と命名する。また、それまで敷地が借地権だったものを、組合が買収している。会館はコンクリート塀に囲まれ、履物を脱ぐ玄関があり、中央はキルク張の六十畳の市場、左手奥に組合事務所、会議室、休憩室、台所。――私も昭和二十八年から、いわゆる〝神田向き〟の本を出品にここに通った。そして昭和四十年からは、明治古典会の経営員としての週一回の勤めを始めたのである。

翌昭和四十一年七月、組合は錦華公園脇の日貿ビルに仮移転、古書会館は大成建設によって建て替えられることとなった。かくして四十二年五月一日、あの四階長屋の二階から始まった地に、地下一階地上四階、敷地面積五一七平方メートル、建築延面積一七〇七平方メートル鉄筋コンクリート造りの（新）東京古書会館は竣工した。五月十日、竣工祝賀会が行なわれ、同業有志が持ち寄っての〝竣工記念・善本展示会〟も開かれた。奈良朝時代から現代までの洋の東西、古今を問わぬ稀書百五十二点が陳列され、三笠宮殿下も出席された。その後昭和四十九年に出版された『東京古書組合五十年史』には、三笠宮が展示品に手を伸ばされる写真に、傍ら説明役のような形で寄り添う、反町茂雄氏も写っている。

この昭和四十二年、私は三十四歳だった。すでに会員も兼ねていたが、明治古典会の市運営の実務である経営員は、昭和四十八年まで続けた。元々雑本と娯楽雑誌しか扱っていなかった下町の古本屋が、神田の老舗などの多い会の人達に混じっての仕事は、何かにつけ背伸びが必要で、心労の多いものだった。一方、この年からは、私は古書会館での〝趣味の古書展〟にも参加、四半世紀続けることになる。

昭和四十年代、古書にはきっちりと相場というものがあった。『伊能忠敬（大谷亮吉）』は一万九千円、『金沢文庫の研究』は一万四千円、『磐田郡史』は一万六千円などときまり、相場は長く変らなかった。

昭和五十年代になると、「古書月報」の〝相場表〟に文学書が掲載されるようになった。

若菜集　夏くさ　一葉舟　落梅集	初版	四冊	三八二、〇〇〇
みだれ髪	初版		二五五、〇〇〇
道　草	初版		一〇三、〇〇〇
三四郎	初版		二〇五、〇〇〇
それから	初版		一〇五、〇〇〇
あこがれ	初版		二六三、〇〇〇
羅生門	初版		二五〇、〇〇〇
伊豆の踊子	初版		五〇六、〇〇〇

などとあり、もうどんな全集も、叢書も研究書も絶版書も、値は文学書に追いつかないものとなった。しかし、昭和から平成に変るいわゆるバブル期には、全集物のほとんどが値を上げ、「中野重治全集」は十九万、「明治文化全集」は四十九万円にも市場取引された。この頃もっとも値を上げたのは肉筆物の分野で、その象徴である漱石の長文書簡は二百～五百万にも取引された。その後の、保守的な業界では思ってても見なかったサブカルチャー物の台頭、現在の高額品の低迷等、みなここ

での出来事である。

その会館も、今秋には解体され、約十六カ月後に新しく生まれ変る。その間古本市場は千代田区中小企業センターに、古書展は日本教育会館に間借りして行なわれることとなった。

『現代大衆文学全集』の思い出（上）　（日本古書通信　'04年2月号掲載）

二〇〇四年に向けて言うと、今年もう一冊本が出せそうなのである。二〇〇一年に出版の『近代作家自筆原稿集』の姉妹篇〝詩人・歌人集〟を出したのが二〇〇二年、今度のはいわゆる〝大衆文学〟篇となる。尾崎紅葉から司馬遼太郎までの原稿を実物大で写真版にし、それらの蒐集過程、自らの思いを綴るわけで、この夏の出版を予定している。そんなわけで、私は久しぶりに、あの少年時代に出合ったある全集本のことを思い出している。

戦後古書業界に商売敵（がたき）としての貸本ブームが吹き荒れたのは、昭和二十八年（奇しくもテレビが放映され始める）からの十年ほどであった。〝ネオ書房〟なる、保証金を取らないことで画期的だった貸本チェーンがそれで、業界は組合組織の中に〝貸本部〟まで設けてこれに対抗した。実はこの現象は、現在古書業界がチェーン化された〝新古書店〟の登場で四苦八苦しているのと似ている。

戦前から、軒並みが専門書を扱う神田や、大学に近い本郷や早稲田地区などを除けば〝街の古本屋〟は、その売上げを娯楽本を売ることで上げていた部分が大きかった。特に中小企業などの労働者が多かった下町の古本屋は、戦時中から戦後昭和二十五年くらいまでは、貸本業を兼業することで、生き延びて来たと言ってよかった。何しろ、昭和十五年くらいを境として本も雑誌も極端に紙質や頁数を落とし、内容は時局を反映した戦時色の強いものとなった。このため大正から昭和十年くらいまでの比較的自由な空気が感じられた小説本は、古本でしか読むことが出来なくなってしまう。

日々、時局的な本は売りさばいても再生産しない娯楽に徹した小説本や講談本などは、売らずに貸本に廻すようになったのが始まりで、組合も規則まで作ってそれを奨励した。店はまず貸本の棚をきめ、そこの本は保証金を預かって貸し出すのである。客は借りた日を基点に、明日まで幾ら一日増す毎に幾らと、読み代を払うわけで、それ切り返本しないと保証金は没収される仕組みである。古本屋はどんどん貸本用の本に窮して行くから、保証金を高目に取っておく上、貸す時には函付本は函を、カバー付はカバーを人質同様に始めから取って置いたりもした。

そんな背景の敗戦直後が、私の読書体験の始まりだった。昭和二十年八月、私は国民学校六年生で、翌年お情けで行かせて貰った小学校高等科から拾われての中学三年生くらいまでの期間が、私の〝大衆文学〟体験だった。その間の基本になった読書が、平凡社が昭和二年から七、八年にかけて、正続六十巻を出したあの『現代大衆文学全集』であった。これが私の社会を知る糧とも、その後の私が文学古書を扱う古本屋になるキッカケともなったと思われる。

……家は子沢山の貧しい自転車修理業で、私はその長男だった。敗戦直後の運搬手段の主役だった自転車修理の忙しさと言ったらなく、私はすぐパンク修理の手伝いをさせられ、喜々としてそれに応じた。が、いつか私はその修理代をちょろまかすのを覚え、少年時代からの読書好きにそれを遣うようになった。幸い乗る自転車に不自由しなかったから、古本屋を廻る行動力もあった。私の町には、戦前からの古美術品を兼ねた小難しい棚揃えの店一軒しかなく、自然足は区内の立石、青砥、亀有地区などを巡った。

　ほとんどの棚を見つくしたあと、私が足を伸ばしたのが荒川を越えた戦前の旧市街、都電が街を往く千住地区であった。千住を貫くのは国道4号線、〝日光街道〟の呼称もあった千住大橋から千住新橋までの電車通りである。千住仲居町の〝区役所前〟停留所前にあったのが文昭堂で、奥深い棚一面にはまだ手に取ったことのない『幕末秘史鞍馬天狗』や『雪之丞変化』などが見え、私はどうせ保証金は高いんだろうな、と改めてポケットの持ち金をさぐった。が、何とも気になるのは私が店に入るか入らないかを見計らって、主人らしい実直な感じの男がさっと店番代へ乗り出し、いかにも胡散臭そうに見始めたこと。その上、他店の棚と違ってここは何という神経の行き届いた本の並べ方であろう。それも本は全て函付のままだ、——私はその一冊に手を伸ばすべきかどうかを迷ってしまった。しかし、今にも何か言いたげな主人の射るような眼がそれをさせず、私は息詰まるような圧迫感で店から出て行く他なかった。

　その店を出て、千住新橋への勾配までに、更に二軒の古本屋があったが、満足な棚揃えではなかった。私は北千住駅前へ戻り、映画館〝千住東宝〟のある旧道（旧日光街道）を、骨つぎで有名な〝名倉〃前まで出て、その先の荒川土手へ自転車を押し上げた。そして荒川の川風に吹かれながら、我が町へ渡る堀切橋へ向かったのである。その夜私はあの文昭堂の棚が装幀の原色そのままに、あの恐ろしい射竦めるような眼と共に夢に見た。

数日して、私は文昭堂の前でペタルをとめた。何と、店番にはあの主人の母親らしい白髪の混じった老婆が座っているではないか。私は早速その憧がれの棚の前へ駈け込む。……と、老婆が奥へ何か言った。が早いか、まるで老婆をまたぐようにそこへどかっと座り込んだのは、先日の主人だ。それでも私は、勇をふるって、吉川英治の未知の本『燃える富士』という本を引き出し、函から中味を抜こうとした。

「兄ちゃん、それ高い本なんだ、汚れた手でさわっちゃ困るのよ」という声が主人からかかったのである。

『現代大衆文学全集』の思い出（下）

（日本古書通信　'02年3月号掲載）

確かに私の手指は、自転車油で汚れ、洗っても洗っても指先には常に多少の汚れは残ったままだった。私はそんなことは棚に上げ、子供心にもこの屈辱にかっとなった。もう二度とこんな店に来るものかと思って文昭堂をあとにした。店前からは東へ向け、千住の大踏切まで、足立区役所や千住警察署も並ぶ三、四百メートルの広小路になっている。途中旧道が交差しており、左へ行くと北千住駅前へ出、右へ行くと千住大橋へ交わる。その少し先にあるのが〝千住の大踏切〟で、ここは北千住駅へ入るため徐行を始める電車、北千住を発車してやっとスピードを上げる電車の常磐線の踏切、同じ條件の東武電車の踏切が二、三十メートル先に続いており、〝開かずの踏切〟の典型でもあった。そのことは知りながら、私がこの日ここへ向かったのは、そこが直線的には堀切へ戻る堀切大橋へ辿りつく近道だったからだ。私が踏切に近い千住警察署前まで来ると、まず手前常磐線の遮断機が下り始め、私は、

「ちぇっ、また閉まりやがった！」と舌打ちしなくてはならなかった。

ふと私は、遮断機の上るのを待ちながら、左手に通じている巾三メートルほどの路地に気づき、まだその路に足を入れたことのないのに気づいた。私は四、五十メートル行って戻って来ても、踏切が開く恐れもなさそうと判断、その路地へ自転車を乗り入れてみたのである。すると、まるで夢の中の光景のように、四、五軒入ったところにまるで鰻の寝床のように小さく細長い古本屋が視界に入った。そしてその薄暗い本棚の異常なまでの整然とした様子に、私はもう一度驚かされてしまう！

私がジロジロと店の中を眺めていると、夏の昼下がりの路地へ水撒きをしていた三十代の綺麗なおばさんが、店へ誘うように頭を下げたのである。私は釣られるように店へ入った。棚揃えがあまりも整然と見えたのは、実は全集毎に同じ装幀の各種〝何々全集〟が棚の全てに近かったからだと分かった。すでに私が、方々の店でその端本を見、読んでもいた平凡社の円本『現代大衆文学全集』

が五、六十冊、あの茶褐色の函に入って並んでいるのに眼を見張った。私はこの全集がこれほど沢山揃っているのを見たことがなかった。

「こ、これ、どれも貸してくれるんですか」と、私はおばさんに聞いた。

「ええ、全部貸本なんですよ。この全集は保証金が百五十円と二百円です。明日まで二十円で、そのあとは一日十円ずつ追加されます」

私はこの日、文昭堂でのことも考え、やっとためた三百円を持っていた。私は早速、吉川英治の『江戸三国志』が全篇載る巻をおばさんに差し出す。おばさんは、

「ボクね、初めからで悪いけど、これ二百円の方なのよ。ホラ、背中に〝続何巻〟ってあるでしょ、何でも知り合いの古本屋さんが教えてくれたんですけど、〝続〟の方はめったに市場にも出ないですって、それで……」

……こうして私はこの全集に病みつきとなり、約一年間というもの、この綺麗なおばさんのいる古本屋へ『現代大衆文学全集』を借りに通うことになる。その間にそれとなく知ったこの店の出店事情はこうだ。住所は千住仲町にあるのだが、戦争で夫が還らず、二人の子供を育てるため、半年前からこの店を出したのだと言う。幸い中学の校長をしていた父親が蔵書家で、ここの本は全て父がくれたものだとか。

こうして私は、この全集に収められた『新選組』(白井喬二)『神変麝香猫』(吉川英治)『修羅八荒』(行友李風)『砂絵呪縛』(土師清二)『照る日曇る日』(大佛次郎)『悲願千人斬』(下村悦夫)『妖

美山海伝』（三上於菟吉）『右門捕物帳』（佐々木味津三）『剣難女難』（国枝史郎）『身代り紋三』（野村胡堂）等の時代物、そして江戸川乱歩、小酒井不木、甲賀三郎、松本泰、大下宇陀児などの探偵小説を次々と読んだ。

私が古本屋になって初めて集めた全集は、『現代日本文学全集』と右の『現代大衆文学全集』全六十冊だった。やがて開業十年して、私は純文学中心の作家原稿の蒐集を始める。その傍ら、いつか懐しさから、あの『現代大衆文学全集』の背文字にあった六十人の大衆物作家原稿を、蒐集するようになったのである。

戦後も昭和四十六年から、講談社が超厚冊の『大衆文学大系』を出す。が、その目録を見て明らかなのは、その基本となる作家名は『現代大衆文学全集』に選ばれた作家達だった。これら作家達へ、明治草創期の大衆文学を加え、その後出た人気作家、——海音寺潮五郎、山本周五郎、川口松太郎、吉屋信子、小島政二郎、角田喜久雄、山手樹一郎、冨田常雄、山岡荘八、村上元三などを追加しただけである。

私の今度の本では、前回「尾崎紅葉から司馬遼太郎まで」の原稿を収録する、と書いた。この他私はここに、業界でも見ることの少ない国枝史郎、佐々木味津三、三上於菟吉、下村悦夫、牧逸馬、甲賀三郎、海野十三等の筆跡も入れたい。加うるに、「婦系図（鏡花）」「銭形平次捕物控（胡堂）」「猟奇の果（乱歩）」「人生劇場（士郎）」「赤ひげ診療譚（周五郎）」「士魂商才（泰淳）」「雁の寺（勉）」「神聖喜劇（大西巨人）」「日本三文オペラ（健）」「げいしやわるつ・いたりあーの（有吉佐和子）」

など名作原稿も入れたいと思っている。

ミゼット号に乗って　（日本古書通信　'99年11月号掲載）

昨年の秋、思い立って軽四輪・ミゼット号を買った。この車は、私の最初に乗った会社の復活コピー製品で、二人乗りも出来るがとにかく小さい。

もう十年近く車に乗ってないので、ずっと若葉マークをつけて走らせ、初詣にも利用した。綾瀬から環7を通って行くと西新井大師はすぐそこだった。父が転々とした土地に近く、お大師様は懐しい場所だ。その後九人まで生まれる子沢山の我が家もまだ幾分余裕があったらしく、同居の伯母がよく連れてってくれた。裏山には、多勢の物乞いが参詣人の一々に頭を下げたりの光景が見られたが、今はその昔の小秘境もなくなっていた。境内に入るまでの道々には食べ物屋が軒を並べており、帰りは焼そばを一個買って、駐車場所へ向かいながら夫婦で半分ずつ食べた。

帰途、環7を渡るようにして本木の旧道に入った。ここは千住から入って荒川にかかる本木橋を渡り、土手添いから街中へ入って西新井大師までくねくねと蛇行しながら進む、いわゆる昔の〝大師道〟だ。二十歳代から四十歳位まで、私は毎日のようにこの街道の両側に散らばる製紙原料屋に通った。私はふっと、もう二十年も来ていないK商会を見て帰りたくなった。……K商会は、この地区では草分け的集荷所だった。まだ長屋住まいの買い子を沢山抱え、その浅黒い枯木のような創業者も健在で、その寡黙で威厳のある眼でその二百坪もあろう敷地内に気を配っていた。信じられないような話だが、ここからリヤカーを引いた人々が都心に出て集めて来る紙類の中に、沢山の本や雑誌が見つかるのである。けっこう一流書店の廃棄本もトラックで運び込まれ、買い子のお上さん達用に紙の選分の仕事もさせており、本来生かしてはいけないものを数冊、数十冊と売ってくれたりした。

K家の不幸は、子供が女、女（私位）と生まれたあと十数年離れて男の子が生まれたことだ。上二人のどちらかが男なら、少なくとも店を継いで別の方策で商売を発展させる法もあったろうに、我がまま一杯に育った息子に店を任せたのが失敗だった。私が最後に訪れた四十五歳頃には、息子はあの五十坪ほどの長屋跡地に道楽で、近所で〝K御殿〟と噂された木造平屋の贅をつくした家を建て始めたのである。私は助手席の妻に、

「K御殿を見て行くよ」と言ってK商会への横丁を曲がった。が、K商会があった一帯には、何と今流行の三階建一戸売り住宅群が並んでいたではないか！　私は少し行った先の、傾きかけた駄菓子屋のコイン販売機でコーラを買い、そこの老人に聞いた。

「ああ、K御殿の若旦那ね。癌で亡くなって、十年位前に土地をみんな借金のカタに取られちゃったらしいよ」と老人。

私は本木橋北詰を潜り、土手下の道を堀切に向けて車を走らせた。少し行くと千住新橋だ。ここも潜りながら、昔坂の途中で下町一繁昌していた同業の大先輩・サトウ書店があったのを思い出し

ていた。その内、あの店もミゼット号で訪ねて見たいものと思った。

………………

今は千住新橋もバイパスとなって、その北詰の交差点を東武梅島駅へ向かって左折、五、六百メートル行った左側に、佐藤芳次郎（一九〇九～一九八七）の終の栖となったサトウ書店がある。初夏の頃に、私はミゼット号でここを訪ねた。実はそれ以前春先にも一度通ったのだが戸が閉まっており、近所で聞くと週に二日位は開いてますよ、と言われた。幸いこの日は開いていて、六十位の男が店番していた。

……佐藤芳次郎は生きていれば九十歳になる。生家は本所で、高等小学校二年の時に関東大震災に遭遇する。家業が傾き、その袋物を露店で商うことになって佐藤も学校を中退して手伝う。読書好きだったところから露店の古本屋と仲良くなり、やがて「お前もやって見ろ」と誘われて、佐藤は若くして古本屋になってしまう。こうして十年後には厩（うまや）橋に店を持つことが出来たが、戦争の激化で徴用で地方へ取られた。二十年三月十日の大空襲では店も焼失、戦後は露店から始め昭和二十五年、やっと千住新橋北側の袂に店を出すことが出来た。ここは日光街道とも言われる東京への大動脈で、荷車を止めて本を求める人々等で店はいつも混雑した。私も十四、五歳からこの店に通って古本を漁った。そして二十歳で私が開業、下町の古本市場で見た光景は、佐藤がそこでナンバーワンの買い手になっていることだった。……

店内の棚を一通り見廻し、私は店番の主に挨拶した。「佐藤さんを知っている同業の者です。佐藤さんがここに移られたのはいつ頃でしたかね」

「確か昭和五十年頃でした。橋がバイパスになるので区画整理にかかったんです」

「失礼ですが、独身だったようですし、亡くなって廃業されるのかと思ってました。それが意外にも四、五才上の姉さんがあとを継がれるというので皆驚いたものでした」

「姉も去年亡くなりました。私は甥っ子なんです」と店番の主。

このあと小一時間も、私はこの人と世間話をした。今は店も余り売れず、週の五日はガードマンの仕事をしているので店を休む、とか。私は棚の最上段隅にほこりをかぶって並んでいた三橋猛雄著『古本と古本屋』『明治前期思想史文献』の二冊を分けて頂き、サトウ書店をあとにした。

最初の本・今度の本　　（日本古書通信　'07年10月号掲載）

私の最初の本は昭和四十二年、三十四歳の時に出ている。十代に都立上野高・定時制の文芸部にいた頃の小説らしきもの二篇、退学したあとの三篇、それに同時期の日記帳に随時書きとめてあった自叙伝「日記以前の記」を注出整理したものでまとめた。タイトルは処女作「日曜の憂鬱」から取り、当時謄写版から写植への移行期で、タイプ印刷だった。

印刷所は水戸街道の中川大橋を渡ったすぐのところにあった、葛飾謄写室。金町の文化堂書店・川野寿一さんの紹介だった。加藤さん夫婦と、通って来ている三十歳くらいの娘さんとでやってお

り、主人に、

「急ぎますか？」と言われ、

「ただ記念に作っておきたいんです。別に急ぎません。おヒマの時を見てやって貰えればいいんです」と私は、多分彼女がタイプで打つのであろうその娘さんに聞こえるように答えた。思えばこの頃、すでに私と同年代の石原慎太郎、開高健、大江健三郎は現代の英雄で、区内にも早乙女勝元が作家として何冊も本を出していた。私の児戯にも等しい作文集など、いつ出来たってかまうものではなかったのである。

その依頼は、発行より二年も前の昭和四十年のことで、その暮から私は明治古典会に入ったりで、それっ切り印刷のことなど忘れてしまっていた。届けられた本は80部、費用は七万円だった。私は本の贈呈先に困った。すでに夜学での友人関係も切れ、あるのは下町の先輩数人と神田の経営員仲間四、五人、それと兄弟姉妹くらい。末の妹は「ジュニア小説ね」とのたもうた。唯一うれしかった出来事は、

《ふとした機会に「日曜の憂鬱」を入手、頁を開いているうちに、いつかその魅力にひきこまれました。（略）下町の当時のさまざまの生活風俗はすばらしく、「日記以前の記」など資料としても貴重なものと拝見しました。あたたかな人間味が、全体を通してユニークなものとなっているようです。一度お目にかかれれば幸いです》と書かれた早乙女勝元さんの葉書が舞い込んだこと。何と偶然にも氏は、青年時代から加藤さんのところへ出入りしており、本はそこで見つけたものとか。

やがて氏が、岩波新書「東京大空襲」を書かれる時には、古本屋の立場から資料提供をしたり、昭和五十二年の私の『昭和少年懐古』発刊時には序文の筆をわずらわせたりした。この時まだほとんどが残っていた『日曜の憂鬱』は、二冊目に感想文を下さった読者にお礼として配ってしまった。その後この本で思い出すのは、五、六年前に一度同業が単品で明治古典会に出品し、よく私の本を読んで下さっている本郷の森井書店主が六千円ほどで落札してくれたことだ。

……この九月末に私は、あの最初の本を出した気持に返って、「この本は、私の本当の意味の最初の創作集となる」と書き始めた「あとがき」の入る『「悪い仲間」考』を出した。

あれ以来私は、わが生業を材料にした自伝、崇拝する同業の伝記、出自としての古本屋の歴史、そして己が日記魔だったことから日記関連書・自らの日記公開などの本を出して来た。十年前、初めて私は同人雑誌に加わり、この間十五篇ほどの創作を試み、今度その内の七篇を基本に一冊にまとめたのである。

表題の『「悪い仲間」考』は安岡章太郎が芥川賞を取った作品のモデル達の、その後半世紀余りの人生を小説的に追ったものである。そもそもの始めは三十五、六年前にさかのぼるが、私は古本市場で〝講談社版〟「全集」を刊行中の安岡家が処分した多数の資料を購入した。そこから見えたものは、私小説を看板にした作家が、文壇に重きを置き始める過程で、昔の「悪い仲間」達がうとましくなる、――いや、別に作家でなくても社会全般に起きる現象を、その後私が知り合うモデル達の記した資料、証言からもう一人の芥川賞作家・古山高麗雄の死までを、古本屋の眼で追ったものである。またあと一つの中篇「古本屋『江東文庫』伝」は、一回り年上の同業の生涯を書いたもの。人生では私の先輩であったが、五十代からの業界入りで二十歳から始めた古本屋としては私が先輩という間柄だった。しかし第三冊目の『古本屋三十年』を書く時の指導をしてくれたのがこの人で、その後も『青春さまよい日記』に至るまでの原稿を読み、適切なアドバイスをしてくれた人であった。またこの作品は、十年間でただ一度大河内昭爾氏が「文学界」平成十一年十二月号「同人雑誌評」で〝ベスト5〟に挙げて下さったものだった。

そして今度の本の末尾に私は、あえて最初の本から「日曜の憂鬱」を付した。貧しい作品ながら、ここには私のその後の六十年が予言されていたからである。

（日本古書通信　'96年10月号掲載）

隣町の友・櫻本富雄氏

戦前は市立二中、新制高校の発足で戦後は都立上野高校となったばかりの夜間部に、昭和十四年四月～二十五年十月まで通ったのが、私の最終学歴である。地理的には上野動物園裏で、丁度上野駅と日暮里駅の真ん中辺りに位置した。私がその日暮里で見つけた露店の古本屋が鶉屋書店で、この人と知り合ったことがのちに古本屋を始めた私の運命を大きく変える。……それはともかく、当時同じ葛飾区からこの高校の昼間部に通学し、私が退学した秋頃に露店から谷中初音町に開店したばかりの鶉屋を知り、卒業までの一年半を通いつめることになる私と同い年の少年がいた。

少年が始めて鶉屋を知ったのは、詩の好きな友人が逸見猶吉の「ウルトラマリン」を探しに行くのに付いて行ってからである。飲み屋、食料品店の並ぶマーケットの入口角で、天井が低く狭かったが、まるで潜水艦の内部を見るように神経の行き届いた店で、ベレー帽のえらく気取った長身の若い男がこごむように肩をつぼめ、店番をしていた。それが主人らしく、棚には少年二人がまだ見たこともなかった林芙美子の『蒼馬を見たり』や坂本遼の『たんぽぽ』まで並び、友人の欲しがった「ウルトラマリン」の入った「現代詩人選集」もそこにあった。しかし選集は揃い幾らで、分冊出来ないと言われその日は帰る。だが、「学生さん達は尾形亀之助の『色ガラスの街』なんての知ってる?」などと話しかけた主人の詩の知識に、少年は驚く。と言うのは、当時少年が冷やかし歩いた「街の古本屋」には、すでに少年が持っていたほどの詩史、詩集を知る者はいなかったからである。

少年は早熟で、文芸部で詩や創作を発表し、もうこの二人前、上野松坂屋の古書部で戦時下出版物を記録していた「読書人」や「新刊弘報」を手に入れ、戦時下詩集の収集を始めていた。何しろその多くが戦意昂揚の内容で、見るのも嫌というこの時代、それらは店頭で投げ売りされていたから、ゆうに少年の小遣いでも買えた。そして少年の収集には理由があった。一口に言えば、詩人達の節操のない戦後の豹変振りが、少年の目に許せなかったのである。少年は授業が午前で終了という時など、東天紅から東大地震研究所へと丘陵を通って、本郷へ出、更にお茶の水から神田までも足を伸ばした。—そんな目からも、鶉屋は特別に映り、少年はよく学校を裸足で抜け出しては鶉屋を訪ねた。少年は兄の不用になった理科系の本を持ち込んで売ったり、自分の本を交換して貰ったりした。少年が今でも悔やむ交換例としては、金子光晴文献の一つ『詩華集・篝火』（昭3・素人社）欲しさに差し出した中原中也の『山羊の歌』（昭九・二〇〇部本）だったと言う。ある時は、急に必要の学費を借りに訪ねたことさえも……。

さて、私がごく最近、戦後の古い「三田文学」の目次を別のことで調べていて、思わぬ号にぶつかる。まず昭和二十九年九月号には詩「雄鶏」が、昭和三十年七月号には「絶壁」が、昭和三十一年九月号には「王将」が、花田清輝、日野啓三、阿部光子、高橋昌男、遠藤周作、江藤淳、村松剛などの文章と共に載せられていた。少年が二十一〜三歳になった時の詩作品である。

しかし私がこの詩人・桜木富雄氏と知り合ったのは、更にこのあと二十三年後のことである。実際にはこの間も氏は私の店に顧客として来ていたらしいが、こちらは覚えていない。氏によると、詩歌本に弱かった私の店からは思わぬ掘り出し物もあったと言う。言葉を交わすようになったきっかけは、私が書いた『昭和少年懐古』を通してで、早乙女勝元、ゆりはじめ、山中恒氏などが共通の友人となる。特に桜木氏は自転車で十分とかからぬ隣町の友人となった。氏も最初の評論集『詩人と戦争』『詩人と責任』（各・昭53）を自費出版した頃で、氏は、「どの章も、戦争中に詩人たちが、どのような詩を書き、発表していたか。それらの詩人が、戦後それらの詩をどう扱ったか。戦後の詩人たちが、そのことをどう受けとめたか。それを事実に基いて検証してみよう、という文章である」と、氏はこの時記している。

以後氏は、

燕の教室（'81理論社）
日の丸は見ていた（'82マルジュ社）
少国民は見ていた（'83理論社）
空白と責任（'83未来社）
玉砕と国葬（'84開憲社）
戦争はラジオにのって（'85マルジュ社）
シンガポールは陥落せり（'86青木書店）
燃える大空の果てに（'87日本図書センター）
満蒙開拓青少年義勇軍（'87青木書店）
夜明けに鳴くカラス（'91新評論）
文化人たちの大東亜戦争（'93青木書店）
大東亜戦争と日本映画（'93青木書店）

探書遍歴（'94青木書店）
日本文学報国会（'95青木書店）

と、一貫して戦時下に戦争を賛美し、戦後は口を拭って憚らない文化人達を告発する文章を、本にして来た。確かに一部には氏のその姿勢を評し、「覗き屋」「リンチの煽動者」「特高検察」などという悪口も聞かれないこともないが、氏にあってはこの道は、決してその時々の流行に乗っての発言などではなかった。軍国少年から民主主義に目覚めた、少年時代からの初一念に過ぎないのである。

この七月、桜木氏はまた神田の青木書店から『本が弾丸だったころ』を出した。

山中恒と「昭和少国民文庫」　（日本古書通信　'99年8月号掲載）

前回、この項末尾に『間違いだらけの少年H』（勁草書房発売）を紹介したことがあるが、その著者山中恒さんは常々私に、

「俺は古本屋さんには足向けて寝られないんだよ」と言うのを忘れない人である。

「そりゃあね、値の問題なんかでは何でこんな本がこんなに高いの？　ってのもあるけど、逆に、ヘエエこんな値でいいのかい？　ってほど安いのもあるからお相子なんだな。要はね、言わば紙屑として消えちゃって当然と思われるものが、古本屋さんによって発掘され、古書目録に載せてくれ

るわけ。今までどれほど沢山、これらに俺は教えられてるか分からないんだよ。特に、〃ボクラ少国民〃シリーズ関係の文章で言えば、終始優れた助手だったのが古本屋さん達の古書目録だったって、つくづく感じてる。俺、別に注文が重なった時に当てて貰いたくって、こんなことを言ってるんじゃないんだな……」

またいつか、ご夫婦で大市会の下見に現われた時には、私の前で山中さんはこんなことも夫人に言った。

「どうせ君よりは俺が先に死ぬと思うが、もしもの時はこの青木さんと、永森書店さん、小島書店さんなどに我が家の蔵書の処分を相談することだな。しかるべく金にしてくれると思うよ。本当はも一人、〃書宴〃時代の芳雅堂にも参加させたいが、出久根達郎さんはもう古本屋じゃないからな……」云々。

私はこの時、年若い山中夫人に何と挨拶したか忘れたが、山中さんの言葉がまるまる冗談とも思えなかったのを覚えている。しかし漏れ聞くところでは、山中さんの生地北海道の市立小樽文学館にはすでに〃山中恒文庫〃が作られてあり、氏の原稿類その他の膨大な諸資料が収められていると言うから、本心ではすでにそちらへの寄贈ということを考えているかも知れない。いやそんな詮索より、色々病気をかかえていることを公表している氏が、実は九十歳、百歳とお元気で、我々名を挙げられた古本屋の方が先に……ということだってあるわけだ。ましてこう言っている私などは、氏より二歳下でしかないのである。その上七年前に古書会館の「趣味の古書展」を〃月の輪書林〃

君と交代して退いて以来、私は山中さんに本を買って貰ってはいない。

……そもそも、私が山中さんと知り合ったのは古本屋としてではなかった。昭和五十二年に出した私の最初の本『昭和少年懐古』を評論家ゆりはじめ氏の紹介でお贈りしたのが初めてで、氏はすぐに長文の感想を寄せてくれた。『古本屋三十年』（昭57）には反町茂雄、伊東一夫両氏と共に「わが友青木正美さんのこと」なる序を書いて下さる。その後は何やかやと一時間を過ぎるほどの長電話を交すようになった。氏は〝児童読物作家〟を自称されているが、実体は大変な読書家で、本を語ってもこちらがタジタジになるほど。この知識が「ボクラ少国民」（'74～'81）に帰結したのだと分かった。何しろこのシリーズは全五部・補巻一冊にも亘る資料集で、全巻延べ四百字六千枚の労作で、当時氏の書斎は戦時中の刊行物で埋まり、足の踏み場もない状態になってしまったとか。

私がもっとも山中さんに沢山の本を買って貰った時期は、熊一書店・熊田幸男君などと始めた新宿・京王百貨店での同人制の古書展（昭55～57の三年間位）の頃であった。この〝京王展〟はそれまでは古書組合・東部地区の支部行事として行なわれ、場売りが主だった。それが目録売りにウエイトを置く同人制に移行して、それまで自分用に永く蓄積してあった戦時資料、戦時児童書などを私は大量に目録にしたのである。おそらく氏もまた、もっとも蒐集に励んでいた頃だったのだろう。

その山中さんの全蔵書を見る機会が私に与えられたのは、平成四年十二月のことであった。実はこの日の夜、共通の友人桜本富雄氏と藤沢市でのゆりはじめ・芥川賞作家宮原昭夫両氏の会に誘われ、ついでに同市在住の山中さんを訪ねて見ようということになったのである。山中さんは二人の予告なしの来訪を快く迎えてくれた。何と言ってもこの時の圧巻は、雑談のあと別棟の広大な書庫の見学であった。無論この見学は私達の暗黙の希望ではあったが、まさか強要もならず帰る際になって山中さんが「見て行く?」と言ってくれたのである。今はよく見かけるようになった〝何式〟と言うのか、手動で棚が自在に動かせる方式の沢山の本棚には、硬軟の各種資料が傾向別に整理されて、ギッシリと詰まっており、ただただ驚嘆した。そこには、あの京王展の頃私の本棚から移動するほどに買って頂いた戦時下資料が、いかに多かったかを、私はそこで再会した本や雑誌類を見て知った。……こうして、かれこれ三十分ほどの、「山中恒少国民文庫コレクション」(『図説・戦争の中の子どもたち』'89・河出書房刊)見学を終え、桜本氏と私は〝ゆり・宮原二人会〟に出かけたのだった。

さて、私が今でもあの書庫のことを思い浮かべる度に、ある一つのことに感銘を受け続けていることがある。その書棚の隅に、古本屋青木正美の全著書がコーナーとなって保存されていたことである。またそこには、あの頃はまだ公刊前の『青年さまよい日記』の原本、数部作って山中さんら三人にだけ読んで頂いた恥ずべき書「十六歳の日記」「十七歳の日記」、そして「二十歳の日記」(未刊)もあった。

『無邪気な季節』30部本 (日本古書通信 '11年12月号掲載)

限定本も、並製もなくたった30部というのは少々変っているが、私の持つ石尾光之祐の著書奥付は、昭和六十三年刊で、

「第貳拾壱册　青木正美様」とペン字で書かれている。ためしに「日本の古本屋」で検索すると、さすがに販売記録はない。

昔、五年間で全十冊を出した季刊誌「古本屋」は、小林静生君と私が〝江東文庫〟で知られた石尾の助力を得て全うしたもの。それが途中、

「俺もあの馬鹿々々しかった戦時下だけでも記録しておきたくなった」と言い出し、一年ほどで400字500枚を越えたこと、部数は30冊という報告で雑誌印刷元へ印刷を頼んだと言う。すでに文章のことでは格段上と認めていた（？）石尾は、プライドかテレからか遂に〝校正〟さえ私達に見せることはなかった。本は出来ると、私に別に五冊を与え、「青木さんが読んで適当な人に送本して下さい」と言った。

……自伝は昭和十四年、石尾が十八歳で日大予科へ入学するところから始まる。何しろ京成電車の立石駅から乗車する、たった一人の角帽姿が石尾という貧しかった葛飾区。父が町工場を経営する家の二男坊で、文学青年だった。町にはミルクホールが一軒あり、初めて応待の娘と話した。色気づいた石尾は、目をつけていた女子夜学生に、おどおど声をかける。すると娘は「わたし子供だから、そんなこと……」と駆け出して逃げた。するとそれを見ていた男が、「お前、今何やった」と石尾の肩を押さえた。丁度その夜は〝不良取締まり〟の日で、男は刑事だったのである。交番から

警察へ、石尾は二泊で釈放された。

　石尾が入学して気づいたのは、同級の三分の二が年長者だったこと。要するにこの年から〝短期現役制〟が廃止されて、徴兵猶予を狙っての人達と知る。文芸部に入ると、すぐ新宿の遊郭で筆おろしをさせられ、男となった石尾に先輩は言った。「どうやら学校の方針では、軟弱自由主義者の巣窟らしい文芸部には来年度の予算を停止するつもりらしいよ」

　石尾が通ったきれいなミルクホールの娘は、やがて着付けがだらしなくなり顔もむくみ、髪がほつれて「マスター」の言葉も「あんた」に変り、彼女がどうやら妊娠していることを知った。学校のほかは少年の頃から家業の手伝いばかりだった石尾は、家を抜け出してミルクホールへしけ込む。途中きまって寄るのは外科医院の内職。その明けてある窓の隙間から声をかける。「今晩は。あるの？　ないの？」

　仕事のある時は十時頃もう一度行って、看護婦から油紙の包みが渡され、それを奥戸橋の中央から暗い中川へ投げて帰るだけ。石尾はそれが多分手術時の患者から出る不要品だろうと知っている。中川沿いに幾つもあったのが、メリヤス工場。ミルクホールはそこのズベ公達の巣でもあった。いつも〝学生さん〟は相手にされなかったが、ある夜その一人から石尾は油紙を持って奥戸橋土手で待つように言われた。彼女は別れ際に「わたし同じ男とは二度と寝ないの。」と言われた。

　石尾は新宿の女郎屋を題材に原稿を書いた。それを、玉の井で歯科医をしている先輩に見せに行くよう言われた。「空想でこれだけ書けりゃあ結構。ちょっと危ないところは消しとこうぜ」――

石尾はもう帰りに、玉の井遊郭をひやかして歩いて帰るのも平気だった。

無論、女ばかりでない石尾は、やがて業界でも一流書店となる〝協立書店〟を中心に、立石、四ツ木地区の古本屋風景をこの本で詳述しており、のち私の書く「古本屋『江東文庫』伝」の材料となる。そして大東亜戦争が始まり、昭和十九年石尾に〝赤紙〟でなく、「三月十日、熊本第21部隊・野砲兵」の召集〝白紙〟が来て、〝幹候〟となる。種ヶ島で終戦、石尾の二十四歳からの戦後が始まる……

私は夢中で読んだ。幼なかった頃の思い出と二十歳前後の鮮明な眼で見た葛飾の描写が重なる。あの時石尾が〝不良取締り〟につかまり二泊する前連れて行かれた交番だが、そこは四ツ木西光寺近くにあり、私が生れたのもその通りで父がやっていた自転車修理店だったのだ。また「ああ、女なら誰とでも」の私の青春も重なる。戦後の立石特飲街は、よく私がこわごわ自転車を走らせてくる一角だった。

私は送本するもっとも近い経歴の人として、のち『「悪い仲間」考』の主人公とした安岡章太郎を選んだ。すでに全集まで出た大家となった安岡からは葉書一枚戻らなかった。その同時代評論家へも送った。あとは立石に思い出の多いという詩人櫻本富雄氏、横浜のゆりはじめ氏に送本した。ゆり氏はある日神田を訪ねて来て、中華屋で石尾と共に会った。刷り増しして世に問うべきと力説したが、石尾は相手にしなかった。

私はもっとも大切な本は副本を持つことにしていた。するとある日、石尾とは「麒麟」で同人だったお得意から、その本読みたいのだがと電話がある。私は断わりたいのを、「一万円なら誰かに話してもいい」と言った。氏は簡単に一万円を送って来てしまった。残る一冊は、今しばし私の宝物である。

『後世への最大遺物』

（日本古書通信　'09年2月号掲載）

十二月十二日、ちくま文庫『古本屋群雄伝』が出た。中の「多芸多才の人々」の章には、古本屋から出版人となった岩波書店主の像を写したが、私はこの小伝を書くまで岩波茂雄が商売の上で内村鑑三の影響を大きく受けていた事実を知らなかった。岩波の昭和九年五月の文章「内村鑑三先生」に、

《かけ引きを商売の生命とする時代において商売を営むに頑鈍愚直を押し通し、（略）古本の正札販売を厳行したり、出版をするようになってからはできる限り低廉の定価を付し、（略）所信に生きて来たことは、先生の感化、特にその独立の精神に負うところ少くないであろうと考えられる》

などとあるのを引用した。

この時、改めて想起したのは内村鑑三という宗教家の私にさえ与えている余波のことだったのである。鑑三を生涯捉らえたのがイエス・キリストとするなら、ペリカン書房・品川力氏は内村鑑三に捕らえられた人だった。その品川さんからは、私も幾冊かの大切な資料を分けて頂いたが、千頁

の厚冊本、

弓町本郷教会百年史
（'86同教会刊）函付

もその一冊である。巻頭の口絵〝一九五一年一月七日・創立66年記念礼拝後〟とある約百名の記念写真には私も米粒ほどに写っている。先日300パーセントに拡大コピーして来て「これ分かる?」と妻に見せると「あんただ！」と言った。何とも暗い表情の十八歳の私だった。本郷三丁目からは大塚方面へ二、三分の先に建つその教会へ、私は夜学を中退したあと文芸部の先輩の勧めで二年ほど通った。私は受洗にまでは至らなかったが、そこで知った内村鑑三の、この文の表題にした本はこの歳になるまで頭から去らない。

教会には午前十時頃からのジュニア礼拝があり、そのあと一時間、青年部の講読会があった。集まるのは七、八名、弘文堂文庫『マルチン・ルター』などが教材。その中の一冊が、数十頁の戦後版で出ていた『後世への最大遺物』だった。これは三十四歳の鑑三が明治二十七年七月、箱根におけるキリスト教青年会主催第六回夏期学校での講演速記である。

私はその烈々たる鑑三の言葉にうたれた。鑑三はまず、遺すべきものとしての金銭、事業について第一日を費やしている。第二日、では金も遺せず、事業にも不向きな人は何を遺すべきか、と問い、それは思想である、と言う。

《英吉利(イギリス)に今からして二百年前に痩(やせ)ツこけて丈の低い始終病身な一人の学者が居つた。夫で此人は世の中の人に知られないで、何も用の無い者と思はれて、始終貧乏して裏店(うらだな)の様なところに住(すま)つて、かの人は何をするかと人に云はれる位ゐ世の中に行られない人で、何も出来ないやうな人であつたが、併(しか)し彼は一の大思想を持つて居た人でありました。(略)そこで此学者は私(ひそ)かに裏店に引込んで本を書いた。この人は御存じでありませう、ジョン・ロックであります。其(その)本は"Essay on Human Understanding"であります》

ロックの、一箇人というものは国家よりも大切なものであるというこの考え方は、十七世紀中頃の社会に通じるものではなかったが、本はフランスに渡ってルソーが読み、モンテスキューが読み、ミラボーが読んだ。フランス全国に行きわたって、遂にはフランス革命が起こる。それからアメリカ合衆国が生まれ、日本でも今やこれを感じているではないか……と鑑三は説く。鑑三は次に文学を論じ出す。

《我々の中に文学者といふ奴がある。誰でも筆を把つてさうして雑誌か何かに批評でも載すれば、夫が文学者だと思ふ人がある》やがて鑑三は日本のある代表的文学作品を否定し、次のような言葉を吐く。《夫(それ)です、私は名論卓説を聴きたいでは無い。私の欲するところと社会の欲するところは、女よりは女の云ふ様なことを聴きたい、男よりは男の云ふ様なことを聴きたい、老人よりは老人の思つて居る通りのことを聴きたい。夫が文学です。夫故に只吾々の心の儘を表白して御覧なさい。サウして行けば幾ら文法は間違つて居つても、世の中の人が読んで呉れる》

毎日、自転車修理店の店番が私の仕事だった。巡って来る日曜日の教会行きだけが唯一の、華やかささえある社会の窓であった。そこは葛飾区からは遠く、京成で上野へ出、松坂屋横から都電に乗って行く。帰りに東大前の古本屋の均一本を漁る金欲しさに、私は初めから自転車で出かけたり都電には乗らず歩いて本郷へ向かって湯島への昇り坂を上って行ったりした。

ところで出版界のこの一年は、すさまじいまでの源氏物語ブームであった。実は私の食わず嫌いの〝源氏嫌い〟は、鑑三がこの『後世への～』で大否定していることの後遺症だったことも、ここに告白しておく。

詩集自費出版始末記（1）

（日本古書通信　'14年6月号掲載）

昨年六月号から今年五月号迄、私はこの欄にB社（文藝春秋）の「作家原稿始末記」を書いてすごした。満一年、何か反響らしいものがあったのかどうか？　直接何か言ってくれた存在皆無で、やがて古書業界の価格史を調べる場合くらいには資料として顧りみられたいものだが……

病気以来すっかり根気のなくなった私は、読書量も減り、次の著作など考えも及ばなかった。しかし結果として一月に一冊の詩集を出した。退院後詩集をよく読んだ。最も感銘を受けたのは菊池章一『遺稿・癌患詩集』で、新日本文学会刊となっているが実質配り本だったと思われる。二〇〇一年五月二十八日、菊池は都立墨東病院で食道癌の告知を受ける。翌日入院、九日退院して毎日往復二時間余かけて通院。七月二十五日、放射線治療を35回受け、終了。彼はこの間、詩を書き始めた。十月二日の日付入りで書いた「涙雨」は義母の葬儀に出たところから始まる。一節を略す。

葬儀の翌日は昨日の雨が嘘のようによく晴れた／私はコーンフレイクをミルクに浸した朝の食事でも閊えたが／妻の妹から見舞いに贈られたスープを取りながらのトーストと生ハムと野菜の昼食では閊が長引いた／閊えたら最後水一滴も通さない／（略）買い物もして帰って来て暫くすると喉が開通した。食事を続行した／食後のコーヒーまで／昼食の全所要時間は三時間十五分だった（——以下略す）

四日に作ったのは「イイヨイイヨ」という詩。

（6行略）朝夕の犬の散歩をさせて／三度の食事を苦しみながら食べて／ベットに入ってほっと息をつく／私の残り時間から／一日一日がこんな風に減って行く／これでいいのかしらん／寝っ転がって私がそう考えていると／鵯が木の上から／イイヨイイヨイイヨイイヨ

こちらも、もういいよ、と思う。しかし九日後の十月十三日の詩「戦争」は湾岸戦争を詠む。菊池はすでにこの年自衛隊の後方支援を案じ、憲法前文を誇りとした内容の詩にしている。その途中二行だけを写そう。

自力で考えたものであろうとなかろうと／日本だけが人類史上初めてこの叡知を条文としたのだ

この七日後の、「腹が立つ」。

寒くなって落ち葉が増えた（略）散歩の時相変わらず犬は勝手な動きをする。／引っ張られて

背中が痛む／それで腹が立つ
（略）ブッシュが言い出した／反テロを唱えるだけでは駄目だ／そのために行動しない者は敵と見なすと／何という奢り／私はいよいよ腹が立った／それでますます背中が痛くなった

十二月十六日、病い急変し再入院、二十七日午前3時52分、死去。享年83歳。菊池は一九一八年生れ慶大卒。文芸評論家として戦後新日本文学会の代表的論客の一人として活躍（以下略）と、『日本近代文学大事典』にある。ちなみに、彼と荒木道子との間に生れたのが荒木一郎。

私が病いの中、同じ分かる詩集として『大木実全詩集』を愛誦していたことはすでに一昨年この欄に書いた。「現代詩」では辻井喬の『自伝詩のためのエスキース』（'08）のタイトルに引かれた。

今日は死ぬのにもってこいと歌える
そんな日は来るのだろうか

——こんな風に始まる「影のない男」から「今日という日」までを連作で「現代詩手帖」に二年余をかけて発表、思潮社から出す。あとがきがある。《たくさんの詩集が出版されているけれども自伝詩と呼ばれるような作品があるのかどうか。おそらく現代にはあまりないのではないか。（略）というのも、どう生きるかが人々の関心事であった時代》とは《すっかり事情が変ってしまった》……と言う。多分辻井のあとがきの趣旨は別にあったようだが、意図は〝自伝詩〟であった。私はこれこそ自分の詩集のテーマとしよう、詩人達がどう思おうとよい、遺作としてでも一冊の詩集を残そうと思った。

すると作業中の'13十一月二十五日、堤清二（辻井）が86歳で死去。私はこの人を伊藤信吉先生の出版記念会などで見たが小柄な人で、何人かに語りかけ、そそくさと消えた。経済面より、文化欄がその死を扱った。書斎には未完の詩稿が残されており最終詩集は「わが詩論」との走り書きがあった、とか。私は沢山の書評が出た『死について』（二〇一二・思潮社）を借りに図書館を尋ねた。区内に一冊だけ在庫しており、翌日借りることが出来た。

そう遠くないうちに僕も入るその空間には／雲が流れているだろうか／緑が滴って澄んだ水に映っているだろうか

と表紙に大きく引用されている。「現代詩手帖」に連載、'12／十二月に二刷とあった。が、読まれた痕跡はなく、みな「現代詩」と思ったからか。しかし、読まず嫌いはこの詩集に無用だった。死を前にしては気どった詩語など全くない、分かる詩だった。《私は執行猶予のなかに立たされているのだと思った》があとがきの結びだった。

（日本古書通信　'14年7月号掲載）

詩集自費出版始末記（2）

そして、私の詩集の手本にしたのは大木実の最後の詩集となった『駅の夕日』（'94、思潮社定価二、六〇〇円）だった。まず「冬夜」の一節目。

心臓のわるいぼくは／真冬の夜半　溲瓶を使う／二ど三度眼を覚ます／尿の音は寂しい／老い

て勢いがなくなお寂しい
（二節目を略し三節目）
きれいな若い娘も／豪（えら）いひとも／尿をする／生身のからだをもつ／人間は誰も哀しい
相変わらず大木の古本屋への眼差しはやさしい。「本屋の娘さん」の一節は、店番の娘が亡くなった母親に似てきたというもの。二節目。
本屋のかみさんは／感じのよいひとだった／優しくて静かで／眼鏡をかけいつも／本を読んでいたが
（三節目）
すがたを見かけなくなり／あるとき聞いたら／亡くなっていた／痛く人生の無常を／思い知らされた
（四節目）
お母さんのそばで／あまえていたおかっぱ頭の／少女だったたが
「あやまち」には身につまされた。スーパーマーケットで、少女がガムやキャラメルをポケットへ忍ばせるのを見る。
注意をしようと思ったが／黙ってぼくは通りすぎた／（少年の日ぼくも本屋で本を盗んだ）／
小さなあやまちを重ね／少女が後の日に／大きなあやまちを／おかさねばよいのだが
やがて詩集は死の影をおびて行くが、私はこの本の形態まで気に入ってしまった。帯文中央に曰く《気狂いもせず死にもせず、僕は生きてきたが。》の文字が三行に。両端、小さく、《過去と未来を往還しつつ、現代に棲む思いがけない美しさともの哀しさの訪れを目撃する。生の痛い場面を癒着させることなくやわらかな語り口で包みこみ、迫りくる死の場所をも越えて将来へと思いを馳せた最新詩集51篇。》とあり、これは編集者の文だ。そして裏帯には一編の詩「いのちの火」。

おじいちゃんになるとどうして／死ぬの
としをとって／弱って／いのちの火が／消えるの
どうしていのちの火が
消えるの
ローソク知ってるでしょう／燃えて／短くなって／おしまいに無くなるでしょう
おじいちゃんはいつ／死ぬの

幼児の言葉を借りての見事な、これなら「現代詩」にもなり得ていよう。そして「歳月」。詩人はある日55億を株で儲け、33億の脱税容疑で取調べられている彼のことを新聞で見る。根津の粗末なアパートの向かい合せの部屋で、朝夕親しく顔を合せた学生で、新聞の顔写真も白髪の老人だった……詩の第三節を写そう。

同じアパートでともに過ごした／彼と僕のそれからの歳月／僕と彼との大きな隔たり／僕は何をしてきた／才覚もなく世渡り拙なく／貧乏ぐらしで生涯を終わる

「犬のいる家」という詩。ポストへ投函する近道で犬にほえられる家、中で犬を叱る女の声。詩人は犬と暮らす老婦人が、庭で孤独をいたわり合っている姿を見る。その第三節。

あの日　犬のいないことに気づく／またある日　いつも門がとざされ／窓もしまったままであることを／道から見える庭は草が丈高く／人は住まず日数が経っていることを

そして末尾の「生と死」。

東洋人には仏教があるからニイチェのように気狂いにはならないね。――あるとき君がふともらしたひと言を、僕は忘れない。

その仏教も哲学も文学も青年を現世に引きとめることは出来なかった、《君を死の誘惑へ誘ったものは何だったろう。》病苦か貧苦か人間不信か?

E君、君をおもう、人生と人間に見切りをつけてさっと往ってしまった、遠い日の君の自死をおもう。気狂いもせず死にもせず七十九年、僕は生きてきたが。

きっと、このE君の思いこそ、表面は生涯を平易な言葉と温和な詩でおおいかくした詩人の裏側だったのではなかったかと、この詩集を何度も読み返して私は思った。二十年前の七十九歳、八十一歳の私とは同年とも言ってよい年齢、老いの哀しみをひしひしと感じていたに違いない。私も数え十歳頃の万引を詩集の序詞として巻頭に告白した。その『詩集・古本屋人生史』を自費出版して半年が過ぎようとしている……。

大木はこの詩集刊行二年後の一九九六（平8）年に死んだ。ただし、この、私がほとんど外形をまねたこの詩集、大木のものではもっとも売れなかったらしく、何度も何度もネット「日本の古本屋」を検索したが、一度も扱っている店を見なかった。ちなみにその大木にはあの宮沢賢治が葉書を出していることで、私はちょっと驚いたことがある。

（日本古書通信　'14年8月号掲載）

詩集自費出版始末記（3）

すでに記したように、詩集出版後の反応はよく、「日本の古本屋のメールマガジン」〃自著を語る〃欄の原稿依頼、「葛飾経済新聞」の取材と続いて、葛飾中央図書館からは区内図書館の全館にと八冊、計二十冊ほどが出た。

次に読売新聞江東支局の取材。それが三月三日の記事となり、早朝から女性の電話で起こされ、午前中だけで九冊の注文となった。これで二十五冊出た。続いて三月末のこと、朝日〃川の手〃欄のK記者の電話となる。私はすでに読売で取り上げられていることを告げた。とにかく取材したいと言われ、次週の約束をした。当日午後一時の来宅、K氏は大きなカメラ持参だった。何を話しても興味を持ってくれたが、この詩集が日記を元にしたという話を追いつめてくる。とうとう私の書き続けた日記の実物を見たいと言う。何しろこちらが心配するほど時間にこだわらない。四時間もいて、最後は屋根裏部屋の十代の日記帳までカメラで撮られた。帰り際に言ってくれた。「いや、日記にこんなにこだわっているのが珍しかったんです」

記事は二十六日に出ると前夜知らされた。ここで私は全員に郵便番号と住所、年齢、自著を読んでいる人かどうか、を聞いてみようと思い立つ。〝川の手〟とはいえ、読売の時と同じく本の紹介などは都内23区に載るらしく注文者は練馬、世田谷、杉並、江戸川区の順で多く、葛飾も二人あった。初日二十二冊、二日目十五冊、以降に十一冊で総計四十八冊。内、女性が十二名で、私はかまわず年齢を聞いたが、さすがに自著云々のことは一々聞けなかった。が、男性の五、六人が、「青木さんの本、読んでますよ」と、始めか、終りかに添えられていた。そしてこの朝日新聞の記事での注文者の平均年齢を割り出すると、七十一・二歳であった。また七十三歳の区内柴又の女性には驚かされた。何と、私の最初の本『日曜の憂鬱』（昭42）を作ってくれた葛飾謄写室の娘さんで、印刷のためのタイプを打ってくれた主（ぬし）と言うのだ。送金と共に「本は図書館で借りて何冊も読んでますよ」とあった。

こうして詩集は六月末で残り二十冊というところまで来ている。一言で言えば、この不特定の読者が求めてくれた感想が分かった。みな「己に重ねて読んでいる」ということだった。

やはり……と改めて思い至ったことが私にはあった。それは十二年前、自分が同人雑誌（「煉瓦」

25号）に一挙載せた「一年一詩私詩五十年」のこと。小説を主とした同人誌なのに、久鬼高治氏はこれを32頁も取って巻頭に載せてくれた。そして批評会の日。その日、ほとんど全出席者が己の人生と重ねて読み、正直に批評してくれたのだった。

A氏＝詩はさまざまな形式がある、日記の存在が強みですね。

B氏＝小説での悪ぶりがない。

C氏＝働いていた頃の私の気持そのままです。

D氏＝「妻」の出てくる詩がみないい。ルナアルの「にんじん」を思い出した。

そして、詩集を二冊出しているC氏＝私はこれを見て、「煉瓦」に発表したんじゃ勿体ないと思った。詩集にすればよかったんだ。

すると久鬼氏のいつものようにまとめの言葉があった。

「だから巻頭に選んだんですよ。改めて読み、死というものを考察しているのが特徴的ですね。それから、金を残すだけでは嫌だ、何かは残して死にたい、これが厳しく伝わって来る。特によい詩はね………」と六篇の詩を挙げてくれた。そして触れなかったけれど、すでにA〜D氏共々、みなそれぞれ別の四、五篇を挙げていたのである。久鬼氏はまた、いつものように、他の同人誌主催者の来簡の一つを読み上げてくれた。

「こんなのが来てます。『一年一詩は卓越した思いつきです。「……」では笑いを誘われ、「……」では涙を催されます。人生のおかしさ、苦悶、悲しさ、寂しさ、それぞれの時代背景も鮮やかです』って言ってます」

私は自分ながら一年一詩という「思いつき」がよかったのだと確信した。更にその後を書き足したのが今度の詩集で、贈呈した内の二十名の方々の返礼の寸評が、同人会でのものとほとんどダブったことに、感銘を受ける。その代表が「大波小波」欄の文章だった。私は「報われた!」と思った。ただし半数の、多少は知遇を得て来た方々（特に現代詩を書かれている方）への送付には返信がなかった。〝詩〟とは認めてくれなかったのだ。私などの〝詩集〟を認めるということは、「現代詩」を否定してしまうことになるからであろう。

最後に収支計算。幸い「煉瓦」を作ってくれていた印刷屋にデータが残り、新組は追加の十二年分だけということもあって、三十四万九千円が制作費。収入は十二万円ほど。

昔から「著作は墓標」という考え方の私には、又とない自費出版となった。

六十三歳に思う　（日本古書通信　'96年6月号掲載）

この四月二十二日は、六十三歳の誕生日だった。古本屋を始めて、はや四十三年になる。この内いわゆる「古書」を手がけてからはほぼ三十年。ここ十余年は近代文学の自筆本のみを、ささやかに売買するのを商売として来た。そう出来たのは、「街の古本屋」の店舗を息子が継いでいるからだが、これが最近「転業」まで考える営業の厳しさに直面している。活字離れ、新方式書店の乱立と、要因は様々あるが第一は店主の努力が足りなかったことであろう。勿論、いい加減の教育で、これ幸いと店を任せてしまった私の責任は大きい。今はそのツケが回って、息子共々店の再建に悪戦苦闘している。

何とか健康で迎えたそんな自分をこの際、私には今でも恐れ多い故人お二人の前へ連れて行ってみたい。三十年前私は「街の古本屋」から中央の古書市場・明治古典会に出入りし始めた。そもそもは下町の先輩・鶉屋書店がその二、三年で神田を中心にした商売に移行し、私を市の働き手として誘ってくれたからである。

その昭和四十年暮れ、約束より早く着いた初出勤の場で、私は初めてその人を見た。彼は、まだ誰も来てない中一人で、回し入札に使う木製の台を次々と会場に組み立て始めた。私はまだ挨拶すら交わしていなかったが、とりあえずその作業を手伝う。鶴のように首の細い長身、颯爽とした振る舞い、眼鏡の奥の鋭い眼光、インギンな言葉づかい……私が業界の「天皇」反町茂雄を近くで見た最初だった。反町はこの時六十四歳。後年、あの高名な『一古書肆の思い出』の最終巻にこの人の「年譜」を私自身が作成するようになろうとは、想像すら出来ない出会いであった。

では、反町が何故そんな時間に来て、市の設営までしていたのか？　現在、明治古典会と言えば、近代文献の専門市会として業界をリードするほどに発展したが、この前年辺り、実は有名無実の会員が九十名もいて動きが取れず、もう崩壊寸前だったのである。すでに和本市・東京古典会々長を歴任の身で、反町は今度は明治物市場の衰微を憂い再興の決意をした。しかし諸種の事情で己は会長を譲り、影の実力者として範のみ示した。下町の市から鶉屋を引いたのも反町であった。鶉屋はすでに四十四歳、すぐに明治古典会で頭角を現し、詩歌を中心とした文学書を扱って全国に知られるようになった。が、昭和五十六年六十歳の時脳梗塞で倒れ、六十八歳で没する。一方反町の方は、この年からでも悠々二十六年間、八面六臂の活躍をし、九十歳の天寿を全うする。古書店主としては「弘文荘待賈古書目」の三十六号以降を刊行、商売外でも多くの海外図書館の日本書目録の作成や、膨大な著作を残した。それにしても、この昭和四十年代初めの考え方からすれば、まだまだ「人生七十古来稀なり」が適用していた筈なのに、この人はこの人からすれば専門外と言っていい市場の再建まで画していたのだ。……この日の市で、私は初めて鶉屋から反町に紹介された。

それから三十一年。鶉屋からせっかくのチャンスを貰いながら、商売一途に進めなかった私はよく鶉屋の「お前を見損なったよ」とのお説教を食った。私は彼が反町に引かれた年と同じ四十四歳で『昭和少年懐古』を、五十歳の時には反町の「序」を頂いた『古本屋三十年』を刊行した。後者は鶉屋が倒れた翌年であり、私は真っ先に稲取で療養中の鶉屋に届けた。ところで、それまで挨拶位だった反町からは、同じ書くという共通点で交渉が生じた。特に『紙魚の昔がたり・昭和篇』で一章を協力させて貰ってからは、「業界史」のことで語ることも多くなる。私達の雑誌「古本屋」の刊行もその延長線上にあったかも知れない。私はまた、その頃から反町の言行を意識的に記するようになった。その反町の晩年の中では、私は鶉屋の追悼録を出したことにもっとも心引かれる。何しろ、その頃平凡社から厳しく催促されていた『一古書肆の思い出』第五巻を、中断しての追悼録製作だったからである。

反町は、鶉屋の初七日法要での挨拶中の約束を、平成三年の死の前年に果たしたのだ。実はその席上もう一人、「必ず評伝を書きます」と言った男がいた。それが私で、私はまだこれを果たしていない。私は書かなかったのではない。ただ、私の「鶉屋伝」は反町本のような意味での追悼録ではない。ましてや、鶉屋を顕彰するだけの本ではなかった。

……その反町本だが、十七歳から知った鶉屋の、私の年次等とでの協力は当然の成り行きだった。その最初はある日の古書市場に反町の訪問を受けた時からで、私が役目柄（この年会長職）司会した追悼座談会の記事を持ってやって来た。反町は何故か怒っていた。

「大体あなたなど、今日こうして明古の会長などしている人ではないんです」と反町は言った。

この突然の叱責に私もかっとしたが、私は瞬時に堪えて、笑いでごまかし、

「多分、おっしゃる通りでしょう」と言った。それがかえって反町を刺激したのか、いきなり反町は私の背を何度も拳で小突き、激しく言った。

「いいですか。みんな飯田さんがあなたを明古へ連れて来たお陰じゃないですか！」

要するに反町は、座談会での顕彰ぶりが足りないということで、乗り込んだのだった。

――ともあれ、沢山のこんな場面を含めても、鶉屋書店・飯田淳次、弘文荘・反町茂雄の両氏ほどに、今ある私を形作る機会を与えてくれた人達はない。私はこの二人の先輩の生身の姿を、残りの人生の中で必ず本にしなければと、改めて思ったのである。

7　私の徒然草

B 「諸文献の章」

「松井須磨子」文献　（日本古書通信　'03年5月号掲載）

昔、〝不動貯金銀行〟というのがあって、牧野元次郎頭取と共にけっこう有名だった。牧野は世に〝ニコニコ主義〟をとなえ、「ニコ〳〵」なる月刊雑誌まで出していた。その大正二年と四年の各一冊が、今私の手元にある。便宜上後者から話すと通巻五十九号とあり、一体何号まで出されたものだろう。発行は〝ニコニコ倶楽部〟で牧野頭取著の『ニコニコ宗』なる単行本も刊行、〝好評四版出来〟と広告している。ではいかがわしい雑誌かというと、そうではない。執筆陣も大隈重信、児玉花外、吉岡弥生、巌谷小波、村上浪六、笹川臨風等、一流の人が書いているのである。

ただこの雑誌、口絵に出された人々、及び文章のタイトル上などへ、ほとんどにこにこと笑い顔の写真を載せられてしまうのが決まりだったらしい。それは、政治家も学者も文士も良家の子女も、みな例外ではない。前者の大正二年十月号には、あの島村抱月のあとを追って自殺して以後は〝悲劇のヒロイン〟の代名詞となる松井須磨子が、〝須磨子の五面相〟として一頁に特集されてしまっている（この頁写真参照）のだ。

須磨子（一八八六〜一九一九）は長野県生れで本名小林正子。文芸協会の演劇研究所に入り、明治四十四年その第一回公演に「ハムレット」のオフィリヤに扮し、その後ノラ・マグダなどに好評、のち島村抱月の芸術座に入りカチューシャ・カルメンなどを演ずる、――そんな中の「ニコ〳〵」

の取材だった。そしてここに載せた対の頁には、抱月、須磨子が別々に笑顔で写された肖像もある。

その上本文では、抱月の「笑ひと人生」（——芸術座の舞台監督としての私）という〝談話〟のあと、〝記者〟名で「松井須磨子噂の影」が七頁も続く。ゴシックにされてる箇所で進むと、〝明治四十五年〟は「全く盲目であった日本の女達は、老いたるも若きも、女の自覚といふ文字の前に驚きの目を瞠（みは）つて立つた」——〝人形の家を上場したことは〟「天才松井須磨子を得て慶賀すべき成功であつた」——〝其の後帝劇へシーザーを上演するに決定〟では、抱月との恋により文芸協会を除名されるが、須磨子に去られた文芸協会は解散となり、畢生の仕事とする覚悟だった坪内逍遙は遂に書斎の人に戻ったのである、と記している。

このあとゴシック体は、〝爾来須磨子は抱月氏と結んで芸術座を組織し〟〝彼女は一度夫を持った女である〟〝已に女を知つた男と男を知つた女とが肉を離れた〟〝然るにこの疑問はフトした動機から須磨子自身〟〝併しかういふ歓楽の間にも私は彼女に付纏うて居る〟〝前の夫の二度目の細君の妹が女優を志願〟〝廿八年間の回顧やら、対抱月事件の真相やら将来に対する自分の希望やらを〟……と進む。そして最後に、当時催眠術の大家と謳われた・岡田喜憲を煩わしての「松井須磨子（廿八歳）の運命」が箇條書きに、
・文学的趣味のある人也。
・非常に他人の出世を羨む性質を持つて居る、併しそれを口に出すやうな事もしない。
・他人の心がよく解るやうな頭脳を持つて居る。先天的に推理想像が功い、あの人が自分の事を

どう思って居るらしいといふ具合に、先の判る人である。
・今後も運命に色々の変化はある、それはどちらかといへばよい変化である。向上するのだから結句よい、が、鳥渡注意を要する。
――などと記録されて、七頁に亘る「ニコ〳〵」の〝須磨子文献〟は終るのである。

さて、今机に積み上げている他の文献も幾つか紹介しよう。
まず、大正三年に出されている『牡丹刷毛』の戦後文庫版（昭23／春潮社）がある。「もとよりつまらないものですけれど、私にはこれから先の長い前途に取つて、思ひ出になりませう」の自序がついている。
次の雑誌「うきよ」大正五年臨時増刊「女傑号」は少々珍らしいかも知れない。これには〝現代女傑の旗頭・鳩山春子〟以下、九人の女性が収められているが、その二番目に、〝田舎娘から日本一の女優・松井須磨子〟として取り上げられている。
《「カチューシャ可愛いや別れのつらさ」で日本中に其名を売った松井須磨子。一時は若い男女学生の尊崇を一身に集めて居たが、追々種々な事情が暴露されて、有難味が薄らいで来た、「新劇趣味普及」といふ立派な申訳の下に、つい此の四月浅草の常盤座で……（略）……カチューシャで入があった訳も「赤垣源蔵徳利の別れ」乃至は「神崎東下り」の人気と同じこと、「辛だって、以前は夫りや欲れた人だつて有つたけれど」と牢獄の場でカチューシャに扮した須磨子が一生懸命尊い芸術を拝まして遣つてるのに、「ヨイショ、そりや抱月の事だらう」などと半畳を打込む者がある始末》と始まる、常盤座の写真も入る、五頁の見聞記なのである。

次は…いや今回は「ニコ〳〵」の口絵写真に勝ぐる文献はないであらう。

阿部定・文献　（日本古書通信　'02年9月号掲載）

阿部定の文献を蒐集していると言ったら、やっぱり……と私は思われてしまうのだろうか。実は、いつの間にか集まってしまったというのが本当のところで、古書展に加わっていた頃はあれこれ売ってもいたから、今はその残骸ばかりとも言えなくはない。まず、

『阿部定の精神分析的診断』（昭12）

は、〝東京精神分析学研究所編、刊〟で、奥付の著者は〝大槻憲二〟。巻頭一頁目には、阿部定（肖像）とその筆蹟が載る。筆者は五名で、戦後一世を風靡する高橋鉄の論文「阿部定のイズム雑考」等二本も載せられている。

次は雑誌「実話雑誌」昭和十一年七月号の「変態情痴・妖女お定の生ひ立ちとその名古屋時代」で、二段組十一頁の文。事件の発生が五月十九日だったことを思えば早い文献の一つ。「美貌の末娘」「〝血桜お蝶〟との張り合ひ」「大宮先生の場合」「桃色ストライキ事件」「悪魔を追ふ女」「丸髷

ギャングに関係ありや」「何故三日間も捕らなかったのか」と進む。この文献の特徴は紙芝居的に、「五月十一日、石田吉蔵を呼び出し」から「二十日午後五時、就縛」までが、時間を追って挿画で図解、再現されており、最後には凶行現場らしい写真まで添えられているということ。

このあとは戦後物で、

『阿部定手記―愛の半生』(昭23/4)

は、新橋書房刊。著者阿部定で、巻頭「何故訴えたか」の文。すでにこの前年、エロ本的に『好色一代女・お定色ざんげ』『阿部定の愛慾情艶史』が世に出、驚いてこれらを告訴したことが書かれている。実は今ここにも、

『愛慾に泣きぬれた女』(昭22・冬木健)

という国際書房刊の本もある。いやすでにこれより早く、作家織田作之助が「世相」(昭21)、「妖婦」(昭22)に阿部定を登場させている。「世相」はエピソードとして阿部定の公判記録を探し求める話が挿入されているのだが、私は和綴じ本の公判記録を昔、瀬戸内寂聴さんにあげてしまった。今は「別冊新評」がこの公判記録を二度復刻しているから探し易いか。

さて、本人が著者となった手記が出された頃、定は不思議な行動を取る。まず「旬刊ニュース」二十三年新年特大号に「新生の阿部定」が載り、興行界の才人結城三郎なる人物が定に舞台に立つよう持ちかけ、知り合いの長田幹彦が〝お定ざんげ「浮寝鳥」〟一幕三場を書き下し、定が演じると言うのだ。記事は、

《問題の人・阿部定が敢てその身をさらして浮薄な社会の興味に挑もうとする捨身の決意を、単なる嘲笑と低劣な色情の目丈で世間は迎えるのだろうか?》と結び、長田幹彦邸で対談する二人の写真もあった。

このあとを追う資料は、のちにカストリ雑誌と称される一種「面白世界」昭和二十三年五月号に掲載の阿部定の日記「光を求めて—遙かな旅より」である。

《月　日　午後六時半の汽車で一路浜松に向う。阿部定一座同勢三十八人、各自最寄の駅より出発浜松に落合う手筈。私と一緒に出発したのは、お父さん、信子、結城氏と私の四人でした。お父さんとは、私が十六の時から実の親にも増していとしみ育ててくれた養父稲葉正武です。そして今度七十に近い老躯で私の前途を見届けるといって、寒い冬の巡業について来てくれたのでした。東京の家をお母さんひとりに任せて……信子はお父さんの姪で、この巡業中私の身の廻りの用をしてもらうために来てくれた》と文章は始められ、二ケ月間の舞台の模様が書かれる。

同じ頃の「ラッキー」六月号のタイトルは「初舞台—阿部定」で、この二つの筆致は違っている。こちらの文中には、《人生とはこんなものか、何という数奇な運命の私でしょうか。つい先頃迄は只の女として、出獄後の生活を吉井正子という警視庁から許された公然の変名で、しかも六年の長い間誰一人として私を阿部定と知った人もなかった様な地味な家庭人であった私が、世を忍びひた隠しに隠して暮した阿部定といういやな名前を今自ら堂々と天下にさらす様な事になろうとは……》とあり、こうも言う。

《でも又考えてみれば私があのまま永久に吉井正子で暮して居たら死んだ後までも阿部定は只々おかしなエロ女としか見て貰えなかったかもしれない。公然と阿部定を名乗って自分が世の普通の女性と変らないことを見て貰ういい機会かもしれない》と。その結果については私には別の想いが去来するが、これが定のこの時の考え方だったのだろう。

前記長田幹彦がどの位定に肩入れしたかは分からないが、ここにも短い談話を寄せ、

「この文章はいささかも手を入れたり加筆したりしていない。彼女がほんとに自らかいたものである。ただ文字を知らないので、それをよみよいように訂正しただけである」と言っているが、本当とすれば、定はこれだけの文章が書けた女だったのであろう。

次の文献までは、十六年が経過する。双葉社の雑誌「驚異の記録シリーズ」三十八年四月号に、寺内大吉が「阿部のお定という女」の題で、「阿部のお定は健在である……」と書き始めている。寺内の会ったのは浅草稲荷町の料亭で、定はもう六十歳近かったが、

「今のあたしを見てどう思う?」と問い、答えを躊躇すると、「セックスの魅力があるかどうかよ」と寺内に迫ったと言う。

定が消息を絶つのは、東映の「猟奇女犯罪史」に自らも出演し、雑誌のグラビアにも出た一年後の四十五年三月だった(「阿部定はどこへ消えたか」=「現代」平5/9月)と書いたのは橋田孝で、私のところにこれ以後の文献はない。

浅草文献　（日本古書通信　'02年2月号掲載）

正月は、四日に一家十人が車二台で浅草へ初詣に行った。荒川を渡り隅田川を越えると、二十分ほどで着いてしまう。すでに地下の公共駐車場は満車で、田原町に近い私営の駐車場にとめ、吾妻橋通りへ出ると、丁度昼食を予定している、荷風が天丼を食べている写真が店内に飾られている尾張屋の前に出た。もしはぐれても、開店時間の十一時半に店前に集合ときめ、息子達二家族、私達老夫婦は観音様へ向かう仲見世入口へと歩き出した。

……浅草体験はガキ大将に連れられて就学前に歩いて行った記憶から始まる。戦後も東武電車が入る松屋からバラック建の観音様まで焼跡だらけの頃から浅草へ通った。瓢箪池の廻りには浮浪児がタムロし、安映画館では今もって忘れられない新版物の「戦国群盗伝」を観た。中学生頃には国際劇場で松竹歌劇や少女時代の美空ひばりも観た。二十歳前後にはストリップショーにも通った。いつの間にか、私の書斎の一角には〝浅草文献〟と言ってよい本や資料がたまるようになってしまった。

今脈絡もなく引き抜いた表紙共16頁の『浅草観音縁起』（明33・名所舊跡社）によれば、「世の人浅草観音の名を知らざる者なきも、其由来を知る者尠し。昔海辺たりし浅草沖で漁師が網を打ちしところ尊像がかかり」持ち帰って拝し始めたのが開山の起こり、とある。巻末案内には仲見世はまだ〝中店〟とあり、〝凌雲閣〟は「明治廿三年、英国バルトン氏の設計にて、総て十二階にして上段より眺むれば一望千里なり」とある。次の『浅草観世音―金龍山縁起正伝』（大4・謌雲堂）は200頁に近い詳細な本で、東海散士の序文入である。『夢の都大正十二年九月一日大震災火災遭難実記』（大12・定村青萍）は特に浅草公園での体験を記録したもので、〝五重塔は船の帆柱〟の章では瓦一枚落ちなかった観音堂を描写している。『浅草』（函付昭5・稲田譲）はよくある本。

しかし、〝浅草文献〟は雑誌が特集するようになって俄然面白くなる。「恋愛」大正11年4月号は全頁「民衆娯楽浅草研究号」だ。何しろ曽我廼家五九郎が文章を寄せ「日々この浅草に這入る人の数は実に十万、私の観音劇場だけで一日七千人」が入ると豪語している。その浅草も翌年大震災で壊滅状態となるのだが、まるでそれを予測する如く、この雑誌には観音様を含め十二階から瓢箪池を眼下に、その時点での六区興行街の一つ一つの劇場の位置を明細な図にし、見開き付録としていて貴重だ。「聖潮」大正14年11月「浅草号」の充実ぶりはナンバー1であろう。綺堂、犀星、辻潤、東光、かの子、金子光晴まで50名以上が執筆し、生田春月等30人位の浅草に対するアンケートも載る。

これればかりは珍品と思われるのが「浅草街」昭和6年1月創刊号。伊東憲、添田さつき、畑耕一等筆者は二流だが、「浅草よ何処へ行く」「浅草のインテリゲンチャ」「浅草ヨタリスト」などの文が並び、石角春之助で終る。その石角の著『浅草女裏譚』『乞食裏譚』『楽屋裏譚』そして『浅草食堂裏譚』の広告が大きく載り、これらを出している文人社がこの雑誌を創刊したのだと分かる。この他一冊に特集されたものでない〝浅草文献〟は、「中央公論」「改造」以下もう枚挙にいとまがない。

昭和7年発行の「実業之日本」には二ヵ月に亘り「盛り場の王者浅草」が大きく特集されていたりする。

川端康成の『浅草紅団』から始まり、武田麟太郎、丹羽文雄、浜本浩等の文学書で〝浅草〟のつく本は多いが、戦後を含め、もっとも多く浅草何々という本を書いたのは一瀬直行で、戦後作家ではルポルタージものが多いのが野一色幹夫だろう。また題名は『ふくみ笑ひ』(服部四郎・大14・白鳳社)なのに、巻頭の100余頁が「浅草」というのもある。かと思うと『浅草富士』(木村富子・昭18双雅房)は、頁中にこの文章がない。

戦後すぐに出された紫花菱著木版8枚入の『へんたい浅草ひろく』(昭21・200部限)も珍本かも知れない。「浅草二十四時間」から始まり、「女性接近秘伝」「スリの話」「共同便所綺談」等十二章になり、この内の「変態浅草商売往来」では、傘売り・ヅケ買い・道路局煙草・源氏や・ポン引・ヒッパリ・カゲマ・ガセハテ・のぞき・女房賃貸業・気合術の口上、などがくわしく説明される。例えば〝道路局煙草〟。これはモク拾いが往来で拾い集めた吸殻を空箱に詰め直したもので、〝専売局〟に対しての謂いであろう。巻末につくのが「浅草陰語集」で、エンコ(公園)オクヤマ(浅草寺裏)は誰にも分かるが、カラス(借金取)、ガン(警察の目)、コロビ(売女)、テケツ(切符売)、ヘイチヤン(助平)など400語が並ぶ。

水曜荘の『浅草』(酒井徳男・昭28　限150)は袋綴じのこった本だ。

浅草の凌雲閣のいただきに／腕組みし日の／長き日記かな　啄木

を扉におき、宮本亘四郎、酒井秀夫の木版と絵が毎頁に入っていて楽しい。踊り子と談笑する荷風の焼付写真一枚も貼られている。

……さて、仲見世の混雑に紛れ込んだ一家は、本堂の参詣後はとうとう別れ別れになってしまった。私と妻は木馬館の通りを花屋敷を右に見て、興行街へ出た。しばらく囲いがされていた大勝館が再開され、何か実演が始まっていて懐しかったが、近頃〝えび天〟で名をなしている尾張屋の〝番取り〟のため、夫婦は腕時計を見ながらその方角へ急いだ。

「カフエー」文献の人気　（日本古書通信　'05年2月号掲載）

暮れの古本市場に、戦前のカフェーのマッチペーパーばかり四、五百枚が一冊に貼られたものが出品され、入札者で封筒があふれた。結果は売り値では十万円を越そうという落札価となった。また別の日、昭和七年刊の『カフェー外観集』〝巻一〟というのが出品され、これも大変な人気だった。この、綴じ目を針金のコイル巻きにしているのが特徴の叢書、昔はよく市場に出て、私も何度か各冊千円ほどで売った記憶があり、「カフェー」のところだけをそう特別に高く売ったという覚えはない。が、今や市場における「カフェー」資料は右の如く何故か注目されている。

幸いここに、私が荷風文献として残しておいた洪洋社発行の「建築写真類聚」中の『カフェー内部集』〝巻二〟というのがある。その奥付裏にある広告によると、叢書の中には『カフェー外観集』

は〝巻二〟まであり、「内部集」も〝巻三〟まで出されていたことが分かる。この外にも関連書として『レストランとカフェー』が二冊出されている。またこれらの一々には、「現代人の歓楽場カフェーは如何に構成するか平面と共に百花爛漫」などの一行解説がついている。ついでにこの本の〝概説〟を見ると、「カフェー・マル」「第一銀座会館」「カフェー・ギャストロノオム」「ジネヤ会館」「カフェー・ほていや」「麗人座会館」「筑波会館」「カフェー・タイガー」「カフェー・ギオン」「サロン春」「ミハト本店」「カフェー・キツネ」が何頁から何頁までに紹介されている、とある。そのあと各会館の家具配置図があり、続いて内部写真となる。無論雰囲気は昔のものだが、ひと頃の喫茶店に似ており、席毎の背もたれがかなり高く造られているくらいが目立つ。

では、「カフェー」とはどんなものだったのか？

――そもそも「カフェー」の起こりとしては、明治四十四年東京京橋区の銀座通りに「カフェー・プランタン」が開店したのが最初だった。この時のものは今日で言う喫茶店のことで、「カフェー」はコーヒーのフランス読みにすぎなかったのである。ここにある日、「女ボーイ募集」の貼り紙が出される。そのカフェー・プランタンの女ボーイは、大正に入って大学の学生街などに出現するミルクホールのエプロンかけの少女達に変化する。これが学生達の憧れとなり、更に何とも情緒的な女給という職業として進化（？）して行くのは、大正十二年の大震災以降と言われる。元々の喫茶店とは違う、現在業界がその資料を追いかけている「カフェー」の誕生である。ここら辺りまでのことを、実体験と見聞で書いているのが宇野浩二「今昔のカフェー」（大13）で、『文芸草子』（昭

10・竹村書房）に収められている。
　素性が何であろうと、またどんな事情があろうと問われない。十人並の器量とただ媚びと戯れで受け応えが出来さえすれば働けるという、女給という職業を女は手にしたのである。ここには、のちに女流作家となる林芙美子、平林たい子、佐多稲子も若き苦難の時代に働いたし、男の側からは荷風が「つゆのあとさき」を、広津和郎が「女給小夜子」をそこの女給を主人公に描いている。だがカフェーが写真などに残された例は『現代猟奇尖端図譜』（昭6・新潮社）などにさえ多くは残されず、今は「外観集」「内観集」を貴重なものとしているようだ。その「カフェー」の流行と盛衰について、私は最近二つの説を見つけた。『女給小夜子』（昭27・創芸社文庫版）の解説で大畠正文は、
《当時は所謂「カッフェー華かなりし頃」で、日本中、全国的に大小無数のカッフェーが濫立し、各都市の繁華街に絢爛たる装いを以て君臨した時代であった。》と言い、銀座には女給の数、百五十～二百人を擁する大カフェー（ライオン、タイガー、銀座会館等々）まで出来た。が、それも昭和七年の満洲事変を転機として次第に衰退の一途を辿り、昭和八年には遂に銀座街頭から姿を消し、新興喫茶店時代に移行した、とある。
　ところが下川耿史著『昭和性相史―戦前・戦中篇』（昭56・伝統と現代社）によると、
《セックス文化の温床だったカフェーが全盛を迎えたのは昭和九年。この年には東京だけで三万六千軒、女給の数は三万七千人。キス・サービスや乳房・陰部へのおさわりサービスで性の一大享

楽場となった。警視庁の推定によると、女給のうち一七％から二〇％は淫売常習者だった。ところが昭和八、九年頃から、警察はエロ・カフェーに対して徹底的な弾圧を行なった。相次ぐ弾圧でカフェーからは次第にエロの熱気が消えていくが、この昭和十一年は、エロ・カフェーが最後の炎を燃やした年であった》とある。

引用中の〝この昭和十一年〟というのは、この本が年代記になっているからで、そこには〝最後の炎〟というのも具体的にあれこれ書かれており、現在の風俗産業はだしの内容だったらしいことが分かるのである。末尾下川耿史は、

《これらの弾圧のあと、エロ・カフェーは急速に衰退していく。一時は半年で千軒ずつの勢いで増え続けたのが、十年から十一年にかけて二万五千軒も激減、とくにエロ・カフェーのほとんどは和風形式だったが、これは前年の二万五千軒から、たったの二千軒になってしまった。それにつれて女給も五千人減少、女たちの半分は満洲にわたり、半分は芸者にクラ替えしたといわれる》と、「花電車から裸体サービスまで、エロ・カフェーが戦前最後の熱気」の項を結んでいる。

要するに、花柳界や吉原・玉の井など公、私娼街の研究に比し、本格的「カフェー史」を調べるのに余りにもその資料が少ないことでの客の探求が、今表れているのかも知れない。

もういちど「カフェー」文献のこと　（日本古書通信　'05年3月号掲載）

実は先月号の文章を書いたあと、書庫に潜って戦前の雑本の山を片付けていたら『カフェー通』等背文字にそれとつく本こそなかったが、各種文献の載る本や雑誌は無限にあることが分かり、不明を恥じる外なかった。

まず『現代婦人就職案内』（「婦女界」大14／3付録）を見ると、「強固な意志を要する職業」として〝女給〟がある。《資格は小卒程度で十七、八より二十四歳位まで》で、待遇は日給一円（心付は本人のもの）、着物とエプロンは支給される、と丸ビル中央亭の例が紹介されている。

次は『商売新戦術』（昭6・時事新報社編）。「本屋の地方進出」「貸レコード」「投球練習商売」等に混じり「カフェー戦線」の項がある。《昭和五年六月美人座が大阪から進出》、十月には日輪が、十一月には銀座会館と矢継ぎ早に銀座に開店した。界隈のカフェー・バー組合が大阪系のエロを発散されてはたまらぬと反対運動をしたが駄目だった、とある。結びは《財界の大勢、客の心理を仔細に研究しての大阪カフェーの戦線は益々有利》に展開するだろう、と終る四頁の記事。

『談話室』（昭4・報知新聞調査部編）には「女給物語」の項。《こんなに沢山テーブルが並んで、そこにもここにもカクテルを飲んだり、ストロベリーを召上るお客がいて、その間を蝶の様に駆けめぐる女給がいるでしょう。でも、考えて見ると、この一つ一つのテーブルで、幾つの恋が生れて、幾つの恋が滅びたかと思うと淋しい気になりますわ》と、これは今「女給物語」を書いているという銀座での、文学女給の言葉とか。

『常識百話』（昭4・東京日々新聞学芸部編）には「女給の元祖」の文がある。これによると明治八年に出た「東京新調」という本に、婦人の職業として芸妓、娘義太夫、女工、外妾、娼妓、茶房（その給仕女）とあり、これが今のカフェーである、と言っている。

『街頭経済学』（昭6・千倉書房）の著者はのちの大蔵書家・小汀利得。この本には「カフェーの現代性」ほか、多くの箇所でカフェーが論じられている。客AとBの対話でAが言う。「大きな宴会なんかは別だが、少人数で料理屋や待合へ行つて芸者を呼ぶなんて無意味だな。二、三人で五十円にもなる上何か芸をやりなさい、だからね。そこへ行くとカフェーの方は女もモダンだし、芸者のやうに無智じゃない。カフェーには押されるね」

『新商売往来』（昭6・春秋社）は例の谷孫六の〝貨殖全集〟の第六巻目。「酒を飲ませる店」の項ではその形態が論じられている。《喫茶店の項で触れたが、カフェー、バー、レストランとは云うけれども、カフェーとレストランとは日本の今日の状態ではまず大差ないと見てよい。如何にもレストランらしいレストランの数も多いが、これは小一万の資本が必要だ。小資本で始めやうと云うなら、どうしてもカフェー式の洋食堂といふことになる》とある。

雑誌は探せばますますキリないだろうが、「中央公論」（昭4／4月）を繰っていたら黒正巌の「カフエとダンス」が載っていた。《如何なる社会組織でもそれが永遠に同じ姿ではあり得ない》から始まる大論文で、《日本で独特の発達をした》カフェーを分析している。そして結局、《今や益々けわしくなりつつある、社会の危険な爆発と緩和の（カフェーは）安全弁》であろうと、説いている。「月刊・人の噂」（昭6／11月号）には、八木達夫が「カフエの内幕覗き」を載せている。1インチキ建築、2お偉い経営者、3バーテンダーと女給の勢力、4インチキ経営法のもと、まず三原橋と木挽橋にかかる河をへだてて、そのトタン張りの裏を描写、――それが表に廻ればカフェー・マダムサタンだとばらして見せる。そして次回は、美しい女給さん達のからくりに触れよう、と終っている。

これら今日の前にしている資料のうち、もっとも充実してる一冊は〝明治大正実話全集〟中の第十巻『裏面暗面実話』であろう。全頁松崎天民が受け持っているとなれば当然だが、「カフェー時代」の章をもうけ、二十五頁に亘って書いている。松崎はまず、明治末に東京に出来た台湾喫茶店から説き起こし、そのカフエーが、今や日本国中津々浦々に大カフエー時代をもたらした世相史として書く。自らが作家でもあったから、プランタン、ライオン、オリエント、タイガー、クロネコなどにつどい来る文士、永井荷風から始まり、三上於菟吉、中村武羅夫、菊池寛、久米正雄、近藤経一、室伏高信、犬養健、石浜金作、池谷信三郎、吉井勇、邦枝完二、村松正俊、生田葵、山内義雄、里見弴、長田秀雄、直木三十五、岡田三郎、横光利一等々の出入りが明細に書かれているのが強味だ。

もう一冊は『現代女市場』（昭6・高橋桂二）で、「カフェー市場記」という三十頁もの一章がある。1酒と女とジャズの世界、2カフェー女給行進曲、3女給の氾濫、4女給身の上話、5女給哀史、6銀座漂流記と進み、《何しろ十二時から半までの有楽町、新橋の省線駅や停留所は、此種女達の帰りで息が詰まるような華やかさである》と結んでいる。

こうして、昭和十年一月号の雄弁会講談社の雑誌「現代」の別冊付録『今日及び明日の話題』の、もう内容を紹介するまでもない、警視庁風紀係長・佐藤文雄「学生のカフェー出入禁止問題」の掲載となり、以後カフェーは衰退の一途を辿るわけだ。

日本日記クラブ盛衰記　（日本古書通信　'13年1月号掲載）

先日書庫で『人生曼陀羅』なる本を見つけた。「日本日記クラブ編」で、昭和五十年に出された。十周年記念出版と銘うたれたこの本には、名誉会員になっていた文芸評論家の佐古純一郎が、《十年ひと昔というが、その間、私自身はまことに怠惰な生活を送って、日記をつけるという美徳もとうの昔に失ってしまったような人間である。しかしこの集にその人生の断面を披瀝された方たちは……》とある序文を寄せている。

昭和四十年四月二十六日付朝日新聞「ひととき」欄に、小谷信子の「日記を書き続けて三十二年」が載ったのが始まり。その反響の渦が、日記クラブ誕生へと広がるのだ。新宿のある喫茶店での創立総会の運びとなり、この日佐古が講演をしてくれたのだった。

翌昭和四十一年五月十三日、今度は毎日新聞の「記録を残そう運動」にもクラブは協力、「私の主人は私」欄となって会員を主とした日記を一年間連載する。そして八月六〜七日、代々木の青年館において第一回日記まつりを開催。同時に機関誌の「としつき」も発行され、最初の特集は「私の八月十五日」。昭和四十二年十二月三日には、塩田良平を招き「一葉の日記」と題された講演を開く。昭和四十三年十二月十五日、新宿駅頭で日記クラブのデモ行進を行なう。

次の昭和四十四年一月二十七日、古都奈良で同人の新年会。十二月十四日には浅草の観音様境内で、再び日記クラブデモ。―以後、年一回の日記まつりや総会、有志による親睦旅行と会員訪問を行ない、「としつき」を出し続ける。この活動は、しばしばNHKにも取り上げられた。こんなにも発展をみることになる日本日記クラブは、今はどうなっているのだろうかというのが、本を読み終っての私の興味と疑問であった。私は唯一操作可能なパソコンのグーグルにその答えを見つけようとした。小谷信子での情報は、同名異人のタレント名のみ。結局「日本日記クラブ」での終焉記録数件が残るだけで、それをまとめると次のようになる。

会長を引き受けた小谷は、日記の会での平均年齢的には若く、副会長を常に六十代七十代の人になって貰う。そして小谷も平成十九年には、自らの加齢からもクラブの解散を決意した。会員もそれを自然として、東京芸術劇場での解散大会に集まったと言う。その後は一度、小石川植物園でOBが集まり食事会をして語り合ったという記録も出ていた。解散時小谷は八十二歳、『人生曼陀羅』が出されてからも三十二年が経っていた。

思えば、本には当然小谷の日記も抄録されていた。生涯の代表作(?)と言ってよい「小学生日記」がそれだ。「ケフハ、オバチヤントクダンザカヘマイリマシタ」と始まる六歳から「防空演習はいよ〳〵今日から本格的となり」などとなる高学年の日記までである。本は全員では、五十二名が日記抄を寄せており、各人が文末に顔写真と200字ほどの自由な発言が小活字で印刷されている。小谷もここに書いている。《エドガー・アラン・ポーの小説に「大渦の底」という傑作がある。私は、私の二十歳頃までの日記を読むとこの小説を思い出してしまう。渦があまりに大きくて、何時その淵の端にのったとも知らぬまに引きこまれ、また遠心力で船自身は底に向って傾斜していながらも船上の人はまっすぐ立っていられるというおそろしさ。いたってオクテであった私は渦の底にいてさえ気がつかなかったくらいである。何気ないふうで、国民を戦争へとひきこんでいくやり方がある。》そしてT市の現住所と「教員」の身分を明記しているのに、何かと個人情報を云々する現在との違いを感じる。

ある意味で、昭和三十年代からこの頃までの日本がもっとも人心の安定していた時代だったのであろう。小谷さんは今、ご健勝ならば八十七歳になる。そして荒廃した今の世をどういう思いで眺めておられるのだろうか、という思いがないことはない。しかし「日記クラブ」を通じて、一生を平和運動に過ごしてこられたようなこの老婦人を、もうそっとしておいてさし上げるべきであろう。

そして私の日記。病気をして、こんな習慣から何度解放されたいと思ったことか。それがこの二年三ヶ月、すっかり日記帳の形態は変ってしまったが、書き続けている不思議。私は十年くらい前の日記に、次のような詩らしいものを書いた覚えがある。

この背丈に余る膨大な私の日記達よ
お前達はこのあとどうなってしまうのか
もうしばらくは私が庇護するが、そのあとのことだ
散り散りと、紙の資源ゴミとして捨てられるのか
今ある私より私らしい魂達よ
毎日の一時間余りの努力の限りの結晶
ああ私の死の時、生み続けた私と共に
一体どこへ消えてしまうのだろう

「俳諧師舊竹」 (日本古書通信 '01年12月号掲載)

この欄に「『うき世』のこと」を書いたのは三年位前のこと。つい先だっての明治古典会にも、この雑誌が十冊ほど出品され、入札封筒は満杯になっていた。私はいつか紹介してみようと、あの時除けてあった細字で三段組五頁もある、筆者名なしのこの記事（「うき世」大正九年新年号）のことを、思い出していた。

……紀州徳川家に〝南葵（なんき）文庫〟があるのは有名だが、そこに大槻如電の手を経て購入された珍籍がある。書名は『墓碣（ぼけつ）図志』と言い、本篇十八、拾遺四の合せて二十二冊の写本である。内容は日

本全国に亘つて著名な墓碑の形状、様式を精細な図で表し、一々に説明を加へたもので、その道の好事家なら垂涎してやまない研究だらうと言われる。だからその書名は一部の者にはすでに知られているのだが、その著者の人となりや、どんな動機からの著作なのかは知られてゐない。多分この著者ほど変つた経歴の者は、天下絶無と言つていいのではないだろうか、——というのが記事の導入部で、何と短冊を前にした本人の照影付きである。

『墓碣図志』の著者は名を林金次郎と言った。この大正九年から見て数年前、本所押上町の自宅で五十二歳で没した。金次郎は始め、日本橋区馬喰町一丁目で上総屋という旅館を営んでいたが、若い頃から風流の気があって、俳諧に造詣が深く自らも舊竹と号した。また〝三世大江丸〟の俳名を踏襲して宗匠を気取り、今日は運座、明日は何々句会と、家業を放って俳道に耽った。その上舊竹は、俳句以外にも食道楽——とくに蕎麦とお鮨を好み、東京の蕎麦屋、鮨屋はほとんど入らないという所はなかった。やがては北は北海道から西は九州まで旅行して食べ歩いたと言われ、彼は全くその身代を食いつぶしてしまったと言ってもいい。

それでも舊竹の宗匠生活は続いた。それどころか、舊竹の生活は以前にも増して裕福な暮しぶりを見せていた。世間ではその舊竹が、その後は書画骨董などの周旋で利益を得ているに違いない、と見ており友人知己でさえそう思っていた。

ところが、舊竹が始めていた仕事たるや、何とスリ、巾着切だったのである。それもその道ではいつの間にか「水音の金次」という親分格として通るまでになっていた。綽名は言うまでもなく「古池や蛙飛び込む水の音」から取ったものであろう。その上、妻お由というのも、奥様風を装っては出て行き、外では〝万引お由〟で知られた万引の常習犯というのだから恐ろしい。また舊竹の働き場だが、市内の盛り場や縁日などのこせこせした犯行ではなく、全国を股にかけたもので、今日北陸にいたかと思うと明日は横浜に居るという出没変幻を極めたものであった。

ある時舊竹こと金次は、新橋停車場より神戸行の列車に乗り込んだのである。金次は二等室に悠然と構え、矢立の筆を噛みながら懐紙に句作している様は、誰が見ても危険人物に見えない。乗り合せの客は皆安心して思い思いに寝るもあり語るもあった。折から隣席にあった紳士が大事そうにしていた鞄を枕に眠り始めた。金次は辺りを見廻し、熟練の技術で鞄を巧みに切り破り、所持金を奪った。金次は素早く静岡駅で下車しようとした。ところがそこで紳士が眼を覚まし、鞄の異常に気づいたから大変、金次を追って下車する。駅員に何か言いつけているのを見ながら、金次は改札口を抜け出す。金次は静岡駅付近に非常線が張られるのを察し、とにかくどこかへその証拠の金を隠してしまわなくてはと思案、横丁から路地裏へと歩き続け、いつか淋しい寺院の前に出ていた。

境内へ入った金次は、一つの墓碑に目をつけた。それは苔むした五輪の塔で、下の方に納骨場らしい観音開きになった空間が見える。ここだと思った金次はその石の戸を開け、贓品を隠した。そして金次は懐紙を出し、一つはこの場を怪しまれぬために、また後日の覚えのために、その五輪の塔を見取図的に写した。が、寺を出たところで金次は一人の巡査に呼びとめられ、手配の風采から警察に連れて行かれる。金次は墓地調査と吟行の舊竹で押し通し釈放された。

金次がかの寺院を訪れたのは一年後のことで、金の包みはそのまま発見された。すでにあの時以来、金次は贓品の隠匿場所は墓地に限ると決めて、各地の鉄道沿線到るところの墓地を調べ、この寺にはどこへ隠せばよいかを調べ上げてしまう。そして悪事を働いた土地々々の墓地をそのために利用するようになった。それを早きは半年、遅きは数年の後に取り出して使用したから、金次は容易にその犯罪を発見されず、金次の悪事は数十年、見破られることがなかった。

そして、この贓品隠匿の必要から生じた行爲が、やがて金次に思わぬ趣味心を挑発してしまうのである。それは、古来世に聞こえた沢山の人物の墓を改めて見つけ、その墓という墓の図を克明に写生し、碑文の一点一画までも余さず記録するようになり、かくて蒐め得た墓碑の数は二千余基にも及んだ。誰もこの旅行好きの〝三世大江丸〟俳人舊竹が、〝水音の金次〟とは知らなかった。それればかりか、彼の著述のこともである。

その金次、いや舊竹も、いよいよ自分の最後の近いのを知るや、この苦心の記録だけは遺したいと、当時墓碑研究の大家・山口豊山に見せ、事情の全てを告白、その処分を托したのだった。(その後本誌(昭59／9月号)に、川崎市蔵氏文で「明治の掃苔家・林旧竹」が掲載されていることを知った。)

村岡花子、白蓮書簡の発見　（日本古書通信　'14年10月号掲載）

毎朝、夫婦で「花子とアン」を見ている。週刊誌もよく花子と白蓮のことを取上げている。肉筆物を専門にしたので女流も樋口一葉以外は大概扱って来た。花子のものは市場へ出品されるのを見たことがない。この回は、女優の演じる口調でない本物の息づかいさえ感じられる花子他の書簡を、偶然発見することになった話である。それも花子の方は、おあつらえ向きに柳原白蓮宛だった。

《燁子さま。

この間はよくお越し下さいました。私の目白行きとは違つてあなたの大森御来訪は誠に大した御奮発とありがたく思ひました。

暫くお逢ひしなかつたので、あんまりおはなしがつもつてゐて、何だか却てとりとめの付かない事ばかりおしやべりしお別れしたのが心残りでした。

私の方でも随分御無沙汰して居りました。その申しわけは立派に立ちますのよ、この間お持たせするのを忘れた『紅い薔薇』を今おめにかけます、私は相変わらず子供のオハナシを書いて居ます。香織ちやんにもどうぞ『紅い薔薇』の中の噺を聴かせて上げてちやうだい。うちの坊やには、この中のものはみんな幾度も幾度も話して聴かせたのよ。私の坊やは私の原稿の校閲係りです。

――途中600字ほどを略す（注・青木）――

あなたはお元気ね、お互に勉強しませう。こうした同じ東京に、心安らかな生活をなさるあなたとなるまでには、随分長い道でしたね。今はもう十年以上もの昔、九州へ行くときまつたあなたを、あの鳥居坂の学校の三階の教室で泣いて引き止めた『花ちやん』も色々様々の苦労にも逢ひました。人の世のつらさも味ひました。あなたも随分ながい旅でしたね。

けれども、やつぱり同じ『あなたと私』ね。有難い事だと思ひます。『紅い薔薇』から思はず筆が長くなりました。今日は忙しいのよ。其中（うち）目白の方へ行きます。お目に懸りませう。私の本をどうぞあなたの御存じのお母さまたちに御紹介下さい。これは一人の母親から世のお母さま方とお子さんたちへの贈物なのです。私のこの大森の家から出してゐるのです——青蘭社書房と申します。ではこれにて、赤ちやま（ママ）を特別お大切に。

七月十一日　花子》

右の中の「目白行」は花子が白蓮の目白御殿を訪ねた時のこと、「大森御来訪」は花子の旧東京市大森の家へ白蓮が来宅した時のこと。そして書簡に年度はなかったが、手紙に添えたらしい本『紅い薔薇』が大正15年刊だからこの年の発信だろう。ところで文中にある「うちの坊や」は、先の八月半ばのテレビ放送では急死という不幸に見舞われるし、白蓮の「香織ちやん」も昭和二十年、早大生で学徒出陣、戦死している。

ところで、お前はそんな書簡をどこで見つけたんだね、と聞かれそうだ。「何、単なる偶然さ……」としか言えない出来事だった。実はこの歳になっても昔の「少年倶楽部」などの付録類を、いい歳

をした老人(わたし)が一括り捨てられずにあった。もう長男の店売用にでもさせようと眺めたのである。中に背文字のない冊子一冊を見つける。写真にした大日本雄辯会発行「婦人倶楽部」（大15／10月号）別冊付録。とは言え樋口一葉など主だった書簡を口絵とした120名分212頁の本格的編集の冊子だった。

内容は—友情篇—社交編、愛児篇、叙想篇、旅窓篇と進むが「友情篇」の巻頭を飾るのが、これまた偶然にも白蓮で、残念ながら花子宛ではなく「きし子様」。ちなみに、花子の順は六番目で、他にも田村俊子、江口章子、中河幹子、杉田久子（久女?）生田花世、伊藤野枝など錚々たる女流だ。「社交篇」以下にも逸枝、晶子、平塚明（らいちやう）、吉屋信子と多彩だがここは白蓮書簡につき触れておこう。まず、「幼き頃の事など書送る」の編集者の見出しがつけられ、挨拶、文章へと進む。

《夏は鎌倉へお出遊ばしたとの事、光明寺なぞといふその名にも私の幼い頃を思ひ出されます。私の十二三四頃まで、毎年鎌倉へまゐり、その光明寺の辺りでいつも遊んで居ました。夜になると養父が昔話をして聞かせて下さいました。京都の御所の事をいつまでも夢幻に忘れぬ人は、先々帝（光明天皇）の御俤(おもかげ)恋しさに、丁度消え果てた栄華のあとの鎌倉は、自分の淋しい魂のよい安らひの床であつたらしく、……》と始まる文章で、《貴女も鎌倉へお出の時、お詣りがお出来になつたら、この藤原（日野俊基朝臣のお墓）をお詣りしてお上げなさいませ……》というもので、北小路功光にも京都で会った、云々ともあったり、要するに同じ華族の友人への家系自慢とも取れる書簡に私には思えた。

ある寄贈書を読んで　（日本古書通信　'02年3月号掲載）

一月半ば・著者・大島一雄氏から『歴史のなかの「自費出版」と「ゾッキ本」』（1月末・芳賀書店刊）が贈られて来た。私は〝自費出版〟論はまだしも〝ゾッキ本〟を今論じても意味ないのでは、と思いながらこの本を読んだ。

昭和四十年（一九六五）頃までの古本市場では、新本まがいの本は専門書は神田で、小説等やわらかい本（実は月刊誌まで）は郊外で、一々振り手によって定価が読み上げられ、その6～7掛の値まで競られていた。それでも古本屋は新刊店との競合からそれを一割ほど引いて売った。定価にこだわらない古書など、ほとんどなかった一般古本屋は、こと足の早い白っぽい本に儲けなどなかったのである。

だから比較的場所のよい、それも有力と目された同業のほとんどが、まず店頭へ新刊雑誌を並べ始める。私の開業地は葛飾区で市場は向島にあった。この市は四・九のつく月六回の開催だったが、鬼門は〝二十四日〟でもっとも忙しい「平凡」「明星」の発行日に当たり、兼業々者の多いこの地区の市は成り立たなかったのを思い出す。こうして全店新刊屋へと移行してしまう店が輩出、それなり成功して行く。では、何故多くは古本屋のままだったのか？　それは新刊屋に化けるにはケタ違いに資本が必要だったろうし、下町古本屋の主力商品が本より古雑誌だったこともあった。あらゆる雑誌が、古本市で十冊単位で仕入れられた。古本でもよく売れた「平凡」「明星」は一、二年前のものは十冊八十円で買え、一冊十五円、二十円に売れた。他のドル箱は少年少女雑誌。

その上古本屋を助けていたのが、上野のガード下に十数軒も軒を並べていた特価本の卸屋で、各種〝読物〟雑誌は無論のこと、映画雑誌から航空雑誌に至るまで、二ヵ月位遅れて、背中を赤く塗られて積み上げられた。定価百円のものが仕入れ値十五円ほどで、店では二十五円、三十円に売った。つまり〝ゾッキ本〟で、世には特価本として知られ、これらを定期的に待つ読者も多かったのである。そしてこれら卸屋の棚には、倒産した出版社の本や二、三流出版社の文芸書、――司馬遼太郎や池波正太郎や松本清張の初期作品、山川方夫や島尾敏雄や吉行淳之介や遠藤周作などの幾作品、果ては今二万円以上する辻まことの『蟲類図譜』まで並び、縁の下にはまだ芥川賞受賞前の宮原昭夫『ごったがえしの時点』（昭38・七曜社版）などが十冊もホコリをかぶって押し込められてあった。いや、未だに高価に取引される『高垣眸全集』（出たのは四巻迄）等函付の桃源社復製シリーズも、特価本だった。

私が大島の今度の本で、「今更〝ゾッキ本〟を論じても」と思ったのはこの辺りなのだ。このところのブックオフ・チェーン店、四冊百円の棚まである神田地区の文芸書以下白っぽい本の安売りの現状を見ては、どんな一流書店の出版物も、みな今では〝ゾッキ本〟にしか見えないからだ。何を私が言いたいのか？　要するに、特価で売られようが何だろうが、出世する本は出世するし、消えてなくなる本は消えるということなのである。

一方、順序が逆になったが大島の本は〝自費出版〟についても論じていたんだっけ。確か一時は福沢英敏氏の近代文芸社が活躍していたが、今は〝文芸社〟の全盛らしい。何しろここの出版点数は、二〇〇〇年一二二二点を発行して講談社に次いで二位となる。が大島は都立中央図書館が納入した図書をウエブサイトで検索、講談社五二〇冊、三位の角川二二〇冊に比し、文芸社からは二〇冊と、余りの少なさに《図書館の選択を絶対視するわけではないが、これだけはっきりした差が数字にあらわれているかぎり、文芸社の本がたとえ出版流通されているにしろ、いわゆる自費出版的なレベルであることが推測されるのである》とこの本で書いている。

そうなのだと思う。すでに私が、

《……現在無名の人の書いた詩集、歌集、句集を、一メートルほどの長さにしばって十本、古本市場の入札台に積み上げて入札したとしよう。その三、四百冊の本に、古本屋は一体いくらの値を書いた札を投ずるであろうか。いや、いくらも何も、古本屋は入札さえしないであろう！》と十六年前の本『古本市場掘出し奇譚』で書いていることを、今度この本で引用されていることで思い出した。つまり、大新聞に「あなたの原稿を、出版します」と大きな文字で顧客の欲望をそそる広告の、これが人生万般の出来事と変らぬ行きつく果てなのだろうが、大島も、

《では定価もつけ、さらに図書コードもつけ、実際に書店に流通させたとしたら、その本の古書

価は変わるだろうか。だが熟練した古本屋の視線は、内容・レベルに合わないかたちで流通経路を辿らされた書物を一目で見抜くことだろう。（略）自費出版本はもともと売るという行為に似合わないのだ。》とこの本で書いている。

無論私達は、『破戒』が、『抒情小曲集』が、『春と修羅』が、発行元はあるものの実質自費出版だったことを知っている。しかし今思えば、これらは天才がやむにやまれぬ思いを、それぞれの事情から自費で出版したというだけなのではないか。いや現代には、これらに応える読者さえいるのかどうか。

ともあれ大島のこの本は、タイトルでは一般の人々がどれだけ興味を示すかは別として、愛書家、出版人、古書業界の人達には、本というものを考える上の基本知識を提供している、と私に思えた。

（日本古書通信　'01年1月号掲載）

「交書会」

著者の紀田順一郎氏から、東京創元社刊『神保町の怪人』が送られて来た。

早速読了したが、中では第二話の〝『憂鬱な愛人』事件〟が面白かった。ある古書評論家の出版記念会で、座興に持ち寄った古本のオークションが行なわれる場面から物語が始まる。〝私〟はそこに出席していた高野富山（ふざん）という歌人に喫茶店に誘われる。高野は声高に、さっきの古本屋まがいの行為を糾弾した。しかし〝私〟は逆に高野自身が、そうした古本市場のような〝笑覧会〟なる古書交換会を開いているではないか、と思う。そんな〝私〟に高野は、「近々開く会に君の欲しがっている『憂鬱な愛人』の下巻を出すから来ては」と言う。……その会場での、奇怪な出来事と、予想も出来ないドンデン返しが待っているわけだが、以下はもう半世紀以上昔にあった、ある〝古書交換会〟の話である。

さて、その紀田氏の小説中の先駆のような〝交書会〟という組織が、すでに戦時下にあったことを記しているのは、岩佐東一郎著、風船蟲（会員頒布非売）限500青潮社刊 なる昭和二十五年発行の本である。……周知の如く岩佐は詩人で、処女詩集『ぷろむなあど』（大12）他『航空術』（昭6）など多くの詩集があり、随筆集に『茶煙閑話』『茶烟亭燈逸伝』などもある。晩年には東京文献センターから『書痴半代記』（昭43）も出ている無類の愛書家だった。

話を〝交書会〟に戻すが、昭和二十年初め岩佐は、十五年住み馴れた家の強制疎開で、蔵書二万冊を処分しなくてはならぬ破目に陥る。泣く泣くそれを二束三文で古本屋に引き取らせ、わずかばかりの本をリヤカーに積んで、岩佐は親類の同居人となった。岩佐は、こうして乏しい書籍と一部屋に暮すうち、明日はもうこの小さな書棚も今日限りとなるのかと、昼間の空襲時などは防空服のまま庭の樹木の間へ椅子を持ち出し、近くに破裂する焼夷弾、果ては敵機の低空飛行の音を聞きながらも、本の頁を追うのだった。

そんな中、ふと岩佐が思いついたのが〝交書会〟だった。「書物五冊とハガキ二枚持参のこと」と書いた案内ハガキを、同好の士数名に出す。ハガキは次回通信用のためで、嬉しくも昭和二十年五月に第一回を開くことが出来た。初めは五、六人だったのが、敗戦を挟んで十二月には第八回を迎え、メンバーは二十名にも達したとか。

会員には詩人、作家、俳人、新聞記者から巡査まで加わり、唯々〝書物〟を縁として集まる人々ばかり。それも敗戦までは、心の内で家族に別れの水盃を出して、途中空襲に逢って見知らぬ家の防空壕に待避したり、機銃掃射に電車から飛び下り叢に身を横たえた人まであったと言われる。では〝交書会〟がどんな方法で行なわれたのかを、岩佐の言葉で聞いてみることにしよう。

《さて、交書方法を詳記すると、会場たる私のところへ集まると、各自持参の書籍を、みんな入れ交ぜにして幾つかの書籍の山を作る。そして一山ずつ、席上へ提供すると、各自がめいめいその書籍を手にとって眺める。ほしい本があれば、会場に用意してある小紙片に、その書名と入札値段と入札者の名前とを記入して、その本の頁に二つ折りにして挿む。人気のある本や、珍本には沢山入札されることになる。

やがて、程を見てそれら書籍は司会者のもとへ集め、入札のない本は別に退けて、入札された本を一冊ずつ開票する。何枚かあれば、その最高値を披露して出品者の意向を聞く。よければ、その本は入札者の手にゆき、入札紙は伝票代りに出品者のもとへ渡す。入札者が出品者にとって不満の時は、その由を出品者は告げて本を引取る。反対に法外に高すぎる最高値にびっくりして出品者から値下げを言い出す微笑ましい場面もある。最高値が同じで何人も出た場合は面倒臭いからジャンケン勝ちで裁く。入札本をかくの如く全部すませて、残ったアブレ本は、持ち帰るのも嫌だと言うので、出品者に最低値を言って貰って、セリにして処置し、そこでも希望のない本だけは持ち帰って貰う。全部すむと、各自の手にある入札伝票により、各自相殺勘定によって清算する》と言うのだ。

また、戦時下多くの古本屋が行なった商法には、多くの愛書家が種々の恨みを抱いていた様、それに比べての〝交書会〟の楽しさも岩佐はこの文章で語っている。

《交書会で話題に上るのは、一般古書店の交換本制度の不愉快さである。あれは交換などとていさいの良いことを言い乍ら、客から安く巻きあげ、客の本は必らず高く売り付けるのが常法だからだ。しかも何々の本を持って来いと命令すると言う横暴さ。三冊持って行って一冊やっと求め得て、その上必ず恩にされ追加金を請求されるのだから腹が立つのは当り前であろう。

交書会は、そんな不愉快が一切伴わぬばかりか、書談清談の愉しい半日が過ごせて、みんなが満足して帰れるからたまたま用事で欠席すると実に残念だと言う位だ。毎回、くり返して出品される同一の本もある。これなど次々と読まれる一種の回読本とも言えよう。方々に、こうした交書会が出来たら、暴利をむさぼる古本屋退治にもなろうと言うものだ》と。

返り見て現在を思うなら、初版本や希覯本の蒐集欲、所有欲にこだわらないなら、図書館は無料貸本屋化しているし、読むだけなら百円からの均一本がほとんどの古本屋の店頭に溢れているよき時代なのである。

『近松秋江日記』紹介(上)　（日本古書通信　'08年7月号掲載）

近松秋江の未発表日記が私の手許にある。この作家の研究に益するものかどうかは識者に任せるとして、多少の解説などを混じえて、その概略を紹介してみたい。

現物は、今でも古書展などで見つかることのある新潮社が出していた『新文章日記』の〝大正十四年度版〟で、正確には、大正十四年新文章日記だった。市場の隅にこれが出品されていたのはもう五、六年前のことで、入札封筒にも「近松秋江日記」とあった。が、みな半信半疑だったのか手にしてはやめ手にしてはやめの連続で、入札者はいなかった。私は初めから秋江の眞筆を疑わなかった。ちなみに言えば、その六、七年前の平成五〜六年に、八木書店から『近松秋江全集』が出されており、私は所蔵の秋江の小説原稿を三篇資料としてお貸ししたし、書簡も数種持っていたくらいだから自信はあった。ただこの日記の難点は一年分ある頁への書かれてある日数が極端に少なく、入札者がなかったのはこのことが大きな要因だったのかも知れないと、今は思う。結局入札者は私の他は一人で、落札価は七万まで入れた下札の三万円だった。

私は日記をしばらく放っておいたが、最近改めてこの日記を調べた。まず、とびとびに書かれた日に符箋を貼ってみた。記入は一年の内十九日分で、字数を合計すると四百字二十枚ほどでしかなかった。記入は正月からであった。

《一月二日　金曜日＝神経衰弱のため、眼殊に左の眼より涙出でて何をするにも物うし。温暖、今日よきお正月なり。

十時、八重に百合子を負ぶさして近処の杵屋和三郎君の家へ新宅見物旁々年始に往く。昨夜池孝次郎来りて、旧臘二十三日に転宅せしよしと聞きて、行つてみたくなりしなり。杵屋の妻君に百合子を見てもらひ、且つ杵屋でもらつて育てゝゐる赤ん坊を見んとてなり。日当りよき新宅なり。

十二時頃一旦引返して、更に孝次郎と銀座に散歩に往く。魚河岸の寿司を食べに行く。好味々々。千疋屋まで歩き、コーヒーを飲んで五時帰宅す。

一月三日　土曜　＝今日も温暖なり。午後いち、八重を伴れて牛込の方まで往き、ついでに小日向町に上り、安斎君を訪ふ。不在なり。氏の二女、門前に女中と羽子板を突いてゐる。

江戸川より電車に乗り飯田橋より乗換へ、又牛込肴町に下車、神楽坂を歩いて、田原屋菓子店にてコーヒーを飲んで牛込駅より省線にてかへる。》

とあり、何とも平穏な正月風景である。つまり大正十一年に四十八歳で結婚した秋江と猪瀬イチとの間に、右に出て来る長女百合子が生まれたわけだ。この辺り秋江自身が改造社の『現代日本文学全集』に寄せた〝自筆年譜〟には、前年（大正十三年）について、

「十二月「中央公論」に発表せし『子の愛の爲に』は即ち、遂に恋愛に倦み、恋愛に敗れて結局

今後の残生を子の愛によつて生きんとせる諸般の事情を具さに語るものなり。」と書いている。では秋江の恋愛時代とはどんなものだったのか？　先に私は、二、三の短篇原稿を全集編集部に貸したと書いたが、中の一篇は「水の流れ」と言った。偶然にもこれは、この日記帳より一年後の大正十五年に「新小説」に発表したもので、この四、五年前を回想している。この作品を中心に、私は本欄二〇〇五年八月号に「『黒髪』後日譚」を書いているので参照されたい。

話を秋江日記に戻すが、実はこの作家はほとんど日記など書かなかった人だった。全集に唯一残っている日記と言えば、明治三十年、二十二歳の時の一月一日～二月七日までのもの。作家必ずしも日記など書かずとも一流になる者があり、例えば島崎藤村なども日記らしい日記はない。だから新発見と思われるこの日記も、本当は珍らしいのかも知れない。そして日記派でない作家特有の、一年に二十日足らずしか書かれなかった日記！

その上めんめんと情痴の思いを小説に書き続けた人の、ごくごく当り前の日常しか記していない日記。それでも間違いなく秋江らしいなと感じられる頁もなくはなかった。

『近松秋江日記』紹介(中)

（日本古書通信　'08年8月号掲載）

《大正十四年三月十日　火曜　＝今日は稍々風静かなり。暖気不快なり。昨年二月初め手紙を交換せし山形県の女三宅みよの突然渋谷より手紙を寄越し、先日上京せしゆえ女中に置いてくれるや否やを訊ね来れり。女中に困れる際とて即刻返書認めし葉書の来訪するやういひやる。浅草松竹座より、舞鶴心中上演の承諾を乞ひ来る。承知の旨返事す。

猪瀬の父親大森より、少時にして帰る。

○（読書・感想欄に）中央公論進まず、漸く二枚なり。本日、昨年十二月十五日以来はじめて理髪す。風邪を恐れしなり。

三月十一日　水曜　＝今日も亦た日暖風、黄塵を捲き上げて天地瞑濛。空気は乾燥し切つて、咽喉に障ること甚だし。

百合子昨夜熟睡せず。本日一日むづかり不機嫌なり。

午後、先日手紙にて返事せし山形県の女子三宅みよの来訪す。座敷に通して傭聘の談纏まる。十五日より来るといひ帰る。

本日中央公論を午前より午後にかけて、七枚書き進む。あと七八枚完結の予定。

三月十二日　木曜　＝早暁よりめずらしき微雨の音を軒庙に聴く。二月の六日に一日少雨ありしのみにて、昨年十月二十八日以来の雨なり。これにより漸く先日来の空気の乾燥をいくらか潤ほす。真に喜雨なり。

九時半遠雷の音を聴く。一時晴れんとしたる空、墨を流したる如く暗黒となり。雨又降りい出す。

これより春雨の季節となる。前の家の白梅満開、この間中黄塵の風に揺られしが、今日蘇生の色あり。やがて雨止み、春雪霊々として降る。
○四ヶ月ぶりの雨　初雷》

まず三月十日、〝女中〟希望のことが出て来る。この件で私が想起するのは、この三年前の大正十一年、因島出身の明治大学生・岡野軍一を追って上京して来た林芙美子のこと。銭湯の下足番、帯封の宛名書きなどしているところへ、母と養父も上京して来る。すると翌年、恋人の岡野が帰郷し、婚約も破棄されてしまう。この頃の芙美子につき、平林たい子は、
《人生観と一緒に性格もかえている。男女関係が行きあたりばったりになったのも、この時》だと言っている。またこの年、本郷根津の貸間で関東大震災に遭遇、両親が戻っていた四国へ逃れる。そして翌十三年、芙美子は再び上京。近松秋江宅で二週間女中をしている。そのあとは売り子、事務員、女給などしながら『放浪記』の原型となった手記を書き始めるのだ。

次いで三月十二日の記事、「舞鶴心中上演の承諾を乞ひ来る」について言えば、この小説は大正四年「中央公論」に発表したもので、この年新潮社から単行本化されたものだった。また秋江の執筆量も十日に二枚、十一日七、八枚と、かなりの遅筆だったことがこの日記で分かる。

ついでに記すと、日記にはなかった二月二十五日には次女道子が近松家に誕生していることが年譜にあり、やがて〝子等〟という言い方が日記にも出て来るようになる。前回私は、全集刊行時に手

持の資料を発行所に一時お貸ししたことを書いたが、のちに書店からは、「書簡・初期作品・補遺」の第十三巻が贈られた。この巻の月報には、末尾にその徳田道子の、左の文があった。

《昭和十年代既に楽屋落ち人気の秋江を採り上げ、昭和五十五年八月には紅野敏郎先生編の「近松秋江研究」が出版されました。死後三十六年を経て父を再び世に出して頂き、それを機に若い研究者の方々が研究テーマに父をお加え下さり延いては、この思いがけない見事な初の全集刊行となりお陰様で父が再々浮上してまいりました。私の記憶にない幼児の頃などを全集に因り知り得て、毎夜そんなケ処(ママ)をいくたびも読み乍ら眠りに落ちてしまいます。丁度優しかった父の子守歌を聞くように。

全集完結迄の編集委員の先生方並びに八木書店社長様ご担当の方のご尽力に深謝いたしております。又亡父の知人のご遺族様方のご協力にも厚く御礼を申し述べます。全集をご購読下さいました皆様にもお目にかかって御礼を申し上げたい気持ちでいっぱいでございます。(平成六年八月三日秋江次女・徳田道子)》

『近松秋江日記』紹介(下)　(日本古書通信　'08年9月号掲載)

日記はやがて、夏となった。

《(大正十四年)八月一日　土曜　=朝来晴。依然として雲煙多くして富士を見ること不可能。

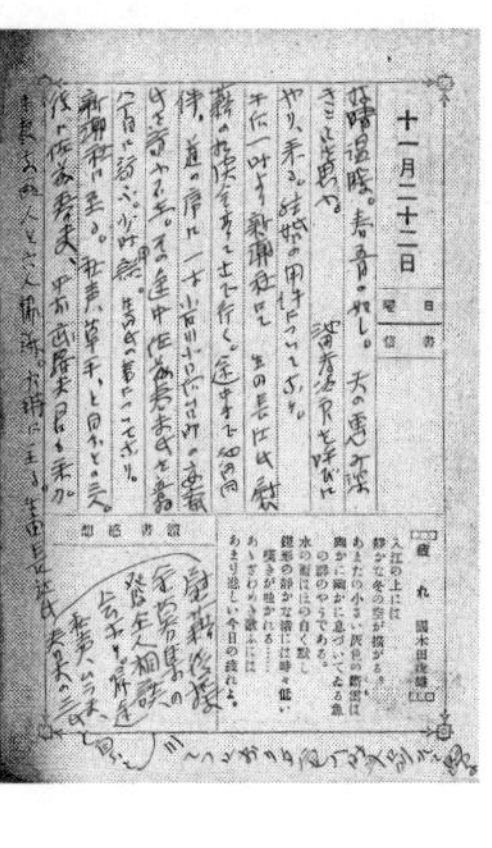

「改造」「中央公論」等の筆進まず。

子供に妨げられること連日なり。

今日二度目の海水浴をこゝろむ。先日始めて入りし時に比べて冷気を感ぜず。快適なり。夜に入り七時頃より大雷雨。電光眼を射り、雷鳴天地の崩るゝが如し。生れて斯の如き雷鳴をきゝしは初めてなり。女子供恐怖す。電燈消え、そのまゝ眠に就く。内
新潮社主にあてゝ、時事と朝日との社説を切抜いて送る。内閣総辞職に対する感想、それ等の社論と同感なればなり。

八月九日　日曜　＝快晴。「中央公論」「改造」等の執筆進捗せず。興津にいつて子供等を見たし。

夕方安斎君来る。白蘭を暖めて飲む。

「雄弁」に二枚半の社会感想を書いて出す。

八月十日　月曜　＝　やうやく仕事に倦みし、早く興津の海岸に行き海水に浴したしなど思ふ。子供も見たし。

原を使ひにやりて「雄弁」より昨日の原稿の稿料弐拾円を受取りかへる。夕刻の汽車にて立たんとしたれども、遂に中止す。》

この三日間で見ると、秋江は当時中々の流行作家だったことが分かる。同時にまた、「筆進まず」

「執筆進捗せず」とあって、秋江は中々に筆が遅かった。しかし八月九日の「雄弁」への二枚半に、原稿料が二十円も支払われている事実には少なからず驚かされるのである。

《九月一日　火曜　＝午前八時十一分発にて本日帰京に就く。

早起夜具を纏めて袋に蔵ひ。朝食はせずして出づ。書生原一人を直行帰京せしめ。他は子供とも五人沼津にて下車。そこにて鯛弁当を食し、直ちに貸切り自動車にて箱根芦の湯に向ふ。生憎富士は雲を被いたれど眺望好く、車行につれて遠景開展し来り、涼嵐の気肌に迫る。一行皆喜ぶ。めづらしく百合子までが車中にて女中の膝に眠る。十一時過、芦の湯着。

いち等温泉を悦ぶ。食後湯の花沢を散歩す。夜は八時就眠す。昨日来帰京準備に疲れたればなり。》

さて、この日記で不思議なのは、あの『文壇無駄話』などの著がある秋江なのに、文士仲間のことがほとんど記事に出て来ないことだった。もう末尾に近い晩秋に、一日だけそういう記事があるので、それを写してみよう。

《十一月二十二日　日曜　＝好晴温暖。春五月の如し。天の恵み深きことを思ふ。（略）

午後一時より新潮社にて、生田長江氏慰藉の座談会ありて出で行く。途中まで池田同伴。道の序に一寸小石川小日向台町の安斎氏を訪ふ不在。その途中佐藤春夫氏を音羽八丁目に訪ふ。少時用談。生田氏の事についてなり。

新潮社に至る。秋声、草平、と自分との三人。後に佐藤春夫、中村武羅夫君も参加、中根支配人と六人協議。六時に至る。

生田長江氏慰藉後援金募集の発企人相談会なり。帰途秋声、武羅夫、春夫の三氏と自分と川てつにおり夕食、八時半別れて帰る。》

秋江の日記はこの日で終っている。ところでこの「大正十四年文章日記」、大正三年から出されており、本冊で十一冊目だった。日記には「諸家月々の言葉」から始まり、末尾は前年度の「文壇一年史」「文学者住所」とあり、「文壇諸家年齢表（大正十四年調）」が付く。

秋江五十歳のこの年、露伴でさえ五十九、秋声、花袋、藤村、鏡花でも秋江の三〜五歳上の五十代半ばでしかなかったのだ。「諸家月々の言葉」で秋江は、一月より順に、島崎藤村、里見弴、久保田万太郎、久米正雄、吉田絃二郎、近松秋江、菊池寛、佐藤春夫、田山花袋、川路柳江、加藤武雄、芥川龍之介と共に六月に選ばれているのだ。日記など書かなかった秋江も、暮に自らの毛筆による筆蹟「皮膜虚実の間」と入る日記帳が送られて来て、とびとびでも日記を書いたのであろう。

ある私小説作家の筆跡

（日本古書通信　'00年6月号掲載）

この四月末、千代田区中小企業センターで全古書連の大市会があり、私も参加した。そこに、お馴染みの、久米正雄宛の書簡十一通が出品されているのを見つけた。

「お馴染みの」と私が言うのは、多分この品も平成元年頃に大量出品された久米家放出による、久米正雄宛書簡の、いわゆる「買い別れ」品だと思ったからだった。この際他の十通の話は別とし

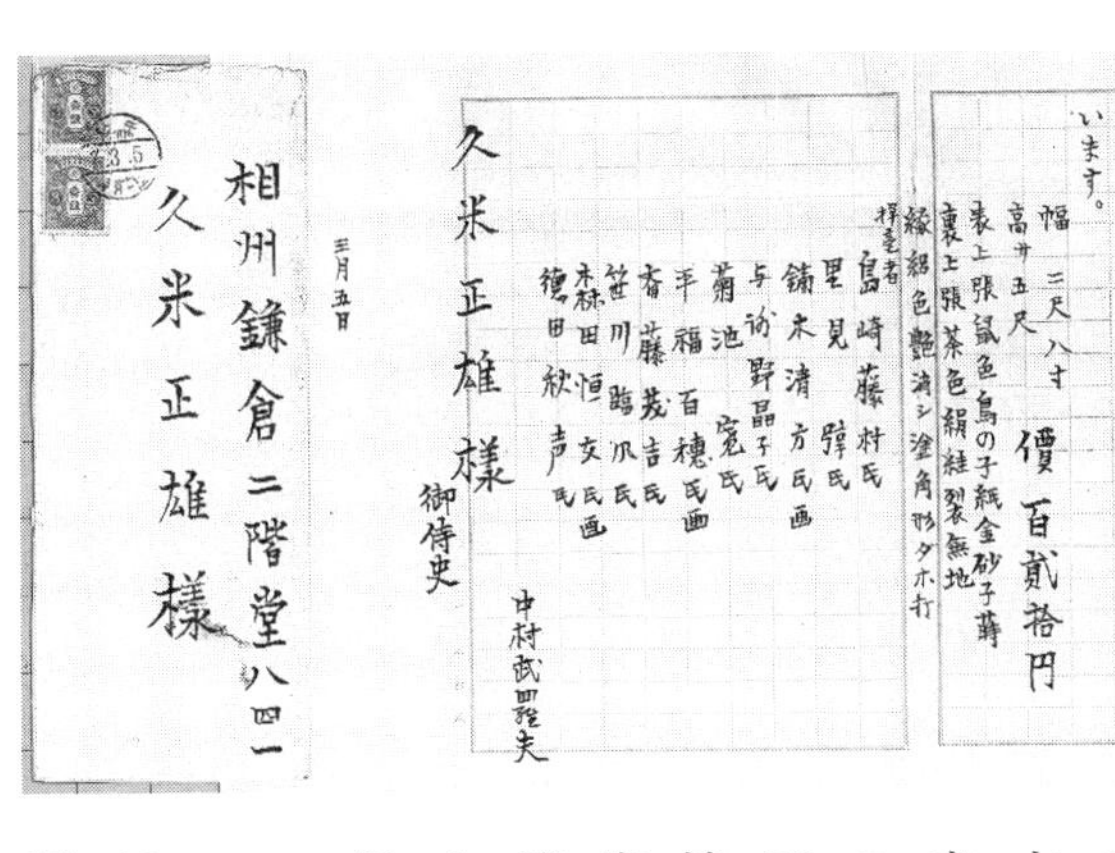
謹啓 御清栄の段大慶至極に存じます。
偖、先達御承諾下さいました、徳田秋声氏
後援の屏風、別紙目録の外に、特別口が
四つ残つてをります。それで、その一つを
何卒御買ひ上げ下さいますよう、此段御
願ひ申上ます。仕様書は左記の通りでござ
います。
幅 二尺八寸 價 百貳拾円
高サ五尺
表上張鼠色鳥の子紙金砂子蒔
裏上張茶色絹継裂無地
縁紹色艶消シ塗角形タホ打
揮毫者 島崎藤村氏
里見弴氏
鏑木清方氏画
与謝野晶子氏
菊池寛氏
平福百穂氏画
斎藤茂吉氏
笹川臨風氏
森田恒友氏画
徳田秋声氏
久米正雄様
御侍史
中村武羅夫

相州鎌倉二階堂八四一
久米正雄様
三月五日

て、そこに一通だけ気になる毛筆書きの筆跡を見つけたのである。発信は昭和七年三月五日、差出人は「牛込区矢来町／新潮社内／徳田秋声後援会」と印刷され、中村武羅夫と署名してある。封筒の中は印刷された紙片二枚、加うるに毛筆書の書簡一枚。まず主文の方。「徳田秋声氏、昨年を以て還暦に当られましたので」と書き出され、昨秋祝賀会を開催、一方広く芸術界に呼びかけ色紙の揮毫を乞い、これを屏風に仕立て即売展を開いた。しかし財界不況の折から売れず、ほとんどを残してしまった、どうか一層の協力をたまわりたい、の意である。発起人として島崎藤村、菊池寛、里見弴、久米正雄、中村武羅夫の名。そして発起人にも名を連ねているのに「久米正雄（肉筆）様（印刷）」とある。別刷のA組十三、B組三十四点の残品案内が、今の眼で見ると凄い。A組の一つは、

島崎藤村氏、高村光太郎氏、吉江喬松氏、久保田万太郎氏、萩原朔太郎氏、徳田秋声氏、結城素明氏（画）以上色紙六枚が屏風仕立に貼り交ぜてあって、六十五円。B組はみな作家で、例えば茂吉、長谷川伸、犀星、八十、久米、時雨、実篤、秋声が

組まれて三十二円と言った値。――実はそこへ久米宛だけらしい、「中村蔵」と入る原稿用紙に謹直なる毛筆で書かれた丁重な文面に、中村武羅夫署名の手紙（**図版参照**）が同封されているのだ。これを読んで私は、さすがに久米だと思った。当時久米は、菊池寛と共に、通俗小説を書いて大のつく流行作家だったのである。すでに祝賀会場で一点何か買うよと言った久米に、もっとも顔ぶれのよい特別の屏風も残っている、どうかこれを買って貰えないだろうかという手紙だったのだ。

と、ここまでを入札の場で見て、私は「まさか？」と思った。中村の手とも違う、見覚えのある筆跡なのである。この筆跡が、あの究極の私小説作家・嘉村礒多のものに違いないと私が気づくのは、つい何秒か後のことであった。私は普通なら数千円にしか評価出来ないこの資料を五～十万円にふみ、結局生け捕ることが出来たのだが、その謂れはあった。……最初に触れたように、昔例の久米宛書簡をもっとも多量に買った一人は私だった。後刻、その幾つものダンボール箱の中味を一枚々々見て行くと、差出し「牛込～秋声後援会」名、消印昭和六年九月二十七日付で、「謹啓／取急ぎ申し上げますが、先日お送り申しました色紙七枚では不足するとのことで、本日十枚送付申しました。何卒全部御揮毫下さいますよう、伏してお願ひ申し上げます。敬具」とある葉書を見つけ、私は「おやっ！」と声をあげた。

この字癖なら『文士の筆跡』（二玄社）で見ている。早速その〝作家篇〟2に当たると、写真版で載る、嘉村の署名のある宇野浩二宛葉書の「謹啓」以下、平仮名の一々に到るまで寸分違わないものだったのである。嘉村は前年、新潮社「新興芸術派叢書」の一冊として『崖の下』を出したものの、この時点ではこんなアルバイトもしていたのであろう。そう思って眺める内、私はもう一枚、今度は毛筆で宛名書きされた久米宛葉書をも見つける。発信十一月七日で、差出し「徳田秋声還暦祝賀会／発起人一同」名、印刷文「謹啓／徳田秋声氏還暦祝賀会に際しては、御多忙中にも拘らず御出席を辱うし、有難うございました」略儀ながらお礼を、というものだったが、その毛筆宛名書きが、これまた嘉村の筆跡なのだ。その毛筆文字と、全連大市で見つけた毛筆による筆跡が全く同じだったのである。

さて、中村武羅夫と嘉村との関係である。どの嘉村礒多年譜にも中村の主宰する「不同調」の事務員兼記者として働いたことが出て来る。中村のあと「新潮」を編集した楢崎勤が「嘉村は中村には従僕のように仕えた」と書いているのはその著『作家の舞台裏』で、「嘉村が病床についたのは昭和八年の春先」と、その悲惨な最後を記した。腸結核を病んだ嘉村は、床づれで寝返りも出来なくなって、十一月には没した。

ついでに触れると、恐らく嘉村の筆跡とも知らずこれら連絡文を受け取っていた大家、久米正雄の戦後の文学的没落は激しく、昨今刊行の全集「昭和文学全集（小学館）」からは、とうとう名がはずされてしまった。一方嘉村の方は、この全集にも梶井基次郎、牧野信一などの巻に載せられ、根強く文名を保っている。

豊田正子文献（上）

（日本古書通信　'11年5月号掲載）

二月八日の朝日新聞は「綴方教室」の豊田正子の死を報じた。私は昔この欄、一九九四年七月号に「『綴方教室』のことなど」を書いている。これは今ではよく知られているように、売れに売れた中公版『綴方教室』（正続）、『粘土のお面』が、作者である正子には全く印税が入らず、恩師大木顕一郎家だけが豊かになったことなどを書いたもの。

その後私は、芥川賞作家の高橋揆一郎『えんぴつの花』という、正子の波乱の半生を書いた本が出されていたことを知った。これは、戦後中国旅行を一緒にしたこともある正子との交友から、自由に書いてと言われ実現したもので、印税云々で言うなら、本が出来てもチラっと表紙だけ見せられたきりだった、とか。やがて江馬修との結婚、江馬が若い女性に目を移したことでの破綻。江馬の死後は「おゆき」などで正子は過去を私小説に書き始める。高橋がこの本の終り近くに、正子の案内で『綴方教室』が書かれた頃の四ツ木の三軒長屋の跡を尋ねるのは一九八七年のこと。正子の住んだ三軒長屋は新しい家に変っており、カーテンをしめ切って、まるで二人を拒否しているように見えた。そこで正子は、ただぼんやりと立っているだけだったと言う。

《つぎはぎの多い簡易舗装だけれど、いまは灰色や青色のこけも見当らず、踏んでも下駄がめりこむこともない地面。しかしまぎれもないこの地面が支えた一個のちゃぶ台から、えんぴつの花が咲いたのである。（略）／そのちゃぶ台のありかを偲ばせるものはなく、「『綴方教室』発祥の地」の碑もないけれど、ほかならぬその作者がそこに立っている。黒の半コートに、茶の襟巻をきつく首に巻いて少し寒そうにして立っている。》と高橋。

それから二人は、高橋が、

「思いついて悪いんですすど、ここまで来てるんだし、よかったら柴又の帝釈天へ行ってみませんか」と誘う。

「行きたい。東京生れのくせに、まだ行ったことがないのよ」と正子。

二人はタクシーで柴又へ出、門前通りのうなぎ屋で食事をした。雨になった夕暮時、門前町を表へ出て、高橋は草だんごを二組買って包んでもらう。ついでに高橋が「寅さん煎餅を指すと、正子はそれはと、首を振った。高橋は一行あけて、この作品を結んだ。

《この年、「綴方教室」は第一版からかぞえてちょうど五十年を迎えた。》

正子についてはここに紹介したいユニークな文献も、昨年発行されている。葛飾区の「町の文化と歴史をひもとく会」刊の「木根川の歴史2」（平22）中の、

豊田正子「綴方教室」の原風景

がそれ。筆者は「大正十一年生れの彼女とは二十年以上の隔たり」があるという石戸暉久氏。文章は、

東宝『綴方教室』の撮影現場。左から徳川夢声、正子、高峰秀子、清川虹子（昭和13年6月26）

①木根川町編
②渋江町編
③向島編

と分かれる。石戸氏は、正子一家が旧四ツ木橋を渡って夜逃げして来る以前を調査した「向島編」を除き、①②は体験を交えて何とも実証的だ。

《初めて『赤い鳥』に入選した「うさぎ」は、昭和七年正子が小学四年生の一学期末に書いた作品である。この中で、近所の人からもらったうさぎを飼うため、空き箱を父親にせびって近くの市場まで買いに行ってもらっている。これは、昭和十六年現在の東四つ木コミュニテー通りの土手際にあった四ツ木食品市場、通称「木根川のヤッチャ場」のことかと思われる。また、今では廃業して久しいが、煙突だけが当時のままにそびえたつ旧萩の湯……》

などという文章である。

「『綴方教室』の舞台誕生」→「ベストセラーは芝居に映画に」→「わが家は三軒長屋の真裏だった」→「セルロイド人形の彩色工場」→「町のメインストリー・水道道」→「渋江小を卒業、日本製紐工場へ」→「死ぬなら下駄なんか借りない」→「ヒコーキ屋から三本圦橋へ」→「長屋の所在地は一八七番地」の見出しのもと詳述して行く。

それも文章の中には大きく写真を挿入している。東宝映画「綴方教室」の撮影現場では、左から父親役の徳川夢声、笑顔の可憐な正子、正子役の高峰秀子（共に12月没）、母親役の清川虹子が並ぶ写真から始まり、十数枚の貴重場面を見ることが出来る。

豊田正子文献（下）　（日本古書通信 '11年6月号掲載）

今回は正子の文献として、今まではあまり見かけなくなった三冊の本を紹介してみたい。言うまでもなく、『綴方教室』から『粘土のお面』まではまだ業界にごろごろしている。その代り次の三冊は別だ。

私の支那紀行　昭18／文体社
思ひ出の大木先生　昭20／大成出版社
続・思ひ出の大木先生　昭21／柏書店

である。ここで参考までに、パソコンを使い「日本の古本屋」で検索してみると、『私の支那紀行』はある書店にあって一万五千円とつけられている。次の終戦直後に出た本、『思ひ出の大木先生』は別の書店で六千円がつけられ、翌年に出された「続」の方はどの店にも記録がなかった。

思うにこれらの本、いや特に『思い出の大木先生』二冊は、その軽装とペラペラ本の故に、これまでに大事にされずつぶされてしまった結果なのではないか。

話を『私の支那紀行』から始める。奥付には「五〇〇〇部印刷」とある。年譜的に言うと、前年二十歳の六～七月、「陸軍報道部の要請で従軍作家の一員として中国視察に派遣」とあり、要するにこの時の作文を本にしたものであろう。ちなみに、本の出た十八年二月～三月には「満洲新聞社の招きでソ満国境視察」とある。またこの七月は恩師の大木が亡くなっている。

本の巻頭には「南京鶏鳴寺にて」微笑して立つ正子が写された口絵が入り、タイトルには「―清郷を往く」の副題がついている。装幀は宇野千代が担当している。後年ほとんど、正子は印税のことを知らなかったと言っているが、十七年の作家待遇での視察旅行、ソ満国境視察とこの本の出版で、充分に「印税」のことも体験したのではないか。

文章は五章三十五節にも分かれており、一種の短文集である。巻頭、

《午前七時五十五分に行く約束だつたので、朝食もせずに出かけて行くと、分隊長の都合で出発は午後一時に変つた。／朝、憲兵隊にゐる頃から降り出した雨はたうとう本降りになつた。昼過ぎ宿舎を出る頃は、石畳の路にある雨足に蘇州の町は煙つてゐた。／濡れながら公園路まで出て黄包車（ワンパウツ）を拾ふ。ゆらゆらと揺れる黄包車の中で、肩を縮めて降り込んで来る雨の飛沫をよけてゐた。前に下つた雨除けの布で全然先が見えない。下から草鞋がけの細い車夫の足がちらちら覗く。角を曲る度石浜先生か片岡先生が、／「大迫さん、正（まあ）ちゃん、ゐるか」と声をかけて下さる。》

と、これが書き出し。片岡鉄兵、石浜知行、大迫倫子と共に正子は蘇州、南京と中支を飛行機で旅し紀行文を書いて行く。そして文章中には、例えば元軍役も経験した石浜が言う、「見てごらん。あそこに働いてゐる百姓がいるだらう。遊撃匪といふのは普通はあんな風に何食わぬ顔で、百姓などをやつてゐるんだよ。そして必要な場合にふつと匪賊に早替りするんだからね」という言葉まで入る箇所もある。前回紹介の高橋揆一郎『えんぴつの花』には、

《終戦を境に、豊田さんの境遇もがらりと変わる。戦争加担の自責に苦しみながら、革命家たちの群れに投じてゆくのである。》と戦後の正子について触れている。きっと正子にとっては忘れたい一冊だったのであろう。

さてあとの二冊『思ひ出の大木先生』正続だが、正篇（六十二頁）の発行日が何と二十年八月十日。大成出版社刊の五〇〇〇部印刷とある。続篇（九十一頁）は二十一年発行の柏書店刊。

この二冊、端的に言ってしまうと題名通り大木先生の思い出を書いたものだが、続は師への表現

がかなり微妙になって来る。故に、先に私はこれらをペラペラ本と言ったが、内容は充実している。共に二段組で、一頁が九三七字、六十二頁では四〇〇字百五十枚の文章が詰まっている。続は九十一頁、二百二十一枚の文章が詰まっている。

内容は正篇が「一、川向ふへ」から「二二、綴方教室」まで二十二編ある。続篇は巻頭に大木の師であった森田草平の三頁に亘る「序」がつく。これによると大木もまた、長い創作をして森田に見て貰っていたと言う。

そして正子の文章は「世間の評判と私」から「最後の年」まで十八篇、大木の死までが綿密な筆で書かれている。奥付には、正篇では省略された「豊田」の検印も押されている。


(日本古書通信　'03年11月号掲載)

名作原稿の話

相変らず商品としての〝作家原稿〟が、一部古書店の目録巻頭を写真版で飾っているようである。確かに著名作家が高価で、無名に近いものはハナから写真版にはされない。しかしいくら有名作家の原稿でも、内容がつまらないものは蒐集しても飽きが来る。筆跡を味わうだけなら、二、三枚の短文で足りるのである。作家原稿も出来得れば名作原稿を求めたくなる。

この九月二十七日から十一月三日まで、世田谷文学館では没後十年を記念して「安部公房展」が開かれた。その開会前日の記念レセプションに私までが招かれたのは、ある〝名作原稿（?）〟のお陰だったが、いきさつはこうだ。七月初めのこと、私の本『近代作家自筆原稿集』（東京堂出版）で公開した、安部の「チチンデラ・ヤパナ」原稿につき、

（前文略）《さてこの度、当館では別紙開催要項のとおり企画展を開催することになりました。つきましては、ご所蔵の下記資料を本展に……》というもので、文学館から前記原稿四百字五十六枚を指定して来たのだった。二、三日して電話で断わったのだが、八月になるとまた来信があった。中は学芸部長生田美秋氏の書簡で、《先日のご返事はすぐに監修のドナルド・キーン様、佐伯彰一館長に伝えましたが、安部文学再評価のため是非力添えいただきたい、再度のお願いをしてみてほしいという強いご希望が……》と始まる手紙であった。

私はまた生田氏に電話をし、この原稿は確かに「砂の女」の元稿ではあるが、これを土台にして、昭和三十七年新潮社が〝書き下し特別作品〟として『砂の女』を出したのだから、社にその原稿があるでしょうに、と言った。が、生田氏の話は意外なものだったのである。

「あれは完成までにゲラによる校正のやり取りが大変で、原稿らしい原稿は全く残ってないらしいのです」

私は、ともかく来てみますか、と返事をするよりなかった。私はどうせ展示して貰うならと、所蔵の昭和二十五年二月十日付の大島栄三郎宛、

《また、ごぶさたしてしまひました。小説がたいそういそがしかつたのです。この日曜に、9月以来、半年ぶりの仕事やつと完成しました。206枚。あらゆる点でヘトヘトです。半年、なにもしな

かつたので、つひにドンヅマリ。食ふや食はず。206枚、切売りするのがいやで、売口がなかなか見つからず。題は、壁―S・カルマ氏の犯罪―、自信あります。あなたの本は？　案じてゐます。上京のサイはぜひおより下さい。疲れてゐるので、変な手紙、このまへの御手紙の返事も書きたい、書くべきなのですが……。》

なる葉書も陳列して貰うことにした。

レセプションでは、しばし内覧のあと佐伯彰一氏、サイデンステッカー氏の挨拶のあと、辻井喬氏が挨拶を兼ね乾杯の音頭を取った。生田氏が佐伯先生に紹介してくれたので、展示へのお葉書の礼を述べ、かねてお贈りした私の『青春さまよい日記』（東京堂出版）のことを思い出され、

「いや、あなたの日記には驚きました」と握手をして下さった。

……このように、いわゆる〝名作原稿〟が残っていない例は、意外にも多いのである。大岡昇平の『野火』でさえ、今のところ連載二回分の原稿しか確認出来ていないのである。水上勉『雁の寺』の「雁の村」「雁の死」（のちに合本して決定版となる）を、私が蒐集している話は、いつか本欄に書いたが、本来の「雁の寺」の原稿は、現在どこに存在しているのだろう？

ところで、過日九月二十四日の神田地区の大市会での、私の手柄話をしておきたい。今は多くの方に古書展会場として知られるようになった、新古書会館の地下ホールが貴重本の展示場となった。私はこの日、朝から会場が閉鎖されるまでいたが、気になっている品の一つは、「続々人生劇場―序章（六）」とタイトルが書かれて始まる二百字詰九枚の原稿であった。原稿には署名もなく、

封筒の品名欄も〝続々人生劇場〟というのでは、尾崎士郎が、戦後書かなくてもよい多くの「人生劇場」続篇を書いた、それではと思えてしまう。これではあまり値打ちはない、しかし筆跡は本物、それも若書きのものと、私は判断した。私はそのペラ九枚の原稿を粗っぽく読んだ。

《「やい、馬方のドブ人足ども」

と「飛車角」は皺(しわ)がれた声で怒鳴った。「命が惜しかったら後へ下れ!」

天地にひびく大音響と言ひたいところだが、芝居の口上とはちがふから、そんな大きな声でわめきたてるひまはなかった。「飛車角」はそれだけの言葉をほんのひと息にしやべりまくつたのである。》

――飛車角、この名は「吉良常」と共に「人生劇場」をいろどる脇役達だ。いや、時には主役たる青成瓢吉が単に狂言廻しとなり、特に映画化などはこの二人を表に出して作られたりした。戦後は片岡千恵蔵・鶴田浩二などが飛車角を演じたのを私は観て来た。

もう紙幅がない。この品に人気はなく、三枚札の下札で私に落札していた。この原稿は間違いなく、尾崎が昭和十一年五月、「都新聞」に連載した。〝残侠篇〟の一回分だったのである。

『書物をなでて』紹介　(日本古書通信　'08年1月号掲載)

著者竹林熊彦、昭和二十三年七月京都の文芸復興社発行になるもう崩壊寸前のこの本を、私はもう三十年も架蔵している。

が、ある図書館の拂い下げ本で背に整理用の貼り紙がある上、用紙はいわゆるセンカ紙のため裏表で印刷の墨の乗りが違っており、読みにくいことはなはだしい。しかし私は、未だにこの本が処分出来ない。

《九州帝国大学司書官として十五年、京都帝国大学に転任して四年、二十年に近い歳月を、わたくしは殆ど毎日、書物を眺め、書物を撫で、書物を嗅いで過した。そのあいだの記録が、積り積って一巻の書物となるに至った。元来が読むべき書物を、人に読んで貰うのが仕事であったとは言え、眺めつ嗅ぎつ暮したことは、腑甲斐ない所業であったと罵られるかもしれないが、わたくしは決してこれを悔いない。否、むしろ、心のなかでは私かな歓びさえ感じている。》（以下略）が序文。そして第一部の目次だけ記すと、

書物のフイルム化／新聞とその保存／書盗／寄贈書／書物の複製／科学図書館／雑誌索引／図書の相互貸借／貸本屋／読書療法／点字図書／刊行文庫／出版

で、「書物のフイルム化」では、すでにマイクロ・フイルムの出現を予言している。「書盗」では、西欧のリブリー伯、アルヌルフ・コグレルなどの犯歴を述べ、九州大学で竹林が体験した例を挙げている。それは佐々木惣一博士の『日本行政法総論』が見返しのところから切り取られ表紙だけ残し、そこへ織田萬博士の『日本行政法』を一冊、これまた中味を切り取って手際よく貼りつけてあった、とか。「……貸付係は訝む余地もなく受け取ったが、程へて次の借覧者から注意を受けて始め

て気がついた程である」と竹林は書き、佐々木博士が当時高文試験委員だったので受験者の仕業であったろうが、例え受かったとしても、恐らく一生良心の呵責に攻められると考えると、いささか気の毒の感を持つ、とこのあとを書き次いでいる。

私がこの本を目的を持って眺める箇所と言えば「貸本屋」をおいてなかった。《図書館というといかめしくて近寄りにくいが、貸本屋といえば通俗で親しみがある。戦争中に図書館が門前雀羅を張っていたのに引きかえて、貸本屋が繁昌し、平和になってからも貸本屋が莫大な保証金を積ませ書物を貸し、法外な借覧料をとり、中には一かどの資産を作ったものもあると聞くと考えさせられることが多い》が書き出し。

話は明治へ遡り、坪谷水哉が東京市会議員だった時、東京市に図書館を設置する建議をしたいと考えたが、それには二人以上の賛成がいるので市会の古参者で第一の物知り、野々山幸吉に話すと、図書館とは貸本屋のことなのだと諒解してくれた。建議は野々山のお陰もあって全会一致、出来たのが日比谷図書館だったと言われる。

こうして竹林は、我が国に貸本屋が現れるのは元禄以後、明和・安永の前後、稗史小説が行なわれるようになってからと推測、近世へ下って明治期を詳述している。明治期の貸本屋は、坪内逍遥の『少年時に観た歌舞伎の追憶』中にある「貸本屋大惣」が有名だが、活躍地は名古屋だった。が幸い、坪内の本には「維新後の東京の貸本屋」の章もある。《東京の貸本屋で、明治以後に名を知られていた主なのは、先づ、芝の長門屋、本所相生町の三又、牛込山伏町の池清、聖堂脇の伊勢屋、

市ヶ谷の村田、浅草の大河屋（ママ）なぞであろうが……》が書き初めだ。

しかし、竹林の文章は異なる。《明治時代の貸本屋として著聞するものに「いろは屋貸本所」がある。明治三十二年の『新撰東京名所図絵』神田区上巻（風俗画報・第百九十三号）に「近来府下に貸本屋多しと雖ども、現今の貸本の方法を行ひ来たりしは、本店を創始といふも不可ならず」と記している》と竹林は店主の小林新造の具体像を記し始める（『東京古書組合五十年史』＝「貸本屋の変遷」中にはこの店の名が出て来るが詳述なし）。

その一例だけをあげると、いろは屋の最盛期は明治三十五年頃で、依田学海、松井松翁、加藤咄堂などが常得意で、その貸出図書の数は一日平均三百種前後、二日間の休日を除いて一ヶ月八千から九千、一年では十万に近い貸出数となった。当時帝国図書館の閲覧人員が年間八〜九万人にすぎなかったと言われる頃なのである。その上、竹林は、《いろは屋の蔵書は主として日新泰西流行著訳書で、これに漢籍と現代小説とを加えたもので……》とその仕入方法から本の補修法に至るまで調べ、この本に記しているのだった。

……どうにも知りたいと思った竹林熊彦の人となりは、嫁に言って調べて貰ったパソコンの検索によって最近私は知った。『近世日本文庫史』（昭18）、『西洋古代史概説』（昭5）の著、訳者、一九一〇年同志社専門学校を卒業した書誌学者で、日本の図書館学史の開拓と基礎作りに半生を捧げた人（一八八八〜一九六〇）と、その画面にあった。

「うきよ」のこと　（日本古書通信　'99年5月号掲載）

四月末の明治古典会に、「うきよ」なる雑誌が十冊、出品されていた。並んでいるのは最終台に近く、もう一点、ある作家の原稿十五枚もその台に置かれており、その日私が欲しかったのはこの二点であった。

普段は、遅くも四時位には開札が終るのに、この日は四時を廻ってもそこまで進まず、さすがに疲れて来た。開札が済んで落札者が運び出したり、合間に経営員が落札者別に仕分けしたりで、入札台にはところどころ空きが出来た。そこへ腰を下すと、今もっとも古本屋として働き盛りで、私より一廻り下のS書房さんも座った。

「何か、気になる品があるの？」と、Sさんが私に聞く。

「うん二点。もう開くと思うけど」と私。

「そう言えば、『うきよ』っての、もう発声しちゃった？」

「え？　参ったな。私もあれ、今日狙ったんだけど……」

「まさか！　じゃあ改メないと」と冗談を言うSさん。

「ねえ、四、五、六と入札したけど」
「俺は上が五万円台かな。やられたな」
「でも、その上を入れてる人があるもんだよ」

その十五分後、「うきよ」はやっと開札されたが、落札者は私ではなかった。そのE書店さんにも話しかけたが、やはりこの雑誌の「風俗」が面白そうだったので、と言う。実はこのところの市場で、「風俗」は人気分野の一つなのだ。特に戦前の風俗資料物の前には、当時の小むずかしい学術専門誌、哲学・文学研究誌、そしてひと頃のスター商品だったエロ専門誌も、値でかなわない。

その上、「うきよ」（ほとんど大正三年度）の目次たるや、

東都魔窟大探検記・変装記者銘酒屋女に化ける記・帝都名物朦朧車夫・賑しき浅草公園の女・記者総出真夜中の東京・最新柳橋芸者戸籍調査・東都落語家総まくり・結婚紹介所の悪手段・横浜名物チヤブ屋の内情・湘南避暑地に於ける名士の裏面・活生地獄足尾銅山の大秘密・婦人記者電話消毒女になる記・秋風冷き木賃宿を探る

など、みな専属記者が調査体験して書くもので、当時の庶民生活の底辺、出来事が毎頁写真入りで描写されている。口絵もカラー一枚、モノクロ四頁の写真が主要記事の参照として入る。また頁中には時計・指輪・それに「毛生え薬」「色白飲薬」「ルーデサック・ハート美人」の他、「男女生殖器全書」「八枚一組・面白珍画」などの別刷広告も盛沢山だ。

では実際の記事は、と言うと例えば大正三年六月号の「婦人記者帝都色魔探検記」。……麗かな花日

和の四月一日、記者は市内探検を思ひ立て社を出たのは午後一時半。什の電車も満員なので四台も待つて後ち、漸く跡から来た上野行に乗り込んだけれど、此電車とても一ぱいの人でツリ皮へぶら下つたまゝ身動きも出来ない始末。——が書き出し。こうして女記者（和服の中々の美人）は、上野の博覧会へ足を踏み入れたとたん、書生風の若い男に浅草へはどう行くのかと尋ねられる。「君も一緒に行かんかね」と誘われ記者は少しじらしたあと一緒に浅草へ出常盤座の特等席へ入ったり、オペラ館横のバーに寄り最後は宝来屋旅館まで着いて行く。ここで、さも打ちとけた素振りで住所を手帳に書かせてドロンするのだが、その一部始終が微に入り細をうがってルポルタージュされているのだ。その上ご丁寧にも、「小石川区大塚窪町廿四番地竹内方・築山澄治」と、男の筆跡まで写真版で載せる。何やら、八十数年後の、テレビの「逆ナンパ」の一場面を見る思いがするようではないか。

——実は、私はこの日「うきよ」を初めて見て、衝動的に入札したのではない。もう二十年も昔、この雑誌が六・七十冊縛られたのを、いつか大正時代を調べる材料にしようと買ってあり、そこへ何冊かがバックナンバーとして入るかな、と思っての入札だったのである。

それを話すとSさんは、十冊くらいは扱ったが、そんなに出ていることは知らなかった、と言う。そこで私は早速、翌日半日かけてこの楽文社発行の「うきよ」を調べた。分かったことは、大正二年一月辺りが創刊ということ。私の在号は、大正二年七月一日刊の五号から大正七年十二月一日刊の七十七号（途中増刊あり、内七冊欠）までの六十二冊、及び八十、八十四、百十、百二十号とあり、この百二十号は大正十年十一月号である。

ところが、在号はもう一冊何と、その間は全く飛んでいるのに、「第十巻・第百八十三号（昭2／4月）」というのまでがあった。特徴は少々厚冊にはなったが、頁毎の写真が十頁毎位に減ってしまう。そして編集後記には「号を増して行く毎に、本誌の段々と発展して行くことは嬉しい」とある。また、こうも言う。「本誌をして淫書などと云ふのは過去の事である。本誌の使命は社会の裏面誌であり、青年諸君の好き指針であるのだ」と。いや、編集者の主張は次の一節にこそあったのかも知れない。

「悪き事のみを挙げて、善き事を挙げねば片腹痛い事である。自家広告する訳ではないが、それならどんなものが高級なんだか教えて呉れ、（略）読んでも判らぬ七むつかしい論文をまことしやかにひねくり廻している人の顔が見てやりてエ」

ちなみにこの「うきよ」、「本号から愈々十万部を発行」の文句の入る号も見える。

7 私の徒然草

C「人物像の章」

不屈の作家渋川驍（日本古書通信　'04年7月号掲載）

渋川驍という作家と、昔会ったことがある。多分この作家が『宇野浩二論』（昭49・中央公論社）を出した昭和四十年代後半のことで、私はそれまで蒐集していた近代文学の本を、一作家ずつ古書展の目録品にしていたが、その回は宇野浩二を特集した。その三十冊ほどの出品中、六冊を注文してくれたのが渋川で、渋川が会場へそれを取りに来たのだ。私は「この人があの『島崎藤村』（昭39・筑摩）の著者か？」と思い、本を包んだあと、「ちょっとよろしいでしょうか」とこの人をベランダへ誘った。まだ三十代後半と若かった私からは、渋川はもう六十代の老人にも見える小柄で地味な風采の人だった。私はしばし、『島崎藤村』の読後感を話し、二三の質問をしたがその内容は覚えていない。永い間私には、渋川は『島崎藤村』の著者でしかなかった。

その後古本で渋川の『柴笛』という本を何冊か扱った。その三冊目くらいの時、私はパラパラとめくって、どうやら内容が少年時の自伝らしいことが分かり、後記を読み、付記を読むに及んで、その本を大切に保存することにした。〝付記〟は、

《この作品集は戦時中筑摩書房の古田晁君のすすめに従つて出版を思ひたつたものである》と始まり、それは昭和二十年のことで次のように続いていた。《私が最後の原稿をすべて渡しをはつたのは七月三十日であつた。古田君はそれをたづさへて、印刷事務のため八月五日信州に赴く途中、

午前十一時ごろ奥瀬付近で列車に銃撃を受けた。そのため乗客の中に多数の死傷者を出した。彼のすぐかたはらの乗客も二人即死した。その一人の血がちやうど彼が読んでゐた私の原稿の上に跳ねかかつたのだ。しかし幸ひにも彼はかすり傷一つ負はず、無事だつた。あの困難な時期にも、文学作品の刊行を休めず、そのためひたすら挺身的活動をつづけてゐた彼の勇気と努力に心からの感謝を表したい》

当時の渋川は、妻子を疎開させて、司書として勤め先の東大図書館の地下室で自炊暮しをしながら文学の仕事を続けていたのだった。こういう渋川につき宇野浩二が評したという〝目立たないしぶとい作家〟と、その作品集をもう東京で出版することが出来ず、郷里の伊那町で印刷しようと、生命の危険を冒して奔走していた出版社と、この二人の存在は記憶されてよいのではないか、と思ったのである。

『柴笛』にはこの戦時下の〝昭和二十年七月二十九日〟の後記のあと、右の二十年十二月二日付の付記がつけられ、昭和二十一年八月、筑摩書房の奥付で本は出された。私はポッポッと渋川の初版本を集め始めるようになった。渋川の著書はしかし、中々に見つからなかった。積極的に探したわけでもなかったが、それでも十年ほどでは、戦前の本が、

龍源寺　宇野浩二序　竹村書房　昭13
浅瀬　短篇集　赤塚書房　昭14
樽切湖　長篇小説　春陽堂函付　昭15

鳴龍　小品と随筆　肇書房　昭19

と四冊が集まった。『外套』（昭17春陽堂）『山雀日雀』（昭18八雲書店）はまだ未見である。そのあとが『柴笛』で、翌二十一年刊の棟方志功装幀の『残照』（生活社）は持っている。その後長編評論『森鷗外』（昭39筑摩書房）『議長ソクラテス』（昭40筑摩書房）『黒南風』（昭41筑摩書房）と出すが持っていない。要するに、沢山の本が売れる作家ではなかったのだ。

そして昭和五十年代末に見つけたのが『出港』（昭57青桐書房・発売＝星雲社）だった。当時私は、自分の思春期の日記を公表しようと格闘しており、これまで出された文学者の思春期を自伝的に書いた小説を読み漁っていた。『出港』はその中でもピタリ私の思春期と年齢で重なっていたのである。無論その後の歩みは天と地ほどに違った。渋川→本名山崎武雄はその後三年間旧制高校で学び、二十二歳東大倫理学部卒。二十五歳東大付属図書館に勤務、四十四歳国立国会図書館職員となる。五十七歳、武蔵大学図書館事務長。その後東洋大学講師、東海大教授。七十七歳、八年間の教授生活を退く。これが山崎の方の生涯である。

今、この山崎武雄の方の心の内を覗いてみることは不可能だが、『出港』が文学への思いで成ったことは確実である。その〝あとがき〟には、『出港』があの『柴笛』の続篇（「柴笛」を巻頭に再収録）だったことが書かれている。

《その後、あとを書きつぐ必要があると思っていたが、他の仕事につぎつぎに追われたこともあり、また一度途中で発表したために弾みを失ったような感じがして、なかなかその続行に取り組む気持が涌き上ってこないのだった。ところが幸いに、一九七三年八月になって、時間の余裕を得ることができるようになったので、それから一九七九年三月にかけて、あとの五分の四の部分を集中的に書き下ろし、その後ときどき折を見て、部分的に手を加えてきたものである》

そしてこの六十八歳から七十四歳にかけて書きついだ一千枚の自伝小説『出港』で、渋川は〝平林たい子文学賞〟を受賞する。

渋川はそのあとも十三年をかけて、旧制高校の生活を写した全四部構想の『潮間帯』第二部（平4青桐書房）を書き、第一部（内容は『黒南風』の復刻）と共に発行する。すでに八十七歳だった渋川は、翌平成五年に没し、『潮間帯』は第二部までで終った。

なお〝発売・星雲社〟で思いついた私は、『出港』以来の発行所・青桐書房の所在地を調べたのである。そこが渋川の住所、電話番号まで同じ、つまり実質自費出版だったと分かり、私は改めてこの作家の文学への執念にうたれた。

佐藤慶太郎と「東京都美術館」（日本古書通信　'15年7月号掲載）

がん研有明病院へ定期検診に通うほかは、この三月二十二日（日）の上野公園行は、めったにない遠出の一日だった。山への上り口の桜は咲き始めていたが、園内の桜はまだ蕾で同行の妻は不満げだった。やがてJR上野駅の公園口からは家族連れが吐き出され、行き先はどうやらパンダのいる動物園らしく、やがて長く入口へ続く行列になっていた。

この日私は目的の美術館へ行き、その人の名をかぶせた〝アートラウンジ〟で、朝倉文夫作製のその人の胸像を見、いわれを書いた掲示を読み、パンフレットを貰い、地上へ戻った。美術館には入らなかった。日差しは時期外れの初夏を思わせ、老夫婦はもう疲れた。東京国立博物館前の通りへ辿りつくと、タクシーから丁度人が下りたところ、それに乗って、聞くと運転手は、

「都立上野高校ですね、分かりますよ」と言う。

「その正門前でちょっと下して下さい。そのあとは池ノ端の先、伊豆栄とか言ったうなぎ屋さん

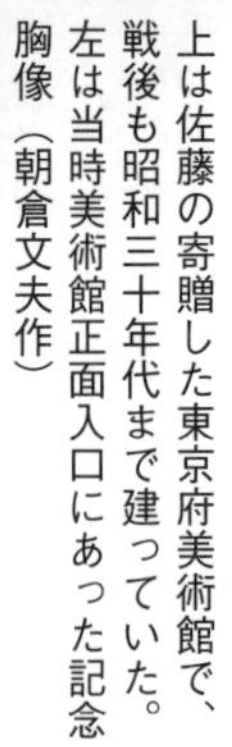

上は佐藤の寄贈した東京府美術館で、戦後も昭和三十年代まで建っていた。左は当時美術館正面入口にあった記念胸像（朝倉文夫作）

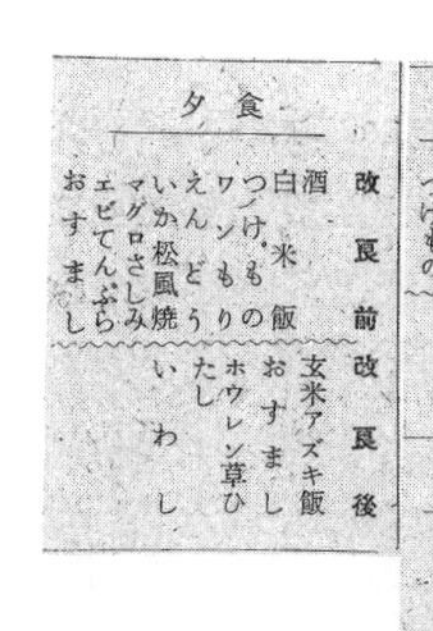

朝食

改良前	改良後
白米飯	玄米アズキ飯
味噌汁	味噌汁
いんげん	大根おろし
玉子2	
リンゴ	
つけもの	

昼食

改良前	改良後
スープ	リンゴ1
ハム	
ビフテキ	
パン（バタ付）	
コーヒー	

夕食

改良前	改良後
酒	玄米アズキ飯
白米飯	おすまし
つけもの	ホウレン草ひたし
ワンもり	いわし
えんどう	
いか松風焼	
マグロさしみ	
エビてんぷら	
おすまし	

の前まで行って下さい。たしかビルになってる店です」と私。

懐しい風景を左右に見て、車はすぐに上野高に着く。確か入口に大きな銀杏の木があったが？と一人下りてみたが、先程の美術館がこの六十年で二度も建てかえられたように、二年途中までその夜学へ通った学校はすっかり現代建築になって、もうその頃の面影はなかった……。

――ここからは更に昔、昭和十七年発行の書物『佐藤慶太郎（大日本生活協会刊）』の話になる。この伝記は四種の異本があるが紙型は同じもので、B６判の上製本、並製が二種、それに菊判の函入特製本があった。何故この本が我が愛読書の棚に残っていたのか？　私は二十歳から三十歳くらいまで胃弱に悩まされ、最低は46キロの体重しかなかった。古本屋の駈け出し時代で、朝から晩までオートバイで建場廻りをしており、胃下垂が高じたのだった。私は右の本を伝記を主体としては読まなかった。佐藤（明治元～昭15）は九州・若松市の〝石炭王〟と言われたが、五十代の頃再起さえ危ぶまれる胃の病いに取りつかれる。東京での重役会議を終え、佐藤がその話をすると、「それなら東京帝大の二木謙三博士に紹介しよう」と一人が言い、「あんな過激な二食主義を主張する男はダメだ」と言う者もあり、とりあえずと佐藤は帰郷前に二木に面会する。

「あなたの体と症状は私の若い頃とそっくりだ、私の説く食事療法を守れば胃は必ず元に戻りますよ」と二木。

帰ると盟友九州大の宮入慶之助の『食べ方問題』という本が二木から送られて来る。佐藤は二木の説と本に書かれた米国の実業家フィッツヤーの体験記などを熟読、我が身に左の宿題（献立表＝

一口を咀嚼100回）を課す。

かくて佐藤は一切の宴席を断わり美食をやめ、咀嚼の行者となって一ト月、始終胃のことばかり気にしていた佐藤の体は改造され、いつか胃のことなど忘れている自分に気づく。

私も更に改良（?）、朝は牛乳だけ昼、夜の二食主義を取り入れこれを実行した。私の体重は50キロ台に復調、やがて四十代には60キロ台に、六十代には70キロまで増えることになる。――こんなことで恩恵を与えてくれた佐藤の伝記を、もう一度読み直してみたのは昨年、朝ドラ「花子とアン」を見ている時。柳原白蓮の夫でこちらも筑豊の炭鉱王と言われた伊藤伝右衛門の人物像が連日放映されたからだ。しかしいろいろ言われた伊藤に比し佐藤の後半生は、アメリカのカーネギーにも匹敵するほどの慈善事業に没頭する人だったのである。そのキッカケは大正十年、石炭鉱業連合会の構想を諸財閥に説き廻った折、佐藤が眼にしたのが「時事新報」の社説で、『常設美術館』と題されていた。美術の保護は大切である。日本にはまだ公立美術館がない、明年開かれる上野の平和博覧会には二十万円を投じて仮設の美術館が作られると言う。世に八十万円を出して常設館を作ろうという心ある篤志家はなきか……という趣旨。佐藤はこれを読むと、東京府庁に河部浩知事を訪ね、一〇〇万円（現在の三十三億）の寄付を申し出たのである。

佐藤慶太郎と「駿河台山の上ホテル」

（日本古書通信　'15年6月号掲載）

今回はまず、先日東京都美術館内、「佐藤慶太郎記念アートラウンジ」で貰ったパンフレットの紹介から始めよう。観光で上京した中学生にも対応して作されたものか、18頁の所々はふり仮名つきで印刷されている。

佐藤慶太郎（さとうけいたろう）という人を知っていますか。彼は、「東京都美術館（とうきょうとびじゅつかん）生みの親」です。まだ日本に美術館がなかったころ、多くの画家や彫刻家、美術にかかわる人々が、「日本にも世界に誇れる美術館があればいいのに」と思っていました。せっかく絵や彫刻をつくっても、それを発表する晴れの舞台がなかったのです。江戸から明治、大正へと変わった日本。その新しい美術の歩みを世界に知らせる場所がなかったのです。

こうした中、一〇〇万円をポンと寄付した慶太郎のことは先月号に書いた。。分かりやすく時代的に補足すると夏目漱石が一歳上で、ほぼ同時代を歩んだ。慶太郎は明治元年、福岡県北九州市に父孔作、母なをの長男として生まれる。家は貧しかったが勉学の志高く、親戚から奨学金を出して貰い、福岡県立英語専修館に学び、その後も青雲の志に燃えて上京、明治法律学校（現明治大学）に入学、二十二歳で卒業するも病気のため帰郷。港町若松で石炭商の店員となり、店主の妹と結婚。四十歳、日露戦争後の石炭需要急増を背景に炭鉱経営に乗り出し、他の炭鉱も買収、二年後には従業員千人。事業をますます発展させ、大正六～十年、慶太郎は東西を飛び廻って主なる炭鉱業者を説き、石炭砿業連合会を組織し、手腕を買われ三菱砿業重役にもなった。そんな中、大正十年に至り遭遇したのが寄付の契機となる「時事新報」の社説記事だったのである。

パンフレットの「㈥社会奉仕の人生」で紹介される神田駿河台地区へ関わって行くのだ。

昭和九年慶太郎は六十六歳になった。佐藤は帝大の山下信義の紹介で岸田軒造を知る。二人に自分一代の努力の結晶たる財産の大部分を、挙げて生活研究所を設立、生活刷新大運動を計画する。そして協議に協議を重ね、決意を固めた。直ちに敷地を見て廻り、東京市神田区駿河台一丁目一番地の高台ときめる。

生活館創立の日（昭和十年三月一日）前列右より二人目が佐藤慶太郎

駿河台一丁目一番地に建てられた佐藤生活館（現・駿河台山の上ホテル）

佐藤が遺した唯一の揮毫

新運動の本拠地となる「佐藤新興生活館」は佐藤を理事長とし、ここに鉄筋コンクリート建地上六階、地下二階、総延坪一千（敷地650坪）の大建築が始められた。工事の設計監督はアメリカのヴォーリス建設事務所が担当、請負いは清水組であった。一年をかけて完成、調度品まで加えると総工費は約三十八万円であった。すでに佐藤は、この計画のために全財産百五十万円を提供しており、これだけは資料にない私見であるが佐藤は若き日明治大学（ここへも学生寮の建築に寄付）で苦学した頃を思い出し、この地を会館建設地に選んだのではないか。

なお、前回紹介の〝伝記〟にはこの時の「新興生活綱領」というのが印刷されている。

一、新興生活は霊的更生に出発す。後に「新興生活は皇道を中心とす」と修正。
一、新興生活は愛と犠牲と奉仕に生く。
一、新興生活は力を実生活の合理化に注ぐ。
一、新興生活は人と物とを活かす。
一、新興生活は近きより遠きに及ぼす。

実験研究、資料蒐集、図書館及び機関誌の発行、講師の派遣、講演会、映画教育、母性講座の実施、児童研究所、等々を掲げた「佐藤新興生活館」は誕生、文部大臣からは法人許可の指令も下りる。そこに昭和十二年七月、突如支那事変が勃発した。これがどう佐藤の「生活館」構想を狂わせたかは分からない。佐藤は昭和十五年一月十三日、帰郷していた別府の地で肺炎で没した。享年七十一歳。

月刊雑誌「生活」は少なくも昭和二十七年まで出され、昭和十二年に併設された「日本生活学院」は十四年四月には三鷹市下連雀二八七に校舎を移した。ここからは下村湖人の著書など十数冊が発行されている。この時点で発行所は日本生活協会で、駿河台の「佐藤新興生活会館」は「山の上ホテル」となってしまう。

その経緯はこうだ。昭和十六年、日本海軍が全会館を使用、戦後はＧＨＱに接収されＷＡＣ（米軍婦人部隊）の宿舎として使われる。その後昭和二十九年に吉田俊男が社長となり「山の上ホテル」が誕生した。川端康成など多くの文士がここに宿泊して小説を書いたことは有名で、昭和五十五年に大改装されて今日に至っていると言われる。佐藤の故郷での慈善行為はこれまたスケールの大きさに驚かされるが、もう紙数がない。

（日本古書通信　'03年3月号掲載）

秋山安三郎という人

東京えちけっと（昭28・創元社新書）
みつまめ随筆（昭30・朝日文化手帖）
随筆ひざ小僧（昭31・雪華社刊）
人生玉ころがし（昭49・永田書房刊）

右の秋山安三郎の著書四冊が、何となく我が書斎にたまってからもう何年になるであろう。主に東京について書かれた文献として、これらが中々に面白いのである。例えば秋山は「もんじ焼」について言う。――「お好み焼」なんて変な名前になってしまったが、昔の名前は「文字焼」である。炭火の鉄板の上へ、茶碗で一杯五厘位で売ってくれるうどん粉の溶いたのでいろはやアイウエオなどを描き合って遊んだからである。と言って「文字焼」なんて正しく発音したらその子はもう東京っ子ではない。「もん・じゃき」＝発音を漢字で示せば「紋邪気」である。その文字焼が専門に街頭に出て、太鼓をドンドン叩いて売り歩いたのがドンドン焼きになり、更に芸者屋町のもてあそびものになって「お好み焼」になったもの、とある。思い起こせば昭和十年代の下町郊外の屋台での呼称が「どんどん焼き」だったことで、こんないわれから来ていたのかと、筆者は「東京えちけっと」中で知った。

何しろこの人、明治十九年浅草生まれ、両親が死亡したため小学校を二年で中退、大変な苦労をして苦学、幼い頃から夢見た新聞記者となり、各社を経て大正十二年には朝日新聞社に入社。昭和十六年の定年後は劇評家、エッセイストとして八十九歳で亡くなる数日前まで劇場に通い、健筆をふるったと言う。そしてどの人物事典にも出される著書『鉛筆がきいろ〳〵』（初版は正続で戦前版というが、これは一冊になって昭24・小山書店刊）が、実はこのほどやっと見つかったのである。中の「小僧の唄」は、《春、秋、靖国神社の大祭があるごとに、私に思い出させる事がある》と書き出されている。

奉公先の主人に命ぜられて九歳の秋山は、その賑やかなお祭へ清水焼の小さな唐子人形の玩具を売りに行くのだった。また普段は、神楽坂勧工場の店番にも行く。少年は始終腹を空かしており、勧工場へ出勤するとまず入口でお猿用の生芋を横取りすることから始め、それを抱えて焼芋屋で焼けたのと取替えて貰うのが日課。そんなにまで苦労をしている孫を、暮に訪ねて来た祖父が見つけ、連れ戻してしまう。がそれからも少年の丁稚放浪は続く。彫刻師の弟子、活版屋の小僧、写真師の徒弟、外国商館のボーイ、どこにも落ちつけない。その秋山には子供の頃から「作文」癖があり、高じて十四歳で、小説風のものを新聞に投じて採用される。そして新聞記者を志し、「京浜新聞」の少年記者に採用される。

この後も紆余曲折があって、秋山は本物の新聞記者として「国民」「報知」「朝日」まで、通計四十年に余る記者生活を送る。この間、都合六人生まれた子の中の娘四人までを、父と同業の新聞記者に稼がせてしまう話を、秋山は『みつまめ随筆』に書いている。その上この本ではその娘達に、「長女の弁」「二女の弁」「三女の弁」「四女の弁」まで書かせ、頁中に挿入してしまった。

無論秋山の書いた記事はそんな楽屋落ちの記事ばかりではない。「五・一五事件の夜」「十二階が崩れる時」等社会性のあるものから「強盗被害者の収支計算表」「明治大正の浅草」、自叙伝「人生玉ころがし」等々の庶民の眼からの貴重な文章で本は満ちているのだが、ここでは『人生玉ころがし』中に収められた、「文藝春秋」昭和四十一年七月号に載せられたという「八十爺さんの新婚生活」を少し詳しく紹介したい。

秋山の最初の結婚は二十三歳の時で、花嫁は十七歳。――そしてこれは六十七歳の秋山が二十三歳の娘に求愛する話なのである。

《元来私は、自分が貧乏育ちのせいもあって世の中の弱いモノに味方し勝ちである。だから演劇評論家などとタテられて東京中の劇場へ出入りしていても、むろん底が女好きの性が十分に手伝ってるせいもあろうが、劇場で働く若い娘さんたちの案内嬢に同情が湧くのである》つまり秋山に言わせると、恐らくは自分達と同年配のお嬢さん、ないし奥さんと呼ばれる階級の同性が綺麗に飾り流行を求めて観劇に来るのに、唯々これを迎え、他人の歓楽に奉仕しなければならない仕事への、それは同情だったと言うのだ。そんな娘達の中に、秋山は生来己の好む豊かな頬を持つ娘を発見、見染めてしまう。始まりは娘の質問だった。

「先生はどちらの新聞社？」

「あれ、今まで知らなかったの？」と秋山。「読んでくれよ。新聞代くらい僕が拂ってもいい」

それから、二人のデートが続く。昭和二十八年のことで、常識には「お爺さんが孫娘でも追いかけている」と見えようが、秋山の外見はその頃で四十歳にしか見えないと評判だったと言われる。それも秋山には二十三歳下の二度目の妻さえある身だった。娘との妻には知られぬ関係が続き、妻が病いで死んで四年目に、秋山はこの娘と三度目の結婚をするのである。

《ともかく、四年間も女房の影の見えなかったわが家庭に、赤や、ピンクや真っ白なセーター姿の新妻が、嬌声を放ちながらちょろちょろ動いてるのを見る亭主は楽しかった。（略）／他人（ひと）はその夜のことを懸念しようが、これは心配無用だ、何しろ外見やっと五十代の男だ。双方満喫している》と秋山は艶福ぶりを記した。

秋山はこの後も九年間現役で過ごし、昭和五十年に亡くなっている。

串田孫一氏訪問記(上)

（日本古書通信　'05年9月号掲載）

七月九日付の朝日新聞は《「山のパンセ」をはじめ、深い思索に支えられた山岳紀行で知られる随筆家で詩人、哲学者の串田孫一さんが8日午前5時30分、老衰のため死去した。89歳だった》と始まる氏の死亡を知らせた。記事によると、串田氏の著作は山岳文学の他、詩集や画集、小説、人生論、哲学書の翻訳など四百点を超えている、とあった。

無論先生の活躍は多岐で、人それぞれの思いが違って当然だが、今の私には「日記魔」の大先輩ということと、同業の先輩品川力氏の友人としての氏の存在が思い出されるのである。とりあえず氏とのかかわりの始まりとして、私の愛読書だった背にラクダのマークの入った、講談社のミリオンブックス『表現の悦び』（昭31刊）のことに触れよう。

この本は文章表現についての随想を集めたもので、その根本は手紙と日記を真剣に書く習慣こそ、文章表現の基本と言っているのだった。串田氏は小学校二年生から日記を書いていたと言い、自らの日記の歴史を楽屋裏的に書いてもいた。

私はこれを、古本屋をしていた二十代半ば頃に、入荷して来る本から見つけて読んだ。その頃の私は昼間は貧しい古本労働者で、毎夜のわずかの時間で読書をし日記を書く文学青年に化ける生活をしていた。ともあれ串田氏の、

「けれども日記は本来発表されることを考えずに書かれているもので、そのため逆に発表の値打が出る」などの言葉に、私はどんなに力を得たか知れなかった。

一九八二年、私は開業以来の日記を元にして『古本屋三十年』を自費出版した。その節贈本した中のお一人がペリカン書房・品川力さんで、よくお話するようになったが、品川さんの話の中に「串田君、串田君」の言葉を聞いた。またその串田氏については、先生ほどの方がどんな無名人の贈本

にも礼状を出すという話は印象的だった。九〇年、私は九冊目の本『昭和の子供　遊びと暮らし』に、串田氏の序文を頂くことが出来た。私が串田氏と最初にお目にかかったのは、その三年後のことであった。

その頃私は、東京堂出版から出される『古本屋奇人伝』を構想中で、中に唯一人健在の方を予定していた。それが品川力氏で、御本人への取材は終っており、品川さんからは串田孫一著『日記』（'82・実業之日本社刊）を頂く。これは戦時下昭和十八年から敗戦直後二十一年までの日記で、中に品川さんの手紙が沢山引用されているもの。私は品川力の項をまとめるには、一度串田氏の話を聞くべきと思うようになった。同業の友人小林静生君は山岳古書を専門としていたことからも、串田氏の本に詳しく、また品川さんとは昔から親しくしており、やはり「串田君」の話は日常茶飯事だった。そんな小林君と相談、ある日思い切って二人並んで串田氏に電話を入れてみたのである。来週なれば、ということで、一九九三年四月二十八日、二人は総武線に乗って午後東小金井駅に降り立つ。約束の二時前に串田邸へつくが、自然に囲まれた塀も門もあるようなないような家で、ベルを押すとすぐにドアが開いた。

瘦身で長身に見える串田氏が、二人をガラス越しに庭の広がる応接室へ案内してくれる。曇り日でどちらかと言えば薄暗い中なのに電燈はつけられていない（もう薄暮という頃になって、やっと串田氏は点灯に立つ）。部屋の片側は本棚で、本や資料類に囲まれている。挨拶、持参のメロンの函を差し出す。串田氏は礼を言ってそれを片づけ、お茶を持って戻られた。早速小林君と串田氏との雑談が続いた。

「お二人とは、初めてお会した感じがしませんね」と串田氏。

「いや、品川さんからいつもお二人のことを聞いているせいでしょうかな……」

我々にとっても、もう永らく日曜日毎のラジオ放送で氏の声は時々傾聴しているし、その肖像は新聞雑誌で始終見ていたのである。次に私が、今日の訪問の主目的である品川力さんとの交友関係を聞き始めた。すでに串田氏の戦前学生時代に品川さんがレストランの主人だった頃からの二人は知り合いだった。

「品川さんは奇人と言ってよいのでしょうか?」と私。

「まあ、奇人でしょうね。吃音ということがその大きな要素になってると思います。吃音の人がすぐれた奇人という場合も多いと言います。私がある会に、品川さんの話を聞くよう推挙したんです。机に向かった品川さんがまず靴を脱ぎ、靴下を取り、例の扇子を机に置いて、シ、シシ……ナガワです、とやったので若い人達はドキモを抜かれたらしい」

「もっとも人と変っているところは?」

「今の話にも関連しますが、寒がらない、ってことがその一つです」

串田孫一氏訪問記(中)　(日本古書通信　'05年10月号掲載)

私は串田氏へ、品川力氏についての取材を続けた。

「人間性ということで言いますと、名利にテンタンとした人というのが品川さんから研究資料の援助を受けた識者達の品川力評と思うのですが、金銭にはそうでしょうが、意外と目立つことにはこだわっているように思えるのですが、その辺は？」

「それは……あの通り大柄で風貌もちょっと外国人みたいに見えるわけです。そして八十歳を越えてもオシャレで、シルクハットで電車に乗っているだけでも目立ちます。それで声をかける人がある。それが意外なほどうまい日本語で品川さんが答えるわけです。すると話しかけた人は、日本語お上手なんですね、って言ったりする。それを私にうれしそうに話すんです。確かに目立つことは嫌いではないようです」

「昔から好男子だったんですか？」

「それはもう……。よその奥さんが、品川さんが窓をあけるのを待ちかねて、見ていたという伝説もありました」

「女性にやさしい人とか？」

小林君は、品川氏が同業の女性に自著に署名して贈っているのを見た、と証言。

「図書館に行って、ここに寿岳文章の本はありますかって、受付の娘さんに聞いたらしいんです。女の子、しばらく探していたが戻って来て、ところでその文章の著者は？って言う。品川さん困って、いやその著者の名を忘れましたって帰って来た……」

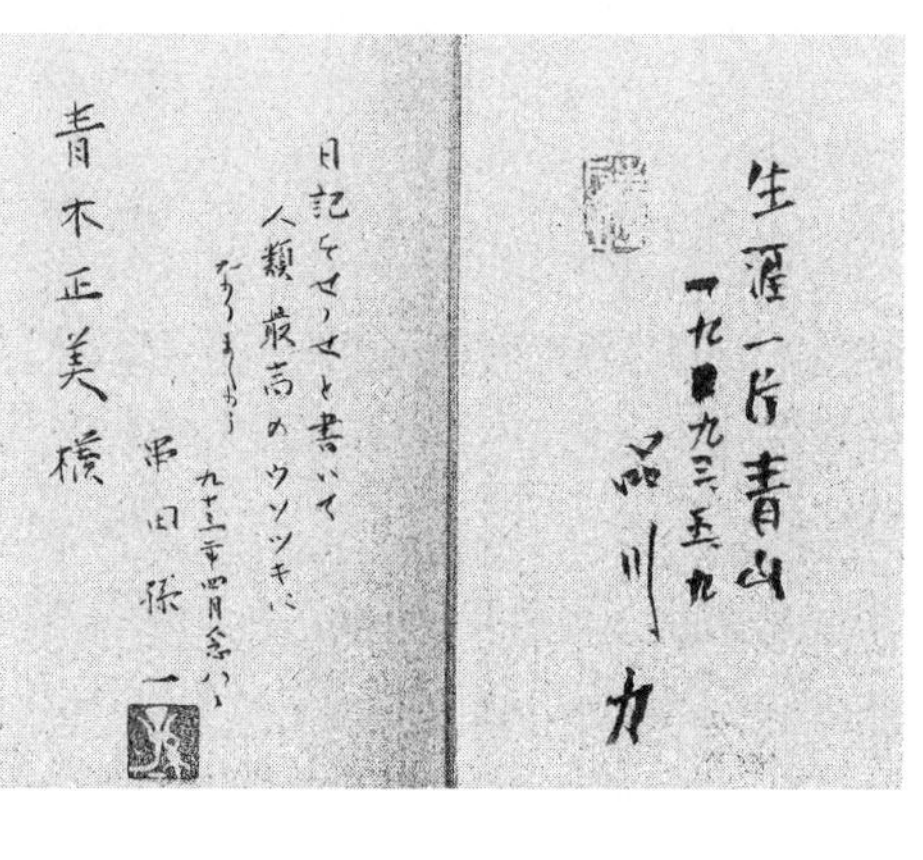

「女性に恥をかかせたくなかったんですね」

「古本屋としても全くおかしな人です。甲府の方まで何か遊技法の本を買いに行って来たと言って、自慢げに見せに来ました。儲けのことなんか全く考えない。それを非常に喜んでる」

「先生、多分その本は成沢玲川の本だったかも知れません」

「そう、玲川の本だった。そうだ、お母さんの兄に当たる人で、ペリカンの名付親って聞いたことがあります。いや、品川さんは他人のことでもそんな探し方で本を安く提供する人でしたね」

「串田先生との関連で、何か品川氏の逸話は？」

「僕は巣鴨で焼け出されたんです。山形に逃れて暮らしたんですが、全く本がないんです。僕にとっては本は日々の精神的食糧に等しいわけです。下駄屋さんの一間を借りていたんですが、田舎の人からは僕をこの男何者？　って眼で見ている。そこへ品川さんから送られる本のリストが来て、金はいつでもいいって言ってくれました。ボツボツ重い本が届き、順次棚が埋まり始めます。そこで田舎の人々から、こいつ何者かってことが分かって来たわけです。あの時品川さんという知り合いの古本屋がいなかったら、恐らく僕は農家の手伝いでもやるしかなかった。戦後もずっと上京が遅れたでしょうね」

「他には？」

「吉野秀雄には品川さんの紹介で会いましたね。内田百閒にも紹介しようと言われたんですがこれは辞退しました」

「力(つとむ)って名からも、本来は相当に気の強い方ですね」

「そうでしょうね。周知のように、品川さんは人名の間違いや誤植を見つける達人なのですが、指摘されて素直に認める人には寛大ですが、再版などでも直さない人のことは、あからさまに悪口を言いますね」

「串田先生を何と呼ばれてます？」

「串田君で通してます。私達の若い頃は〝君〟は敬称だったんですよ」

品川さんの取材は、結局要領を得ないもので終ってしまった。それより何より、私には串田氏には個人的に是非聞いてみたい〝日記〟という重大な事柄があったのである。

「先生、誠に済みません、品川さんのことはもう充分です。〝日記魔〟としての先輩として、先生から日記の話をお聞きしたいのですが……」と私は切り出す。

すると氏は立ち上って奥に消え、戦後初期に書いたという四、五冊の日記のノートが収められた函を持って戻られた。目の前にそれが重ねられたが、まさかそれを勝手に手に取ることは出来ない。やがてその一冊を氏が開かれたので、座っている位置から(正面に小林君、脇に私)、その頁を覗いた。さすがにザラ紙のもので、一行の卦の中に縦書きで細字で二行ずつビッシリ書かれ、全く書き損字も訂正もない。美しい文字が並びところどころには絵も入っている。氏はこの細字は当時のノートの出廻りの悪さからこうなってしまったもので、その後ふんだんにノートが買えるようになって文字は普通になったとか。現在ノートは103冊まで進んでいるが、この一冊こそもっとも昔のもの、と言う。

「でも28号となってますね？」

「残念ですが、それ以前のものは空襲で焼けてしまったんですよ」

串田孫一氏訪問記(下)

（日本古書通信　'05年11月号掲載）

ここで私は、失礼を返り見ずに串田氏に聞いたのである。

「日記魔同志としては、もうあきれるほどの先輩が串田先生で、内容的には比べものになりませんが、一応十四歳からの日記が現存するわけです。これは先生の実業之日本社版の『日記』で詳しく知ったのですが、それまで、小学校二年からの日記を空襲で焼くわけです。この中に、もう日記を書く気力がなくなった一時期のことも出て来ます。それからどう日記を復活されたのですか？」

「それはもう、日記などやめてしまおうと思うわけです。それまでの人生を無くしてしまったような絶望感でした。それでもやがて、やはりいつの間にか日記を書き始めていましたね。要するに書かないでいる生活に堪えられなくなってしまったんです。そう、生きてること自体が……書かないで寝てしまうことが……何か納まりが悪い、一日が終らないのです」

「なるほど、よく分かります。もう一歩、勝手なことを言いますがお許し下さい。普通作家は売文を始めたとたん、それまで書いていた日記もメモくらいになってしまいます。一方、串田先生のように、そうはなれず、もっぱらまるでこれが本務のように日記魔を卒業出来ない物書きもいる。例えば悪いかも知れませんが、血肉は日記で、公の文書は汗に過ぎない。と言って、日記は自ら発表するものではない、いや発表出来るくらいならその日記は売文用でしょう。従っていつまで経ってもアマチュア的なところが抜けないわけです。先生は数少ないそういう物書きではないのでしょうか」

さすがに串田氏は笑い出した。それから立ち上って、かなり分厚のノートを持って現われた。

「これ、一月から昨日までの日記です。もう余白も二、三頁ですから、四月で終りそうです」と、串田氏はパラパラと頁をめくって二人に見せるが、ギッシリと美しい文字で埋まりやはりところどころは絵入りであった。

「もう、卑俗なことなんかは書かれないのでしょう?」と小林君。

「いやいや、それがまだそうでもないのです」と串田氏。

「でも先生、日記魔が行きつくと、一種奇妙な意識を持ちますね。私は一時、日常の行動の中で、まてよこれを夜どう日記に記すのだろうか? なんて思ってました。例えばこうして串田先生とお話してる時、すでに日記にどう書くのかな、なんて……」

「青木さんは日記魔としても本物ですよ。僕の方も今そう思ってるかも知れないですからね」とまた串田氏は笑った。

「すみません、もう一つだけ。その先生の日記、その処置、処遇は考えておられるのですか？」

「これはねえ……」と言った切り串田氏。

「先生の日記が公表されてからの評価は、自分では見ることが出来ない？」

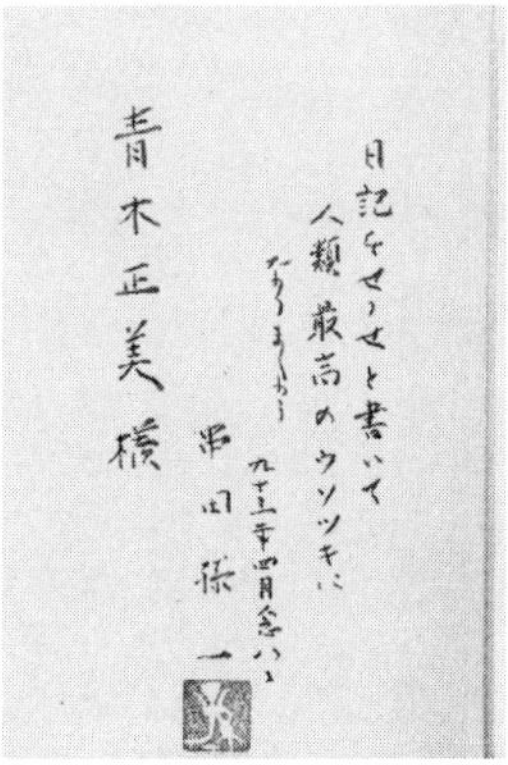

「いや永久に日記は出ないでしょうよ」

「もう日記の話はやめます。もう一つだけお聞きしたいと思っていたことがあるんです。寄贈本に必ず御返事されるというのは本当ですか？」

「それは本当ですよ。大体日に平均四、五冊あるんです」

「私も、初めそれを品川さんから聞いて本をお送りしました」と言ったので、三人大笑いした。

「先だってもこんなことがありました。電話がありました、百五十冊からの本を贈ったんだが礼状を寄こしたのは今のところあなた一人です。そのお礼をしてるんだって言うわけ。すると傍らで奥さんらしい女性が、あなたもう電話代が……って言ってるのが聞こえます。遠距離なんです。するとその人は傍らへ叱りつけている、電話代くらい何だ、お前この人だけが礼状をくれたんだぞ……ってね。これは別の人ですが、礼状は貰ったけど、まだ感想を頂いてないって、一年後くらいに言って来た人がありましたね。これには困った。お知り合いはこれが難しい。鈴木信太郎先生の時には失敗してるんです。一つでも先生の誤訳を見つけようとして中々見つからず、日が経ってしまった。それが外出先でお会いしましてね。先生は早速、本を送ったのに君は失礼じゃないかと叱られてしまった。こういうわけで……とやっと弁解してね。やはり読んでからってのもまずいんですよ」

………

その後小林君も山の話、山の古書の話を始めたりして、気がつくと三時間近くも経過してしまった。私は例の持参した『日記』に署名をお願いすることにした。

「日記礼賛のお言葉でも頂けないでしょうか」と私。串田氏の識語は、

日記をせっせと書いて
人類最高のウソツキになりましょう
九十三年四月念八日
串田孫一

であった。

（日本古書通信 '12年8月号掲載）

九品寺「一休地蔵尊」

「歩かないと、足が弱るばかりですよ」

と妻に声をかけられ、私は時計に目をやる。癌の予後、ある症状が不安で往復一時間以内の散歩しか出来ないので、私は今日のコースを考え支度をする。

よく行くのは、自分が入る予定の正王寺（赤門寺）。長男の店がある堀切と、次男のお花茶屋店の中間にある。墓は八年前に求め、はるか遠く感じられるようになった栃木県から移した。さかのぼれば、何代か前のここの住職は俳号・牛歩という子規門下の俳人だった、とか、あとで聞いた。もっとも著名な古刹はずっと先の普賢寺で、十二年前に死んだ次弟の墓がある。一番近い九品寺（くほんじ）は、散歩の途中にあり、広い駐車場の一角五十坪ほどが「一休地蔵尊」で、小さなお堂が建っている。一休さんの石像がこちらに向かい、傍らには「佐伯孝夫十三回忌記念」とあり、木蔭には休憩用長椅子も置かれている。が、ここを通ったりちょっと佇んだりする時の私には、いつも複雑な感情のさざなみが走るのだった。

……もう幾十年も昔、珍しく私が店番していると、妻から聞いていた作詞家が店のヌード写真集を買いに寄った。「そう、僕のところへは歌手なんかも挨拶に来るのよ」と名刺を出し、「ところで御主人、ワ印本なんか手に入ることありますか?」と聞く。一方私の方は、かねて用意の佐伯の戦前詩集『僕の青春』を持って来て、「サインを」と差し出す。……と、この話は平成二年十一月号に書いたので結果だけ記すと、「懐しいのでちょっと貸しといて」となったきり本は戻って来なかったのである。その後、本を市場で見ないことも重なり、小さなこだわりとなったのだが、最近ではそんな思いも薄れ、そう言えばこの寺には、佐伯の墓もあって当然と思うようになった。しかし敷地は鬱蒼と広く、住居もずっと奥まって造られ、いつも人影はなかった。この日、普段儀式時しか使われていない駐車場の草むしりをする、頬かむりの二人の老婦人が目に入った。気まぐれもあったが、私は声をかけていた。

「今日は。地蔵尊の佐伯孝夫さんのお墓も、このお寺にあるのでしょうか？」

「作詞家の先生でしょ？　ありますよ」と、一人が手をとめて私を見た。

昔少しだけ知り合いだったことを告げると、婦人は気軽に立ち上り私達夫婦を墓地へ導く。それは、特に立派な墓でもなくそれも「和泉家之墓」。私はひとり合点し側面を見た。

瑞龍院聖山居士／昭和五十六年三月十八日没／行年七十八歳

全く本人以外の記録がないのが疑問として残ったが、もっとも印象深かったのは行年七十八歳とある個所。何と、今年四月までの私の年齢だったのだ。すると傍らの妻が「あら、何か詩が彫られてあるわ」と、墓地の曲り角に小さな碑を見つけて言った。「いつでも夢を」の一小節のよう。佐伯の筆跡が彫られ、今それを写したいが、歌詞は著作権に触れるときくのでやめる。「確か吉永小百合と橋幸夫が歌ったんだよね」と私。

妻は「あの〝有楽町であいましょう〟もそうだった筈ね」と言い、「……でも、何でそこに〝和泉家之墓〟なんです？」とも。私はそれには答えず、もう一礼して九品寺を出、「多分……」と話した。

帰宅すると私は、初めて佐伯について『現代日本朝日人物事典』に当たってみた。まず「本名和泉孝夫」とあり、なーんだと思った。続いて佐伯は、戦前新聞記者から「燦めく星座」「新雪」「湯島の白梅」などを書いて作詞家となり、戦後も「銀座カンカン娘」から、

《昭和四十九年には吉田正作曲で「潮来笠」で十六歳の橋幸夫を売り出し、フランク永井や松尾和子のヒット曲を吉田正とのトリオで多く書いた》とある活躍は長い記述のほんの一部にすぎない。

その夜、私は先ほどの「本名和泉孝夫」の件で、墓前の間違った自分の早のみ込みを反省していた。実は佐伯の没後、一族は本宅と葛飾の別宅とが遺産相続のことで争っていると、週刊誌に報じられており、墓前では私は「和泉」はこちらの女性の姓だったのではと誤解してしまったのだ。その上、更に、

「でもそれにしても、何故側面の記録がたった一人なんだろう」と、その泉下での佐伯の寂しさを思いやる自分になっていたのだった。すると、先刻飲んだ眠剤で瞼の重くなり始めた私に、やさしい一休さんならぬどこかで見かけたヒゲの一休禅師の厳しい顔が闇に浮かび、厳しい声が聞こえて来た。

「馬鹿者！　ひと様の詮索はもうやめなさい。お寺が通りに面したあれだけの土地を、ちっとやそっとのお金で提供したとでも思うのかね。誰かがそれを寄進したのだろうよ。人生は所詮来世までの一休みの出来事なんだよ。もうお前さんも、この世の煩悩から解放された方がいい頃だよ。……喝！」

「校正の神様」

（日本古書通信　'95年7月号掲載）

過日、明治古典会の市場で二、三流どころの作家原稿の束を買ったのである。中に四百字十四枚にまとめられた「校正の神様」というのがあり、編集者の朱も入っていた。筆者名は沢田卓爾。〈Kは校正の神様と云ふ奇妙な仇名で広く文士の間に知られてゐた。それほど校正の仕事にかけては非凡な腕をもつてゐた彼に校正をしてもらへば、見悪い誤植は勿論のこと、幼稚な仮名遣ひの間違いなども綺麗に修正されて、絶対完全の印刷が出来ると云ふのが彼の仇名を得た所以で、月々有名な文士や学者から依頼される仕事が机にうづ高く積み上げられるにも拘はらず、稼げばいくらでも金になる仕事を嫌つて、怠けられるだけ怠け暮さうとしてゐたが、たまたま講談社あたりから埋草用の雑文でも注文されると、僅か十枚たらずの原稿を書くために図書館に行つて古書を漁つたり、うるさがれるのを承知で、専門家たちを訪問したりして、道楽とは云ひながら引合はぬ勉強をする結果、日々の小遣銭に不自由するばかりか、時には米櫃がからつぽになることがあつても、自分では一廉の文士気取で、校正業の関係から知合ひになつた文士たちの間を渡り歩ひてゐ、余技か本業か知らないが、文士らしく原稿に向ひはしても、渋滞苦吟の余りに、ひとりよがりの古めかしい俳文風の短文以上のものを成し得ることは珍しく、結局は何々往来と云つたやうな手製の好事雑誌を刊行して、それも二三号を以て有耶無耶のまゝに捨てゝしまふのがつねであつた。〉というのがその書き出しであった。

Kは言うまでもなく神代種亮のことである。筆者沢田卓爾は、食通でもあった神代との「蕎麦の会」での出合いから話を始める。集うのは各界の名士で、本草学の老大家・某博士もいた。博士がふと思い出したようにそこに取り出したのが木の根のようなもの。「これが分かるかね」と、鳥かぶとであることを皆に告げた。すると、何事にも口を出さないでいられない神代は、「なるほどこれが鳥かぶとですね」と、その蘊蓄を語り始めたという。次いで、佐藤春夫のところへ押しかけて行って番頭まがいのことをする。続いて近づいたのが永井荷風のところで、ジョンソン博士に従うボウズエルの如く夜のお共もするようになる。神代のもう一つの生活は猟書で、古本屋は彼の顔を見ると「又うちから何か掘出すんでしょう」と言うほど。沢田が神代宅を訪れると、「珍本の多くは生活のため売ってしまった」と言いながらも、製本中に没収されたという『ふらんす物語』と、別刷りの『腕くらべ』を取り出して見せてくれる。こうして沢田は神代の存在を、光明寺三郎、和田垣謙三、林田亀太郎、長田秋涛、志賀重昂、望月小太郎、松本君平などには番付は下だけれど、と断わりながらもその末流を酌んで無用の用を社会に充たした一人だった、と位置づけている。意外なのは死因についてである。沢田は末尾に言う。

〈因に曰ふ。数年前、彼が前述の本草学者のそれに似た急病でぽつくり倒れて、彼の世の番頭さんとなつたことは世の人の知る如くであるが、自から体に異変ありと心付いたときは既に遅く、階下の家族に急を告げるひまもなかつたさうだ。その後人のうわさに聞けば鳥かぶとのいたづらが彼の彼の急死にからんでゐるとのことであつたが、彼にそんな生兵法があつたかどうか、いづれにしても彼は恐しく風変りな人間であつた。〉

……私がこの神代文献を紹介したくなったのは、実は他の文献にはいずれも死因がぼかしてあるからである。

私は神代の出した雑誌もほとんど持っているし、その肉筆なども幾つか蒐集しているが面白いのは「銀座往来」の「西八月第三冊」である。一ヶ所「計算書」を「計積書」と印刷、校正の神様がペンで訂正してあるのだ。編集発行人のところは、

本郷区千駄木町五十番地住人
石州津和野産　神代種亮

で、郷里が森鷗外と同じである。

さて神代に関する文献だが、まだ一冊にまとまった伝記はない。それに近いのは後藤正兵衛「帚葉山人神代種亮小伝」で、野田宇太郎の雑誌「文学散歩」十七〝永井荷風記念号〟に、野田の解説付で載せられている。「校正の神様」「『校正往来』の発行」「出生とその家」「師範学時代」「家庭」「就職と上京」「性行・学識・交友」「未亡人神代宏子の手記」「死」「編輯雑誌目録抄」「執筆原稿抄」「会葬者」の項目に分けられた、三段組十八頁の労作である。野田によると、これは津和野に鷗外資料を調査に行って同町郷土館で見つけ、借り出したもので、後藤は郷土史家だったという。

ともあれ何と言っても、神代の名を一種不朽にしたものは、荷風が『濹東綺譚』を書き「作者贅

言」に〝神代帚葉翁〟として登場させているからである。これは、もし神代なくば成立し得ない彼の思い出からなる名文章で、荷風はどう調べたのか「書肆一誠堂編集部」に勤務したとも、神代の経歴を記している。

ただ、今調べ見るに、神代の没年は昭和十年五十三歳時である。「翁は」「翁は」と書いてあるからには、今はどこかに「註」くらい必要なのではないだろうか。荷風はそれとも、神代をよほど年上と思っていたのだろうか。

ある日記帳追跡

（日本古書通信　'08年11 12月号　'09年1月号掲載）

九月初めの、古書会館の古書展で私は一冊の日記帳を買った。

昭和十七年重宝日記
博文館　昭16／10月刊

で、博文館のこのタイトルでの日記帳は初見だったので、千円までだったら買おうと思った。正札はたった三百円。中は書いてあってもなくてもよかったが、チラっとめくるとたどたどしいペン書きが四月辺りまで埋まっている。私は会館の5階に借りているロッカーへ、その日買った五、六冊の本と共にしまった。それを市場の仕入品と一緒に息子が車で運んでくれたのは九月半ば。

私はこの日記帳を、自宅四階の屋根裏部屋の日記帳型態史のコーナーへ持って行こうとしたが、何しろ暑い。それで一階書斎の机上に積んで置いた。ある日私はその日記を手に取ったのである。日記は上部の欄に自ら日付を入れる形式のものであった。

《一月一日　木　晴／七時起床。戦勝の十七年の元旦を、とうとう病院で迎へたが、何とよき日であらう。／風もなく、実に静かな朝、顔も頭もきれいにして、部屋の窓から遙かに宮城を拝し、国家の繁営と皇軍勇士の武運長久を御祈りする。／それに治療の時に、もう何時、退院してもよいと云はれた。嬉しい。／十一時より三十分ぐらゐ、病院の近所を散歩する。／五六人の御婦人に逢つたが、皆ふだんと同じ様なかつこうをしてる。》

右がこの日の前半の記事である。午後は病気入院中に知り合った可愛い〝清彦坊や〟が急性肺炎で死亡、その同情の言葉などを並べ、《とにかく、私には無事一日が終つた》と記した。

この日記の主が何の病いで入院していたのか、また病院の所在も判明しないが、三日には《お風呂に入り治療して》もらって散歩。《横道へ入ると、両側に落ちついた家ばかり並んでゐる。三丁ばかり行くと古賀先生のお宅。一軒とても気に入つた家があつた、黒田寓としてあつた》

そして日記は、《午後から、とても頭が痛くなつた。表へ出たのと、お通じがないのと、メンスのなりかけなのであらう》と書かれ、日記の主が女性だつたことが確実になる。

六日、女性は明日の退院を控え持ち帰る荷造りをし、近くの「古賀先生」に挨拶に行き、また欄外には《中野弘子さんに手紙を出す》ともあった。翌七日、外科・皮膚科・婦長他病院中に挨拶廻りをし、「四十日」にして女性は退院、私宅へ帰った。《浅草の父母も来た》……それからの日記には、普通の家庭人でない記事がどんどん表われる。曰く「しばらくぶりで吹込み所へ行くと」「片岡千恵蔵さんから手紙が来る」「吹込みが有るので会社へ行く。社長山田さんが見えて、、四谷まで着いて来て再契約の事を一生懸命話し出した」「(越智さんが)三月に、北海道の話を持って来た」「〝船はくろがね〟の吹込み」などあり、一月二十七日には、

《十二時すぎ家を出て、新橋駅前へ行く。今日は日本音盤芸術家協会の総会が有るので、はじめて顔を出す。理事長が中山晋平さんで、いろ〳〵のレコード会社の人々が集り、何だかんだと決議してたが、結局まとまりつかない話ばかり。／情報局の海軍中佐、上田氏のお話がよかつた。四時に閉会してから陸軍省へ感謝状を、服部さん、高橋掬太郎さん、有島さんなどと持つて行く。／帰りに有島さん家へ寄つて行く》と記す。

ここまで読んで私は、この女性が作曲家古賀政男や千恵蔵とも知り合いで、レコード会社から再契約を求められていることや「越智」というマネージャーが出入りしている、当時の流行歌手らしいと知る。

日記が二月に入ると、日記の主の具体像と仕事ぶりまでが分かって来る。ただし、日記帳に己の名を表わすことは九十九パーセントない例はここでも同じで、これは最後までつまびらかにされない。

《二月四日　水　雪／八時起床。／今日より七日間新宿東宝に(三回)出るので十時半まで行かなければならないので一寸あわてる。(略)十一時までおけいこして一時九分が第一回、二ヶ月ぶ

りで唄ふのでこわい様な気がした。おけいこの時あまりハリキリすぎたので、二回目、三回目にな
つたら、やはり疲れが出て、かすれた。／司会者は東宝の福地悟郎さん。とてもお上手で感心した》
こうして彼女は、四日〜十日（内八日は日曜日で四回の興行――映画も併映か？）のショーを行
なっている。その間、九日には夜《山田さんが待つていた。いろ〳〵考へたが、結局印税なしで、
サラリーだけの再契約をきめた》とある。
ここまでで私の考えたこの女流歌手の名は、戦後も⑫チャンネル「懐かしのメロデイ」などに出
ていた「市丸」あたりだろうか、というものだった。
もう少し、この昭和十七年日記の読み込みを続けよう。二月十日までの新宿東宝のアトラクショ
ン七日間に出演した日記の主（女流歌手）は、翌二月十一日から更に五反田東宝に五日間出演する。
十五日が日曜日の千秋楽で四回興行、当分これで仕事もなくやれやれだった。
《帰りには、雪も晴れて星がまた丶いていて、何だか浮かれて家へ帰つた。ラジオをきいてたら、
待ちに待つたシンガポール陥落。兵隊さん有難とう〳〵》
が、一日おいて三日間、彼女には「揚げよ敵艦」などの歌の「吹込み」が待っており、そのあと父
母の住む浅草へ行く。
《浅草の家にしばらく居て、私は今日自分の血のつながる赤ん坊に逢つた。それは八百二の子、
ウソ見たいな気がする。してやられた様な気もするが又、何とも云へない可愛い身内の情がわいて
来た。／越智さんが居たので、父母とは何も話をする機会がなかつたがこれまでの母の苦労はなか

つたらうと思ふ》

そのあとも広沢虎造との「進軍節」他の「吹込み」。熱海には常宿があって何日おきかに休みに出かける。そんな三月三日の日記末尾は《明日から五日間、青森地方公演》の文字。四日、本田名部町昼夜二回、五日、藤崎町二回、六日、津軽尾上二回、七日、黒石町二回、八日、弘前市公会堂二回、九日、五所河原二回と、共演の黒ちゃんと興行。十日、連絡船で小樽へ。

このあと彼女は小樽市五日間、函館市二日の興行を終え帰京し、すぐに「白頭山」「さのさ節」他続々と吹込み。四月十日夜行で大阪へ出て、大阪千日前花月劇場へ十日間出演。共演は「御存知」柳家三亀松で、舞台では早速彼女の真似をしてしまい、《三亀松さんは悪い人だ》と書いている。――結局この四月二十一日をもって、博文館刊『昭和十七年重宝日記』への女流歌手の記入は終わる。

そして戦時下ということで言えば、この歌手の吹込む歌のタイトルが「進軍ぶし」「占領ぶし」という勇ましいものとなるのは必然だった。また早くも、花月劇場で公演中の四月十八日、二十一日には、大阪地区にまで「空襲警報」が発令されて、二十一日土曜日の四回目公演は「そのため中止」となってしまう。

そんな国情はそれとして、この大阪興行中の彼女は、まるで己の未来まで予想させるような言葉を、日記に記しているのだ。

四月十一日《逢ひたいと思つてた中野弘子さんが、京都に出てて、二十一日から御一緒だと云ふので、それを楽しみにすごさうと思ふ》十二日《中野弘子さんからお菓子と、香のものが届く。お

手紙が入つてゐた。／黒ちゃんは、そんなに嬉しかつたら、京都へ行つたら弘子さんと一緒に寝ろと、変な事を云ふ》

なお、「黒ちゃん」は、三味線かかけ声をかけるかの共演者で、付き人の一人だったようだ。前回「黒田寓」と記している男だ。二十日《今日でいよ〳〵大阪も終り。／明日から中野さんと一緒なので、それだけが楽しみ。夜、舞台終るとすぐ地下鉄で駅へ行き、京都行き。／桜家へ着き、遅くまで起きて三時頃寝る。明日の事を思ふと、心も上の空。ちつとも眠くない》

二十一日からは、新京極の花月で中野弘子劇団と一緒の公演があるのだ。この日、彼女はまず第一回を終えると、臨時の仕事、三七部隊の軍旗祭へ行って歌い、戻る。《中野さんがわざ〳〵三階まで上つて来てくれた。胸がドキ〳〵して、おかしい。（略）／嬉しい。今日から九日間、一緒に居られるのだもの。／茂ちゃんも居るので、無理やり中野さんを誘つて国太郎さんの三田屋へ御飯たべに行く。中野さん一座の川島さんと云ふ男の人も来る。嬉しくて〳〵仕様がない》

丁度三分の一ほどの頁を使ったこの日記帳は、以後永久に空白とされる。が、うしろから始まる一頁八ツ割にされた日付入のメモを見て、この日記の主の正体と、驚くべきこの人気者の収入などが分かるのである。

まず二月四日、新宿東宝に出演したメモ。「映画は〝清水次郎長〟、歌は次郎長ぶし・晋作どの・アリナレの勇士・霧の四馬路・吉良の仁吉」とあり、あとの二曲は確か「美ち奴」のヒット曲だ。美ち奴と言えば、あの「ああそれなのに」「うちの女房にゃ髭がある」の人気歌手ではないか？

またメモによれば、美ち奴は大阪、京都の花月劇場約二十日間の出演料だけで、二万円を領収と記している。

ちなみに、この年の美ち奴は女の盛りの二十五歳、胸こがして会った相手の中野弘子は、まだ二十歳の〝男装の麗人〟(女剣戟役者)であった。

昭和十七年に四月二十一日まで、人気歌手「美ち奴」が書いた日記帳。その日記帳が七十年になんなんとする平成二十年になって、神田・東京古書会館の古書展にわずか三百円で並べられるまで、どういう旅をして辿りついたのか? これこそ興味津々たる謎である。

が、まあそれはともかく、この日記帳が中野弘子という芸人と共演することになった日に終っていることにも何か意味があるのではと、私には思われた。近代芸能史についての私の知識では、大江美智子(初代)―不二洋子―中野弘子―浅香光代という〝女剣戟〟役者の一人が中野というくらいだった。

私はこの二人を手元の「人名事典」で引いてみたが見つからず、それではと、パソコン(主にGoogl)で検索した。まず美ち奴を引くと、一万件を越す情報があった。これによると本名は久保染子、出身地は北海道で十五歳の時上京して浅草で芸者になる。いつか浅草で人気芸者になっていた彼女は、昭和八年十六歳で松竹映画「東京音頭」のトーキー部分に参加、その甲高い美声が評判となった。

翌年〝浅草美ち奴〟名で「さくらおけさ」で歌手デビュー。一方、中野弘子。こちらの情報は千八百五十件だったが、中でも美ち奴に関連した話で満ちていることに驚かされる。主な出典として

は伊井一郎著、新宿書房刊、

女剣一代―聞書き女剣劇役者・中野弘子伝（平15）

があり、私は早速これを求めた。A5判の四百五十頁近い厚冊本で写真も豊富だ。巻末人名索引を見ると、父親中野豊次郎と二分するほど多くの頁を示すのが「美ち奴」。私はこれで、その後の二人の関係、日記につながる意味が辿れると思った。

『女剣一代』によると、美ち奴が中野弘子と出合った初めは昭和十四年。中野弘子一座が京都花月で「瞼の母」を上演した時に、十日間特別歌謡ショーを楠木繁夫と美ち奴がゲストとして受け持つ。この時の中野弘子は十七歳、美ち奴もようやく二十二歳だった。が、知名度には格段の相違があり、すでに美ち奴には「ああそれなのに」の大ヒットで、人気は全国的だった。その上美ち奴には翌年もう一曲「吉良の仁吉」がヒットする。ところが美ち奴は、この時中野の演ずる「瞼の母」の番場の忠太郎を見て、《緊張して、ものを言えぬぐらい》（美ち奴の言葉）の衝撃を受けてしまう。これが世間で言う〝同性愛〟的なものだったかどうかははっきりしないが、一方同時進行で美ち奴には慕情をつのらす異性もあった。

それはよくアトラクションで一緒になる楠木繁夫で、やがて中野弘子がこれを察し楠木に美ち奴の気持を伝える役を果たす。楠木も満更でなく「もう少し待つて下さい」との返事をしたが、何故か別の女性と結婚してしまう。怒った中野は楠木の宿泊先に乗り込み、あらん限りの言葉で斬り捨てて帰り、「美っちゃん、これでもう彼のことなどさっぱり忘れてね」と言った。その後美ち奴は日活の俳優中野浩二と恋に落ちたりするが、それ切り恋は諦め、唄の道だけを選ぶようになる。

その後世間では、美ち奴と中野を同性愛などと噂さするが、二人の友情は崩れず、いつか京都の美ち奴の常宿には中野一座も寄宿するようになった。美ち奴のマネージャーは、「何日から何日まででは中野さんの所へ行くから明けといて」の言葉に泣かされるようになる。唄で出ればいくらでも金が入るのに、「中野さんの舞台に出たいの」とまで言い出す。……昭和二十年七月、美ち奴は中野の一座と和歌山の和歌山劇場に出演中だった。そこへ大空襲が。丁度舞台が終ったところで、劇場は全焼したが観客、一座共に難を逃れた。すでにこの二日前、美ち奴は浅草の空襲で両親を失っており、その霊が助けてくれたのだろうと思った。

昭和五十年代に入ると、美ち奴が病気になって働けなくなる。病院を転々としたあと、美ち奴は中野が世話して江東区の特別養護老人ホーム「むつみ園」に入所した。後に同じ老人ホームに中野弘子も入って来て、二人は穏やかな晩年を過ごした。美ち奴が七十八歳で没するのは平成八年五月二十九日。中野が看取ったが、その中野も美ち奴の四十九日を執り行なった後の八月三日に死んだ。『女剣一代』には沢山の芸能界エピソードが語られているが、ビートたけしの師匠として知られる深見千三郎は美ち奴の実弟だった。しかしその死は早く、酔って帰った浅草のアパートで火事を出しての焼死だったと言う。

こちらは中野弘子側の話だが、中野の男役の所作に惚れた美空ひばり母娘とのいきさつも記される。また中野の聞き書きをした伊井一郎の証言では、町屋火葬場での中野のお通夜で見た三、四人の葬儀のこと。伊井は後日、それが家族のみで行なわれていた渥美清の野辺の送りだったと知ったと言う……。

本多静六という人　（日本古書通信　'12年3月号掲載）

文学書の雑読が、私の古本屋人生をきめたのだが、一方では処生法の類、中でも本多静六本は見かけると読み、商売用にしない一揃いは取ってあった。

『成功の近道』（昭4）、『幸福なる生活』（昭16）、『決戦下の生活法』（昭17）、『耐乏下の生活の実践』（昭19）、『克乏の食生活』（昭21）、『私の財産告白』（昭25）、『私の生活流儀』（昭25）、『本多静六体験八十五年』（昭27）等。

今度ざっと書庫で見つけたのはこれだけ。本当はこの他十数点はあった。昨年の地震で散らばり、破壊された五、六冊は捨てた。夏目漱石より一歳上の本多（一八六六～一九五二）の経歴を簡単に記すと、苦学してドイツに留学し、日本の森林学を確立。日比谷公園の設計、鉱毒事件の調査も有名。傍ら「一日一頁」の執筆を自らに果し、専門書を含む著作を続々刊行。

おかげでつまらぬ本も多いが、各種三百七十余冊の著書を生み出すことが出来たと、『体験八十五年』には書かれている。頁中には明治二十五年からの「教授大要」が記され、昭和二年、帝国大学名誉教授となるまでの40項目が列記されており、更に「停年後の仕事」も昭和三年の「日本庭園協会々長となる」から34行の肩書が表にされている。

始め私は『幸福なる生活』を愛読した。本は背丈の二倍もの自著と並ぶ写真が巻頭を飾り、「私の生活信条」「職業の道楽化」「本多式貯蓄法」から、「恋愛と結婚の常識」まで九つの見出しで進む。

《そもそも人生当然の行為は、すべて善であるから、私は食欲も性欲も自然欲も善であると観ずるがこれを濫用し悪用するから悪いのであって、適当にこれを善用すればこの三欲ほど有難いものはない。人の成功も幸福も、家庭の平和繁昌も国家社会の進歩発達も、この三欲善用から生れ起こるのである》というのが本多本の基本で、例えば「本多式貯蓄法」には、〝貯金＝通常収入1／4＋臨時収入10／10〟などと数式まで提示する。本多は自身、早くから株式、山林、土地へと投資、大学の俸給を越える収入を得ており、すでに多額の寄付による社会還元を果たしていた。

さて私は今、目前にする本多の遺著（本書発行と共に没）とも言える『体験八十五年』を見ている。本文は相変らず少年時の苦労話から始まっているが、「戦後」が本多の表現に微妙な影響を与えたのか、「後藤新平と私」「渋沢栄一と私」などでは思わぬ交友秘話を公開、出版関係者も博文館父子（佐平、新太郎）から戦中の菊池寛とケンカ別れした話までしている。

ただこの本で、もっとも面白い部分は長い長い「あとがき」にある、と私は思う。まずは本文で、人生即努力、努力即幸福の信念は変りないが初期の人生計画を取り消し、「心の欲するところに従う」から「ただし八分以下に通減」と直し、その要旨は、人間二十までを第一期教練期となし、二十一歳以後四十五年間を勤労期、六十六歳以後の二十年間を第三期御礼奉公時代すなわち、名利を超越して世のため人のため他人のために働き、八十八歳以後を第四期とする、と改めようとする。

そして「あとがき」。私は偽善者であったとまで断わり、続ける。《思うに、世の中には何処にも何にでも、真偽の両面がある。若いうちは誰しもその一面しか分からず、すべてが真であると信じやすいし、又すべて偽であるとうたがいやすい。そうして何事にも一図になってしまうものである。それが年とって来ると、やがて真偽の両面がよく判り出して来る。（略）／実は私は老来自分のことをしゃべりすぎ、書きすぎて来た。しかしそれには幾多の過失や失敗、その他都合のわるいことは一切後回しに来たので、何も知らぬ世間の人々は、実際以上に私を買い被って、過褒の言すら送って下さることが多くなった。中には本多をなか〱エライ奴と思ってか……》と延々告白を続ける。しまいには、

《いわゆる政治家にしたところで然り、野党の場合には、わが党が政権を取れば、さっそく行政の大整理を断行して、国民の負担を軽減して、国利民福の実現をはかる方針だ、というぐらい、大風呂敷をひろげて大声疾呼しなければならぬし……》と、まるで平成二十四年現在の政治情勢を言っているような論まで展開するのだ。

しかし考えてみれば、「人生五十年」だった頃（昭和二十七年）の八十五歳の老人が死ぬ間際にこれを書いたのだ。これは戦前戦後と人の道を説いて来た本多の「ざんげ録」であったのかも知れない。

……以上まで書いて私は例の如くネットで「日本の古本屋」を眺めた。すると原本（講談社刊）の販売はなかったが、三年前にこの本が実業の日本社から復刻されていることが分かった。ただ「あとがき」がそのままかどうかは見ていないので分からない。ちなみに画面には、出身地埼玉県久喜市に本多静六記念館があり、今に至っても毎年本多の名を冠した奨学金制度が催けられているという偉業も、くわしく紹介されていた。

ある点鬼簿　（日本古書通信　'13年2月号掲載）

昨年物故の有名人報道に、わが脳裏を横切った記憶。

中村雀右衛門。二月没、91歳。この人は大谷友右衛門だった一時期があった。――十九歳後半、私は墨田区の町工場に勤めた。ブリキ玩具の組立工で、いつか夜学へ通う女工のユリちゃんと交換日記を交す。が、ある日ノートを母親に見つかり、強く叱責されてしまったと私に告げ、涙ぐんだ。私は故意に別の娘に接近、のんびりと帰り支度をするようになる。ある時その娘と談笑していたが、ふと見ると夜学のためいつも足早に出て行くユリちゃんが立止まり振り返った。そこには怒りとも哀れみともつかぬ眼で私を見ているユリちゃんがあり、私は全身が氷りつくのを感じた。私はその夜、二年前千住東宝で見た映画女優のことを思い出していた。

……友右衛門が梨園からデビュー、『佐々木小次郎』を演じた。その愛人となるのが、宝塚から抜擢された新人、宮城野由美子。内気と見える楚々とした容姿なのに、その瞼は情熱に溢れ、暗闇の中まるで私が見つめられているようだった。昔は月形龍之介が扮した小次郎がこの映画では夢多き若者であった。大阪城で知り合う出雲の阿国一座の娘の一人が宮城野で、二人はすぐに引かれ合った。小次郎は追って来た宿敵、東野英次郎の鎖鎌使いに大怪我を負うが、藤原釜足の島兵衛に助けられ、山小屋にかくまわれる。娘の看病で恢復に向かう小次郎は早くも剣の道だけに邁進し、河原で飛び交う岩つばめを相手に剣に熱中する。一方すでに己れの儚い運命を知る娘は、ふと小次郎が見上げる崖の上から、全身に思慕の情を込め見下していた。――こうして、死を賭した娘の気魄こもる扇の舞いからヒントを得、小次郎は秘剣「つばめ返し」をあみ出すのだ。が次の瞬間、娘は崖から深淵へと身を躍らせてしまう。……

私は、次の年古本屋を開業、のちその年の日記を『二十歳の日記』として本にした。その後夜間の大学へ進んだユリちゃんは、幾度も貧しい古本屋を訪れてくれたが、二度とあの時のような瞳で私を見ることはなかった。

吉本隆明。三月没、87歳。この人の名を見かける度に、私は業界の恩人鶉屋書店主のことを思い出してしまう。二人はほぼ同時代人で、若き日詩人だったことで共通していた。古本屋と客だったたが、初めはどんな会話からの交際だったのだろう。

地井武男。六月没、70歳。三年前の「ちい散歩＝お花茶屋」で、次男の自動車古書専門店が選ばれた。放映直後きちんと自筆の礼状をくれたというのに感心した。

山田五十鈴。七月没、95歳。八年前、『恋する一葉』なる、NHK放映のドラマに、私は堀切の長男の店舗共々、怪しい古書店主として出演した。そこに挿入された映画『樋口一葉』の山田の凛とした一葉像が忘れられない。高田稔が半井桃水に扮し、高峰秀子が美登利で出てくる。美登利が吉原遊廓に売られる場面もあり、数年後機会あってビデオを購入、全篇を見ることが出来た。その節一緒に手に入れた作品に『鶴八鶴次郎』『婦系図』、もっと初期の『祇園の姉妹』まであり、山田の若き日を堪能した。

大滝秀治。十月没、87歳。確かに、忘れられない個性的な脇役だった。昔一度、京王百貨店の古書市で応待したことがあった。買って行かれた本は『宮本三郎画集』で、私は余計な口出しもした。他店の棚で見た宮本の「従軍画集」のようなものを取って来て勧めたのである。大滝はすぐ、「そういう時期のものは…」と、あの声で断わった。

森光子。十一月没、92歳。『放浪記』二〇〇〇回記念のNHK収録舞台を、テレビで見た。脚本は菊田一夫、初演の時、森光子はすでに四十一歳だった。菊田にも詩人時代があり「太平洋詩人」の頃に主人公と知り合って、己も本名で登場させている。ただ映像は、芙美子死亡時の書棚が見え、ずっと後年発行の文学全集の背文字が並んでいるのは興覚めであった。

丸谷才一。十一月没、87歳。「第三の新人」辺りで評価の終っているわが個人的感想から、新聞その他マスコミの大作家扱いに驚き、自分の不明を反省した。丸谷の原稿は東京新聞「大波小波」用の数篇（印刷前は本名も記入）を市で購入している。

中村勘三郎。十二月没、57歳。中村吉右衛門『一条大蔵譚』と共に、私は勘九郎時代の躍動感ある『鏡獅子』を、眼の前の席で見せて貰った。もう二十年も昔で、その数日前、石川近代文学館の新保千代子さんの電話があったのだ。「約束の相手が急に来られなくなったの。あなたよければ……」と。

私はどこから出発しどこまで歩いてゆくのでしょうか。／青木さんのような方と、いつも喋っていたら、少しはわかるのでしょうに！

一九九二年十月十三日

新保千代子

持参の著書『室生犀星―ききがき抄』に書いて頂いた言葉で、新保は二〇〇四年・90歳で没。

「福次郎さん」―古書通信一〇〇〇号に際し

（日本古書通信 '12年11月号掲載）

縁戚など八木姓が多く、ずっとそう呼んでいた私。お世話になったばかりか、知遇を得なかったら別の人生を歩んだに違いない。私の見た範囲では、晩年まで最も親しかった方は崇文荘書店・佐藤毅氏。共に愛煙家でお酒にも強く何でも話し合えた人間は、私を福次郎さんに紹介してくれた小林静生君だったろうか。

昭和四十年初め、私は明治古典会の経営員に選ばれ勉強のためすでに古書通信の読者ではあったが、永い間福次郎さんと個人的おつき合いはなかった。下町で開業した小林君を頼りに作った、最初の本が『昭和少年懐古』、小林君はもう全業界人とのつき合いがあり、一緒に編集部を訪ねる。健脚、行動の人だった福次郎さんはすぐ徒歩で、毎日新聞社へ連れていってくれる。この昭和五十二年、福次郎さんは六十歳前半、私は四十四歳だった。そして一週間後、その時の取材が全一面の「夕刊ワイド」として毎日新聞を飾り、千部の自費出版本は見る間に消えて行き、手許に現金封筒と感想文の山が出来た。

その五年後、私は『古本屋三十年』を出し販売を八木書店卸部に助けて貰う。古本屋が書いた本など反町茂雄本くらいしかない頃で、三千冊が売れた。次の昭和五十九年刊『蒐集三十年』は、福次郎さんにお願いして古通の出版社名を拝ぐ。その函付シリーズ本は『日記蒐集譚』『掘出し奇譚』と続き、とんで『下町の古本屋』まで出す。なお、ある時、古通で紹介された人に東京堂出版の松林孝至氏がおり、『古本屋控え帖』から始まり、以後十冊も出版して貰うことが出来た。

一方私は、興味のあった業界史を福次郎さんに学び始めた。それを福次郎さんは、戦前期からを人名を伴なって昨日の如く提示される。資料も教え、あるものはコピーを取らせて下さる。私は終日入りびたる日もあった。次は日本文芸社ビルへ、やがて駿河台ヤギビルと移り今日となっている。古通の事務所は初め旧古書会館にあり、窓からは古書展を待つ長い行列が見えた。

福次郎さんは色んな諸先輩を紹介してくれた。大阪の尾上政太郎氏は浪速書林主人と共に必ず、年一度の明古七夕市に上京、古通へ寄った。それからの尾上氏は私に、大阪業界の動静やら、氏の戦前盛業中のこと、当時の東京との交流などと資料まで添えた「蒐文洞便り」を、没年まで五、六十通も送ってくれた。昭和六十三年、夫婦で京都旅行をした時には一日、大阪に寄って、氏の住む高層アパートを訪ねた。

さて、多少前後するが、私の立場は未だに明古の会員であり、一時は「趣味の古書展」の同人だった。そこでは明治堂書店主、時代や書店主なども一緒だった。後年の、「彷書月刊」に100回まで連載し、ちくま文庫の『古本屋群雄伝』となる文章は、全ての項で福次郎さんのお世話になった。即ち、江戸川乱歩、平井通、渡辺順三、斎藤昌三、石川巌、芥川徳郎、伊藤敬次郎らの数々のエピソードがそれだ。また、『古書組合五十年史』への文章が遺文となってしまった篠原進太郎氏、『芥川龍之介自筆未定稿図譜』の作成に晩年の情熱を傾けた角野忠蔵氏については、文献だけでは決して人間像は描けなかったろう。

やがて、私のものなど無論のこと本の売れない時代が来た。私は相変らず古通の名を借り、かつ編集の樽見博さんの助けを得て自費出版を続けた。……平成十七年、私は福次郎さんに難題を持ち込む。私の業界史への興味は、ある畏敬する人物につのった。明古に入会した時の会長、反町茂雄氏がその人。勉強会にと誘う人もあったが、私の興味は業界史上この人を措いては人物伝の天睛を欠くのでは、ということにあった。やがて氏も私の書くものに注目してくれ『紙魚の昔がたり＝昭和篇』には私の「下町業界を語る」を入れてくれた。私はまた、小林君と江東文庫主と三人で季刊誌「古本屋」を出し、反町氏には幾つもの文章を書いて貰う。容易に原稿は届かない。高じてその西片町訪問時には、帰りの電車の中で、氏の言葉のメモを取る。没後その晩年十年間の記録を『古書肆弘文荘訪問記』として編集、草稿を福次郎さん、樽見さん、折付桂子さんに読んで頂く。

八木家と反町氏の親しいご関係は昭和初期の一誠堂時代からだ。青木の文章が単純に反町氏礼讃のものでないのは分かっておられたに違いない。そこにはご自身の反町像への、その時々の感想も入っている。その上私は、同業間の複雑な反町評を文章に忌憚なく盛り込んでいた。半端でないお気持の葛藤もあったろうに、最終的に古通での出版名を許して下さる。実は並行して私は別行動でお名前は出さないからと約束し、反町氏のお近くに接していた方の校閲をわずらわせてもいた。本はその年発行され、坪内祐三氏などの書評も出て、すぐ少部数の二刷となった。

四月の福次郎さんの偲ぶ会には己の不様な体を晒せなかった私を、福次郎さん、どうか許して下さい。

（日本古書通信　'07年9月号掲載）

『乳房よ永遠なれ』

再び本の話などをさせて頂く。

先だって、床についてうとうとしながらＮＨＫラジオ〝深夜便〟というのを聞いていたのである。どうやら「俳句教室」の時間らしく、女性アナウンサーに講師の俳人が俳句の応募状況を述べ始めた。

「実はこのところ例のオペラ歌手が歌った〝千の風になって〟という歌の影響でしょうか、〝千の風〟という言葉の入った句の投稿が実に多い。すぐやむと思っていたのですが、その後も続々と〝千の風〟を入れて来る。今夜これを言うのは、私はこうした流行の言葉を入れた句は取らないと言いたいためです。いくら今は理解出来ても、何年何十年かしてその句を見たとしたら、何を言ってるか分からない句になるからです……」

講師は続けて、「実はこの歌詞の、私はお墓になどいませんということを、もう昔に短歌にしていた方がいたんですよ。五島美代子という歌人です」と講師はその歌を詠んだ。が、もう半睡の中だった私は、その歌が〝千の風になって〟とモチーフが同じだったことに感心はしたが、それを思い出せない。

ただ翌朝すぐ、私も「千の風になって」を聞く度に、若き日に観たある日本映画のことが気になっていることを思い出した。いや実は、その二、三日前の古本市場で、一しばりの歌集の中に『乳房喪失』を見つけ、同業の迷惑もかまわずそこに立ちつくし頁を追い、私の思い出の歌を探し続けていたのである。その歌は後半の、

例えば君の肩にも乗りて

というフレーズだけを覚えているものだったが、その歌集中にその歌はなかった。

……その映画は昭和三十年頃の製作になり、題名は「乳房よ永遠なれ」だった。主人公の女流歌

人に扮したのは月丘夢路、子供を連れて離婚しやっと名を成したところで癌に冒され乳房を切除される。その不治の女流歌人にからむのが葉山良二の新聞記者という筋立だったかと思う。私は映画の中で、スクリーンに文字で流れた短歌の一つを、うろ覚えに覚えていたのだった。

　そんな七月二十日の金曜日、明治古典会の用事などで忙しく、いつも午前中降りて覗くことにしている地下の古書展に行けなかった。午後、もう目ぼしいものはあるまいと、あきらめていたが、この日何故か後ろ髪を引かれる如く古書展の本が私を呼ぶような気がした。「一体私を呼んでいる本とは何だろう?」

が、一廻りしても何もなく、無理々々五百円の本を一冊持って入口近くまで来た。……と、売場前の店の棚に、新書判の本が一冊後ろ向きに挟まったのが見えた。「もしや?」と抜くと、私がこのところ探していた若月彰著『乳房よ永遠なれ—薄幸の歌人中城ふみ子』で、それも見たこともない装幀の本だった。値は七百円。私はさっきの五百円の本を書店に返しに戻り、この本を求めて出た。そして本は希れに見る〝掘り出し本〟と分かった。

　私もこの本を何度も売った経験を持つが、『愛と死を見つめて』や『何でも見てやろう』『氷点』の初版がめったにないのに比し、このベストセラー本が初版帯付だったのには驚いた。周知のように、頁はまずタイトルに続き、病床でこちらを見つめるふみ子の肖像と、

秋風に拡げし双手の虚しくて
　或ひは縛られたき我かも知れず

の筆跡。丹羽文雄の序があって目次。本文十三章の末には十返肇の〝跋文〟。そう言えば購入時にはカバーが見返しを覆っていて気づかなかったのだが、この本はその十返宛著者署名本でもあった。二人と若月との関係は若月が「文学者」の同人だったからである。

やがて映画の原作ともなったこの本の粗筋はこうだ。新聞社で文芸係を担当していた若月の許に、ある日中城ふみ子歌集『乳房喪失』なる本が送られて来る。若月は感動し、昭和二十九年七月八日付「時事新報」の記事となる文章を書く。そればかりか部長に申し出て歌人に会いに北海道まで出かけてしまう。「生きていてくれ、生きていてくれ！」

北海道新聞の記事が先行したが、インタビューを加えた若月の記事が東京で報道されると、歌人の身の上は全国的に知られることとなった。いよいよ明日帰京という日、若月はふみ子から「帰らないで」と言われる。若月は部長に長い手紙を書いた。部長からは許可を示す電報が届き、若月はふみ子の枕元の板の間に泊り込む。濃い二十日間が過ぎ、社から「カエレ」の電報、「帰らなくては」

「もう会えないわね。でもあなたのお陰で生きのびることが出来た。明日もあさっても生きていい歌を作るわ」とふみ子。

若月は辞職願を懐にして帰京して行く。七月三日、ふみ子は死んだ。若月は本の末尾に「中城ふみ子論」を書いているが、私が見つけていた歌もその中にあった。

死後のわれは身軽くどこへも現れむ
　たとへばきみの肩にも乗りて

「晩年のこの作品など、生への欲望を示した典型と言えようし、死ということを手玉に取った観がある」と若月は解説している。

紅野敏郎さん「なかじきり」の会　（日本古書通信　'00年9月号掲載）

この七月十四日の明治古典会の市場終了後、私は八木福次郎氏と連れ立って東京古書会館を出た。日比谷の帝国ホテルに着くと、その三、四十坪のサロンはすでに一杯の人で、名札も六十名中、五、六人分しか残っていなかった。中央に立食の用意がされ、壁に沿って椅子が並ぶ。その前を幾重にも人が立って会話している。取りあえず紅野先生に、八木氏について御挨拶に。間もなく開会の六時だ。

竹盛天雄氏が最初、あとの順は忘れたが大久保典夫、北川太一、小泉浩一郎、倉和男、高井有一、平岡敏夫、保昌正夫、勝又浩、八木壮一（もうあと二、三人いたかも）そして古本屋を代表して東原武文の各氏が、またたった一人女性は竹西寛子さんが挨拶した。皆、二分で話すようにとの指示が五分はかかるので、途中中休みもあって、八時の終了予定は八時半に伸びた。……人々の語った中に、紅野先生は同期生より六歳も上だったということで私が思い出したのは、著書『貫く棒の如きもの』（一九九三・朝日書林）中の「入隊、スマトラでの高射砲守備隊。敗戦。レンバン島での捕虜生活。一年余りしての復員……」の言葉だった。この遅れを取り戻そうとの、意志が先生をここまで来させたのではないか。一方、同じ早稲田出身の作家・田村泰次郎も、七年間兵士として戦地で過ごしたことを、作家生活の原動力にしていた。そのことを百も承知の先生の、田村の周辺への暖かい眼は、『文芸誌譚』の「東京派」の項で、私は充分に感じたし、また「桜」の項では、志半ばで倒れた田村の親友・河田誠一のことに多く頁を割いていることでも分かるのである。

さて、この会に私が呼ばれた件だが、思い当たるのは第一次志賀直哉全集刊行の頃、所蔵する「山形」の原稿をお見せしたことによるものか？　小説中直哉は、叔父から「こと◯◯に関することは言うな」と諭される場面があり、発表時の〝◯◯〟が元は〝皇室〟だったことを先生は我が眼で確かめに来られたのだった。

やがて立食の時間が来て、私はその他多勢の気安さから、前にお会いしたことのあった人々に、御挨拶に動いた。

高井有一氏。昭和六十三年、私は斎藤緑雨筆「樋口一葉歌集」を発掘。その時、高井氏がそれを見に来宅され、日本経済新聞にその歌稿のことを記事にされた。氏は丁度、緑雨をテーマに『塵の都』を書かれたあとで、この資料の援助が紅野先生だったことを、私はこの日の挨拶で知った。高井氏が私の住居のある堀切を舞台にした小説を書くので、伺って土地の特徴などを聞きたいと連絡があったのもその頃。私は小岩の同業・小林静生君を誘い、高井氏を迎えた。間もなく高井氏からは、その作品『夜の蟻』が献呈署名入りで送られて来た。しばらくするとこの作品は、植木等、乙羽信子主演でテレビ化され、偶然私もこれを見たが、定年退職を契機に一人息子一家と同居する老夫婦の日常を描き、秀作であった。その後氏が地域の図書館でこの作品を中心にした話をされるというので、私も聞きに行き、十年余も年上の老人を書く意図は？　と質問の時間に尋ねた。氏は確か「エネルギーのある若いうちでないと、老いは書けないのです」と答えてくれた。

十川信介氏。昔、目白の学習院に、何度か商売で本を届けたことがある。氏は現在同大学の教授をしておられる。氏の専門の一つに藤村があり、『島崎藤村』の著もある。そんな関係で、氏の編集された岩波文庫版の『藤村文明論集』の類をほとんど送って下さる。私の、昨年の「島崎藤村コレクション」は、見て貰いたくて皆お送りした一人だった。「やあやあ……あなたあれ、半分以上あなたのもの？」と氏。「ただコレクションを並べただけで」と言うと「そんなことないよ。学者がいかに怠けてるかだよ」と言って下さる。氏はまた、「コレクション」の指導をして下さった伊東一夫氏につき「先生、お元気ですか」と聞いてくれた。

その十川氏にお尋ねして、私は曽根博義氏を見つけた。いや、ほとんど一人おいた隣の人がそうだったのだ。曽根氏の専門は伊藤整で、『伝記・伊藤整』が著名である。確か三十代位の頃に店に来られて以来、直接にはお眼にかかっていないから、風貌では分かる筈もなかった。電話では何度か教えを受けた。その度に、言及されるのがこの欄のことで、愛読してますよと言ってくれた。この日は開口一番「嘉村礒多のあれ、あなただから発見出来たんじゃないかな」と、先月号の「ある私小説家の筆跡」について言われた。「いや、たまたま筆跡を知ってたからの話ですよ」と私。「いやそんなもんじゃないです。あの場合……。」と、曽根氏は続けて下さったが、残念ながら周囲の雑音で聞こえなかった。ただ私は、こんな先生方が読んでくれていることでの恐ろしさを改めて考えさせられたのである。

……いよいよ、お開きの時間となり、その紅野先生が立った。いや、そう言えば先生はもう二時間半司会の側に立ちっきりだったのである。先生は「どなたの家もそうでしょうが、この古本のことでは家内といろいろありまして……」と笑わせ、「これからも、八十五までは頑張ります」と言われた。

しかし閉会の辞の十川信介氏は「百里を行く者は九十里を半ばとす」の「戦国策」のことわざを挙げ、愛情をもって紅野氏を諌めたのが、参加者の耳目を引いた。

（日本古書通信　'12年6月号掲載）

葛飾に住んだ吉本隆明

京成電鉄のお花茶屋駅まで徒歩7、8分の所に私は19年住む。郵便局は目の前。図書館までも5分だが、近頃あまり行かない。この3月27日、どうしても調べることがあって出かけた。すると入口に〃追悼・吉本隆明〃展（4月15日終了）のポスターが貼られ、

「戦前戦後の十数年を葛飾お花茶屋ですごした青年吉本の素顔」ともあった。帰りに私は、エレベーターで三階へ上ってみた。人っ気はなく、片隅の四坪ほどに展示コーナーが設置され、

「佃島から新天地・お花茶屋へ」「なんと舟で引っ越し」「住宅営団土地付分譲住宅」「吉本家の人々」「原点となった東洋インキ青戸工場」「吉本食料品店と吉本建築」「キヤサリーン台風で溺れかける」

の順で、その時代の各種資料が並べられてあった。そして壁面には「家系図」が。

……船大工の順太郎一家は、昭和16年に葛飾区上千葉（現・お花茶屋）へ移り住む。昭和17年から隆明は米沢高等工業学校へ入学。19年帰京し、東京工業大学に入学、22年卒業。研究生となり26年東洋インキ青戸工場に入社。28年組合長となりストライキを指導、30年に退社。すでに隆明は初めての詩集『固有詩との対話』を前年に上梓しており奥付には発行所として「上千葉町」を記している。29年12月、実家を出て、文京区駒込坂下町にアパートを借りて移る。隆明の「お花茶屋時代」はここまで……。

一方、吉本一家の戦後だが兄・勇が駅前に「吉本食料品店」を出し、やがて「吉本書店」を経営。最近までその未亡人が住んでいた、とあるが今はない。また一家が住まった分譲地のことだが、現在は隆明の甥にあたる尽氏が「吉本建築」を継続、経営しており、今の写真もあった。隆明が終生何かと本家の人々の面倒をみていたらしい覚えが私にはある。というのは、私を明治古典会に入れてくれた日暮里の鶉屋書店が、

「隆明さんの吉本家が新刊屋を始めるって言うんで、このところお花茶屋駅前へ手伝いに通っているんだ」と、堀切の私の店へ寄ってくれたことが昭和40年代にあるのだ。

また私には1通の隆明書簡の思い出もあった。私の自筆物蒐集中に見つけたものと思っており、宛先が山形県酒田市、差出地は上千葉町で、確か内容は文学のことだった。ただ不思議だったのは切手、消印がなかったこと。これは隆明が出さずじまいで引っ越しの時でも本と共に拂い出してしまったのを、地元の建場廻りの中で私が見つけて来たものかとも今は思わぬでもない。当時私の蒐集は島崎藤村が中心で、吉本に大した興味もなかったし、上千葉が今のお花茶屋と知ったのも今度が初めてという馬鹿さかげんだった。また私は元来、理論的な本が苦手で、隆明本を読んだのも本誌平成20年4月号に紹介した『老いの超え方』が最初という始末。

変な連想になったが、私は60冊もそこに置かれた隆明本から、結局13年暮らしたことの確かなこの町のことは、どう書いているかの一点にしぼり、全冊の目次などから短文（談話記事含む）集、『背景の記憶』（'94・宝島社）を、この日借りることにした。本の中で隆明は、どこに住みたかったか？　と訊かれ、「御徒町、田端、谷中、団子坂、千駄木、本駒込の界隈」と、答え、こだわり住んだ町は？　と問われると、

「考えてみると、山手線の御徒町、上野、田端、駒込駅の内側」だった、と答えている。「現在の東京」という文章では、

「はじめて日本にやって来た外国人を、もし案内するとすれば？」と自問、「谷中界隈、上野の森に囲まれた民家や商店の裏通り……」だろうと自答していた。少なくもこの本には、葛飾区も上千葉もお花茶屋も登場することはなかった。

元々この「葛飾に住んだ～」展は、

吉本隆明の東京（'05・作品社）

吉本隆明の帰京（'12・思潮社）

の著書（私は未見）のある石関善治氏の協力と資料提供（本家からも）での開催、とパンフレットに印刷されている。その最後の見出し「キヤサリーン台風で溺れかける」を要約すると左記の如くだ。

《地元民に共通の体験で終えよう。昭和22年9月、台風で中川が決壊し大水になった。折から堀切まで用事で出かけた隆明は、帰り道服を頭に乗せ泳ぎ出す。が自宅まで300メートルの所で急に体が冷たくなり、動けなくなる。そこへ偶然通りかかったボートに出会い助けられたのだった。――後年、伊豆の土肥海岸で溺れ、仮死状態になった隆明が、病院で一命をとりとめたという、同じ話がこのお花茶屋にもあったのである。》

実はこの水害ではこの堀切の我が家も水没、駅土手に避難、屋根の荷を父が筏で運ぶのを14歳の私は泳いで押したり、鉄橋の枕木を渡って千住側まで飲み水を汲みに行ったりしたのを、あらためて思い返した。

山手線の内側にこだわった気持は分かる。

吉本『老いの超え方』 （日本古書通信 '08年4月号掲載）

最近私は、老いを語った本にひかれるようになった。『私小説という人生』（秋山駿・平18／新潮社）は、今年七十八歳になる文芸評論家が、自分のことをもう一度生き直してみようという思いで、花袋、泡鳴、四迷、一葉、藤村、白鳥を読み返して行く作業の、正直な報告である。秋山は途中半分を過ぎた辺りで、二年前の胃ガン手術のことをさらりと書き、その病院で初めて読んだのが「たけくらべ」だったと言う。また大作家嫌いの秋山が、これも藤村の随筆集に今更のように感心するのだが、「感想」という小林秀雄の文芸批評のスタイルがすでに藤村によって創始されていたことを発見する場面には、私も目の覚める思いがした。

次の『老いの超え方』（吉本隆明・平18／朝日新聞社）は、三省堂の棚を見ていて衝動的に買った。私は古本商売の中では吉本の本を数十冊は客に売って来たが、何やら難かしくて読み終えたことはなかった。老いの超え方にひかれたのだった。

まず帯をはずした箇所に位置するカバーの写真に、〝戦後思想〟をリードした巨人が今、八十二歳になってこのような姿で街を歩いているのかと、ある感慨をもって眺めた。そればかりか、巻頭八頁に亘って吉本の体操風景とその用具、そして沢山の本に囲まれた机上で拡大鏡を使って原稿を書くところなどがグラビアにまとめられていた。本文はライフサポート社の佐藤信也の質問に答える一問一答の型式で進む。私はその吉本の応答の中に、現在私も遭遇し始めている老いへの助言を見出したかったのだが、吉本にはもっと深刻な事態が起きていたのだ。何と一メートルほど離れた真正面にいる人の姿がほとんど見えない。それでも晴れの日は百五十メートルくらい歩く。前立腺障害があり、二年前には結腸ガンの摘出手術を受けた身だったのである。

最初飲食について聞かれ、吉本は基本的に二食です、と答える。実は私も先の前立腺障害に悩まされているし、もう半世紀も二食主義なのだ。「排泄に関してはどうでしょうか?」と聞かれ、吉本はまるで医者に聞かれたように具体的に説明している。睡眠は三〜五時間で目覚め、二度寝が普通になっているというのも今の私と同じだ。次に、「女性の存在は、死ぬまで意識するものですか?」と聞かれる。

「思います。確実に、それは百人が百人そうではないでしょうか(笑)。またそういうことが気休めというとおかしいですが、ある瞬間すれ違ったというだけでも、『ああ、こういう美人がいるもんなんだ』というそれだけのことが、その日の気分を和らげるとか高揚させるということはありますね。それは生涯あるのではないでしょうか」と吉本。

〝人生を語る〟の章では、「青春期」を聞かれ、「今の北朝鮮でこういうところが悪い悪いとみんな言っているでしょう。でも、僕はちょっと違って、あれは半世紀前の日本と同じだと思って、みんな嫌でしょうが、戦中派の嫌な感じはちょっと違って、そっくりだとか、ああだったなとか、自分もその中の一人だったよなとか、そういう嫌さですね。自分の戦争中の過去を暴かれているみたいな、そういう嫌さですね。（略）／僕は戦後、自分は軍国少年、軍国青年だったと言うことにしていますが、それは本音を言うと二つに分けないと。社会的個人というのと個人的個人、こちらはまあまあ楽しかった。しかし社会的個人、こっちはとんでもない話です（以下略）」などと答えており、この気持は敗戦時十三歳だった私の心の底にも残っているものだった。

〝人物〟についての一問一答は「マルクス」＝「強大な人間力」、「サルトル」＝「間違ったマルクス主義」などと面白いが、〝文学書〟への回答は「やはり鷗外、漱石ぐらいではないでしょうか。」と厳しい。それでも日本文学中、老人文学として、

犀星「われはうたへどもやぶれかぶれ」

谷崎潤一郎「瘋癲老人日記」

川端康成「眠れる美女」

の三作を吉本は傑作として挙げている。当然吉本は、死についても聞かれている。

「――遺言」

「僕はそういうのは死後のことなので関係ないと思っています」

「——葬式」

「それは生きている人の問題です」

「——弔辞」

「これは頼まれて相当やっています。できるだけその人の死に近づけるように書いてきました」

「——墓地」

「兄の死のときに、チェーン店の会長のような人がきて、墓はできるだけ小さいほうがいいと言ったことに感心しました。僕もそう思っています。家の墓は小さいです」

「——死の恐さ」

「死を考えると怖いということはありますが、死はその人のものではないので、考えたってわからないので、考えなくてもいいのです」

私がこの本でもっとも勇気を得たのは、

「毎日、とにかく机の前に座ることだ。これをしないと五年ぐらいで駄目になると思います」という吉本の言葉だった。

7 私の徒然草

D「その他の章」

近代作家年賀状選　（日本古書通信　'06年1月号掲載）

明治以後の文人達の筆跡を蒐集、一方で売買もするようになって三十年になる。今度古通からの求めに応じ、手元の所蔵から選んでみた年賀状十八人分である。関連資料と共に、その個性と多少のエピソードが紹介出来ればと思う。

①は西筑摩郡吾妻村の島崎あさ宛・島崎藤村賀状。あさは藤村の次兄広助の妻。広助は早く妻籠の島崎家の養子となり、木曽山林事件に奔走した人で『夜明け前』の〝正己〟のモデル。あさとの間には四人の子があり、次女こま子は〝新生〟問題でヒロインとなる女性だ。この明治三十八年四月、三十四歳の藤村は小諸義塾を退職して上京、「破戒」の稿を進める。十一月に脱稿、自費出版の発行元を上田屋に定めた（発売は翌年三月）。

②④は、日本橋橘町の田辺繁次郎宛の藤村葉書。《戦時につき年賀をひかえます／御無事御越年のほど遙かに祈上げます／十二月三十一日／島崎藤村》が文面。

消印は1914・12・31。書簡集に未載であるが、同文で故郷などへの幾枚かがそこに印刷されている。藤村は〝新生〟問題から、自らをムチ打つつもりで前年佛国に逃れていたが、この年七月下旬に第一次世界大戦が勃発、パリは戦時の空気に包まれていたのである。

③は滋賀県の野田守雄宛・田山花袋賀状。野田の身分は不明。この大正十一年、田山は五十一歳。

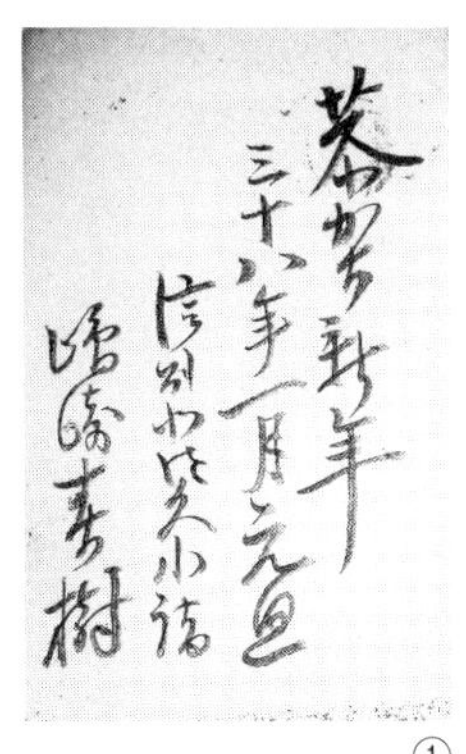
①

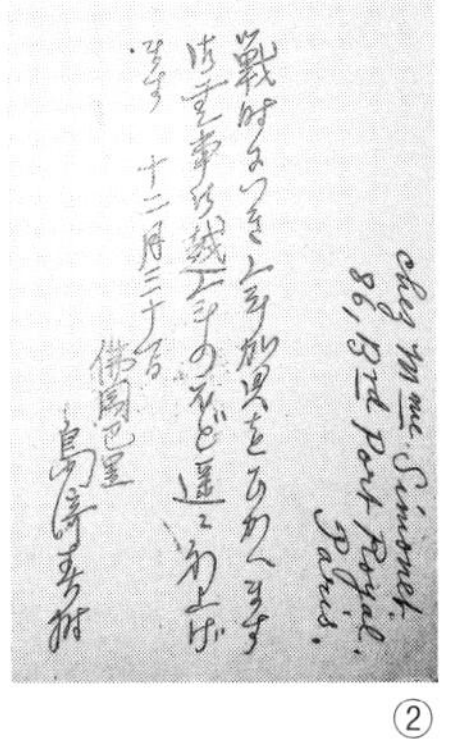

②

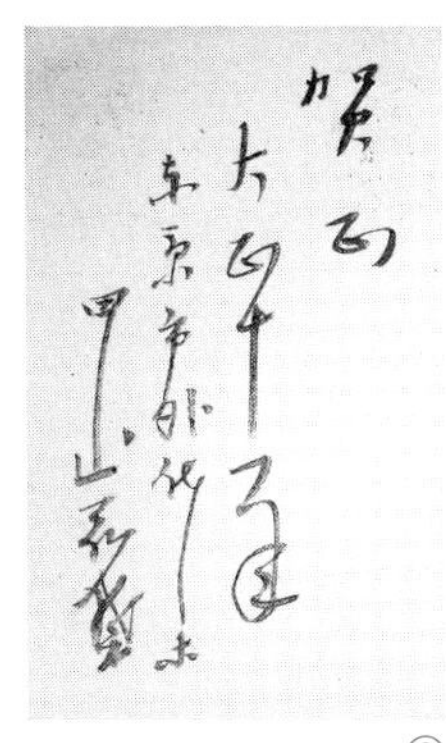
③

④

⑤

以後紀行文集等の出版、歴史小説への転換などをくわだてる。六年後に脳出血に倒れ、翌昭和五年に没した。死の床を見舞った藤村が、

「死んで行く人間の気持はどんなものかね」と聞いたという話は、文壇ゴシップとして有名。

⑤は明治三十九年付、柳川春葉宛・泉鏡花三十四歳の賀状。この頃はやりの絵葉書趣味の一種か。「賀正・丙午元旦・相模国逗子九百五十七／泉鏡太郎」は印刷であるが、上部右に、

お互いに女房ふるき今朝の春

の句は肉筆。左に進む筆跡は、《人のうはさ／おもしろく／拝見／懐中／の手紙を／さぐる処／大歌舞伎

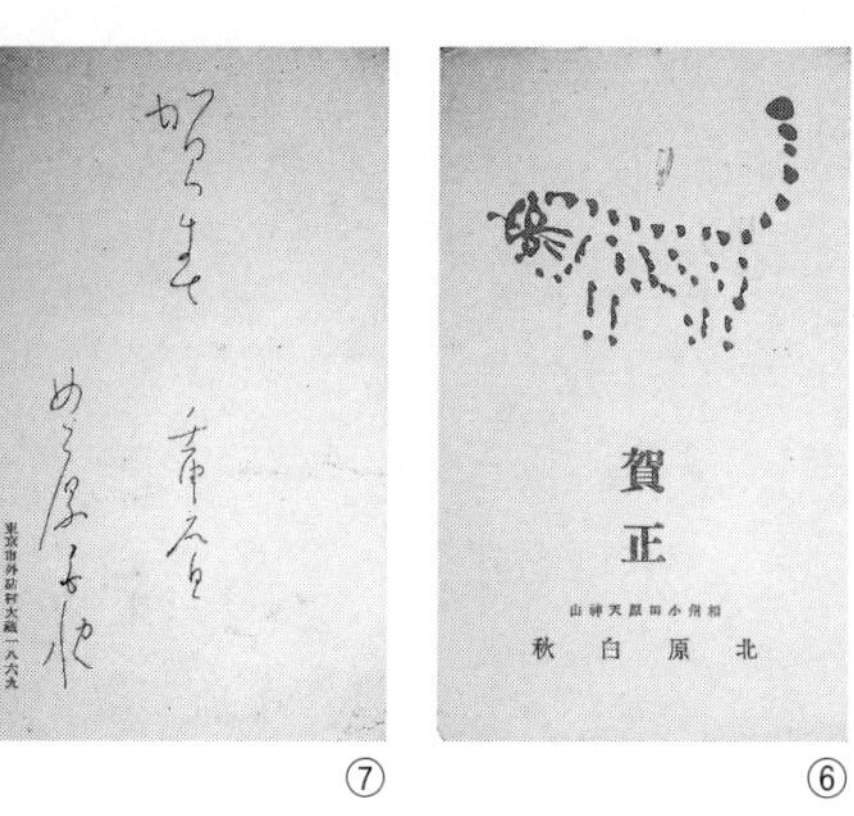

⑥ ⑦

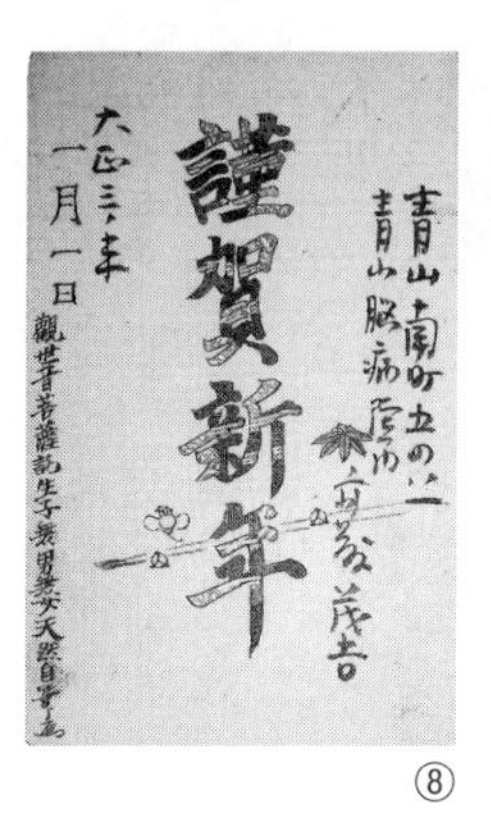

⑧

〱》と読める。柳川春葉は同じ紅葉門下で『生さぬ仲』は一世を風靡した。先の〝お互いに女房古き〟について言えば、鏡花は二十七歳で神楽坂の妓・伊藤すゞを知りやがて同棲するも師紅葉に叱責され別離。この時の悲哀は後年の『婦系図』の構想に反映される。この三十九年十月、師が亡くなりすゞはやっと鏡花夫人となった。

⑥は大正八年正月付の東京牛込・高須芳次郎宛北原白秋賀状。高須は初期、梅溪と号した文芸評論家。この住所については〝白秋年譜〟に《大正七年―三十七歳。一月、「ザンボア」の名を門下に貸与、歌誌として刊行さす。二月、小田原の御幸浜に仮寓、七月、鈴木三重吉の「赤い鳥」童謡欄を担当し、新しい童謡運動を興す。秋、同地の天神山伝肇寺に寄寓、随筆『雀の生活』を執筆して「大観」に連載》とある。

⑦は、昭和七年一月六日付、市外千住町の石河和夫宛・白秋賀状。この住居に関しては〝年譜〟昭和六年―四十七歳の項に《初夏、府下砧村大蔵山野に転居。六月、『白秋童謡読本』六巻、九月『北原白秋地方民謡集』を刊行》とある。

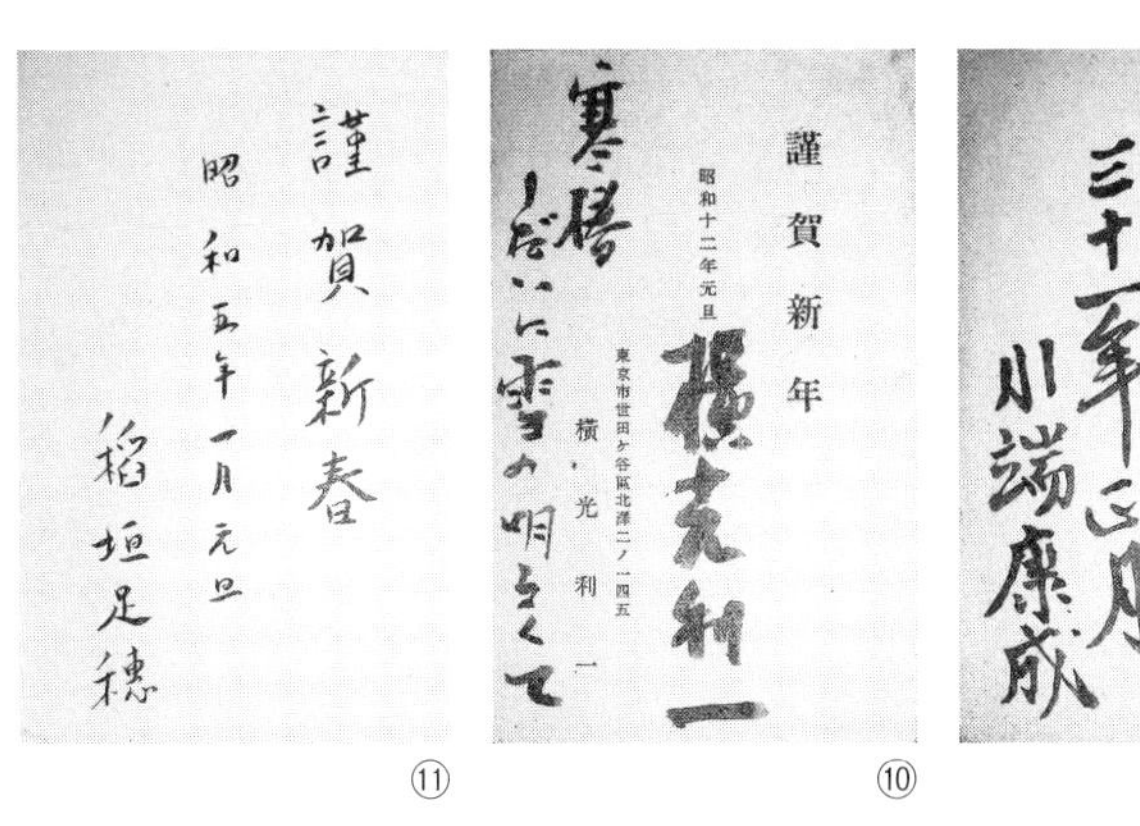

⑪　⑩　⑨

⑧は長野県の中原しづ子宛、大正三年付・三十二歳の斎藤茂吉賀状。実はこれだけはカラー写真でお見せしたかった。中央の〝謹賀新年〟の文字。いったんフチ取りをした茂吉は赤、緑、黒をペン先で丁寧に塗っている。背景に松竹梅、右側に「青山南町五の八一／青山病院内／斎藤茂吉」とあるが、左に「大正三年／一月一日」。この年四月に茂吉は斎藤てる子と結婚する。

それにしても左端の、末には朱による花押らしきものさえある、

観世音菩薩託生子無男無女天然自筆（花押）

の文字。茂吉が何故か得意の毛筆でなく、ペン先に託し色とりどりに〝謹賀新年〟と書いたかや、また右の一行を無理々々「男でも女でも自然でよい、生れる子は観世音菩薩に託そう」と読むなら、何やら意味深い賀状にも思えるのだが……いや、この年刊行される『赤光』の未だに定説のない「おひろ」のモデルだったのではとまで言ったら、私は正月早々笑いの種にされるのかも知れない。ともあれこの賀状は書簡集に未載だが、茂吉記念館には「御地は秋なおさむくなりたるならん／さびしきわれはよくねむるなり」と書かれた前年発信の葉書一枚が所

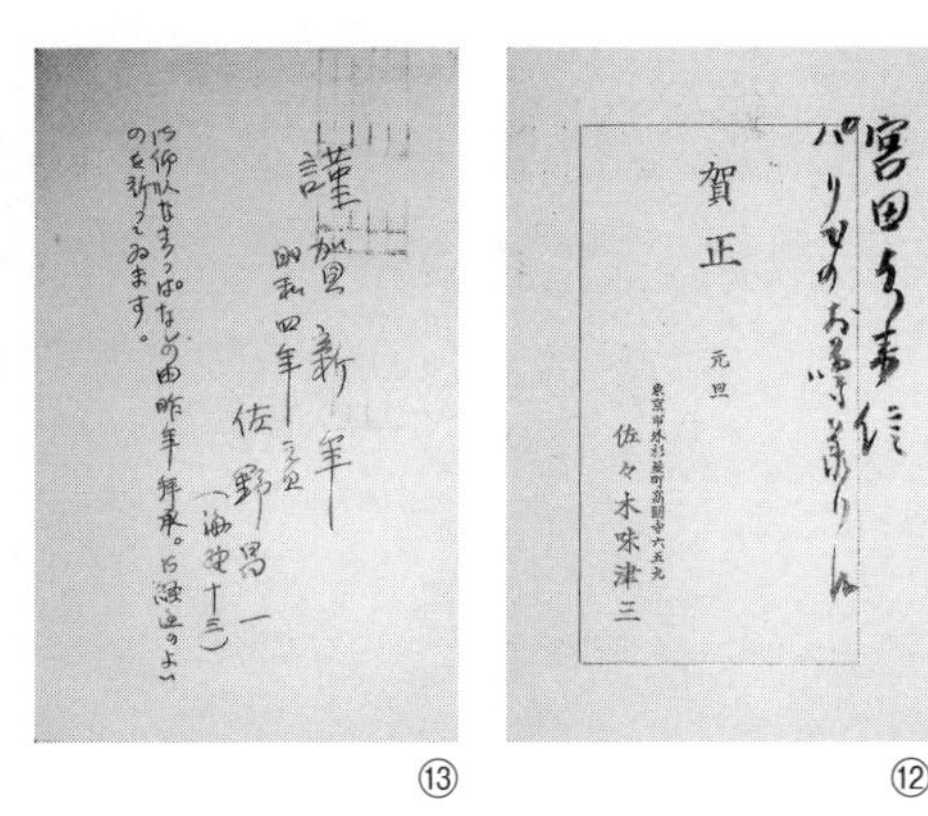

⑫ ⑬ ⑭

蔵されていることが、書簡集に記録されている。

⑨は貴司山治宛・川端康成五十七歳時の賀状。貴司はプロレタリア作家で『ゴーストップ』（昭５・中央公論社）など。この年の川端は「川端康成選集」全十巻を新潮社から刊行。翌三十二年九月には、東京で第十二回国際ペンクラブ大会を開催、ペンクラブ会長として奔走した。〃㊼〃は持主の筆か？

⑩は、中野区鷺宮の四宮美智子宛横光利一賀状。

　寒椿しだいに雪の明るくて

の句入り。この年三十八歳の横光は『横光利一全集』十冊を非凡閣から刊行。春から〃日々〃〃毎日〃の新聞特派員として約半年間渡欧、これは後年『旅愁』に結実する。

⑪は鎌倉塔の沢の久米正雄宛稲垣足穂賀状。この年の足穂は三十歳。大森馬込の衣巻省三宅で「文芸汎論」の伊藤整他の同人達と知る。また別に江戸川乱歩を知る。戦後の活躍は華々しく、〃足穂ブーム〃が起きその怪異な風貌と共に、文壇に圧倒的存在感を示し七十七歳で没した。

⑫これも久米正雄宛、昭和五年・佐々木味津三三十五歳時の

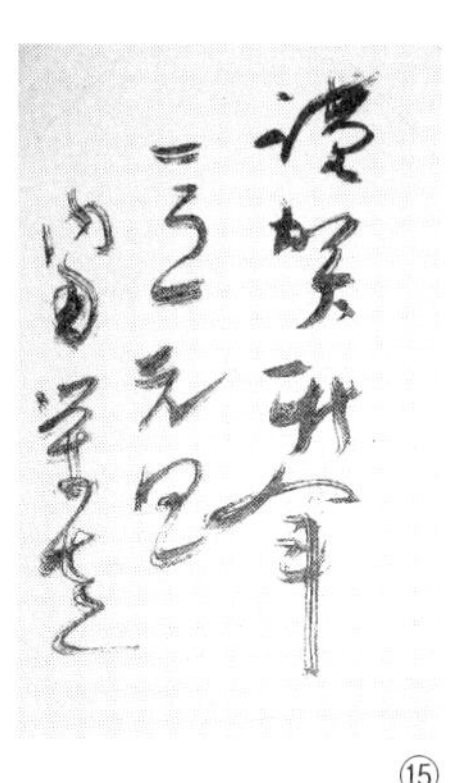

⑮

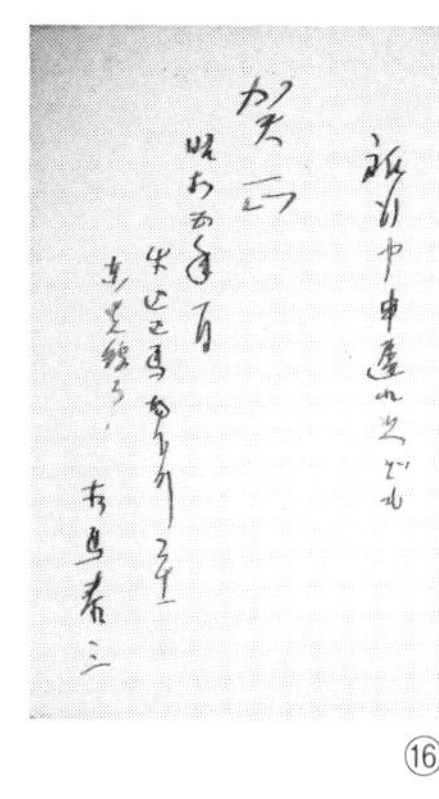

⑯

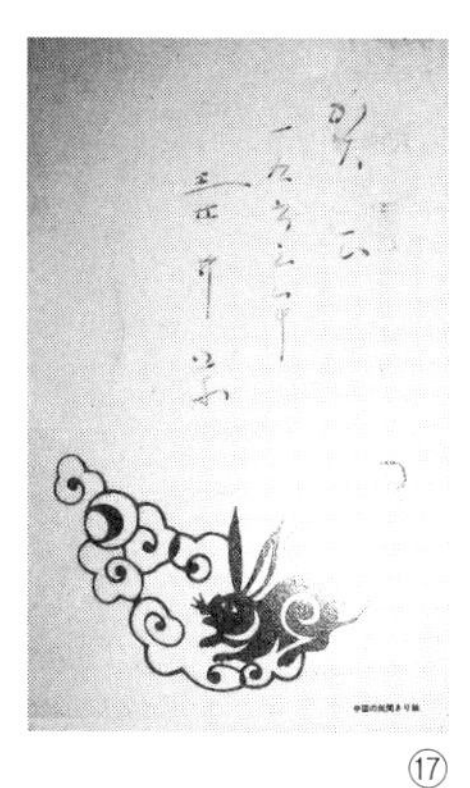

⑰

賀状。「宮田より来信／パリでのお噂承り候」の文字。久米は昭和三年より一年間欧米を漫遊、そのことを言っているようだ。佐々木は初め純文学志望だったが、やがて家の全責任が肩にかかって大衆文学に転じ、昭和三年『右門捕物帳』、同四年『旗本退屈男』を世に送った。執筆の過労もあって三十八歳で夭逝。

⑬小酒井不木宛・海野十三、三十一歳の賀状。「御仰臥なさりつぱなしの由昨年拝承。御経過のよいのを祈つてゐます」との添え書。不木は探偵小説育ての親の一人だったが、この年四月一日死去。海野は前年「電気風呂の怪事件」で登場、探偵小説、科学小説の作家として大成して行く。

⑭今井達夫宛・五十二歳の山本周五郎賀状。前年『樅の木は残った』を日経に連載。この年「大炊介始末」他を書く。以後の十年で『赤ひげ診療譚』等の多くの名作群を残す。今井は狷介に生きた周五郎の数少ない親友で、この友への他の沢山の手紙を見る時、〝賀〟〝周〟には万感込められているものを感ずる。

⑮昭和四年・中村猛徳中尉宛、内田百閒賀状。別の《貴下ハ軍人ニシテ将校デアル。余ハ実業家トナリテ海運ノ事ニ従フ。

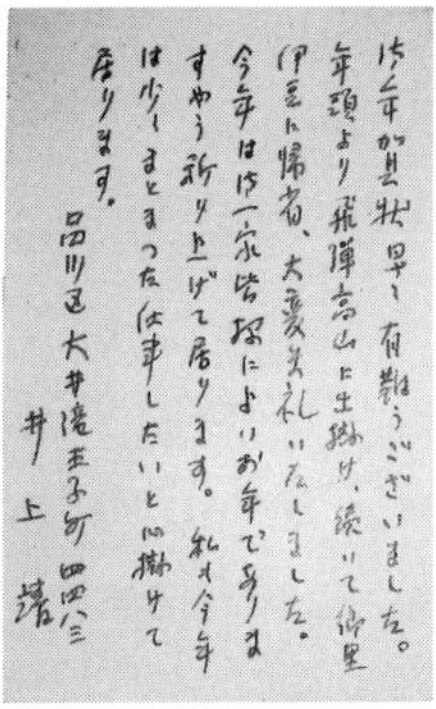

⑱ 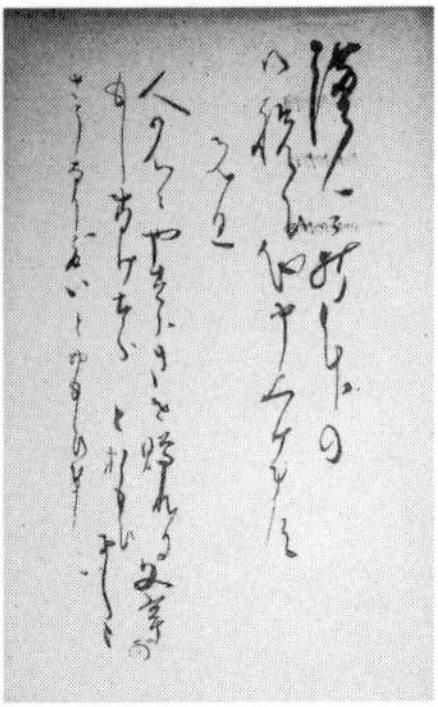 ⑲ 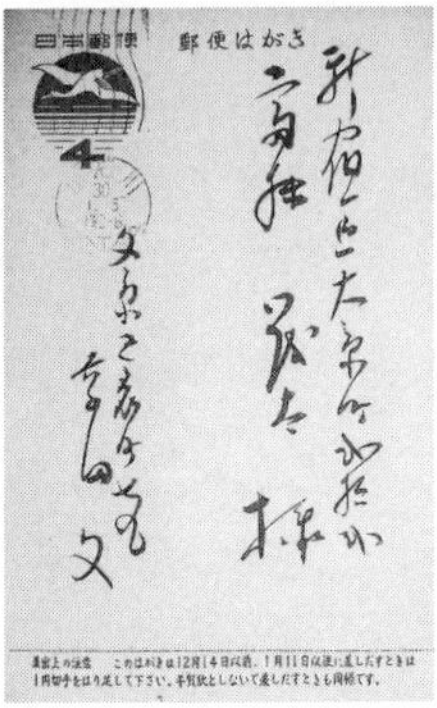 ⑳

今般社命ニ依リ鎌倉丸ニ乗リ遠洋航海の途ニノボル》云々の葉書と共に入手。百閒は一時日本郵船の嘱託であった。

⑯昭和五年・島影盟宛・相馬泰三の賀状。相馬は広津和郎、谷崎精二と共に「奇蹟」の三羽烏と称された。昭和七年、長編「荊棘の路」を完成するが、モデル問題などで挫折、文壇を去った。晩年は紙芝居の仕事に従い、葛飾区の加太こうじの〝ともだち会〟に身を寄せ、そこで病没した。

⑰天童雅枝宛・壺井栄五十八歳時の賀状。すでに「二十四の瞳」「裲襠」など代表作を書き、代表的女流作家であった。

⑱昭和三十年・浅見淵宛・井上靖葉書。作家としてはまだ五年目の井上は、この年「淀どの日記」の連載を開始する。

⑲⑳昭和三十年付、斎藤茂太宛・幸田文五十一歳の賀状。

　謹んで新年のお祝ひを申上げます／元旦
人の世にやすらぎを贈れる文章がもし書けたらと思ひます
　さうなり度いとおもひます

　幸田文が文章を書き始めるのは、露伴没後の四十三歳から。この年は一月から代表作「流れる」を「新潮」に連載開始。七

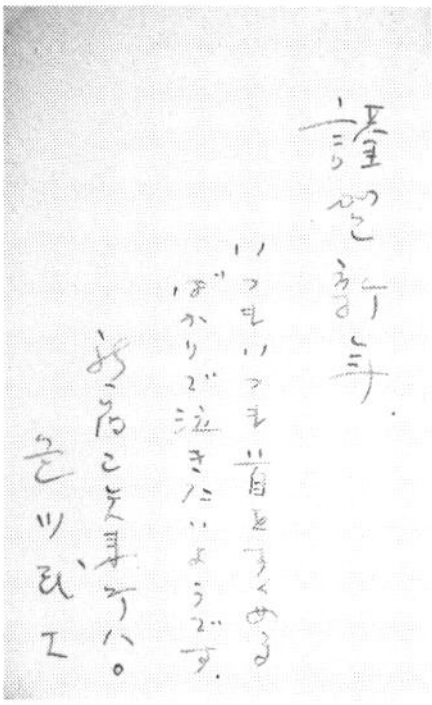

㉑

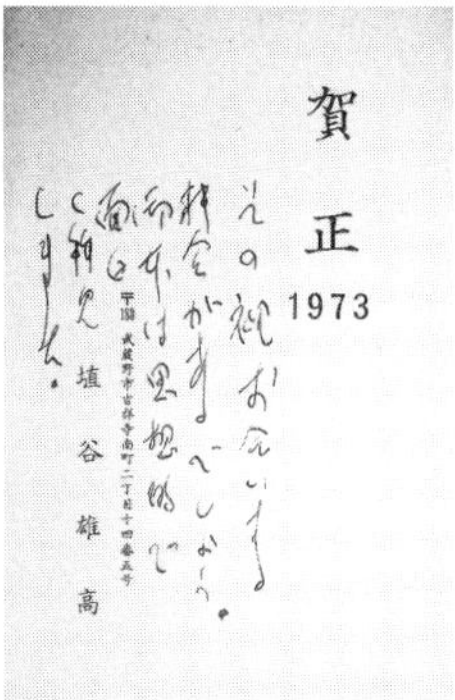

㉒

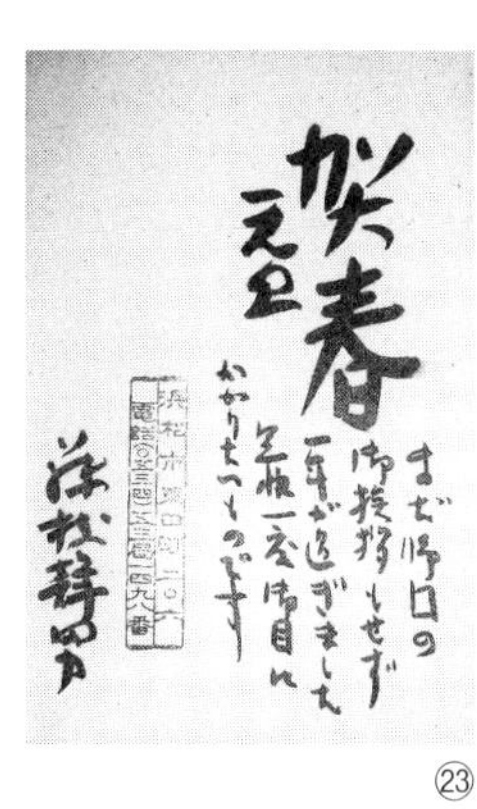
賀春
まだ帰国の
御挨拶もせず
一年が過ぎました
是非一度御目に
かかりたいものです
藤枝静男

㉓

十二歳の時芸術院会員、平成二年八十六歳の天寿を全うした。

㉑昭和四十七年、菅原国隆宛・色川武大四十三歳の賀状。菅原は「新潮」編集部にあった人。別の葉書には、

御手数ばかりを掛けまして、ただ恐縮して居ります。お読みいただいてお気づきの点を御教示いただけたら幸甚に存じます。ただ今げそっと落胆して居ります。

とある。これが阿佐田哲也と同一人の文章とは！

㉒二宮信親宛・埴谷雄高賀状

㉓昭和四十七年、岸田泰政宛・藤枝静男賀状。《まだ帰国の御挨拶もせず一年が過ぎました。是非一度お目にかかりたいものです》。昭和五十七、八年頃私は近くのぼろアパートに呼ばれ、蔵書とこれら書簡類を購入した。岸田は戦後モスクワで日本語を教えていた老人で、昭和四十五年藤枝が訪ソの時に世話をしたものらしい。

『年賀状百選』　（日本古書通信　'95年12月号掲載）

『年賀状百選』（昭45・グラフィック社）なる、大きな重い本を持っている。私はこれを、自筆本の筆跡鑑定の資料の一冊として手元に置いている。奥付を見ると「編者・南江治郎、限定千部、定価八千円」とあり、変わった本の中でも特別変わった本かも知れない。これは、南江が六十八歳時までに受け取った、諸名家からの賀状百枚の文面の方だけを、原寸大に原色複製、一頁に各四枚を貼り込み、解説を加えてあるもの。

およそ文面という意味からも、決まり切った文句の多い年賀状ほど面白くないものはない。ただ坪内逍遙辺りから始まり、朔太郎、康成もある文学者、宮城道雄、エノケンもある芸能界まで、多士済々のものということで価値がありそうだ。ところで、受信者の南江はどういう人か？　明治三十五年生まれで、初め詩人として出発し大正十年、処女詩集を出す。その後人形劇運動を提唱、昭和九年NHKに入社、企画部長、編成局長、理事などを歴任した。つまり、この放送を通じた公の交際があっての、年賀状の顔ぶれだったと思われる。南江の著書には、詩集『南枝の花』（昭2・新潮社）などの他『放送文芸の研究』『世界の人形劇』などがある。

さて、先に私は「……年賀状ほど面白くないものはない」と記した。しかし、百選と言うからには、多少の読める年賀状というのもなくはないのではないか。それに期待して、私は本にある諸名家の新年の挨拶を見て行った。

頌春

風の日はとじこもり、投函が遅れました。

ご健勝で何よりです。御幸福を祈ります。

一年の又はじまりし何や彼や

虚子

誰にも詠めそうな凡句にも見えるが、「虚子」と入ると何とも言えなく重さが感じられるから、俳句というのは妙だ。

「私はお弟子でもないのに、折にふれて実によくいつくしまれてきた。真筆のお年賀状に、一句まで添えていただくような果報者は、虚子門下の高弟中にもそんなにたくさんは数えられなかったであろう」の解説が入るが、少々自賛に過ぎよう。何故なら、みんなＮＨＫの看板にこそ出した賀状だったかもしれないのだから。虚子のもう一通に関してはこうもある。

「この年賀状は昭和二十七年に、東京ＮＨＫの理事室宛てにいただいたものである。

昭和十一年頃、私がまだ大阪のＢＫ（ＮＨＫ大阪）に勤務していた頃、南紀州の旅からの帰りだ、といって、ふらりと私を訪ねて来られた先生が、

神にませばまこと美し那智の滝

という自作の短冊を下さったことがある。戦後、ある機会に、それを戦争で失ってしまったと告げ

たら、それから間もなく、もう一度その句をしたためて、お届け下さったことがある。私はその時の虚子先生を、慈父のように思った」

虚子の件で少し年代をさかのぼったついでに、ちょっと人を食った文面を一通写そう。

私達に始めてのお正月が来ました
オメデタウゴザイマス
はい　ありがとうございます
　一九三二年一月一日

　　下谷区上野桜木町二十六
　　　サトウハチロウ
　　　歌　川　るり子

というサトウハチロウが昭和七年の新家庭を持った時のもの。「人を食った」と言えば、昭和四十七年の谷屋充（劇作家・この年六六歳）の賀状も奮っている。

賀　新　春
昨年はかくいう谷屋充を初恋の御殿として想いつめてきた女性と四十二年ぶりで会見。秋の蛍のごとくまさに消え入らんずとえていた情念を、再び燃やすことができました。ありがとうございました。

（――以下、略）

しかし、人間も長々とこの世に生きて来ると、自ずとこういう人間界の仕来たりが、何とも煩わしいものと映って来る場合も、ある種の人々を襲うものらしい。中にこんな賀状が見つかる。

新年に当り楽しい御祝詞申上げたいのですが、例年のこととていい言葉も思い浮かびません。どうか皆様御健全御多幸に、今年を御過しあらんことを偏に祈り上げます。

昭和三十九年元旦

鎌倉市極楽寺五四二

有島生馬

この年、有島はすでに八十二歳であった。もう一人、昭和四十五年八十三歳の山本有三は、妻・華子と連名で形通りの新年の祝詞のあと、印刷でつぎの言葉を書き添えていた。

おかげさまで、わたくしたちは、ふたりとも長寿を重ね、安らかにくらしております。しかし、なんと申しましても、年が年ですから、かってではございますが、来春からは、年賀のごあいさつを略させていただきます。

末筆ながら、今後とも、ご一家のご健勝をお祈り申しあげます。

死は四年後であり、晩年平明な国語にこだわった作家らしい名文、と私には思える。

一休「門松」の歌……

（日本古書通信　'97年1月号掲載）

書庫の整理をしていたら、博文館の「太陽」に混じって主筆・三宅雪嶺の「日本及日本人」というのが一冊出て来た。大正十年元旦号で、表紙の「一休和尚の『門松』に対する感想…二百名家」というのが目についた。本目次の方は、賀川豊彦、三井甲之、千葉亀雄、中里介山、鼠骨、鳶魚などが執筆している。そして巻末、正月特集として一休の歌、

門松は冥土の旅の一里塚
　目出度もあり目出度もなし

への諸名家の感想葉書アンケートが掲載されている。私達も昭和三十年代位まで、商店街は皆門松を立てたが、いつか廃止された。しかしそのあとも「門松」は「正月」の代名詞だから、まだこの歌も生きているわけだ。顔ぶれの内、仏教者は管長、貫主クラス、学者は学長、教授、博士が回答しているが、文学者の肩書きは、「小説家」「詩人」「俳人」「歌人」である。道学者流の答えより、現在に通用する文学者の、資料としても面白い回答を紹介するが、文語文以外は現代仮名遣いで引用し、年齢は筆者調べである。

「やはり詠い放したようなところに、皮肉めいたものがあるような気がしますが、たいしたものでないように思います。つまり歌ったまでの気持のように思います」（室生犀星・三二歳）

「仏教哲学の無差別観には、いいところもあると思っていますが、こうした厭世思想を歌の形式にすると、甚だ厭や味なものを感じています」（上司小剣・四七歳）

「お葉書を見ていると、大晦日の夜が更けて、細君に追立てられながら、寒い中を買いに出た経験が思い出されて来ました。そして金正に二銭か三銭のを買って来て、夜ながら金槌と釘とを捜し出して、門柱に打ちつけるのです。この四五年きまってそうなのです。

目出度さのありなしなどはいざ知らずただヤレヤレと立つる門松」（若山牧水・三六歳）

「いかにも宿命論者の言いそうな、消極的な人生観を現しています。そしてその作者が安易な生活を送っている人だということを思わせるものです。その点に於いて、作者は幸福の人であったと考えられる」（小川未明・三九歳）

当然、左翼的作家の感想は歌に否定的だ。

「自分一身から見れば、一休殿の申さるる通りだが、社会的に見て、革新の旅の一里塚と思えば目出度いにも目出度いにも大目出度いブルジョアジーの人達から見たら、個人的にも社会的にも冥土の旅の一里塚でお気の毒だ」（堺利彦・五一歳）

「別に感想といってもありません。この歌の常識の程度では、現在私達の頭には何の興味もありません」（藤森成吉・三九歳）

次いで、大真面目に論じている人達を示そう。

「生まれざれば死せず。死するの凶事ならば生きるも凶事となすの当然なるに似て然らず。門松は一年の出生なり。一年の出生を『目出度もなし』といふこと、悟れるに似て実は凡俗を驚かすに足るの俚声のみ。これ程の事青道心と雖も驚かず、宜なり。声調極めて卑俗、床屋三助の口吟に適する事や。斯様の種類の歌、一休和尚の作とせらるるもの多し。果して然らば一休は卑俗僧のみ」(島木赤彦・四七歳)

「私はこの頃とりわけ東洋人たるの誇りというようなことを考えます。死生観にしても、我々東洋人が徹底してもいるし、深遠でもあります。この狂歌にしても、言葉は卑俗ですが、意味はなかなか深いのです。死ということは、少し物を考える習慣がついてからこのかた、私にも最も強烈な沈思の対照となっていました。……(略)」(生田春月・三八歳)

「この狂歌が果して誰の作であるか、それについては何も知るところがない。兎にも角にもこれが人口に膾炙して来たからには、いずれの点が人気に投じまた人気以上その中に考えさせるものがあるかというに、それは人間の誰しもが心に関すべき生死の問題を譬喩的対照の頓知で軽く形づけたというところにあるだろう。しかもその生死の問題を因襲的に傍観的に取扱った所から、(……約この四倍の文、後略)」(蒲原有明・四五歳)

さて、識者の中には始めからこの歌が一休のものとは信じがたい、と言っている者が多い。最後にその中の一人で、どういう身分の人か肩書きのない「永原鉦斎」なる人の説を紹介しよう。まずタイトルからして「一休の作に非ず」で、およそ次のように言う。

……「門松」の歌を、昔から一休の作としているのは疑わしい。第一、一休の時代にはまだ一里塚の設備がなかった。三十六町を一里と定め、その目標として一里塚を畿内五ヶ国に建設したのは、信長の時代である。一休の二百年後のことだから、この歌を作るわけがない。『俳家逸話』という本に、小西来山の作として、始めは、

門松や冥土の旅の一里塚（傍点・筆者）

という俳句だった。来山の死後、誰かが「や」を「は」に直し「目出度もあり目出度もなし」と付け足したところ、原作を越えて何とも禅味の濃いものと変化した。そこで、その作者として、名僧一休の名を借りたのである。……云々。

予言された二十一世紀

（古本屋控え帳（163）'00年1月号掲載）

何か二〇〇〇年にふさわしい資料はないかと、書庫を探すと、「日本及日本人」の「明治大正半百年記念号」「自然と人生」など増刊号が五、六冊出て来た。その中には一冊だけ普通号、週刊誌判の上厚さ二・五センチもある大正三年一月号もあった。これは、巻末に史伝風俗画集「明治より大正へ」が厚紙に印刷され、綴じ込みになった豪華版である。が、私が今机上に持ち帰ったのは、大正九年（一九二〇）春季臨時増刊「百年後の日本」号である。

これは主筆三宅雪嶺が「前路の展望」という論文を掲げ、そのあと各界を代表する人々が百年後を予言するという企画。この二〇〇〇年は、「百年後」ならぬ未だ八十年目である。では「予言」を

眺めて見るのに早すぎるだろうか？　それが、こと科学についての予言で言うなら、もう何十年も前に達成されてしまっており、百年後の二〇二〇年まで待ったら、その発達は予想もつかない。例えば卑近な予言を挙げると、「航空機は日常はなはだ多く応用せらる。国の内外要所に着陸場または着水場ありて、定期的および臨時的に郵便および旅客を運搬す。しかし、汽車汽船、電車等も経済上などより、なお盛んに用いらる。（略）衣服は寝時のほかは洋装し、女髪も洋風にして着帽す。家屋は畳を去り、採光と通風と堅牢を全うせる洋館なり。（略）都市の下水工事完成し、屎尿も洗去せらる。（略）自動車非常に増加し、耕作上にも応用せらる。余剰の農夫は他の事業に従事す。（医学博士・高田耕安）」。

右は当たっているどころか半世紀後の一九七〇年頃には実現している。無論高田の予言も、他の人々のも、当たりはずれが混交していることは言うをまたない。「無線電信の発達は、地球と火星との交通を開くかもしれませんし、東京を中心にロンドン、パリ、ニューヨーク間に、それぞれの電信電話が通ずるようになるかもしれません。（略）つぎに飛行機の発達を予測すれば、日本人が太平洋横断に成功するのも、今後百年を出ないだろうと考えられるし、日米間に乗合飛行の定期航路の開かれるのも、さして遠いことではあるまいと考えられます。（読売新聞・柴田勝衛）」と言った具合だ。これに関連して「旅客はみな飛行機による。飛行機は二百人乗りより六百人乗りにて……（敷津林傑）」と予言している人もいて驚かされてしまう。工業燃料はまだ石炭だったが、唯一人、工学博士・石橋絢彦が「石炭を油に化する法」を予想している。

さて、政治、経済、文化面の予言はどうか？「天皇制中心」の維持を否定する発言はないが、華・士族、平民の差別はなくなるだろうと、ほとんどの人が予言している。

「日本は世界有数の工業国となり、医学、地震学の本場となります。避妊者・独身者が非常に増加します。教師・医者は大半女が占めます。（教育時論社・稲毛詛風）」

「百年後の日本は、成金気分横溢の現代に生まれたる者を父とし母とする者の時代なり。（略）都市集中の勢いその極に達し、人々のほとんど全部が都市生活を営むにいたるべし。（横浜貿易新報社・三宅磐）」

「百年後の日本の文明は、よき意味にも悪しき意味にも、ますます世界化、換言すれば西洋化していることは疑いをいれません。それは世界の大勢が日本文化の孤立を許しませんからであります。すなわち、われわれが再生して、百年後の日本に来たときの感じは、今日のわれわれが初めて欧米の土地を踏んだときの感じと同じようであろうと想像いたします。（第三高等学校教授・片山孤村）」

これらはほとんど現在の日本を正確に予言している。しかし惜しむらくは、自ずと言論統制はあったも同然の社会だったから、「百年後の日本は、百年後の予言を忌憚なく答えても、縛られる心配のない世の中になるでしょう。（山川均）」的解答者は幾人もいた。——最後に、文学者の予言の言葉を並べ、この紹介を終りにしたい。

島崎藤村「もう百年もたちましたら、私たちが今日まで苦しんできたことで何一つとして、むだになったもののなかったことを、積極的に証してくれるような時代も来るだろうと思います」。

正宗白鳥「百年前の日本を顧みると、徳川の文化が爛熟して、歓楽主義の風潮が盛んなころだったと思われます。百年後の日本は、明治・大正の文化が円熟して、浮世のおもしろきに、みんなが浮かれだす世になるかもしれません。小生などは、つまらない時代に生まれ合せました」。

菊池寛「自分が生きていそうもない百年後のことなどは、考えてみたこともありません。だが、しかし、人間がこれからさき、だんだん幸福になってゆくかどうか、大いに疑問だろうと思います。人間の真の幸福というものは、社会改造論者などの手で、ひょいひょいと生まれるものでしょうか」。

そして仲木貞一の悪夢を見るような警世の一言。「われら子孫の日本人は、ますます根性がひねこびれて、ずるがしこくなり、小闘紛騒を事として、諸外国に侮られ、国威すこぶる振るわざるものとなります。この間に、支那は真に大国としてますます発展し、米国と提携して日本をいじめることとなるでしょう。台湾や朝鮮は、むろん日本の手をはなれてしまいます」。

半世紀昔と今

(古本屋控え帳　'03年1月号掲載)


今年は一月二十日予定で、私の二十六冊目の本『二十歳(はたち)の日記』(昭和28年/東京下町)が、『青春さまよい日記』の発行元・東京堂出版から出して貰えることになった。

何しろ一頁44字×20行、八八〇字の組ミで五百頁もあり、このところの三度の校正読みにはさすがにあきあきした。一年間の前半は工員生活、後半が古本屋の開業記録である。文字通り生活綴り方的に書かれた日記には、面白い発見も沢山あった。思えば今年満年齢で古希を迎える私にとっては、丁度半世紀昔の世相等を日記に見て来たわけで、後半の古本屋生活を中心に、この国が五十年の間にどう変化したかを、提示してみたいと思う。

まず古本屋以前に少し触れるが、父は自転車修理店の片腕と頼む長男の私に、正月の小遣いとして二千円をくれた。私はその三ヶ日に、もやもやとした懸案であった千住遊廓行を決行、八百円を使う。またこのあと、一台一万八千円からした新品自転車（今は逆に一万円もしない）の注文など、年に何台もなく、父と鼻つき合せて修理が来るのを待つことに耐えられなくなり、二月からは川向こうの向島へ町工場勤めをする。即日、昼はそこで働き夜大学へ通っていた同い年の青年と知り合い、私の下宿部屋で一緒に暮らす。工場の日給は百五十円。三十円のラーメンは御馳走で、まともなとんかつかうな重を食べれば消える額だった。半数いた女子工員達は、もっと安く使われていたに違いない。女に飢えていた私は、夜学の高校に通っていた娘と恋愛し、前半はその記録に尽きると言ってよい。

さて、開業で世話になった高砂の紅文堂は、例の浅草国際劇場前にあった協立書店主の兄で、地方への買い出し専門の人。二階にかなりの明治本を蒐集しており、私の藤村狂を聞き出すと、そこの一冊を手に取り「破戒の初版だ。千円にしとく、買っておけ」と迫った人でもあった。あの美本なら、現在五十万円位はするだろうが、父からやっと借金出来た三万円で、棚も親子が大工も頼まず作りつつあったこの時点では、とても買う余裕などなかった。

下町の市は東武線玉の井駅の近く。ここはいわゆる〝雑誌市〟で、山の手の本屋からは〝ゴミ市〟と馬鹿にされていた。娯楽雑誌や映画雑誌や子供物等々が荷捌所に山と積まれてあり、十冊単位で競り売りされていた。値は「読物と講談」は百五十円、「近代映画」は百八十円、「冒険王」「少年画報」等は八十～百円。ちなみに、これら一冊八～十円で取引されていた子供物の現在の値は、何と市場で一冊二～三万円もする。早速私もこの雑誌類を仕入れ、三、四割儲けで正札をつけ、並べた。父から三間々口の一間分を借りて始めた、うなぎの寝床のような小さな〝一間堂〟の初日売上げは、千三百八十円。この月一日平均でも七百五十円売れ、無論利益ではないが、工場での日給の五倍もの金が入ったのである。売上はどんどん増え、年末十二月分の総計は五万四千百円、一日平均千八百円の売上げとなった。

と言うわけで、このあとは五十年昔と現在との違いを、私の〝昭和二十八年日記〟から箇条書きに取り上げてみることにしたい。

①すでに例証した如くエンゲル係数が高かった（今は「エンゲル係数」は死語）。

②いくら働いても生活が苦しかった（今は努力すればそれなりに暮らせる）。

④社会主義に憧れていた（今はそこが最も不平等社会だったことを知っている）。

⑤私が働いていた町工場はブリキの自動車を組立て輸出していた（今の日本は、本物の自動車を作って輸出し、世界を席捲している）。

⑥名作映画が続々と生まれ、スタアもキラ星の如くいた（今はろくな映画が生まれず、芸のないテレビタレントばかりがのさばっている）。
⑦新聞が報道を制していた（テレビが報道を制してしまった）。
⑧まだまだ文豪や本物の作家がうようよしていた（今は概して×××作家がいない）。
⑨活字社会だった（今はマンガ社会）。
⑩古本屋の棚は戦前本が主流で、戦前発行の雑本などはどんどんつぶされた（今は宝石の如く貴重品）。
⑪戦後本はまだ八年間のものしか存在せず、圧倒的に不足（新がなが普及した故もあって）で、市場では何関係の本も七掛け近くで競られた（今は一万円定価のものでも数百円にもならない本がザラだ）。
⑫市場は神田で扱うような本筋（？）のものが高く、長く相場を保った（今はそういうものの値下りが激しい）。
⑬図書館はお話にならない位不足、不備でこの年からテレビの放映が始まったのに、このあと貸本ブームさえ起き、十年近く貸本屋が栄えた（今の図書館はサービス過剰で明らかに古本屋を圧迫している）。
⑭めったに本を書こうとしたり、本を出したりする人はなかった（今は誰もが本を書こう、本を出そうとするから、何十社ものそれ専門の出版社まで出来ている）。

⑮当時は「人生五十年」の考え方が普通で、私もこの日記に、「五十歳まで生きるとして……」などと、もっともらしく未来を語っている。今ではその同一人物が、

「まあ、あと十年位は大丈夫だろう。いやうまくすれば、八十五歳位までは生きられるかも知れない」などと思わぬでもない今日この頃である。

紙上放送『魔都の陥穽(おとしあな)』を読む　（日本古書通信　'08年6月号掲載）

これは〝新東京探見改題〟とある大正十四年十一月が初版で、〝昭和二年十一月十日卅一版〟の〝玉文社出版部〟の本。一冊の概略は、奥付にある著作者の時事新報社会部の若干名が変装して東京の暗黒面を探訪、十四年夏から秋へ七十回に亘り記事にしたものと言う。

また言う。《篇中個々の問題と事件の批判については、分担記者は素より努めてこれを避けた。読者諸君のとぎすまされた主観の目が間違いのない正しい示唆を受取られるであろうことを深く信ずるからである。／記者同人を代表して―B記者記》

巻頭は甲記者。黒地に縞、地味な木綿の単衣(ひとえ)、胸をぐっと開けて汗ばんだシャツをあらわに見せ、旅を続けて髯を剃る間もない形相、足袋に下駄。これでは余りに見すぼらしいと、しわくちゃの夏羽織を引っかける。大井町付近のカフェーに飛び込むと女給が二人、「いらっしゃい」「ラムネでも貰うべか」と記者。

「ラムネはお生憎さま、サイダーはいかが?」と女給。こうして小手調べも済み夜十時に東京駅へ降り立つ。円タクも田舎者の前へはとまらず、仕方なく手を上げる。「おらァ団体にはぐれただ。上野に泊まつてゐるだべ」当時流行の朦朧運転手、上野へ着くと、「三円二十銭頂きます」《警視庁の規定料金は一哩(マイル)七十銭、まあ一円七、八十銭が丁度だろう、とのこと。やつぱりぼられた》と記者。

こうして翌日は宿で俥屋を紹介して貰い、何とかかちで東京案内を頼むことにし(と言っても移動は路面電車)、まず浅草へ。

「震災ではここまで焼けたが、観音堂だけは焼け残つた。不思議でしょうが」とリキシヤマン。「観音様の居られる東京がどうして焼けたすべなァ」と記者。「いくら神様でもせつぱ詰まれば、人のことはかまつて居られないのよ」とリキシヤマン。

それから三越、丸の内、警視庁、宮城、高輪泉岳寺と、朝の七時から十時半まで案内して貰い、田舎者は五円も取られた。

乙記者は懇意の老人と一緒に、「ゴム靴直し屋」になって牛込から市ヶ谷を廻り、二人で四円八十銭を稼いで帰る体験記。続けて木賃屋へ労働者に扮して泊りノミと戦い、失業者の群れに潜入してその生態をルポ。

次は〝女〟を唯一の武器とする丙女性記者は、初めて美容院へ行き別人となる。《お顔の造作料六円三十銭は高い》記者はそのあと結婚媒介所へ行き、有名料理店の若主人、皇宮警察部長、逓信

省の技師、田舎のお大尽と見合いを重ねる。このあとも記者は女中、女給、ダンサーに化けて取材を重ねるのだが、篇中もっとも力を入れた探訪記事は、別の女性C記者が、年配のB記者扮する叔父さんに連られた、〝不夜城〟吉原へ身売りをするという設定のものだろう。

Bは麻の白絣、絽の羽織、角帯の着付けと早変り、社を飛び出す。まず車宿で廓専門の紹介屋を聞き出し、入口に簾を下ろした東京周施業組合とした家を訪ねる。五十女が出て、団扇の風を送りながら、「ああ、さようですか、で、おいらんになりたいと云う子は?」

「二十四です。手前の姪で、親子三人神田で呉服商を張つてましたが、震災で丸裸、父親もとうとう病に伏せつてしまい……今は私の八百屋を手伝つてます。至つて素直な娘なんで、原籍は西小川町二の十二にあります」

翌日B記者はC記者扮する姪を連れて、くだんの簾を掻き分け、「御免!」

「さあ、さあ」と若い衆は奥の六畳間へ通し、茶、水菓子と出し、やがて、あの老婆が登場。孔雀のように着飾った姪を、置物でも鑑定する如く、額から胸、キチンと組んだ膝頭まで、タップリ二十分も首実験をし、間髪を入れず命令口調。「そのおぐしは御難ですよ。一切日本髪になさらなきゃァ」

「時間がございませんで、明日は島田に結わせましょう」「じゃあ、早速店の楼主を引合せます。とも角、膽本を急いで下さい」

こうして、横浜眞金町の廓で書記を勤め、養子になつたという××楼の四十代の男に面会。叔父は単刀直入、「相場のところを一つ……」とさぐりを入れる。男は「相談の上……」と逃げ、そのあと次々と別の楼主四人が現われ、四時間に亘り姪を眺め廻し、

「明日十時にいらして、吉原病院で健康診断を」と言われ、この日は終る。

いよいよ最後の日だ。印鑑証明と戸主の承諾書、連帯保証人がいること、「年期は六年、六年過ぎれば、借金が山程あろうとピタリ身脱けでさ。それ以上は置けない規定なんで……」(とは嘘、と記者は調べ済みだ。)

またも、父は？　母は？　健康歴は？　今まで水稼業は？　等々詳細の質問が済み、やっと相場の段になる。《六年間二千五百円が千九百円に値切り倒され、三百円が諸手数料、結局親元へはやつと千四百円……》

「どうするね」と叔父。「ええ」としばらく無言の姪。「でも叔父さん。私もう決心しましたわ」

そのあと、《何という無造作。今年二十二の豊麗な処女の肉体は一箇の物件として取引されてしまう》のB記者の文章のあと、この場をどう恐怖の脱出をしたかが、姪のC記者によって書かれて

いる。

……それから八十年、この国は未だに〃人身売買〃を海外から指摘されているのだ。

（日本古書通信　'10年9月号掲載）

凌雲閣とスカイツリー

私が東京古書会館に行くのは金曜日で、地下の古書展は初日に当っており、極力覗くことにしている。先日は、みはる書房の棚に石川真琴画、

東京大震災絵巻　大正13・有稲館　三千円

なる品を見つけた。縦25㎝・横14㎝の折帖である。当時は東京の大部分だった下町一帯を山の手側から眺めた絵図で、左端は北千住町から右端は渋谷の先「農科大学」までが描かれている。帖は14折もあり、広げると2ｍもありそう。が、何か変だ。火災の場面がないのである。もう一度表紙を見て納得した。小さく「震災前の巻」とあったからだ。逆に言えば、これが震災前の東京なのか。私はこの長い鳥瞰図を買って帰った。

左から、北千住の上部に大きく広がる建物は小菅刑務所。千住大橋を渡って南千住までは町並も揃い、駅上には幾本もの貨物繰作場がつながる。隅田川の向い岸には鐘ヶ渕紡績、下流のこちら側にはガスタンク。家並は黒々と広がり下部は広大な上野駅構内、上部には浅草寺とその境内。そしてこちら側に高くそびえ立つのが赤く描かれたあの凌雲閣「十二階」で、塔のようなこの建物は約

52ｍ。建坪はわずかに34坪。明治二十三年、ウイリアム・K・バルトンの設計により竣工。各階には昆虫や風景画などが雑多に飾られ、啄木も昇った頂上の展望台は貸望遠鏡が備えられて関東平野から筑波山、海の向うの房総の山々まで眺望出来た。

この八階から上が大正十二年の震災でポッキリ崩れ折れ、残骸が陸軍工兵隊によって爆破されて八十数年、同じ浅草地区と言ってもよい（建設地は東武線業平橋駅横で、隅田川を渡り松屋が駅となるまでの浅草駅）場所に世界一の電波塔が建つと言う噂。始めは「そうかなあ」くらいに思っていたのだが去年暮、息子の古本買入のお供をした千葉からの帰り道、ある角度から見たその200ｍを越えた位の「東京スカイツリー」の雄姿には圧倒された。「これは大変なものになるぞ！」

今年三月末、夫婦で野次馬となってツリーを見に出かけたのである。ひと駅・青砥に下り、やって来た羽田行の特急に乗る。今でこそ都営地下鉄に接続、東急線にも乗入れている京成だが、昔は押上で地下に潜り、そこが終点だった。新制中学から校長に勧められて入ったのが都立三商の夜間部。何しろ遠く不便だった。まず押上に出て、駅前から延々都電に乗って駒形橋――清澄町――門前仲町と経由して越中島停留所へ着く。すぐ出会ったのはアメリカ兵達。というのはそこから歩いて五分位の右側に、元の商船学校を米軍司令部にしており、更に七、八分歩いてやっと三商なのだ。とうとう通い切れず、私は二ヵ月ほどで上野高校の夜学へ転校する。……そんなことを思い出している間もなく、電車は立石、八広、曳舟を黙殺、五分ほどで押上に着いてしまった。地上へ出ると、隅田川へ向かって十間川沿いは右手に建つスカイツリー撮影の人々の行列だった。一人のおじさんは街路に仰向けに寝てテッペンを撮ろうとしている。とにかく大変な人出だった。夫婦はやがて言問橋を渡って観音様を参詣、食事をして帰った。

そうこうするうち、ある日二階の物干し場から建物の屋根の向こうに「おや」っと思うものを見つけた。私の終の栖は12坪の四階建（4Fは屋根裏部屋）だが、三、四階は書庫である。私はもう十数年、その広々と開いた窓を本棚でふさいでしまっていた。本を片づけ、窓から見えたものは？何と、やがて第一展望台とすべくふくらみ始めたスカイツリーの大きな上部ではないか！

以後そこからの眺めは、今年七十七歳となった老人に何かしらの夢を与えてくれる存在となった。「新聞に出てるわよ」「じいちゃん、今夜NHKの放送がありますよ」などと妻や嫁が教えてくれるようになった。

すると先日、たまっていた郵便物の中に思わぬ資料を見つけた。『木根川の歴史②』（平22／7月・町の文化と歴史をひもとく会編）という大型冊子で、葛飾在住の有志が『綴り方教室』の豊田正子や永井荷風と四ツ木の関係、木根川から出たさだまさし、葛飾出身と分かった細江英公などを資料写真と共に考証した文集だった。それぞれ力作揃いだが、この際私の目を引いたのは座間兼吉「スカイツリー日記」だった。

と言っても、使用している五頁のうち三頁はスカイツリー写真集。何しろ'08／7月の起工式から8月の、立並ぶ基礎工事クレーン、'09／4月の十間川に増え始めた見物人、と順を追った構成でどれもが見事な写真だ。

「私は昭和二年九月の生まれですから、この夏が終わる頃には八十三歳になります」と文章は書き出されている。

座間さんは一昨年夏、いつものようにカメラ片手に葛飾の家を出た。まず新聞で知った業平橋駅前の敷地へ下り立つ。以来この時知り合う北十間川の某マンションと東四つ木避難橋上を基点に一万枚の写真を取り続けていると言う。

「合計すれば完成まで二万枚を越えると想像します。スカイツリーの完成までは、何が何でも死ねません」と文章は結ばれていた。

因みに、あまりの素人カメラマンの来襲にマンションに上れるのは今は座間さんだけとか。

ルポルタージュ「刑務所」 （日本古書通信 '13年4月号掲載）

一冊の新書判大、九〇頁、一九五五年刊・小林勝著の『刑務所』なる小冊子が、書庫の隅で見つかる。この紹介文（特に「現在の会」のこと）が何程かの戦後文学資料となれば幸いである。

奥付は千代田区有楽町（日比谷日本生命館・柏林書房）定価二十円。奥付前には上部に「続刊」表。

「貨物列車・足柄定之」「造船・小島輝正」「漁村・安東次男」「修学旅行・新田朝男」「高利貸・安部公房」「兜町・泉三太郎」「印刷・針生一郎」「文工隊旅日記・小山俊一」「不良少年・小田

三月」「ヒロポン」「人身売買」（二篇は筆者未定）
そして下部には「編集委員」名が。
安部公房　安東次男　泉三太郎　石崎津義男　宇留野元一
小田三月　岡見祐輔　開高健　小島輝正　小林勝　島尾敏
雄　庄司直人　戸石泰一　竹内実　竹内康広　新田朝男
針生一郎　富士本啓示　真鍋呉夫　征木恭介　増水香

である。上段に題名のあった新書は何冊まで出たのか？　またば出なかったのか。私はこの本以外を知らない。ただ、カバーの下部には、

現在の会・編

ともあり、「世紀の会」などと共に聞いたような気もする。ところでその外れの所には小さく、「四月発行」（本書の次か）とあり、

野間宏　序、真鍋呉夫・跋、千田梅二・絵、上野英信『せんぶり・せんじが笑った』

の広告もあった。――以上奥付とカバー廻りを写してみた。次は中味。所々に入る前衛的挿画は勅使河原宏のもので、写真撮影数枚も担当しており、その刑務所脇の道は千住への近道で何とも懐しい。次に、

『ルポルタージュシリーズ日本の証言・刊行のことば』がある。

《われわれは今、奪われた未来をとりかえすために、祖国の深部に向って出発しようとしている。／そこはしかし、まだ暗く、いたるところに見えない壁が張りめぐらされている。工場と工場の間、町と町の間、人と人との間、魂と魂の間に。／われわれは闇にむいて光の薪を投げるもの。／地図のないところにわれわれの地図を創りだそう》

そして㈠〜㈩まで、監獄が刑務所に変っただけで、改革未だしの内部組織を証言して行く。参考にアウトラインを示すと、㈠は、

「護送バスが入口の鉄扉の前に横づけになる。手錠をかけられ、じゅずつなぎにされた被告たちが狭いバスの昇降口から一人一人コンクリート張りの地面におりる。」から始まる刑務所の描写から始まり、看守たちの挙動と拘置者の身元検査、「放射状にのびた洞穴のような廊下を通つて……」と始まる。

㈡は、

「東京拘置所と小菅刑務所は常磐線綾瀬駅からほど遠く、荒川の土手つぷちにある。常磐線に乗つて北千住をすぎると、左手に火力発電所の巨大な四本煙突が見え、やがて……」と始まっているが、ここで言っている綾瀬駅は今はない。その後ずっと亀有地区の方へ駅を移転させているからで、無論お化け煙突も消えた。

㈢は、拘置所内の雑居房の人間模様、新入へのリンチなどまでが描かれる。

㈣は、軍隊内の規律とは違うもののまだ敗戦直後の古い体質を残すシキタリを説明。

㈤は、毎日の生活と、房内の通貨はタバコだということがくわしく語られる。「彼等はタバコを吸うための火まで作ることが出来る」とその方法が語られる。

㈥は、ここには普通社会での「乞食」までが存在している実態が、㈦は、入浴の作法と風呂場の光景が、㈧は、政治犯特有の待遇が、㈨は、特別警備員と普通看守達の違いが、㈩は、拘置所内のもっとも特別な地域・女性の監房の様子が書かれる。

そして末尾の㈪、㈫。雑居房の生活も三ヶ月もたつうち、人々は不潔な便器の臭いにも馴れてしまうものだと言う。しかし看守たちがどんな方法を用いても変えられないものがある。それは「政治犯」の眼の輝きだと、最後に衿持をもって文を結んでいる。

――そう、これは著者小林勝（一九二七～七一年）が「朝鮮戦争反対、破防法反対」の新宿駅火焔壜闘争で逮捕されてから保釈までの収容生活ルポルタージュなのだ。末尾の、

「……門を一歩出た時、美しい落日であった」「太陽が見える！」と叫ぶ文章の高揚感。

だが昭和二十九年第一審で懲役一年の実刑判決、三十四年最高裁での上告棄却、「戦後最初の実刑を受けた作家となる（『日本近代文学大事典』）。なお小林は「新日本文学」に発表した『フォード・一九二七年』と『軍用露語教程』が、続けて第三五・三六回芥川賞候補になった。

『余白を語る』全3巻のこと　（日本古書通信　'05年7月号掲載）

昔は古書展に行くと、職業柄やはり半分はセドリ行為をしていた。しかし時移りて七十二歳ともなると、執筆資料や真に読みたい本を見つけることに無上の喜びを感じるようになった。その上〝ブックオフ〟の煽りなどもあって、古書展も白っぽい本は超のつく安値ときている。

先日もっとも嬉しかったのは『余白を語る』ⅠⅢを見つけたことで、正札は各二百円。何しろこの本、Ⅱを手に入れた時から愛読、なかなかⅠが見つからず、その後朝日新聞社にⅠが欲しいと問い合わせてもいた。それが絶版と聞きがっかりしていたところへ、先日東京古書会館の地下の古書展に並んでいたのだ。その上Ⅲの〝あとがき〟によると、この一九九二年四月発行の時点では連載も終了、とある。しかしⅢの内容は一九八九年六～九〇年六月迄の分とあり、『余白を語る』はもっと出ているのではと思い、ついでにこれを記しかけている今、出版部に尋ねてみたのである。本はⅢ以後は出ていないとのことだった。

「余白を語る」……実は、私はずっと朝日を取っており、この種の連載をもっとも好みとしていた。そうしてⅡを開いた時に、この一週毎の連載も、出れば最初にそこを読んでいた。一九八八年に、中村真一郎が語った「『死後の世界』思い、募る人生の徒労感」という談話（文責・黛哲郎）を覚えている。この九年後に没する七十歳の中村は、

《これまでぼくはお人好しだったんです。ところが最近、好きな領域が減って嫌いな領域がふえてきた。例えば読んで面白い本が急速に減ってきた。人生に対する見方も雪崩のように評価が変わりつつある。人生はものすごい徒労なんじゃないか》などという言葉をそこに残している。

この厭世観と裏腹なのだろうが、私もまたこの頃中村が言っていた「読んで面白い本が急速に減ってきた」が深刻なのである。まず五十歳以前の若い（？）人達の書いた文章が読めなくなりつつある現実。そして朝日新聞さえも、めっきり興味ある記事に出喰わさなくなったこと。それが日曜日の〝読書欄〟さえそうなのには、〝ああ、我老いたるかな〟と感ぜざるを得ないのである。例えば三日前（5／29）に書評されている本、『デセプション・ポイント（上下）』『昔日（せきじつ）より』『モービー・デイック航海記』『干潮の光の中で』『ネクスト—善き社会への道』『心を生み出す遺伝子』『叡知の海・宇宙』『女子マネージャーとメディア』『アスター・セオリー』『オーマイニュースの挑戦』『我が家は山の向こう』『ドクターキック』。——あとは〝ベストセラー解読〟〝著者に会いたい〟〝誰々さんのポケットから〟欄などで四頁の全てなのである。その上書評者の皆さんは、ほとんど私の知らぬ名前ばかり。

こうなると、わずかに十五年（位）前の人達の談話集『余白を語る』が懐しく、貴重となって来るのだ。例えば今度求めたIの登場者は、

山田風太郎、宇野千代、高橋義孝、柳田邦男、今井正、家永三郎、佐藤朔、升田幸三、遠藤周作、塩野七生、河北倫明、沢村貞子、佐藤忠良、大岡昇平、金達寿、鈴木治雄、柴田南雄、石井好子、

観世栄夫、村川堅太郎、吉田簑助、横田喜三郎、飯沢匡、片岡仁左衛門、村上元三、中村汀女、早川良雄、小倉遊亀、矢代静一、篠田桃紅、難波田龍起、森敦、司修、杉村春子、高峰秀子、吉行淳之介、宇都宮徳馬、中川一政、目加田誠、福田恆存、江上波夫、宇佐美英治、ドナルド・リチー、庄野潤三、塚本邦雄、舟越保武、ジェームス三木、杉捷夫、イーデス・ハンソン、堀内正和

——の人達。無論健在の方々がいるのは当然として、鬼籍に入った人々の何と多きことだろうか！

宇野千代の言葉。《いやなことや辛いことは、気にしないと向こうから逃げてゆく。運が強いんです。横着者です。よく運が悪いとこぼす人がいるでしょ。私きらい。この頃思うんだけど、私なんだか死なない気がするんです。ははははは》

遠藤周作の一節。《死ぬのはいやだし、妻子に別れるのはつらい。ゲーテは死ぬとき「もっと光を！」といったが、私は「もっとオカネを！」というかもしれない。板垣退助はさされて「板垣死すとも自由は死せず」といったが「孤狸庵死すともユーモアは死なず」なんてとてもいえない（笑い）。人づてに聞いたんだが小林秀雄さんも死ぬ前に「死にたくない」を連発し苦しんで死んでいったという》

福田恆存の談話末尾。《人間、いくら頑張っても、大自然の一部でしょう。国家とか個人とか、あくせくいってるけど、それは生きているうちだけの話。死ねばそれっきりです。個性なんていったって、死んでしまえばみんな同じ。そして、自然はそういう時を待っているんじゃないかと思う》

さてⅡでは先述中村の他にも佐多稲子、野口冨士男、田村隆一等が、Ⅲには安部公房、永井龍男、杉浦明平等各五十人が、己の人生観とやがて来る死への思いを語っているのである。この三冊のシリーズの判型は、新書判より少しだけ巾広の〝全書判〟で、出版時の定価は千二百円である。

図書館歩き

(日本古書通信　'02年1月号掲載)

ＮＨＫの〝ラジオ深夜便〟というのをよく聞く。過日は二夜に亘って作家古山高麗雄の話を聞き、古山が去年菊池寛賞を受賞していたことを知った。すると秋の叙勲では安岡章太郎が文化功労者に選ばれたことがニュースになった。その安岡の作品から名付けられた「悪い仲間」五人は、当時全員が出征、二人が戦死してもう一人の佐藤守雄氏も先年没した。ともあれ文学志望というより時代にすねた遊び仲間だった五人の内の二人までが、芥川賞作家となり共に八十一歳にしての活躍ぶりは壮観と言ってよいのではないか。私は、私の「『悪い仲間』考」を今度こそまとめなくては、と思った。

今〝私の〟と言ったのは、古本市場から求めた幾つもの原資料の存在からだが、唯一おろそかにして来たのは古山の著書集めだった。古山の著書は四十数冊に上り、未見のものが十五冊ほどあった。図書館で著書を見つけると、「悪い仲間」関連の箇所をコピーして来るのである。ほとんどは、歩いて五分ほどの区立図書館で間に合った。単行本未載の文章も、五年間保存の区の本部図書館から取り寄せ電話してくれる親切さだ。館の出入口には、利用者が持ち込み、誰もが自由に持ち帰ってよいコーナーが出来ており、私は福島次郎『剣と寒紅―三島由紀夫』、坪内祐三『慶応三年生まれ―七人の旋毛曲り』を貰って帰った。私の生業である古本屋の立場からは、無料貸本屋どころか本まで貰って帰れるのでは、商売上ったりになるのも当り前か、と思ってしまう。

ともあれ、あと四・五冊どこかで古山の本を見なくては、と思うところまでは来たのである。そんな中、思い出したのは、半年ほど前に息子が車で連れてってくれた、千葉県市川市中央図書館の、あの膨大な〝作家別コーナー〟のことだった。すると十一月初旬、息子が店の定休日に、孫娘が図書館とは目と鼻の先のトイザラスに行きたいと言うが、行くかい、と誘ってくれ、私を午後三時からの二時間、その図書館へ置いて行ってくれた。何しろこの図書館たるや、見上げるほどに高い天井、奥まで長々と続く各種カウンターから、まるで飛行場の手続きロビーを思わせる豪華さなのである。

まず入館してすぐのビデオ・CDコーナーの棚が10列もそれぞれ細分化されて並んでいる。本の始めは〝シナリオ・戯曲〟〝日本の詩集〟で、それに続くのが、〝日本文学・作家別コーナー〟である。長さ8メートルの棚が、何と16列もある。私は、今はどんな作家が読まれているのかなどの興味から、〝ア行〟から順に見て行ったのである。私は「古山」に辿りつくまで一時間近くもかかってしまった。肝心の古山の著書は十冊ほどしかなかったが、それでも重要な資料となりそうなものが一冊あり、私は係に言ってその頁のコピーを取らせて貰った（ここの貸出しは市川市、松戸市など五市住民のみ)。

――引き続き私は、参考までに最終列(ユ〜ワ)までを見て歩き、幾つかの発見をした。まず現在、大いに読まれている作家としては池波正太郎・五木寛之・田辺聖子・笹沢左保・内田康夫・高橋克彦・松本清張・永井路子・平岩弓枝・渡辺淳一などがあること、中でも昔の貸本屋で見かけたように、今でももっとも手垢で汚れている本の作家は、山手樹一郎・山本周五郎だったこと、やはり著書の少ないのは(全集の関連もあるのか)、純文系で、小説家でないのにコーナーがあったのは川本三郎・紀田順一郎・串田孫一・吉本隆明、かつての流行作家で全くコーナーになかったのは大仏次郎・子母沢寛・川口松太郎・源氏鶏太・舟橋聖一・丹羽文雄などである。右はメモを取って来たのではないので、多少の記憶違いもあるかも知れないし、私には馴じみでない新しい作家を記憶出来なかったかも知れない。

私は前回来た時にも、その全体を見切れなかったのを思い出し、あとの三、四十分で全館を歩くだけでも歩いて見ようと思った。するとこの〝作家別コーナー〟など、全館のスペースからは十五分の一位のものでしかなかったのを知った。その他に何百人分かの読書席が設けられ、二階にはまるで個人映画館のような数十のビデオ鑑賞用の席まで備わっているではないか。歩いている内に私は、〝G類文学―文学研究〟の棚にささっている拙著『幻の〝一葉歌集〟追跡』『近代作家自筆原稿集』を見つけたりしたが、さすがに疲れて、もっとも奥まった事典等の置かれたロビーへ行って、空いていた調べ用専用席の一つに、どっかと腰を下した。

するとT度目の前の棚に、「'98新訂現代日本人名録」（日外アソシエーツ刊）というのが見えた。それを手に取りまず「古山」を引き、古山が平成六年には川端康成文学賞も受けていることを知った。と、対比して安岡の項も引いて見たである。そこで初めて、私は古山の項で気づかなかった、この人名録の特殊性を知った。そこには《賞》という事項があり、安岡が芥川賞から始まって時事文学賞、芸術選奨文部大臣賞、野間文芸賞、毎日出版文化賞、読売文学賞（小説）、日本芸術院賞、日本文学大賞、川端康成文学賞、朝日賞、勲三等瑞宝賞、読売文学賞（紀行）を、平成八年までに貰い、芸術院会員でもあることが分かった。確かこのあとも、安岡は大仏次郎賞も受けている筈である。

この賞ずくめの作家に、私の「『悪い仲間』考」はどれだけ迫れるのだろうか。

暮れの記念会二つ　（日本古書通信　'99年2月号掲載）

十二月五日、「わが町あれこれ」創刊5周年記念パーテイに出席した。場所は大田区大森の新井宿会館で、旧大田区役所のすぐ前。雑誌は季刊で、〝東京南部文学ネットワーク誌〟のサブタイトルがつき、一九二五年生れの城戸昇氏がほとんど（今は協力者あり）独力で二十号まで発行した。

周知の如くこの地区は昔「馬込文士村」とも言われ、白秋、犀星、朔太郎、士郎、周五郎、近くは三島由紀夫等も住み、隣駅の蒲田には松竹キネマ撮影所もあった。原則的にこの地区の事蹟・研究・懐旧談などで構成される雑誌の会に私が招待されたのは、創刊の頃に拙著『古本屋奇人伝』が出、名物古本屋・山王書房主の小伝が入っており2号に転載されたからである。その後も本欄(98・「ある『完全犯罪』」の、犀星が、晩年大森駅前の映画館へ行くと言っては愛人宅へ通い、とうとう家人にさえ発覚しなかったことを書いた文章が転載されるなどで、城戸氏との交誼が深まっていたのである。

出席は、漫画家・うしおそうじ、詩人・高木護、劇作家・田中政雄、個人誌「柳」を四十年で七〇〇号を突破させた唐沢隆三氏等三十余名で、19・20号の座談会「松竹蒲田の子役・突貫小僧」に出た青木富夫（一九二三年生れ）氏も来た。この人は小津安二郎監督の「突貫小僧」に初出演後、それを芸名に「生れては見たけれど」「生きとし生けるもの」、林長二郎「一本刀土俵入」などで名子役を謳われた人。私の知っている氏は裕次郎映画などで脇に廻っている頃だったが、過日江東文庫さんの遺品のビデオで「東京の宿」（小津作品）を見たばかりだったので、不思議な思いがした。何しろ突貫小僧としての氏が、飯田蝶子、坂本武、岡田嘉子を向こうに廻して出ずっぱりの活躍なのだ。おかしかったのは「何か隠し芸を」と言われて、「いやあ、何も芸など……」とはにかんでおられたこと。

逆に芸者達は、浅草のペラゴロだったうしおそうじ氏。田谷力三、藤原義江、エノケンの持ち歌を次々と披露して止むところがない。初め東宝の円谷英二の下で働いていたがストで仕方なく、九年間漫画を描いたのだそうだ。「どんぐり天狗」「びっくり頭巾」等ほのぼのとした画調は一世を風靡した。私も児童書専門の頃に「朱房の小天狗」などの付録漫画をさんざん売ったので、自由歓談時に早速近づく。氏は最初の幻の本をまんだらけで六十万にも売られていると聞き驚きました、と言った。また本名は鷺津富雄で、その後は独立プロダクションを成立、「マグマ大使」「怪傑ライオン丸」等のテレビ番組を製作、『昭和漫画雑記帖』（同文書院）などの著作もあると言う。

高木護氏にお会い出来たのもうれしかった。私はこの人の、その本の時点で120種もの職業を転々としたと言われる『放浪の唄』（昭40・大和書房）を愛読したことを話すと、私のことも知っていると言われた。

この日はまた、山王書房・故関口良雄氏の夫人洋子さんも接待役を買っておられ、わかば書店・木村喜一、力士天龍の息子で浪漫劇場の三島由紀夫の演出助手をされた、現在は天誠書林として古書店を経営している和久井誠男の同業お二方も出席、大いに語ることが出来た。

十二月は、そのあともう一つの会に出席した。駿河台山の上ホテル新館での、龍生書林大場啓志氏の新著『三島由紀夫・古本屋の書誌学』出版記念会である。

本誌編集者の樽見博君と開会（六時）十分前に着くと、もう近県の人達を含む四、五十人（100名前後の出席?）の御同業が来ており、その平均年齢が五十歳前後で、多分この人達が業界をしょって立っているんだな、という強い印象を私は受けた。同時に、この人達より一廻り以上上の自分の、「遠く来つるものかな」の思いを新たにした。正面金屏風に近い椅子席には、昭和五十年代、龍生氏、あきつ書店・白鳥恭輔氏と芳雅堂書店として三人、そば屋で個人目録を出そうぜと話し合ったという出久根達郎氏がいた。そこには他に八勝堂さん、木本書店さん、小林静生さんなどの顔を見え、私も近づく。すぐに、直木賞作家の出久根氏の処へは、近県の御同業が次々と挨拶に来て、サインを求めたり、一緒に写真を撮らせたりした。それらがすいた時に私は、

「浅田次郎とか出て来ましたね」と出久根氏に声をかけた。氏からは、

「やはり弾(はじ)かれますね」と謙遜の言葉があった。

やがて石神書林・内堀弘の司会で開会。トップに指名の出久根氏は「私なら三島由紀夫殺人事件というのを書くでしょうね。現場には〝帯〟とか〝腰巻〟とかの謎の言葉が残ってましてね……」と会場を湧かせた。次いで、一言を……とは聞いていたが、二番目に私が指名されるとは思わなかった。

実は、私は石川巌『藤村書誌』から始まる時代やさんの「家蔵鷗外書目」、山田朝一『荷風書誌』、関口良雄『上林曉書誌』『尾崎一雄書誌』、私が「古本屋」に載せた「反町茂雄書目」などと並べ、この前日に四巻が出て完結を見た「藤村コレクション」に触れ、龍生さんの本に刺戟されて今は、私の「藤村資料目録」を志したところです、と結ぶ筈だった。が、マイクの前に立ったとたん、すっかりそれを忘れ、三島事件で古本屋としていかに儲けたかの、いやらしい話をする破目になってしまった。

その後も沢山の人達の「一言」が続き、会は三時間ほどで散会となった。

日本近代文学館のこと　（日本古書通信　'00年8月号掲載）

五月半ば、日本近代文学館名で封書が届いた。例えば二玄社刊、文学館編の『近代文学手稿100選』作成への協力依頼など何度か郵便はあったが、今度のは「維持会入会のお願い」で、まず活動の歴史が述べられ、……一九六七年の開館以来文学館を続けられたのは文壇、学界関係者の奉仕と支援によるもので、国や都などからの財政支援は一切なく自前の運営であること、……またこのところは基本財産からの利息収入も、長期間の超低金利時代を受け財政が厳しいこと、……現在八二九名と四九団体が加入している「維持会」の会員が運営の強力な支えになっている、ついては「維持会」に入金して貰えないか、という趣旨の印刷物だった。文末には、中村稔（理事長）、黒井千次（副理事長）、十川信介（専務理事）各氏の名が並んでいた。

また封筒には会報「日本近代文学館」（第175／5月15日号）が同封されており、理事長他の文章、会の催物案内、資料紹介、資料受入報告、出版社広告など十二頁の外、頁外として〃一九九九年度・維持会・館の会々員名簿〃が挾まれていた。私は早速、坂上弘氏の文章で筑摩書房から『山川方夫全集』が、広告欄で〃未知谷〃という出版社から『結城信一全集』が近々出始めることなどを知った。

そもそも、私が〃文学館設立運動〃のことを知ったのは昭和三十年代末頃のことだった。確か、資金集めに有名百貨店で行なわれた「現代文芸家色紙展」辺りから始まったのではないか。その頃の新聞記事で私がもっとも嬉しかったのは、最終的に館が上野公園内に出来そうだという観測で、上野なら京成電車で十五分もあれば行けた。理事長は高見順で、癌と戦いながらの執念は鬼気迫るものがあり、発起人代表の佐々木茂索文芸春秋社長は、初め「クズ屋のような仕事に、高見君が何故こんなに熱心なのか分からなかった」と語っていたらしい。何しろ、〝所得倍増計画〟の池田勇人首相の頃の話である。

しかし、昭和四十年八月に文学館の敷地が目黒区駒場公園内にきまったというニュースには、多分これで行くことなどないだろうなと思った。そこは上野から更に地下鉄銀座線に三十分乗り、終点渋谷から井の頭線に乗り換え、二タ駅乗って東大駒場下車、歩いて十分という場所なのだ。

それでも私が、平成六年にその駒場まで通うことになったのは、夭逝して戦前詩集を一冊出したきりで忘れられた、四国仁尾町出身の河田誠一の事跡を、もう二十年追い続けていたからである。元々は古本市場で捨てられる寸前の河田の原稿、日記などの生資料一箱を掘り出すという出合いからであった。その後田村泰次郎や坂口安吾が、大成後の回想記などに河田のことを書いているのは見かけたが、早大時代の同人誌「東京派」を三、四冊見つけた以外、河田自身の活躍した雑誌は容易に見つけることが出来なかった。それが、いよいよ『古本探偵追跡簿』の第三章「夭逝詩人・河田誠一追跡」の原稿をマルジュ社に渡す時になり、やっと駒場を訪ねる気になったのだった。実は、私が文学館に遠ざかっていたのは、遠いということにかこつけた、本は身銭を切って買った資料で書こうという、古本屋の意地だったことを、私は道々考えてもいた。私が探し続けた、河田にとってもっとも重要な資料、雑誌「桜」は、いとも簡単に閲覧することが出来たのである。そしてこの五冊中には〝河田誠一追悼号〟まで存在した。

あれから六年、やっと故郷にも幾人かの河田の理解者が出始めている。昨年は、河田の母校で国語教師をされて定年を迎えた野口雅澄氏が上京、私の所蔵資料を見て行かれた。私は野口氏の希望された全てをカラーコピーで送付、その後は月例で研究会を開いていると言われる。野口氏からは、母校の資料室で発見されたという、河田が県立三豊中（現観音寺一高）時代に出した「四国文学」創刊号や、生き残りの方の証言などが、続々と送られて来た。

私がもっとも近く駒場へ行ったのは、昨年十一月二十日のことで、同人雑誌の催しだった。千葉県在住者六名は車で来ることになり、私のみ、銀座線経由の電車だった。すると、東大駒場駅から前を行く白髪の人が、今日の見学を御指導下さる保昌正夫先生のように見受けられた。まだお話したこともなかったが近づいて自己紹介するとやはり先生だった。

館に着くとすでに車組は来ており、まず予定通り館の喫茶店で昼食をとる。玄関で記念撮影のあと館内見学。それも、おそらく保昌先生の御配慮であろう、職員の渡辺展亨さんがついて、普通には入れない館の収蔵庫を見せて頂けることになった。まず地下一階の雑誌コーナー。あらゆる文芸雑誌が架動式の棚に並び、連続している雑誌はその収集が続けられている。驚くべきことに、同人誌の棚には私達の「煉瓦」までが揃えられているではないか。次いで地下二階の故・稲垣達郎、吉田精一、瀬沼茂樹等の各文庫、私が希望して品川力文庫（ポオ文献）も見せて頂く。最後は内部から出て、二階展示室で催されていた「川端康成展」を見た。ついでに私達は、ほとんど隣接しているると言ってよい東京都文学博物館の「丹羽文雄と『文学者』展」を見学。入口ロビーで待っていて下さった保昌先生のお話を伺い、解散となった。

……さて、初めの「維持会入会のお願い」に戻るが、私は早速入会の手続きをとり、年会費一万円を送金した。

「二十世紀図書館」　（日本古書通信　'98年10月号掲載）

七月下旬、古本市場へ行ったついでに三省堂へ寄って、右の特集された「文藝春秋」八月号を立読みした。このところの軽薄な世の中の傾向からして大して期待もせずに頁を開いた私は、「まだまだ捨てたものじゃないな」とつぶやき、その雑誌を買った。

これは「政・官・財・文化人大アンケート」の下に、今世紀に書かれた本の中から心に残る本、後世に残る本を国内・海外十冊ずつ選ぶというもので、百七十人を越える回答が表にされている。日本書では最高三十二人の票を得た作品から、四票を得た二十作品まで四十七作品が載せられた。一応、十位まで（カッコ内は票数）を写そう。

1司馬遼太郎「坂の上の雲」（32）

2西田幾多郎「善の研究」(22)
3夏目漱石「吾輩は猫である」(20)
4梅棹忠夫「文明の生態史観」(17)
5島崎藤村「夜明け前」(16)
6九鬼周造「『いき』の構造」(14)
永井荷風「断腸亭日乗」(14)
8吉川英治「宮本武蔵」(12)
和辻哲郎「風土」(12)
10夏目漱石「坊ちゃん」(11)
丸山真男「現代政治の思想と行動」(11)
宮沢賢治「銀河鉄道の夜」(11)
森鷗外「渋江抽斎」(11)

あと、五人以上が推している作品としては、きけわだつみのこえ、レイテ戦記、こころ、遠野物語、沈黙、茶の本、雪国、大菩薩峠、死霊、野火、暗夜行路、豊饒の海、みだれ髪、出家とその弟子、ローマ人の物語、街道をゆく、人間失格、ドグラ・マグラ、共同幻想論、眩野の花を含む四部作、苦海浄土、黒い雨、万延元年のフットボール、赤光、禅と日本文化、陰翳礼讃、春琴抄、濹東綺譚、李陵、月に吠える、日本政治思想史研究、金閣寺、海上の道（以上四人が推している二十作品と、もう一方の海外物は略す）。

また別に「作家別得票順位」表があって十九位までが載っている。1夏目漱石（68票・以下作家名の下は得票）、2柳田国男（61）、3西田幾多郎（24）、4谷崎潤一郎（23）、永井荷風（22）、丸山真男（22）、島崎藤村（20）、森鷗外（20）、梅棹忠夫（19）、大岡昇平（19）、宮沢賢治（19）、三島由紀夫（17）、芥川龍之介（15）、小林秀雄（15）、九鬼周造（14）、太宰治（14）である。

これに五十人ほどのコメント、「本書を推す」欄もある。例えば「夜明け前」につき桶谷秀昭氏は「昭和十年という時点で、この小説が日本文学をひとりで支えていたのである」と言うように。二十五頁に亘って特別対談「井上ひさし／立花隆」もあるが、「夜明け前」につき「ここはいらないという箇所がいくつもありました」と井上が言い、「読み出したけれど途中で投げだしちゃいました。そのあと映画で見たんですが、あれは傑作ですね」と立花が発言している。アンケートに応じた一人、出久根達郎は、「びんぼう自慢」「四畳半襖の下張」「あるす・あまとりあ」「モデルノロヂオ・考現学」「村岡伊平治自伝」「ボクラ少国民」「きけわだつみのこえ」「サザエさん」「手塚全作品」「わたしの渡世日記」を挙げているが「古書店主」としての一見識かも知れない。

さて、右まで書きながら私は、ほぼ半世紀前に文芸雑誌「群像」（昭26／4月）で行った「アンケート・わが文学の泉」を思い出していたのである。これは当時の現役作家に往復葉書を出し、今回の「文藝春秋」と同数に近い一七五氏の回答をまとめたもので、設問は、

一、最も感動された日本文学作品一篇

二、最も感動された外国文学作品一篇
三、最も尊敬されている日本作家一人
四、最も尊敬されている外国作家一人

であった。ただし、比較上ここでも日本文学への回答を主に紹介するが、「文藝春秋」のと違うのは古典も含まれているということである。まず作品順位は、1「万葉集」「源氏物語」（各13）以下、「暗夜行路」（10）「渋江抽斎」「出家とその弟子」（各4）「雨月物語」「土」「家」「或る女」「夜明け前」「蟹工船」「雪国」（各3）である。

そして日本の作家順位は、1森鷗外（17）以下、松尾芭蕉（16）夏目漱石（14）島崎藤村（9）井原西鶴（8）二葉亭四迷（7）紫式部・志賀直哉（各6）上田秋成・徳田秋声・小林多喜二・横光利一（各4）近松門左衛門・芥川龍之介・谷崎潤一郎（各3）であった。

何しろ、この回答者の中には、整、由紀夫、雄高、昇平等、半世紀後には己れが投票される人達さえあったのである。

ついでに触れると、外国作家では半世紀前、トルストイ、ドストエフスキー、ゲーテ、シェイクスピア、チェホフ、ロラン、魯迅、ゴーゴリ、ゴルキイ、ジードの順が、「文藝春秋」では魯迅、カフカ、マン、カミュ、ヘミングウェイ、マルケス、ヘッセ、ジョイス、プルースト、ロランと変化している。

最後に一言すれば、現在没後ということで流行の司馬が、半世紀前順位に載っていなかった荷風、昇平、賢治、英治、秀雄、太宰等とともに、今から五十年後にどう評価されているかということだ。逆に言えば、現代ではどんな流行作家も、没後二年と読まれ続けることがないと言われる中、半世紀を経てほとんど変わらない票を獲得している鷗外、漱石、藤村、龍之介、潤一郎の偉さということになろうか。

大震災と書斎書庫（1）　（日本古書通信　'11年7月号掲載）

三月十一日午後。部屋が大きくゆれ始めた。夫婦で築十七年・十二坪の終の栖で、テレビを見ていた。元々は奥に台所、背中合せに風呂とトイレ、玄関に向け十二畳の居間があった。二階は寝室が二間と、別に洗面台とトイレ、机一つを置いた小部屋。三・四階が書斎兼資料室。六十歳台の私は元気だったが、やがて一階の窓際にテレビを、テーブルの左壁一杯に大きく本棚をすえ、つい読み書きを主に一階の居間でするようになった。

あの震災当日、元気なら丁度神田・明治古典会の市日で古書会館にいた筈だが、私は家で癌治療の予後をやしなっていた。夫婦は波のようにしなる背丈を越える書棚を避け玄関に逃れた。扉をあけると目の上の電線がはげしく音を立てていた。近所の人達が前の駐車場に集まっていたのでそこへ出た。大学への進学のきまった孫娘が、隣りの書庫上の住居窓から外を見ている。呼んで家へ戻ると、幸い本棚は倒れずにいた。二階はほとんど無事、だが三階への階段は……

階段に沿って一列積み上げた本共々、棚からも降るように本が落ちて来ていた。そして妙に眼についたのは、古い女性像表紙の大形本だった。以前この未読本を、ひょいとその辺に置いて来てしまったもので、私は何故かそれを手に下へ降りた。私は「三階へは行かないように」と妻に言った。

さし当たり私が約束してある外出は六日後の癌研外来であり、送ってくれる息子のガソリンさえない世相だった。もう隣三十坪の書庫の戸などあける気もしなかった。何とかCT他の定期検診をすませ、ある日私はやっと三階へ向かう気になった。

まるで落下本の源流をさかのぼるような戦いが始まる。その二日目のこと、読み書きの場を下へ移す前までの書斎へ辿りつき驚愕する。そこは右のスチール棚が倒れており、生命さえ危うかったことが分かったのである。

棚の倒壊は他に二ヵ所あり、戦前本中心のものは本の破壊もひどかった。その一つは生田春月コレクション。何しろ、その詩はやさしく子女にも好まれ、詩集は売れに売れた。今で言う文庫大で仮綴じがほとんど。それらが棚から落下して重なり合い、もう見るも無残だった。私が何故春月本を蒐めたのか？　それは昔仕入れた〝生田清平〟名で、韓国在住だった少年時代の書簡一束があるからで、その友に宛てた沢山の詩を散りばめ、私なりの「生田春月の生涯」を予定していた資料。初出雑誌や、生田花世関係資料も。

私は無造作にそれらを棚に戻しながら、

「どうせもう間に合わなかったのに！」と自嘲して言った。

この日はそれでやめて、下へ降りた。するとふっと先日の大きな本が目につく。それは『明暗』で、『夜明け前』は読んでもこの本は未読、今度こそ挑戦の時と思った。だいたいこの本、初版本だったのに売れない傷が多すぎた。周知の如く、末尾に出版社の、

《付言、作者は此章を大正五年十一月二十一日の午前中に書き終つたが、其翌日から発病して、十二月九日終に逝く。斯くして此作は永遠に未完のまゝ残つたのである》

の印刷文が入る。そして細字で持ち主の読了直後の感想。

《此の句を何と見る。あゝ、「明暗」は永遠に未完のまゝに残つたのである。此の字を見て、無量の感に打たれる者は恐らく私だけではあるまい。／私は此の字を見る毎に、例へ様の無い悲しい気分に包まれる。始めて、此の字を見たとき、はら〳〵と思はず涙をこぼした。あゝあの時の心地、私は親に別れるとき、再び感ずる心地であらう。恩師と別れるの日に再び感ずる心地であらう。私は漱石氏の死を惜しむ。されど、漱石氏の死後に在つて尚、残るべき、此の「明暗」未完を更に惜しむ者である。》

もっと商売用に出来なかった決定的な傷はその奥付前にあった。

《漱石氏の作には余裕があるといふ人がある》から始まる反漱石文学に対する擁護論。そして貧乏だから人生に触れ得、金持だから人生に触れ得ないという自然主義に反論している。そんなものからは本当の作品評価は出来ない、要は唯一作品に対する作家の態度である、と論じ、

《人間の心理をかくまで鋭利に、かくまで繊細に描いた作物が、日本の創作界にどれほどあるだ

らうか。私は「明暗」の作者に感謝する。……（略）氏の作品で一貫して目につくのは、ヒロインの聡明であること、ヒーローの pesimistic なことであることに対しても書きたかったけれど――。》と結ばれていた。

私は地震の日、この本が3F一番下までころげ落ちていた偶然を思った。私の今度の癌の予後というのは、命と引き換えたように慢性的口の乾きをもたらし、一夜として終夜の安眠が出来なくなった。

その眠れぬ夜々に、今度こそ挑戦してみるべきだと思った。がその『明暗』はまだ読了には至っていない。

大震災と書斎書庫（2）――日銀職員関東大震災日記(上)

（日本古書通信　'14年8月号掲載）

やっと3Fの本が収まって、私は4Fへの急な階段を上った。ここはいわゆる屋根裏部屋だ。左右に頭のつかえる勾配まで入れれば、畳数では二十畳はある。むろん激震で、入口から足のふみ場もない散乱だった。最初の十年目くらいまではゆうゆうとした棚揃えで、窓際にテーブルをすえ、一時はそこを書斎にしていた。このところはひと様の日記がふえにふえ、トンガリ屋根をいいことに棚の上に棚をつなぐで、それが皆落下していた。

この階の基本は、六十年を越える自分の日記の保存。最後の光景として、八十歳を越える頃からは毎夜一時間でもいい、それをひもといて己の過ぎ越し方を反芻してすごしたいと思っていたのである。それが七十七歳で癌となる運命に襲われるまで、健康を過信していた。とにかく散乱したものを平積みにして行く。ただ本ならよいが、日記帳には年度は印刷していても、誰々のものとは分からないからもう処置なしだ。これは覚悟をきめ、捨てられない少数以外処分用に積み上げてしまった。

自分の日記すら、もう何の意味もなくなりそうなのに。また私ほどの長大さはないにしろある大学教授の残した八十歳までの当用日記が揃い、ある同人雑誌主宰者でこの道では著名だった老作家の膨大な日記もある。他に貴重な文章は教師、医者、文学志望者などに限られ、女性のものは極端に少ない。こうして4Fの片づけは四・五日ですんだ。……と、大昔の「ライオン当用日記」が目につく。「大正十二年」の文字。あの関東大震災の記事を想起した。

人は日記に自己紹介などしない。末尾に貼りつけられたのは淀橋税務署の八月二十五日付「所得金額決定通知書」で「代々木九六七番地・堀直輔殿」とある。途切れがちに書かれた日記が九月一日から詳述される。

持って下りたその八十八年前の文をカナ遣い等を直し清書しよう。

《昨夜寝についてから豪雨だった。今朝になっても降りやまず英さんの出勤時間八時だというので、浜は五時から起きて仕度をしていたが英さんが出勤をよすというので僕のみ出勤。十二時前執務中トントントントンと筆か何かでテスリをたたいているような音がしてると思う内に、日本銀行の巨体がユラユラユラと上下左右に揺れはじめた。皆々色を失い両手を卓に支えてあたりを見廻すばかりだったが、これが到頭安政以来の大地震とはなったのだ。見る見る四方から火災が起こり天を焦がすも何のすべもないらしい。家の方が心配になったが帰れない。汽車電車、電話電信皆不通になったのだ。四時半、とにかく銀行を出て日比谷へ向う。数寄屋橋の方へ行こうと思ったが、烈々と燃えているのがその通り路のようなので、近い所から曲ったがどれもこれも丸の内は火や煙で這入れない。煙で涙をこぼしながら引き返し、結局数寄屋橋へ出た。その向うの家のうしろは、今や盛んに燃えていてもう大変な熱さだ。帝劇なんか大部分焼けたようだ。両側の焼け跡の熱くてたまらぬ所を一生懸命かけぬけて、ようやく日比谷へ出た。ここよりはまた、沢山の避難民がいる。中には病める夫をいたわりながら、何故か紋付の着物を着ていてとやかく心配しているのもあった。新宿まではともかく足を引ずって出た。途中でビスケット買う。沿道は何処もかしこも避難民と荷物が行列している。停電して死物にひとしき電車の中に這入ったままの人も。新宿追分の所は火事跡になって、京王電車のパンの木村屋も皆跡形もなく灰になって見当がつかぬ。少し向うに黒々くすぶって見えているのがそれか。市電が焼けて蝉の殻のようになっている。新宿停車場も惨々に破壊されており「スゴイね」の一語が聞こえる。蝋燭を恩にきせられて買って急ぎ、山下住宅の家が安全に立っているのを見て、ホッと一安心した。うちへ着いた。浜との涙の握手をかわす。一時声が出なかった。しかし市中の電柱にはりつけてあったビラに、「もう大したユリ返しは来ない」とあるのに安心して寝ることにした。それでも時々、ゴツンと驚かされること数回、とにかく夜は明けた。夜中東の空は天を焦がす烈火の色に染めわたっていた。》

――右が三十歳台の堀の文章で、翌二日未明に記したものか。よく分からないのは、堀の務める日本銀行の場所がどこだったかで、昭和八年博文館の『大東京写真案内』に収められているのは「日本橋区」である。

また堀が歩いて辿りつく「代々木九六七番地」の「山下住宅」、昔の「代々木」は渋谷の外れくらいまでの広大な土地を言った。だから家はその在の方にあったのかも知れない。そして九月二日三日と読み進めて分かって来るのは、帰宅して思わず手を取り合った「浜」は妻のことで女児が一人いた。もう一人「英さん」のこと。堀家はどうやらエリート一家で、英さんは堀の出身地大阪から別の企業から派遣されたかして、堀家に泊まっていた親類筋の男のことであった。

大震災と書斎書庫（3）―日銀職員関東大震災日記(中)

（日本古書通信　'14年9月号掲載）

死者、行方不明十万五千人を数えた関東大震災（一九二三）を記した、日銀職員の日記。私は四階から持って降り、読んだのである。あとからの記録は沢山ある。しかし今年、東京人の多くが遭遇した「帰宅困難者」的体験を記した日記にお目にかかることはなかった。何しろ二、三行で片づけていた通勤日記が、書き殴ぐる勢いでその数日を詳述している。九月二日（日）を写そう。

《不安の一夜は明けた。微震はやはりやまず、驚かすようなのも時々見舞つて来る。十時頃になつて、昨日とほぼ同時刻に又昨日程のがくるかもしれぬということを、巡査がふれ歩いていることを聞く。不安は再び心頭を刺す。それからは少し動くと、戸外へとび出さずにはいられなくなる。昨日、あとから出た英さんはまだ帰つてこない。二時頃種々情報を聞きに幡ヶ谷街道に出てみる。市内からゾロゾロと避難民が列をなし、疲労した足取りでやつてくる。全市火の海で、一家一屋の残るなく死者は累々と道端に満ちているとの話だ。堪えられなくなり、いろいろ買い物をして帰る。電柱の注意書きに曰く、「以後三回強震ある見込み、陸軍省発表」とあり。何ぞかくも人間を苦しめること甚しき。夕方、浜を外界の状況を見聞きさせるため外出させると、鮮人が石油缶を持つて数名各所に放火して廻つている、警官が抜剣して数名幡ヶ谷の通りを代田橋の方向へ駈け過ぎた、などということを聞いて来た。後ろの広場に避難の用意をする。十五歳以上の男は集れというので集合。鮮人防御警備をするという。それから部隊を作つて徹夜任務につく。何もなさそうなので大抵は家に戻る。地震は強震三、四回あつたが、被害はなし。》

初めにある「微震」は今言う「余震」であろう。そして「ラジオ」という文字もなく、電信柱への情報と、すでに歴史上でははっきりする「朝鮮人暴動」のデマ。九月三日も次のように書かれている。

《五時、夜は全く明け放たれた。浜はそれまで杉山宅に預かつていたので一緒に帰る。又地震ある見込みだという。しかしこの家の倒れることはあるまい。九時頃から雨が降り出した。市民避難の身の上が思いやられる。三時間程昼寝をして眠いのは解決した。今晩は軍隊と消防隊とにまかせ、吾等の夜警は一時見合わす。ただし銘々で気をつけ、もし事あるときはお互いに叩き起こすこととした。と、十二時になつて桶だか何かを叩き起きろ起きろと、どなり散らしているので皆驚き起きた。銘々手に手に武器を持つて警戒することにした。時々ワイワイと走り騒いでいたが、それもしばらくするとおさまつて、隣りの工藤氏と相談、寝ることにした。所が又も起こされ、笹塚の方から自動車に人が一杯乗つてあたかも何かを追跡しているような風で、何が何だか一向様子がわからぬ。馬鹿々々しくなつて僕も寝た。》

九月四日には、堀は勤め先を訪れる。

《今日は夜も大部回復したので、市内見物がてら銀行へ行くことにした。しかし食事がないかも知れぬので、ニギリ飯にツクダ煮を入れて持つて行く。日本銀行は焼けた焼けなかつたと、話は色々あるが僕は新館は焼けても、旧館はそのままだろうとたかをくくつていた。始めに、まだそのままで何ともなかつた麹町へ出て丸の内へ這入る。文部省大蔵省を始めここは全部崩壊しあるいは部分だけ残つて残骸の哀れを物語り、電柱の焼け残りがまだ線香のように煙をあげていた。やがて日本銀行の旧館内部の焼けているのを見た。銀行の周囲は避難者の家財道具、夜具類の焼けたのが所せまきまでに散乱している。聞けば、この辺にも多数の死者があつたのだそうだ。銀行門前も兵隊が警備し、入口には守衛が張り番している。中は所員が右往左往忙しく立働いてて、皆々の精勤振りに吾ながら恥かしくなつた。秘書室始め総裁室外事部等少しだけ残つて、他は焼失し、業務の計算書類、調査書類等もなくなつて困つている。

午後、銀行を失敬して上野の山へ英さんを探しに行く。もし怪我でもして避難してやしないかなと思つて。日本橋通りから須田町へ出て、上野へとたどつたがいやもう、どこもここも一望の焼野原、そのうちに所々残骸のコンクリート壁が起立して道行く人々を見下している。人々は腰にサイダーやビールの古瓶に水を入れて下げ歩いている。その汗くさき人々の列連綿として尽きず。上野の山に差しかかると、避難民は大部立ち去り、その狼藉の跡誠に悪感を催せしめる。避難者のたむろするを探したが、求むる人はなし。西郷銅像前の広場から見た市内は実に惨憺たるもので、一面褐色の凸凹を以て満たされ、その間をウヨウヨしているのが人間だつた。

夕、早く帰らぬと日も暮れかかり腹はすくで、とにかく足を早めた。神田橋へ出ると、何と橋が落下している。皆、並行して作られた水道用のを渡つているので僕も度胸をきめこれにならつた。》

とうとう四日目までを丸写ししてしまった。次回、堀は堀りなりにその後の出来事に対し、大晦日に総括の言葉を書くまでを、その後の日記から探ってみたい。

大震災と書斎書庫（4）—日銀職員関東大震災日記(下)

（日本古書通信　'14年10月号掲載）

日本銀行秘書室に勤める三十代の職員、堀直輔が残した日記。

筆者は商売柄、震災直前及び直後の古い地図は沢山持っている。が、いくら眺めても「東京市全図」には上部途切れる辺りに、渋谷町はあっても渋谷区はなく、代々木も軽ろうじて代々木村というのが出ていたりする。極論すれば、大震災での焼失地域は皇居のあった麹町区（一部焼ける）辺りまでだった。

言わば堀は市外の村から京王線で新宿へ出、市電を乗りついで日本橋の日銀まで通っていたのだ。ちなみに、『東京の消えた地名辞典』（'09東京堂出版）によると、日記中の幡ヶ谷、幡ヶ谷通りというのは現在の京王線笹塚駅辺、とあり当時は豊多摩郡の田舎と言った地だったようである。

……さて九月五日は震災五日目。昼過ぎ堀は、警視庁仮事務所へ英さんの行衛不明を届に行くが受け付けてくれない。頼み込んで怪我人の収容所も見たがいない。悄然と日銀へ戻ると、大阪から知人が出張して来た。堀は大阪の各家への伝言手紙等を託した。余震の中やっと帰宅すると、電気が復旧しており蘇生の思いだった。

九月六日。まだ朝夕、水汲みに出るのが大変。京王電車が動き出し葵橋で下車、職場までは歩き。

堀はみるみる健脚となる。外国電報を打ちに中央電信局仮事務所へ行くが、避難民でそこは長蛇の列だ。帰宅に電車があるものと新宿へ出たら電車は六時で終りとあり、歩き帰るしかなかった。

七日。午後一生懸命外国電報を作っていると、銀行へ英さんがやって来た。玄関へ急ぐと、そこに立つのは正しく彼。会社のためあれから種々働き、三日目に浦和へ着き日暮里の会社避難所との間を往復する毎日だった、と。実は明日品川から船で大阪へ帰ると言う。堀は英さんに、妻が非常に心配してるから行ってやってくれと言った。四時半、銀行を出ると京王電車に間に合った。行水をつかい、飯を食べていると英さんがやって来た。堀の方が早かったのに驚いたが、彼は電報を打ちに寄ったりしていたのだ。泊めることになる。

八日。夜中に余震が三回あった。朝、英さんと二人して家を出る。半蔵門の手前まで来ると、長野県人会云々ののぼりを立てて通る一団あり、それを英さんが見つけて袋町縁者への伝言を託す。英さんとは新見付で別れた。十二時から総会室で新総裁の挨拶と花田計算局長の答辞がある。帰りは新見付までの間に近道を発見、十五分早くつく。それでも銀行から新宿まで一時間十分かかる。この日から水道が出はじめ、水汲みは助かりそう。がまだ鉄管の錆で、水は赤くて飲めない。

九月九日、日曜日。重役などが出勤なので、秘書室からも堀など数名が出た。堀はこの日早朝出発、四谷見付から市ヶ谷見付へ出、九段を廻って神保町の津布久がどうなったかを見に行く。広い焼野原の中この辺と思う所の立札には「津布久要殿、居所知らせよ」と書いてあるばかり。それから銀行へ。

十日。この日、銀行から借りて笹塚へ帰るという者の貨物自動車に便乗。動揺のはげしいのに閉口だが、歩くよりましなので明朝も便乗、出勤することを約束した。

十一日、雨。代々木活動写真館の前で自動車を待つ。途中柳沢、小倉、佐伯等の諸君も、堀より前にも川島、麻生の二君も乗っていた。帰りは貨物自動車が先に帰ってしまったので閉口した。家には浦和の兄が来ていた。浦和から農務省――本省は焼けて農務大臣官邸と司法大臣官邸とに分かれて、兄は司法大臣官邸の方に居るのだそうだ――へ通うのは大変だから、しばらく堀家から通いたいと言う。

やがて堀の日記は見るみる簡略化、空白の日もある。十四日、街に震災絵葉書が売り出されているのを堀は見た。十六日、初めて風呂屋へ。二十一日、省線（現山手線？）の一部（東京駅までは十月八日）開通。俸給から義捐金が引かれる。夜七時、堀は洸々たる月を見上げ、「一望果てなき荒野を染める、中々の風情に感慨一際」と記した。

十月十四日、市内は大分バラック小屋が建ち始め、バラックで営業の三越も盛況だ。母と地震嫌いの次兄が見舞う。兄、その夜の余震で外へ飛び出すのを堀がとどめる。

十一月、堀は書店で『ポンペイ最後の日』を購入。十二月九日、新宿へ蓄音機のタネ板を買いに行く。同夜、一家で代々木活動館へ行く。二十四日昼すぎ、かなりの地震。小さくなって来ていたが、この月すでに二十二回目。二十五日、総裁より百二十円（ボーナスのことか？）を受け取る。三十日（日）、一家で新宿へ買い物に行く。堀は山高帽、ネクタイ、妻の襟巻など計十六円を遣う。福引で七十銭が当たった。

十二月三十一日（月）。夕刻六時、銀行で年越そばを食べる。この日堀は「鍵番」で、七時半までかかってやっと鍵が揃い帰宅につく。《暮の東京は矢張り活気がない。今年はどこも資本が乏しいことを思わせる。／とうとう総会もなく僕は年始状も作らず、松飾りもせず、ただ不精にすごす。》

こうして八十八年前、日銀職員の大正十二年度「ライオン当用日記」は終っている。

大震災と書斎書庫（5）　（日本古書通信　'14年11月号掲載）

隣に建つ書庫の一階は30坪あり、二階は次男の住居。地震のあと、初めて書庫を開けて思い出したのは数日前に見た新聞の、国会図書館の本120万冊が通路に落下したというニュース写真。同時に震災以来頭に引っかかっていたのが、六年前に読んだ草森伸一『本が崩れる』のこと。

この新書判はあの日すぐ手元に見つかったので再読した。草森は数年前本によって風呂場に閉じ込められた話を始める。その日半開きのドアから身を入れた途端、ドドっと近くまで山積みされた本が崩れ、同時に次々と連鎖反応を起こしドアをふさいでしまったのである。一応はガチャガチャとノブを廻して体ごと力を込めて押してみるが、びくともしない。せまい２ＬＤＫのマンションの中で本の姿のないのはここだけで、接続する洗面所も本で一杯だ。草森はゆうゆうと事ここに至った集書の話を始め、積み上げた本の状態を写真入りで披瀝し、まず入浴。43頁に至りやっと《さて、本の崩壊で風呂場に監禁されてしまい、やむを得ず風呂に入った話に戻れば》……となる。それから草森は延々と隣の老婦人にSOSを発する手段を考え、方策を空想する。ズボンをさぐると愛煙のピースが一本出て来たが火がない。仕方なく洗面所の本を選んで読書を始める。そしてふと、ドアの下方に2センチ位の隙間を見つけ……それをヒントに草森は何とか脱出となるのだが、草森の本の集積ぶりが凄い。棚はとうに満杯、本は全て空間という空間に床積みだったのである。

わが書庫も棚に本を二重に収めてあるのは序の口、その前は雑誌や変型本が山と平積みにされており、その崩落本が私に迫った。元々はきちんと間を取って背丈ほどのスチール棚を巡らせたのだった。それから幾十年、棚の上につぎ足しつぎ足しし、広かった通路にまた棚を作りで、すでに自宅の方の結果からここの結果は分かっていたとも言えた。病気の予後で、体力はおぼつかなかったが、「オヤジ、少しは体を使わないと筋肉が落ちるばかりだよ」と息子に言われたこともあって、私は毎日一、二時間隣に通うようになった。中央奥に机が置かれ、ラジオ、テレビ、文具類でそれを囲んだ一角がある。左手隅にはトイレも洗し場もあったが、草森ではないが全て本を詰め込んでしまった。私は癌になるまでの昨年秋までそこの机に向かい、資料探しをしたり本の修理をしたり、市場出品の用意をしたりしていた。それが方々で棚が落ち、通路は落下本で埋めつくされ、みじめにも貴重本が二つに割れていた。とにかく机まで辿りつきたいと思った。私は畳一枚分ほどの空間作りから始めた。

私はこの時、「本は捨てるものではない」という信念を改めた。よい解決は長男の店が引取ってくれることだが、店の片づけに手一杯だった。一方次男の店は「自動車カタログ」が専門。私は捨てるものを大きなダンボール箱に詰め始めた。破壊された本、懐しさだけの改造社版『現代日本文学全集』、春陽堂『明治大正文学全集』、新潮社『世界文学全集』、春秋社『世界大思想全集』、旧版『永井荷風全集』、不揃いの個人全集、幾種類もの『島崎藤村全集』は別巻だけ残す。雑誌は「思想」「文学」「世界」から始まり「展望」「思想の科学」「新日本文学」「国文学」から「詩学」まで。その他市場で〝棒〟になりそうなもの。それを次男が近くの故紙問屋へ何度も何度も運んでくれた。

　そしてもう一種。大きく散乱したビデオテープの山。さすがに正規のものは捨てがたかったが、ダビングしたものは黒沢・溝口・成瀬もの等余程のものでないと捨てる。これは人に教えられた方法で、20本位にしばって燃えるゴミの日に出すと持って行ってくれる。

　こうして棚起こしや補修は息子がやってくれ、やっと人ひとり通れるようになって、私は書庫の心臓部たる机のある場所へ辿りつくことが出来、私の遊び場が復活の緒についたのである。がその頃には、毎年ほとんど入れなくなる（一角に古いエア・コンはあるが）暑い夏が来て、私は一冊二冊の本を取りに行く他は這入らなくなってしまう……。

　さて『本が崩れる』の草森だが、体調不良を告白しており、すでに没している。この本には池内紀氏の跋文がある。草森も蒐集した和本についての蘊蓄が述べられ、終りにやっと草森の本の積み方に触れる。「当然研究そのものは活字本によっていよう、日毎に本の山が高まって行く、積み上手の秘術を身につけ、一寸の余地も残さず利用しようとする」だろう。

《ふだんならかまわない。だがもしものときはどうだろう。横ゆれの地震などで――ドウと崩れたとしたら……。しかも主人公が入浴中であって、総崩れした大量の本が浴室のドアをふさいだとしたら、さらに、その人がひとり者で、風呂はマンションの一角、とりわけ奥まったところにあったとしたら、どうなるか。身の毛もよだつような「やわらかい本殺人事件」が生じるのではなかろうか?》と池内氏は結んでいた。

震災時、生きていたら草森はどうした運命にあったろうか?

『文壇大家演説集』（日本古書通信 '12年2月号掲載）

3階書棚へ行って、目についた冊子がある。これは昔「雄弁」の付録についたもので二三二頁ある。奥付もあり、発行所は今の講談社。私が1階の机上にこれを持参した理由はたった一点にあった。その発行年月が、

昭和八年六月五日納本
昭和八年七月一日発行
　　雄弁七月号付録

と、あったからである。私は昭和八年四月生まれで、この冊子が同時期に生まれたということに、妙に感じるものがあったのだ。しかし「演説集」とは言うものの、「序」で、

《吾々は、今、現文壇に活躍するところの諸大家を煩はして、ここに誌上演説会を催し『文壇大家演説集』を特輯しました。……国家非常時に際して、文壇人の多数が、このやうに結束して、その主張と意見とを吐露したるは、蓋し本書唯一且最善のものにして……》云々と編集局が書いているところを見ると、これは演説風の原稿依頼によって成立った冊子だったようである。とりあえず、目次を眺めよう。

攘夷精神の神髄（三上於菟吉）
真理に慕ひよる心（吉田絃二郎）
書斎から瞻望する政党（佐藤紅緑）
結婚について（菊池寛）
演劇の見方味ひ方（中村吉蔵）
笑の発達（佐々木邦）
斯くあり度き青年男女（加藤武雄）
生活と文学（豊島與志雄）
現代人は詩心をすてたか（白鳥省吾）
探偵小説と社会性（甲賀三郎）
文学は不滅である（宇野浩二）
日本人の戦争文学（山中峯太郎）

大文豪と不朽の名作（千葉亀雄）
文学に志す若き人々に与ふ（中村武羅夫）
もし神風吹かざりせば（直木三十五）
劇壇の今昔（松居松翁）
逆境と人生（武者小路実篤）
婦人と宗教（長田幹彦）
文壇四十年（村上浪六）

右の人達が当時の全文壇を代表していたとは当然思えないが、その象徴性くらいはあると思われる。現在この中でも時々名の出て来る人は？　となるとそう多くない。誰が見ても一流作家だったとして通りそうなのは、菊池寛、豊島与志雄、宇野浩二、直木三十五、武者小路実篤あたりか。そして懐かしさで佐藤紅緑、佐々木邦、山中峯太郎だろうか。

また菊池寛の存在は文藝春秋創業者としての名が大きく、「菊池寛賞」の由来としても有名である。その菊池が創設し、今や芥川賞と共に数ある「文芸賞」としてもっとも権威ある直木賞は、ここにある直木三十五を冠せたものだ。

文章中、菊池に与えられたのは結婚問題で、

《私は、つねに、現在の結婚制度、世のつねの父母の、娘の結婚に対する考(かんがへ)など、考へるといつも憂鬱になるのであります。父母は兎に角娘を早く片づけやうとします。兎に角、自分の父母としての

責任を免かれるために、他の男性の手に、娘を渡してしまはうとします。しかも二十二、三になると、……》と話し始めてをり、これが当時の常識だったろうと伺えるものである。

次いで直木の論は、学校で「もし神風が吹かなかつたら、日本は元寇の役に敗れたかも知れない」と教えられていることへ反駁する。

《元寇の時、颱風季節に入つたが為に、元軍の船が覆没したといふ事は、神風といふ神秘的な国民的信仰のみで、すましておいてよいであらうか?》と話し出されていて、直木はこの頃時局的発言を強めており、翌昭和九年に亡くなっている。

菊池より二歳下の豊島与志雄は、

《文学を、酒や阿片と見ないやうに、一時的な娯楽と見ないやうにしたいものです。そして文学のなかに、生活をして生き甲斐あらしむるものを、生きることの楽しさを感じさしむるものを、探し求めたいものです。そして作者たちのなかに、自分と同感の友を見出すことが出来たら、この上の喜びはないのであります。》と、その「生活と文学」の講演を結んでいる。

この年宇野浩二は四十二歳。売れる当てのない原稿を書き続ける、亡友葛西善蔵のことを話題にしている。葛西の癖はいつも原稿の始めに表題と名が書かれてあり、彼は感興の来るのをいつまでもいつまでも待っている。半月でも一ト月でも、いや宇野の知っている頃はもっと長かった。即ち彼は大正六年二月に「贋物下げて」を、四月に「奇病患者」を七月には「雪おんな」を、飛んで大正七年三月に出世作「子をつれて」を書いた。つまり葛西はたった四作の短篇に二年もかかったのである。殊に宇野が「雪女」を頼みに行った時は、国に帰った細君の肌襦袢一枚で、葛西がいつもの通り端然と座っていたが、宇野の姿を見ると、新聞紙を七輪にくべて湯を沸しお茶をふるまってくれた。また隣の部屋には二人の幼い子がちょこんと座っていたと言う。そのあとを、宇野はしめくくっている。

《それでゐて彼が私の顔を見て第一に放つたのは「作が書けない」といふ言葉であつた。彼には「作をする事は生きる事であつた」のだ。――こういふ話は余りむづかしくなるからここでやめる。》

「仕掛け」豆本（？）の話　（日本古書通信　'95年11月号掲載）

豆本には違いないが福島県の大沼洸さんが送って下さるのは、毎回本が主か、本が現われるまでの仕掛けが主か分からない一種の芸術品とも言うべきものである。この春先に頂いた場合を説明すると、包みから出て来たのはまず、昔百人一首が一揃い入っていたほどの大きさの函が外廻りで、深々した身と同じ丈のふたがついている。その脇一面に、昭和三十年前後の、田舎の貧しい住居の扉二枚の上半分が描かれ、戸は紙障子らしく所々破れたり修理されたりしている。軒にはとうもろこしが二本皮を利用してつるされ、赤い風鈴が一箇、ひもでぶら下がっている。そこで静かに、その絵が描かれたふたを引き上げると、ひざ小僧をかかえた少女が大きく首をかしげて子犬と会話している戸障子前の下半分が現われる。細い描線と、絵の具によるほのぼのとした絵で、無論肉筆である。

ふたを取ると、中に楕円形の缶がきつく収まっている。薄茶色で、上ぶたがついている。ふたは快いきつさで、開けるとポンと音がした。赤い小窓のついたカバーに包まれ、やっとその中に豆本が入っていた。カバーを取ると本は真っ白で、小さく『冬の風鈴』の題簽。

本の印刷はいわゆるガリ版で、筆跡は作者のものらしい。母子家庭の娘二人の往復書簡の形で物語は出来ている。姉は中学を出て苛酷な條件の下東京で働き、小学校五年の妹は病身の母と田舎暮しの毎日だった。その母の所へは二人の男が時々訪ねて来、その時娘は外へ追いやられるのだ。あの函の絵はそうした一場面で、実は風鈴も夏のものではなかった。その音があまりにも淋しいので、娘は来年までしまおうとするが、「風鈴はお父さんなんだよ、あんたが赤んぼの時にお父さんがつるしたものなんだからね」と、戦争から帰って三年で死んだ父のことを母は教えたくれた。一方、姉からは東京の就職先の店で品物の紛失した嫌疑がかけられ、店をやめさせられたという便りが届く。「でも帰っては負けです。今度は夜の十二時まで働く食堂にいます」と五百円が同封されていた。母の所へ男達が来なくなると、母の病気が目立つようになり、娘が学校を休んで食事の支度をするようになった。まず、あんなにチンチン鳴っていた風鈴が、ある日ひもが切れて落ち、ガラスの破片になってしまった。その内、おかゆのドナべもひびが入って使えなくなった。母は押入に父さんのハンゴーがあるから、それで御飯を炊くようにと娘に言った。ハンゴーは父が出征した満洲から持ち帰った雑のうの中に入っていて、娘はそれでおかゆを作って母に持って行った。……もうどうしようもなく、娘はお寺に相談に行き、お寺さんが役場に連絡してくれて、母が町の病院に入院することを姉に知らせるところで、この物語は終るのである。

ここまで来て、思い見ればあの楕円形の缶はハンゴーを小さくしたものであり、色はいわゆる戦争中流行した国防色だったこと、又豆本の「白」はおかゆを表していることに、読む者ははたと気づくというわけである。終りに「昭三四・八・九」作とあり、奥付は「岩越豆本第十四集・著者大沼洸・刊年平成七年二月・部数二十五部」である。すると大沼さんは豆本製作は当然として、ミニチュアのハンゴーを二十五作り、貧しい戸口にしゃがんで犬と語る少女図を二十五面自分で描いたわけなのである。ちなみに私がこれを送って頂いているのは、千葉の坂本一敏氏の御縁からである。

……ところで、私の持っている仕掛け本的豆本ということでは開高健『ふるほんや』がある。まずこれは筒状の和紙で出来たカバーで覆われている。それを抜くと木製のライターが出て来る。火をつけるようにして、上四分の一ほどのふたを開くと、中は空洞で、そこに本が納っているのだ。ローマ字で「ken」のサイン。続いてタイトル、次いで「本冊は遅雪豆本第三回刊本・限定36部発行の内第7番本・本文は『ずばり東京』(文春文庫)より抜粋した」とある。文章は、「毎週毎週、輪転機に追いまくられて枯葉のような暮しをしているので、ここ一年ほど私は古本屋歩きをすっかり忘れてしまった」から始まり、「いまの私がいちばんほしいのは、とにかく川へもどりたいという気持だけである」で終っている。奥付は、「著者開高健・発行日一九八三晩夏・発行者徳戸はさ美」である。

実は同じ開高健の仕掛け本らしき豆本がもう一冊、私の机の上の棚を飾っている。高さ三センチ位の透明の真四角なプラスチック函に入った『生でも本でも』で、平らに置かれた表紙に、本を開いて持つ小さな少女立像が着装されているのだ。私は永い間そのプラスチックで密封されたようなこの本を、どうして取り出すのか分からず、いつか壊してでも、中を見てやろうと思っていた。しかし気になるのは少女像で、これを傷つけるのは可哀相だ。ある時、そっと函をいじっていたら、スウッとケースが二つに分かれたのである。

やはりこれも「遅雪豆本」の一冊で、一九八六年に出された。限定88部本で本文は『白いページI』より抜粋、とある。以上の開高の豆本二冊は、ある日伺った反町茂雄邸で、他の数十冊の各種豆本と共に、「よかったらお持ちなさい」と言って反町氏から貰ったものなのである。開高の『ずばり東京』の古書業界についての記事中、唯一反町茂雄のみ本名で出ているから、その縁で二人は知り合ったのかもしれない。

贈られた本二冊　（日本古書通信　'12年11月号掲載）

十川信介著『島崎藤村―一筋の街道を進む』が一冊。十川氏は七十六歳、京大卒。長く学習院で教えておられた。「風俗画報」の揃いを研究室まで届けたことがある。古本屋として知り合ったのか、藤村のことでだったか忘れた。本は贈っていたし、著書も時々頂いた。

本書はミネルヴァ書房「日本評伝選」の書き下し作だ。十川氏は「はじめに」で、これほど好悪の評価が分かれる作家はない、文学者間の褒貶は相半ばし『夜明け前』を「文句なく世界屈指の傑作」と言う人、対するに『新生』を冷血な悪人の作品と断ずる者ありで、逆に否定論者も「誰を読んだかと言われたら藤村」との言葉を紹介、「一体島崎藤村とは何者だったのか」を論じる定点とした、と言う。

詩人としては成功したが生活は出来ず、作家を志し『破戒』を自費出版。この時、漱石は「後世に残る名作」と称えた書簡を森田草平に送っている。が、家庭内では二人の娘の死に遭ったり、妻にも先立たれる。姪のこま子との背徳を周囲に秘して渡欧の計画を立て、二年余をフランスで過ごす。帰国すると「新生」を新聞に連載。全集の印税で女性雑誌「処女地」を発行、その同人となった加藤静子とやがて再婚。こうして周倒に準備をし、父の生涯を維新前後の近代史と重ねた「夜明け前」を書き始め、六年をかけて完成させる。

文壇は初代日本ペンクラブ会長として藤村を選ぶ。忍び寄る軍国主義の暗雲の中、藤村は国際ペンクラブ大会出席のため、南米・アメリカ合衆国、パリをも再訪して帰国。昭和十七年、大東亜文学者会議で「萬歳三唱」をになわされる。「中央公論」に「東方の門」を載せ始めた十八年八月、脳溢血で没した。

途中十川氏は「夜明け前」論に一節を与え、父正樹がモデルの青山半蔵の死と共に、山中ながら街道によって外部に通じていた馬籠宿は、鉄道工事の変更で世紀の洪水から取り残されて深い眠りに沈むのである、と結ぶ。が、このあと少々異質の文（と私は思った）、

《それにしても、このような作中の世界は、現代の私たちの状況と何とよく似ていることだろう。グローバリズムや環太平洋経済協力機構（ＴＰＰ）が「世界一統（ママ）」や「交易」を迫る黒船とすれば、大災害や不景気に苦しむ国民は、ただ右往左往する当時の民草であり、政治の混乱もまた同様である。一世紀半以前の時代から始まるこの小説の悲劇を繰り返さないためにも、かつ「世紀の洪水」に呑みこまれないためにも、『夜明け前』はあらためて読み返される必要がある》と、日頃の思いまで添えているのには変に感心した。

また巻末「主要文献一覧」中に、私の『知られざる晩年の島崎藤村』（国書刊行会）が載せられていること、伊東一夫先生と蒐集した写真が本文中に幾枚も利用されていたことは、本当に嬉しい出来事であった。

○　○

次に頂いた二冊目は、川本三郎著『いまむかし東京町歩き』（毎日新聞社）である。

東京の消えて行く、言わば本書は消えた風景の点鬼簿、過去帳であろう。これらが当時の文学作品、映画の中でどう描かれたかを、川本氏独特の博覧強記で跡づけている。

永井荷風は大正四年、東京の風景が余りに変化するので、古き日を記憶にとどめようと「日和下駄」を書く。川本氏もそれにならって、その現在を九十四景訪ね、この文章を連載したものである。

それは私にも、何と言う多くの懐しい場所々々であったろうか。浅草松屋、国際劇場、白鬚橋、南千住、お化け煙突、四ツ木橋木橋、立石地区と、私の青春と重なる情景も多い。そしてこればかりは幼年時の記憶となって夢の国の建物に見えた東京拘置所。

《土手下の道をもっと歩いて一キロ程も行くと、右手に小菅の監獄があった。赤いレンガ道を建物の入口まで行くことが出来た。セメントで出来た高い塔のようなものが幾つもあって、まるでそれはお伽噺の中にでも出て来る、西洋のお城のように見えた》

これが戦中戦後しばらくの間の現東京拘置所の光景で、街の人は大人も小供も小菅の監獄と言っていた。――そう、これは三年前の私の著書『場末の子』の一節が引用されたものだ。

無論当時、それが何のための館（やかた）か知る人には殺風景な刑務所としか見えなかったろう。が、川本氏は右の風景を坂口安吾が昭和十八年の『日本文化私観』で、日本古来の名建築よりこの美的装飾のない建物を、それ故「不思議に心惹かれる眺めである」と称賛した例も引く。また、原節子、佐野周二の映画「お嬢さん乾杯」の、世間知らずから経済詐欺で収監された父に、彼女が青年を連れて会いに行く場面の粗筋を紹介、青年に彼女を守らねばと決意させる、「拘置所が二人の縁結びとなった」とも教えてくれる。

まるで高層のアパート群と見まがう、今の東京拘置所であるが……。

墓の購入と志賀直哉書簡　（日本古書通信　'04年1月号掲載）

正月号の原稿なのだが、今年七十一歳を重ねる身には、これもおめでたい種類の話としてお読み頂けたらと思う。

昨年秋に、小さな墓を買ったのである。私のところは長男が文学書を主体とした店を継ぎ、次男がひと駅離れた町に店を出し、今は自動車・オートバイの雑誌、カタログなどを専門に営業している。私達夫婦は次男と隣合って住み、歩いて二十分の長男の所へ行くのは、つい自転車に乗ってしまう（車の運転は60代後半にやめた）。その道の途中必ず通るのが、昔から山門が朱色で〃赤門寺〃と言われている正王寺前である。

九月初めに、その門前を通ると、大きなビニールのパラソルの下で、青年が一人受付をしていた。実態は新聞へチラシを入れての墓のセールスだったのだが、私は衝動的にそこへ寄った。

それにはそこが、子供の頃近くの氷川神社の境内などと共に遊び場の一つであったことと、テレビで、ある都心の名門墓地が売り出されて人気だったという報道や、このところの自分の中に芽生えて来ている、父母の出身地（栃木県）にある墓が遠すぎるように思えて来ていたことなどがあったかも知れない。ところが半分はヒヤカシで聞いた条件が、青年の人をそらさぬ応待と相まって、私を乗り気にさせてしまった。その結果、この十月末に寺の住職とも会い、十一月半ばには多分最初に入るのは私であろう、墓までが建てられてしまった……。

そんな中の十一月初めの市で、このところは商品的には動きの鈍くなった志賀直哉の書簡一通が、それでも最優品コーナーに並べられているのを私は見た。〃東京渋谷区東一丁目十二ノ十〃差出しの封筒付である。宛名は〃奈良市東大寺／観音院／上司海雲〃宛、速達便である。ただし消印6・

23日は読めるものの、昭和四十年前後のものとは想像されるが、差出年がはっきりしない。ともあれ文面は、《此間は大変愉快な半日で、久しぶりでハシヤギ過ぎその晩は興ふんしてゐたのか却々寝つかれず翌日は疲れて半病人のやうに終日弱りました。

それからこの事は甚だ気がとがめる事ですが、信者総代の話、矢理(ママ)辞退したいと思ひます。神とか佛を全く信じない僕が信者総代になる事、僕としても甚だ後味悪く人を馬鹿にした事ですし、お寺に対しても余りに不真じ目だと思ふのでどうか取消してくれ玉へ。破約して大変失礼しました。僕としてはほかならぬ君との関係でそんな事どうでもいいといふ呑気な考へ方で承知したが、考へると余りに無責任すぎるのでお断りします。どうか悪しからず思つてくれ玉へ。

墓の事は実は墓など不要なのですが、奇をてらうやう誤解されさうですし、子供や孫、家内の為に建てて置く事にしたのですから、墓標の字だけはお願ひします。君の希望を断つて自分の希望だけお頼みするのは虫がよすぎるが此事は破約しないでくれ玉へ。

そのうち書く文句は康子に見本を書かしてお送りします。

六月二十三日

志賀直哉

上司海雲様

》

と読めた。ちなみに、上司海雲（一九〇六～一九七五）は奈良生、龍谷大卒。奈良在住の志賀に親炙、観音寺住職から東大寺図書館長、執事長を経て、昭和四十七年より二〇六代華厳宗館長、東大寺別当。随筆家でもあった人。――これが、バブル時の感覚からは三分の一ほどの値で私に落札したのである。その後書斎の全集に当たると、書簡集へもっとも多い提供者の上司なのに、この書簡は活字にされてはいなかった。私は手紙の年月が知りたくなり、久しぶりに阿川弘之『志賀直哉』(上下)他の資料を読み直した。

……志賀は昭和三十年、七十二歳で渋谷区常磐松に家を新築、前年まで住んだ熱海大洞台の山荘から引っ越す。坪二万円、総数九十六坪の更地を買う金が足りず、所蔵のルオーの絵を売った他、丁度筑摩の『現代日本文学全集』が出され、建築費はその「志賀直哉集」の印税で賄うことが出来た。もう志賀には、原稿料の入るような作品は書けなかったが、昭和四十年代くらいまでは続々各社の「文学全集」が企画され、岩波からは新書版の全集も出され、悠々印税生活が出来たようだ。

戦後志賀が作品が書けなくなった背景として、阿川は二十数年後の『志賀直哉』でいろいろと証言している。阿川はすでに昭和二十五年頃に、「先生の呆けの告白」を聞いたと言う。また阿川は、七十四歳の志賀に葬式のことを聞いている。志賀はそれに答え、

「それはね。前に砂糖壺にして使ってた僕の骨壺、あれが少し小さすぎるんで、今浜田(庄司)君に頼んで、あらためて焼いてもらってる。そいつを其処のストーブの上か何かに載せといて、来る人には、玄関から順に入って、お辞儀をしたけりゃ勝手にして、庭の方へ抜けてもらうんだね。むろん無宗教さ。若い時分、青山の先祖代々の墓所へ来て、祖父直道のことを心に思い浮かべ、何か相談するような気持ちになった経験が度々ある。だから、僕の子供や孫たちも、将来僕を思い浮か

べたくなった時、その手がかりに墓があった方がいいだろうと思った」と言った。

昭和四十六年十一月二十一日に没した志賀の葬儀を仕切ったのは阿川で、上司海雲は東大寺の橋本聖道と僧衣姿で上京、二人一緒の格調高い読経をあげた。無論志賀の墓の文字は海雲和尚によって書かれたと言う。

8　青木正美自作年譜

――年齢は満歳・敬称略。

昭和八年（一九三三）

四月二十二日、東京市葛飾区本田（ほんでん）渋江町に、父＝青木兼吉（明治三十七年十一月二十六日、栃木生・二十九歳）と母＝キヨ（明治四十二年一月十五日、栃木生・二十四歳）の長男として生誕。父は自転車修理店を営み、すでに姉＝咲子（昭和五年七月二十六日生）がいた。また、昭和五年三月に死亡した兄弁次の妻＝義姉ヨツ（四十五歳）を父が引取り同居させていた。

昭和十年（一九三五）　二歳

一家は足立区千住仲居町の裏長屋へ引っ越す。本田渋江町時代に、父が自転車の故買をし、やがて相手にゆすられ始めたのが引っ越しの原因で、夜逃げのような移り方だったらしい。父は千住桜木町から対岸の尾久へかかる尾竹橋（千住大橋の一つ上手）のたもとの小さな空地上に、毎日周りを風除けシートを組み立てての露店の自転車修理に通う。伯母がよく、市電の電車通りを渡り、北千住の大踏切へ汽車、電車を見に連れて行ってくれる。

七月五日、次弟孝之が生まれる。

昭和十一年（一九三六）　三歳

足立区梅田町へ移る。自転車修理業。

昭和十二年（一九三四）　四歳

足立区本木町へ移る。父は本田渋江町時代オート三輪の修理も手がけ免許を取っていたので、魚河岸から各小売店に魚を運ぶ運送店の運転手になった。ここでは伯母が度々、西新井大師へ連れて行ってくれた。

昭和十三年（一九三六）　五歳

葛飾区小谷野町（現・堀切四丁目）へ移る。中島運送店が借りていた裏長屋の一軒で、父はこの運送店で働くことになった。露地の奥にはボイラー工場があり、ガーガーという鋲打ちの音に終日悩まされる。中島運送店のある表通りの鍛冶屋の娘＝フミちゃんと遊び好意を抱く。母が体の不調から片方だけ向けて添寝、授乳させたことから、極端に頭形をいびつにし、この年あたりからそれを意識し始める。必ず頭形のことが話題になる床屋が嫌いとなり、伯母を手こずらせる。

五月十三日、三弟＝晃（翌年病没）、四弟＝茂夫の双生児が生まれる。

昭和十四年（一九三九）　六歳

父は最後の引っ越しをする。父が働いていた中島運送店（表通りにあった）が、急な事情で廃業することになり、その半分を借りることになったのだ。父は自転車屋の前にやったことのある草履屋を、そこに開く。店は売れず生活苦のため子供は伯母が見て、母も近くの沢田製菓へ働きに出る。

秋、父が船橋へ釣りに行くのに同行、帰りに講談社の絵本『漫画と銃後美談』を買ってくれる。これ以外、本を買って貰った記憶は皆無。

昭和十五年（一九四〇）　七歳

四月、葛飾区堀切尋常小学校へ入学。クラスは男女別に松組、桐組と各二組ずつあり卒業まで桐組。別に梅組と言って男女混合の組が一組あった。担任は女の鶴岡よし先生。教科書は「サイタ　サイタ　サクラガ　サイタ」の「小学国語読本」。

昭和十六年年（一九四一）　八歳

この年度から小学校が「堀切国民学校」と改称され、小学生が「少国民」となる。担任が大森和代先生に代る。毎日学校で、頭の形（当時は丸刈り以外許されなかった）のことが苛めっ子の対象となり、時々家へ逃げ帰った。

夏、父は向島の軍需工場＝小穴製作所へ運転手として就職する。

十二月八日、大東亜戦争が勃発する。同二十七日、五弟保昌が生まれる。

昭和十七年（一九四二）　九歳

三学年二学期、副級長に選ばれる。少年時唯一の「青天の霹靂」的出来事であった。この年の家族構成を左記に。

父　兼吉　三十八歳
母　キヨ　三十四歳
姉　咲子　十二歳
　正美　九歳
次弟　孝之　七歳
三弟　茂夫　四歳
四弟　保昌　一歳
伯母　ヨツ　五十三歳

この頃から、父と伯母が他人でなかったということを、父と伯母の絶え間ないいさかいなどで知った。

昭和十八年（一九四三）　十歳

千住東町七十四番地の古本屋「近江屋」で「少年倶楽部」一冊を、かかえていた防空頭巾に挟み万引する。

八月二十二日、次妹＝弘子が生まれる。

昭和十九年（一九四四）　十一歳

四月、五年生に進級と同時に、担任が大森先生から、学校一怖い男の堀内精先生に替る。四年生の一学期から隣り合って座ったことで親しくなった林英彦の家へ遊びに行くようになる。歯科医院だったが、そこの、兄弟に買い与えられた蔵書を見て宝の山を見るほどに驚く。

八月二十六日、弟孝之と共に新潟県三島郡出雲崎（良寛の生地で知られた海辺の町）に学童疎開で行く。近くの五年生が最上級の「下（しも）校」に通う。学校では苛められ、寮では苛める側だった。

昭和二十年（一九四五）　十二歳

四月、一里ほどある本校＝「上（かみ）校」に通う。

六月、弟が出し続けた手紙を見て父が突然迎えに来、帰京する。すでに母、姉、下の弟妹三人は栃木の母方の親戚を頼り疎開、父は伯母と二人暮し、相変らず小穴に勤務。学校は休校状態のため家でごろごろしていた。時々空襲警報があり、銀色に光るB29を見上げる。幸い郊外のため直撃弾は受けず。

八月十五日、敗戦。父は工場が動かなくなったのを見て、昔の同業を歩いて道具を借り自転車のパンク修理業を始める。そのまま自転車店を開くかっこうになり、田舎の家族も連れ帰った。すぐに忙しいパンク修理の手伝いを始める。

秋頃から堀切小学校が再開され、六年生に復学する。墨塗り教科書と、ペラペラの紙を綴じて自分でこしらえる教科書を使用。

昭和二十一年（一九四六）　十三歳

三月、堀切小学校を卒業。中学へ進む気も、家庭環境にもなく、小学校へ併設の高等科へ上ったのは、近所の悪童連がみな行くというので行った結果だった。家のパンク修理が忙しく、姉が時々学校へ迎えに来る。

読書が好きになり、貸本屋で少年小説や大衆小説を借りて読む。

昭和二十二年（一九四七）　十四歳

四月、連合国の勧告による教育改革により新制中学校＝区立第十中の二年生に拾われる。二年生は男子一クラス五十人だけで、新一年生は六クラスもあり、全部男女共学であった。愚連隊のような蛮カラ組の、学級委員に選ばれる。

九月、新任の松川文豪先生が担任となり、この学期、強制的に日記を書かされる。（これが終生の習慣となるきっかけであった。）

九月十四日、十五日にわたってキャスリーン台風が関東を通過。数日して中川の堤防が決壊、家の軒まで水に埋まる。一家は近くの京成電鉄＝堀切菖蒲園駅のホーム下に避難、そこで二十日間ほどをすごす。（九月一日に末弟＝謙司が生まれている。）

昭和二十三年（一九四八）　十五歳

正月、自転車で浅草へ行き、自転車を預けて映画を観る。手伝いで小遣銭も手に入り、しばしば一人で浅草へ行くようになる。五月、日光へ遠足。九月、それまで小学校に併設されていた中学校が田んぼの中に竣工し、運動場の整地作業に通う。十月より通学。

十一月、下級生の女子より初めてラブレターを貰う。

父が競馬、競輪にこりだし、始終衝突する。

昭和二十四年（一九四九）　十六歳

正月、男四人、女（下級生）三人で浅草へ映画を観に行く。男一人は帰り、三組が電気館で超満員の中、映画「三百六十五夜」を観る。

三月十九日、区立第十中学校卒業。昼間は家業の手伝いときめ、都立第三商業高校定時制に入学。六月初め、都立上野高校定時制に転校。小学校の同級生＝浅野馨が在学しているのを知り、再び友達となる。ほとんど勉強に身が入らず、文学書を読むこと多し。

六月二十八日、「私は家業は弟に継いで貰おうと思う。古本屋でもやり、小説家になりたい」と日記に書く。学校の文芸部に入部。

十月二十九日、一人学校を休み講談社へ「文芸講演会」を聞きに行く。坂口安吾「私は職人です」、伊藤整「小説の方法」、三島由紀夫「天が下に新しきものなし」、三好達治「現代詩について」、大岡昇平「スタンダールと現代」、そして舟橋聖一（題を失念）の言葉を一言も聞き逃すまいと見つめていた。

十一月十日、末妹＝千恵子が生まれ、兄弟は八人となる。

十二月末、久米正雄、吉川英治、室生犀星に年賀状を書く。

昭和二十五年（一九五〇）　十七歳

一月二十二日、室生犀星に詩二篇を送る。（むろん返事なし。）

二月、中学校友会誌に「定時制高校の感想」を書く。

三月、家から二百メートルほどの堀切町に、父が四畳半一間を借りてくれ、一人寝泊りだけする。何しろ家族十一人に六畳と四畳半で、寝る場所も無理になったのである。

五月三十日、日暮里の露店＝鶉屋書店々頭で、詩の友人関塚昇に声をかけられ、店主＝飯田淳次を初めて紹介された。

六月、「父の事」（のちの『東京下町昭和少年懐古』）を書き始める。二十七日、上野の新刊本屋で「チャタレー夫人の恋人」（伊藤整訳＝上下本で間もなく発禁）を立読みする。

前年あたりから、二十七年くらいにかけて最もよく古本屋漁りをした。千住大橋の広田書店、渡辺書店。北千住近辺では米山書店、文祥堂書店、興津書店、神谷書店。千住新橋際のサトウ書店。葛飾区立石の日の丸堂、岡田書店、林書店。そして地元堀切の吉野書店、小柳書店等である。浅草へ行くと協立書店、宮崎書店へも寄った。わずかに、蔵書らしきものが出来て行った。

九月五日、日本橋・三越の書店ショーウインドウに飾られた谷崎潤一郎の新刊書『細雪』に寄せた諸作家の原稿を眺め、小一時間しゃがみ込み眺める。（後年市場で、この時並んでいた大佛次郎の原稿に巡り合い、購入した。）二十六日、私小説「日曜の憂鬱」を書き上げ文芸部誌「水車」へ投稿。（第六号に掲載される。）

十月二十二日、身体極度に不調、休学（そのまま退学する）。

昭和二十六年（一九五一）　十八歳

一月二十二日、上高文芸部の毛利隆至、山本知可良が来宅。（山本とは、この年数十通の手紙を交換する。）

二月二日、「母親」を書く。十六日「紙芝居」を書き、籍のない上高文芸部へペンネームで投稿。（「水車」第七号に掲載される。）

四月、台東区龍泉寺町の一葉記念公園へ行き小島政二郎の講話を聞く。

九月、毛利隆至の紹介で本郷弓町教会（牧師・田崎健作）へ通い始める。

十月、教会の人に頼まれ「哀しき父」を書くが採用されず。

十二月七日、「朝」を書く。十六日、地元の堀切教会で賀川豊彦の講演を聞く。十七日、考えに考え、すすめられていた弓町教会の洗礼を断念する。

昭和二十七年（一九五二）　十九歳

正月より出隆『哲学青年の手記』を読み、日記の本質のようなものを知る。他に、島崎藤村が愛読書となる。

二月、父が店の大半を当時流行のパチンコ店にする。（一時流行したものの年末には早くもつぶれ、再び自転車修理業に戻る。）パチンコ玉がまだ他店と共通だったため、店がひまになった頃から玉を持ち出し、他店を歩き廻る。数ヶ月間、パチンコに狂った生活をする。

十一月三日、「蘭交」の会（上高定時制で一緒の浅野馨、文芸部で一緒の榎本実、他）に誘われ「夏江の死」を書く。四日、浅野馨と立石へ黒沢明監督作品「生きる」を観に行き大きな感銘を受ける。

十二月「年子の兄弟」を書く。最も長いものになる筈だったが中断。

昭和二十八年（一九五三）　二十歳

元旦、父から貰ったお年玉で千住遊廓へ行き、初めて外泊する。正月中、働きに出ることを思い立って自転車で街の貼り紙を見て職探しをする。

二月四日、墨田区寺島町の輸出の玩具工場に勤めを見つける。日給は百五十円、ヤットコで、鉛の動力のついたジープを組立てる仕事で、半数は女子工員だった。休日は第一第三日曜日だけ、残業もあり、読書さえおっくうになる。職場で、夜の大学へ通う同い年の小林和雄と知り合い、下宿を追われていることを聞き、堀切の四畳半に同居することを承諾。（以後満一年一緒に暮す。）工場のＹ・Ｙという夜の商業高校へ通う十六歳の娘と交換日記を交す。四月一杯で退職。

五月、知り合いの区内高砂町の紅文堂書店主を訪ね、古本屋開業を相談、ゴミ本数百冊を分けて貰う。手持の数百冊と合せ、七月七日「一間堂書店」（父から自転車店の間口一間分だけ貰い仕切った店だったので）を開店。初日の売上千三百五十円。隣人が墨田区吾嬬町の岡本書店を紹介してくれ、岡本に古書組合加入の方法を教わる。市に参加出来るようになる。岡本書店の星藤男と知り合う。

十月、本田警察署前の熊田代書で、子息＝

熊田幸男を知る。同い年の青年で、通学の傍ら古本屋をやりたいというので組合加入を世話する。（やがて三十歳くらいまで、熊田とは下町業界でライバル関係となる。）古本市場で鶉屋書店・飯田淳次と再会、声をかけられる。

十一月十九日、近所の会社の経理をみていた白樺読書会社長＝田端一二が来店。（読書会の古雑誌を以後昭和五十年頃まで一手に引き受ける。）

十二月、「葦」に載った早乙女勝元「シナリオ・下町の故郷」を読み共感する。

早くもこの年から見様見まねで「建場廻り」を始める。

昭和二十九年（一九五四）　　二十一歳

二月、掛金していた鈴や金融が倒産、なけなしの三万円がとうとう戻らず。

四月、（前年家に二階六畳が乗せられたので）下宿を引払い、家に戻る。

六月十一日、飯田淳次から若手の研究会「十一会」に誘われたが熊田幸男と相談して入らず。自転車修理店以来の税金攻勢激しく、またた滞納金もたまるばかりで、六月末に出来た民主商工会・堀切支部に加入する。

七月三十日、父が脳内出血で倒れる。

九月、店舗を自転車修理半分、古本屋半分の、各間口一間半ずつにする。

十一月十一日、再度飯田淳次、地元金町の文化堂＝川野寿一に誘われ、十一会主催「水道橋・波木井書店主の話を聞く会」に出席する。十三日、飯田淳次来店。棚を見て「これなら大丈夫」と言ってくれる。が、六日後の十九日、貸本チェーン店・ネオ書房が目と鼻の先に開店、大いなる脅威を感じる。

この年星藤男が岡本書店から独立、仲良くなる。

昭和三十年（一九五五）　二十二歳

九月、村口四郎、三橋猛雄等が主になって推進した、組合運動が実を結び、警察の「古物台帳」から「古本」が除外された。

十一月、自転車店は廃業、全店古本屋になることになり、二間（けん）を本店、一間分で均一店を開く。この年あたりから孝之、茂夫、保昌、弘子等が次々と店の手伝いをする。

昭和三十一年（一九五六）　二十三歳

二月、根岸に十一会主催の闇市（組合非公認）が出来、出席するようになる。思い浮かぶ会員は下町では飯田淳次、川野寿一の外、滝泰、平野隆生、岡田菊治、熊田幸男、高沢勝四郎、そして紅一点の稲垣梅野、池袋方面では紅谷隆司、近藤正司、栗林正、小川秋司、宮入盛男、坂本又弥など。

三月、浅野馨と小林和雄の郷里＝長野県塩尻を訪ねる。往復の混雑の中、山田風太郎・高木彬光共著『悪霊の群れ』を読み、この頃患ったことのある淋疾の恐ろしさを知る。

五月、Y・Yが訪ねて来る。

六月、初めて神田・一新会へも「建場回り」でためてきた神田向きの本を出品するようになる。

十月、近所の朝日屋菓子店が突然その持家で古本屋を始める。（翌年四月撤退、その本と本棚を買う。）

十一月、千住ミリオン座で西部劇「誇り高き男」を観るが、眼の悪化でよく見えない。

昭和三十二年（一九五七）　二十四歳

三月、根岸の市で初めて振り手（競り手）をこころみる。

四月、「朝日屋」の棚を利用、近所に店を借り、貸本屋を作り経営。

七月、検眼して近視と分かり、メガネをかけ始める。

八月、根岸の会をやめよ、と組合本部から通達があるが続ける。市を始めた要因の一つは市場の老人支配への反抗だった。

十月、姉が結婚する。

十二月八日、Y・Yが再び来訪。正月にかけ恋に苦しむ。

昭和三十三年（一九五八）　二十五歳

二月、星藤男が岡本書店で近所だった浦和弘を連れて来る。（間もなく浦和は古本屋を開業、後年新刊屋に転向する。）

七月、お花茶屋に土地十坪に建つ八坪の家を購入する。これが我が家（店は父が終戦後、住んでいる家屋は買ったが土地は借地だった）にとってこの世で初めて取得した土地だった。

九月、浦和弘と新刊屋の「ショタレ本」買いに自転車で歩く。（半年ほど続け、蒲田辺までの下町一帯を廻りつくして中止。）

十一月二十一日、バイク免許試験に合格、バイク「トーハツ号」を購入し乗る。

十一月二十七日、皇太子殿下、正田美智子と結婚。

十二月七日、埼玉県幸手市で理髪店を手伝っていた浦和弘の妹＝と見合、十五日には式場をきめに行く。

昭和三十四年（一九五九）　二十六歳

二月十二日、浅草松屋で浦和千代子と結婚式を挙げる。浅野馨、星藤男が出席。下町の市では熊田幸男が経営員に選ばれ、振り手をつとめ始める。（熊田は間もなく神田・一新会にも引かれ、名振り手ぶりをうたわれるようになる。）

四月、孝之が島村家に婿入りする。

八月八日、伯母ヨツ七十歳で死去。

十一月二十九日、長男＝正一誕生。

昭和三十五年（一九六〇）　二十七歳

三月七日、浅野馨の結婚式に出席。

この年、何度か東京駅八重洲口国鉄資材部へ、遺失物の本の入札に行く。（二回落札した。）

昭和三十六年（一九六一）　二十八歳

一月、お花茶屋へ、父と母が移る。

四月、軽自動車免許取得、ダイハツ「ミゼット号」を買い、乗り廻すようになる。

昭和三十七年（一九六二）　二十九歳

四月六日、羽田の日航オペレーションセンターの図書払下げ本を大量に購入する。十五日、白樺読書会・田端一二急死。

十月、働きすぎのため体重四十六キロまで落ちる。日記を書かぬ日を見るようになり、ただただ金を追い求める。

昭和三十八年（一九六三）　三十歳

四月十一日、柴又・川甚にて「向島市場・十五周年祝賀会」。

六月五日、やっと実力者ぶりを現わし始め

た飯田淳次のいる三ノ輪の市へ行く。以来良質の本を出荷することで飯田の信頼を受ける。

八月、向島市の経営員に専任される。荷出し、振り手をつとめる。

十一月、「第十支部報」に、「雑感」なる何年ぶりかの文章を書き載せる。二十六日、建場・上村商会で物色中にケネディ大統領暗殺のラジオニュースを聞く。

昭和三十九年（一九六四）　三十一歳

一月二十九日夜、向島の支部役員会に飯田淳次他の三ノ輪側役員が来る。（以後しばしば支部合同の話し合いが行なわれる。）

九月二十五日（三ノ輪市場で）、開高健が「週刊朝日」に連載中の「ずばり東京」で、一新会で振り手をつとめる熊田幸男の写真が大きく出ているのを、飯田淳次が見せてくれる。

十月十日、東京オリンピック入場式をテレビで見る。

十一月、昔書きかけた「父の事」を下敷きに、「日記以前の記」を書き始める。

十二月三十一日、百八十枚まで書く。

この年で貸本店を閉じる。

▼**昭和四十年**（一九六五）　三十二歳

一月二十日、神田・東京古書会館における明治古典会が、十五名の会員によって再編成され、新発足する。その十五名中に飯田淳次が入り、経営主任に抜擢された。最高実力者・反町茂雄に見出されたものと言われる。

四月二十五日、次男信二が生まれる。

六月、保存されていた創作六篇と、「日記以前の記」を合せた『日曜の憂鬱』（青木正美作品集）をまとめる。（タイプ印刷で本が出来たのは昭和四十二年十二月。）

八月十四日、戦時下の疎開地新潟県出雲崎を訪ねる。

九月二十五日、飯田の出席する三ノ輪の五の日の市（他に十の日もあったが、おのずとこちらが優良書の市となっていた）で、「明治古典会の経営員にならないか」という話が飯田からある。

十月三日、話がきまったと飯田より連絡あり、十日（当時は月に十日、二十日が会の日取りだった）に明治古典会へ初出勤。反町茂雄他の会員を知る。

十二月十七〜二十日の明治古典会大市会に経営員として参加、島崎藤村の原稿三点を落札。

また十一月、東堀切二丁目に土地五十坪を購入する。

昭和四十一年（一九六六）　三十三歳

二月、東堀切の土地に書庫を建てる。

六月、明治古典会が、初めてで最後の公開オークションを開く。藤村「斎藤先生（のち『貧しき理学士』と改題）」原稿＝全八十六枚を四十一万円で落札する。

七月二十九日、向島支部、三ノ輪支部が合同総会を開き八月四日、支部が合併、東部支部となる。

九月十一日、東部古書会館落成記念大市会開催。

十月十日、東京古書会館改築のため錦華公園際の日貿会館ビルに仮移転、明治古典会の市もそこで行なわれる。

十二月五日〜十一日、明治古典会大市会。

二十日、会員に推挙される。同じく飯田淳次に推されて、星藤男が会の経営員となる。

昭和四十二年（一九六七）　三十四歳

二月九日、脳出血で倒れて以来闘病を続けていた父が死去。

五月十日、東京古書会館竣工祝賀会。明治古典会の市場もそこへ戻り、曜日制が取り入れられ週一回の開催となる。二十五日、会員の人達による白木屋古書展に、飯田淳次の店の手伝いとして行く。

六月、飯田淳次の口ききで古書会館での古書展「趣味の古書展」に入会。（以後平成四年五月展まで二十五年間、年六回の即売会を経験する。）

八月某日、明治古典会で田村泰次郎の資料一括を落札する。その後すぐ同じ明治古典会で、その関連の河田誠一雑資料・ダンボール一箱も落札。

十二月、例の『日曜の憂鬱』を頼んだ印刷屋に出入りしていた早乙女勝元が製本中の本を見、感想を書いた葉書を送り来る。

昭和四十三年（一九六八）　三十五歳

五月、池袋・西武百貨店での、明治古典会々員を主とした古書展に、飯田淳次の店の手伝いとして行く。同人の八木書店出品「夢二外遊絵日記」九冊、三十八万円を購入。

六月三十日、明治古典会の京都研修旅行に参加。反町茂雄の好意（京都行が初めてということで）で、時代や書店＝菰池佐一郎、新松堂＝杉野宏と、一日京都見物をする。（この日、他の会員はセドリ等ですごす。）

九月十八日〜十月三十一日まで、会が池

袋・西武百貨店内に作った買入部に、一日おき勤務。

十二月十日〜十九日、西武百貨店で明治古典会大市会開催。安部公房「チチンデラ・ヤパナ」（「砂の女」の元稿）原稿前五十六枚他を落札。

昭和四十四年（一九六九）　三十六歳
前年あたりから戦後初版本がブームとなる。

五月、西武古書展の飯田淳次の手伝い。

八月、道路拡張による店舗取り払い時期近きを知り、京成堀切菖蒲園駅ホーム土手下に借地二十二坪の売店舗を求める。

九月、そこを支店とし店番、夫婦で以後昭和五十二年まで二つの店を営む。

昭和四十五年（一九七〇）　三十七歳
二月二十一日、熱海で明治古典会主催「反町茂雄氏退会感謝記念会」（以後名誉会長）。司会、飯田淳次。
十一月二十五日、三島由紀夫自決。夏頃から下落を始めていた三島本、及び戦後初版本が再び騰貴する。

昭和四十六年（一九七一）　三十八歳
三月末になり、三島（初版）本にもかげり。

五月、上山田温泉へ支部旅行で参加。帰途、木曽馬篭へ単独で廻る。未知の人、童話作家＝宮口しづえを訪ねる。（翌日もう一度訪ね、藤村の話を聞く。帰京後文通を重ねる。）

夏頃より、戦後初版本の暴落。

十一月十日〜十二日、反町茂雄・菰池佐一郎古稀記念明治古典会大市会。安岡章太郎関

係資料一括を落札。資料中に未発表長編原稿「衣裳と冒険」を発見する。

昭和四十七年（一九七二）　三十九歳

二月十一日、明治古典会市場、廻し入札から全品置入札となる。十八日、江戸川乱歩訳稿「魔の森の家」全五十四枚を落札。

七月六日〜九日、明治古典会大市。（この年から夏の開催となる。）

九月、新宿京王百貨店・屋上青空展（東部支部主催）に参加する。

昭和四十八年（一九七三）　四十歳

正月三日、反町茂雄＝弘文荘・日本橋三越展の、並べの手伝い。十一日より六日間、支部行事として新宿京王百貨店の古書展に参加する。

十一月、九年間明治古典会の会員兼経営員を続けて来たが、経営員の方を卒業させて貰う。「明治古典会通信」に「経営員卒業の記」を書く。

▼**昭和四十九年**（一九七四）　四十一歳

前年秋より、支店借地（この時土地を購入）に建て始めた新築店舗に移り住む。正月三日、弘文荘＝三越展の搬入手伝い。

七月三日〜六日、明治古典会大市会。十一月十五日、東京古典会で島崎藤村原稿「飯倉だより」二十二枚を百万円で落札。

昭和五十年（一九七五）　四十二歳

一月十日〜十五日、新宿京王古書展に参加。

七月三日〜六日、明治古典会大市。飯田淳次が次期（五十一年大市まで）会長に選ばれ、幹事（会計）に登用される。帳簿記帳等に悪戦苦闘する。

「日記以前の記」を元とした『東京郊外昭和少年懐古』を書き始める。

昭和五十一年（一九七六）　四十三歳
一月九日～十五日、京王古書展に参加。
二月二十日、母が脳内出血のため六十七歳で急死。
七月一日～三日、明治古典会大市会。飯田淳次の会長職が終り、無事、幹事役を終える。

昭和五十二年（一九七七）　四十四歳
一月二十三日、東部支部事業部長の川野寿一から電話あり、支部事業部の火曜日・主任を受け持たないかという要請。引き受ける。（以後五十三年からは事業部長として、五十五年七月まで下町地区の市場の仕事に従事することになる。）

六月三十日～七月三日、明治古典会大市会。

八月、「日本古書通信」に頼まれ「私の蒐集歴」を執筆。

十月七日、同業の友人＝小林静生に相談しながらすすめていた『東京郊外昭和少年懐古』が出来て来る。二十八日、毎日新聞「夕刊ワイド」に本が取り上げられ、またたく間に一千冊が売れた。

昭和五十三年（一九七八）　四十五歳
四月五日、飯田淳次がレンガ造りの店を新築、お祝いに行く。七月五日～九日、明治古典会大市会。
支部市の経営に没頭し、「お前さんもやっと目覚めたな」と飯田淳次に言われる。（それ以前、鳴かず飛ばずの状態を見、何度か「お前を見損なったよ」と飯田に言われていた。）この頃、古書業界入りした十二歳年長の江東文庫＝石尾光之祐と知り合う。

昭和五十四年（一九七九）　四十六歳

四月、斎藤緑雨書簡十一通、葉書五十二枚を明治古典会で落札。七月の大市会、子供の事故で休む。八月二十四〜三十九日、京王古書展に参加。

九月八日〜十日、明治古典会で香港へ研修旅行。十月十二日、同業者から島崎藤村「苦しき人々」原稿二十六枚を購入。

この年から『東京下町古本屋三十年』の稿を起こす。

昭和五十五年（一九八〇）　四十七歳

二月十八日、中央市大市会に出席。志賀直哉「山形」原稿十八枚を落札。

三月、反町茂雄より『天理図書館の善本稀書』を贈られ、感想を書いた書簡を出す。

七月七日〜九日、明治古典会大市。反町茂雄出品の、蒲原有明「黙子覚書」の原稿（のち『夢は呼び交わす』と改題、岩波文庫に入る）を落札。七月二十六日、この原稿落札につき、外遊中のパリから反町茂雄が葉書をくれる。

八月、京王古書展が同人制に移行、熊田幸男等と開催にこぎつける。

十月、「古書月報」に「夢二外遊記のこと」を書く。

昭和五十六年（一九八一）　四十八歳

五月頃より、京王展の写真入り目録の用意

を始める。

七月、明治古典会大市。

八月、新宿京王展開催。収集してあった児童本、マンガ古書、映画ポスター等を大量出品する。

九月四日、東京古書会館にて飯田淳次が倒れる。七日、見舞うが検査中と言われる。

十二月四日及び十五日の支部市に飯田淳次が出席し、元気に振り手に声をかける。

昭和五十七年（一九八二）　四十九歳

一月八日、明治古典会の新年会に出席。珍らしく飯田淳次が欠席（暮れの三十一日、車を運転中に脳こうそくの発作を起こし、すでに入院していた）する。（二月になって、やっと病状が伝わる。）一月二十二〜二十七日、京王古書展。（これを最後に新宿京王展を下りる。）

四月、『東京下町古本屋三十年』の原稿が出来、小林静生、石尾光之祐に読んで貰う。なかんずく、石尾には構成上の指導を受け、二人に校正を見て貰う。

五月二十八日、秋庭俊彦関係資料を明治古典会の市場で落札する。

七月四日、日大病院に八鍬光晴と共に飯田淳次を見舞う。五日〜六日、明治古典会大市会。七日、反町茂雄に本の序文を願う手紙を書く。九日、承諾の書簡来る。

八月の組合総会で、東京古書組合理事（任期二年）に選出される。理事長＝小林書房・小林武、副理事長＝文学堂・内藤勇。東陽堂・高林恒夫のもと、事業部を担当する。

九月十八日、八鍬光晴が案内して、突然反町茂雄が来店する。「序文」を書く責任上、との言葉。

十月十五日、二冊目の自費出版本『東京下町古本屋三十年』出来。十六日、飯田淳次の療養先、伊豆稲取の日大病院へ本を届ける。本は朝日新聞、「週刊ポスト」他に書評が出、年内になくなることが分かり、回収される金額だけ増刷を決める。

昭和五十八年（一九八三）　五十歳

二月十三日、箱根湯本で組合の合同会議がある。翌日、内藤勇、八勝堂＝八木勝、朝日書店＝金城正一郎と稲取へ飯田淳次を見舞う。

四月二十九日、長男正一が松栄祐吉長女＝裕子と小林静生夫妻の媒酌により、東條会館で結婚式を挙げる。

七月七日〜十日、明治古典会大市会。

十月八日、星藤男肺癌にて死亡。享年五十八歳。明治古典会の旅行で小諸へ行く。藤村の旧宅も見た。そこで妻も合流。善光寺に詣でる。家へ電話、星藤男の死を知る。翌日妻と星宅をたずねる。十日、葬儀に出る。

十月三十日、中学時代の高根沢校長の米寿記念会が「東天紅」であり、出席。松川先生、寺を売って埼玉の工業大学理事長に納まっているとか。渡部三郎は竹内栄子、津久田良子と今もつき合っている、とか。

この年から店（小売の方）を正一に任せる。

昭和五十九年（一九八四）　五十一歳

一月、八木書店古書目録にて荷風詩稿『偏奇館吟草』を購入。

二月、前年に引き続き箱根湯本で合同会議。一人稲取の飯田淳次を見舞う。

六月十六日、三冊目の本『古本商売蒐集三十年』

出来。日本古書通信社に発売を依頼する。

　十月十六日〜三十日、夫婦でヨーロッパにツアー旅行をする。

　十二月二十六日、四冊目の本『古本商売日記蒐集譚』が出来て来たので、本を持って湯島の自宅に帰っていた飯田淳次を訪ねる。二十九日、飯田より「……今までの本で一番よかった」と聞きとれる病後初めての電話あり。

昭和六十年（一九八五）　五十二歳

　一月、『古本商売日記蒐集譚』を日本古書通信社より発売。

　四月十八日、反町茂雄が「週刊図書新聞」に連載中の「新・紙魚の昔がたり」の最終回分として、反町の司会で「下町古本屋の生活と盛衰」を語る。二十二日、反町邸へ話に使った原稿を届ける。（この分、図書新聞へは六月二十九日号より十四回に亘って連載。）

　五月、紀田順一郎の紹介により「新潮45」に「日記買います屋懺悔録」を書く。（以後十二月号まで八ヶ月継続連載。）

　九月二十八日、紅谷書店＝紅谷隆司と、谷津保養病院へ飯田淳次を見舞う。

　十月二十五日、飯田の全蔵書が明治古典会で売立てられた。室生犀星詩稿『抒情小曲集』等を落札する。

　十一月二日、上野・池の端文化センターで、業界人百五名の参加を見、東部支部二十周年祝賀会が催された。小林静生、稲垣書店＝中山信行と三人で記念誌『下町古本屋の生活と歴史』（百二十四頁）を編集、全東京組合員に配布する。一方、秋頃より、小林静生、石尾光之祐と三人で季刊雑誌「古本屋」の発行を計画する。十五日、五冊目の『古本市場掘出し奇譚』を日本古書通信社より発売。二十日、読売新聞書評欄「本と人」に、また同日、時事通信社の「著者と語る」にも紹介される。

昭和六十一年（一九八六）　五十三歳

一月六日、反町邸訪問。「弘文荘・反町茂雄―その人及び著作活動」（「古本屋」第二号に掲載）の構想を話す。（以後、しばしば反町邸を訪ねる。）この月、反町茂雄『一古書肆の思い出』第一巻（十二月に第二巻）が刊行される。また「古本屋」第一号も出る。

三月二日、大洗海岸へ明治古典会研修旅行。席上、当期会長より飯田淳次の組合及び明治古典会からの脱会報告あり。

四月「古本屋」第二号刊。反町茂雄「これからの仕事のことなど」が載る。四月号の「新潮45」に「東大教授より偉い古本屋」を書く。

五月十七日、紅谷隆司、八木勝、近藤正司、木本忠士と五人で飯田淳次を見舞う。「古本屋」一、二号が傍らに置かれているのに感じるものあり。

五月、「日本古書通信」に「古本屋控え帖＝歌集『囚衣』のこと」を書く。（以後毎月このコラムを書く。）

七月四～六日、明治古典会大市会。

十月、「古本屋」三号刊。十一日、三号を持参、飯田淳次を見舞う。

▼昭和六十二年（一九八七）　五十四歳

四月、詩人・櫻本富雄の紹介で初めての出版社本『戦時下の庶民日記』が日本図書センターより出る。六日、朝日新聞・読書欄「らいたあ登場」に紹介され、間もなく重版となる。同月「古本屋」四号刊。飯田淳次に届ける。

五月二十一日、反町茂雄に呼ばれ、あなたはこういうものがお好きのようだから、と手製の「紙魚の昔がたり」新聞切抜スクラップ（全）、『一古書肆の思い出』第一巻原稿（清書前の自筆原稿）の一部数十枚を頂く。とくに原稿の加筆、訂正、切貼りを見て、反町の頭脳にしてこの苦心……と、感銘を受ける。

七月、明治古典会大市会。

八月、「87版ベスト・エッセイ集＝おやじの値段」（文芸春秋刊）に、前年「新潮45」に掲載の「竹久夢二の伏字日記」が収載される。

十月、「古本屋」第五号刊。二日、飯田淳次宅に届ける。飯田、帰り際に画板へ「アリガトウ、ゴザイマシタ」と書く。

昭和六十三年（一九八八）　五十五歳

一月九日、NHKラジオ第二放送の三十分番組「新学芸展望」に、「何故日記を書くのか」の題で談話が収録される。（十一日放送。）

四月、「古本屋」第六号刊。（この号は中山信行に託し飯田宅へ届ける。）

六月七日、かねて追跡中の斎藤緑雨筆の歌稿＝一葉短歌稿説を、日本図書センターより『幻の「一葉歌集」追跡』として刊行。各社新聞にニュースとして大きく掲載され、反町茂雄より「お手柄」との手紙を貰う。

七月、明治古典会大市会。この年大市日程以後向う一ヶ年の実務（会長職）を担当することとなる。左記五名が一緒の幹事役であった。

八木書店＝八木　朗
玉英堂書店＝斎藤孝夫

浅草御蔵前書房＝八鍬光晴
安土堂書店＝八木正自
稲垣書店＝中山信行

十月、「古本屋」第七号刊。十三日、東武東上線・練馬駅の徳丸病院へ入院中の飯田淳次へ届ける。（飯田との最後の面会となる。）

十一月、「彷書月刊」に「古書業界は陰の文壇」を載せる。（以後、同誌上にしばしば古本屋の立場からの文章が掲載される。）

▼**平成元年**（一九八九）　五十六歳

三月四日、中山信行より飯田淳次死去の知らせ。享年六十八歳。すぐ飯田宅へ。六日、三茶書房＝岩森亀一葬儀委員長により葬儀。続いて諸法事。二十四日、東京古書会館にて「飯田淳次追悼座談会」を行ない、司会をする。のち、小冊子『故飯田淳次を偲ぶ座談会』を作り、明治古典会々員に配布。

七月三日、読売新聞に「古本屋余話」第一回が載る。（五回完結で五週で連載が終る。）

同七〜十日明治古典会大市会。会を次期幹事に引継ぎ、責任を終える。

九月、かねて編集中の「古本屋＝弘文荘・反町茂雄米寿記念特集」第九号を刊行。二十日、帝国ホテルで「反町さんの米寿を祝う会」が開かれ、参列者全員に第九号が配布された。

十月二十九日、次男信二が小久保千恵美と葛飾区レインボーホールで挙式。

平成二年（一九九〇）　五十七歳

一月十一日放送のＮＨＫテレビ「ＥＴＶ８」―「人は何故日記を書くのか」に資料提供、及び導入部に談話（数分間）。出演はドナルド・キーン、紀田順一郎。

二月、反町茂雄の飯田淳次追悼集の作成協力に、しばしば反町邸を訪ねる。

三月四日、牛込吉祥寺にて飯田淳次一周忌法要に出席。

四月、「古本屋」終刊第十号刊。飯田淳次を偲んだ「ある売立市の思い出」を載せる。反町は「三代百年古本大国の興亡」を寄せてくれる。また、庄司浅水、紀田順一郎、金子民雄、本地陽彦、山下武、佐々木靖幸、佐々木桔梗、有田嘉伸、櫻本富雄、近藤勝、横田順弥、ゆりはじめ、出久根達郎、上田茂春、黒岩健、内藤健治、西原和海、八木福次郎の十八名がアンケート「終刊号に寄せて」に言葉を寄せてくれる。

五月二十日、本邦書籍より、『東京下町覚え書き昭和の子ども遊びと暮らし』を刊行する。毎日新聞・読書欄「著者訪問」他に紹介される。

六月、反町茂雄が東京古書会館で「古典籍十講」の講義を始める。（①奈良絵本、②古活字本、③絵本と絵入本、④古写本、⑤古写経と、翌年一月まで続け中断。いずれも出席する。）

七月一日、反町茂雄編『鶉屋書店飯田淳次氏の仕事と人』が刊行される。同月、明治古典会大市会。

十二月、松戸市市民講座で講演をする。

平成三年（一九九一）　五十八歳
三月四日、反町茂雄、胆のう障害のため山王病院へ入院（十二日、虎の門病院へ）。二十六日、源喜堂＝河村廣、忠敬堂＝今井哲夫と三人で見舞う。
六月二十二日、再び妻と共に見舞う。二十

三日、反町より最後の書簡あり。
七月、明治古典会大市会。
九月四日、反町茂雄没、享年九十歳

▼平成四年（一九九二）　五十九歳

年の始めから、八木書店＝八木壮一が推し、平凡社よりの依頼の「反町茂雄年譜」の作成に没頭する。四月十日、福武書店より「福武文庫」として『古本屋四十年』刊。

五月二十日、東京堂出版より『古本屋控え帖』刊。二十二・二十三日展を最後に、「趣味の古書展」を退会する。

六月、反町の年譜が収録された反町茂雄『一古書肆の思い出』第五巻が平凡社より発売される。十五日、堀切の店を正一一家に明け渡し、春より倉庫の一部に建築中だった「終の住みか」（敷地十二坪）に夫婦で移り住む。十七日、ＮＨＫ（ラジオ第一放送）へ、古本屋生活を語る内容の談話の収録に行く。（七月三日より、五日間連夜十分間放送。）

八月二十三日、椿山荘での「反町茂雄一周忌の集い」に参加。

九月七日〜十一日、朝九時〜十時、ＮＨＫ（ラジオ第一放送）に通い、アナウンサーと対話「下町古本屋人生」の生放送をする。①宝の山・古本、②何ってったって藤村、③幻の一葉歌集、④日記の中の庶民、⑤古本屋は私の大学、の五日間。

十二月九日、櫻本富雄氏と藤沢の山中恒氏宅を訪問（ゆりはじめ氏の出版記念会の帰り）。

平成五年（一九九三）　六十歳

六月二十日、還暦を記念して『自筆本蒐集狂の回想』を自費出版。三十日、毎日新聞・

夕刊文化欄に、本の中の〝室生犀星新発見詩稿〟についての記事が大きく掲載される。（同じ趣旨の記事が、十月五日の北国新聞に出る。）

七月二日、日本経済新聞・文化欄に『自筆本蒐集狂の回想』をテーマにした談話「筆跡に読む作家の心」が最終一頁大に掲載される。

七月、明治古典会大市会。

九月、東京堂出版より『古本屋奇人伝』刊。

十一月九日～十一日、夫婦で四国旅行。傍ら詩人・河田誠一の事蹟を調査する。のちこの調査が「夭折詩人・河田誠一追跡」として『古本探偵追跡簿』の〝第三話〟に収録された。

あとがき

始め、自分ながら不満足な本を作るな、と思った。やがてそうでもないな、となった、その次第を述べ「あとがき」に替える。

最初古書通信社に出版を頼む時、目次だけを提示した。すると編集長は最終章に興味を示した。実はこれを骨にしたかったのに、であった。編集長は「これだけで本にしよう」と言う。私は出来つつあるその『戦時下の少年読物』を見て、「これもよかったかな」と思うようになった。ただ困ったのは、残された文章たちのこと。と言ってこれから書くにも、もう時間がないし根気がなかった。頼るとすれば古通に連載した（どこへも使ってない）「古本屋控え帳」の文章群しかなかった。そこで全文を読んでみたのである。

読み始めると、意外にこれが面白かったのである。例えば自分の二十〜三十代の思い出や、逆に古い文献を現物で記録した「阿部定文献」「カフェー文献」「小川正子文献」など、もう集めようのない本の紹介だったりした。また、「人物群像の章」では「佐藤慶太郎」のところ。上野公園の中の（現在のものは三代目の建築）初代寄贈者だったことはまあ知られている。が実は現在神田駿河台に今も残る「山の上ホテル」の建設者で戦前は「佐藤新興館」として教育者でもあった人。昭和十六年には海軍省がここを使用、また敗戦後はＧＨＱが占処していたこと。現在の「山の上ホテル」になるのは昭和二十九年からだった。私はここまでの調査でやめたが、これだけでも当時「古本探偵」と自称していた自分を思い出させてくれる。

そんなわけでそれにしても五〇〇頁余の本になってしまうとはね！　まるで全集なら最終巻、遺稿篇のようではないか。――結局本書がこんな形になったのは編集長のせいと、そう決断した自分のせいだったのだ。

申しわけないが編集長には今回も最終校正までの労を取らせてしまう。

その樽見博さんに、また永い四十年の間この年寄りを影になり日向になって面倒見て下さったご同業・御蔵前書房八鍬光晴さん、森井書店森井健一さんに、そして最初の「古本屋三十年」以来八割方の私の著書を作っていただいた上毛印刷の大澤拓郎、丈太さん父子に、それぞれ厚くお礼申し上げます。

最後に私事になりますが、本書の表紙写真もですが、昭和平成にかけて私の本に利用の沢山の写真を撮って下さっており、それを幾冊もの本で利用させて頂いた小学校以来の親友浅野馨君にも、お礼の言葉を記しておきたい。

みなさん、本当にありがとうございました。

令和四年一月二十二日

著者

青木正美著作目録

日曜の憂鬱─青木正美作品集　一九六七年　（タイプ印刷での自費出版）　A5判　一七四頁

東京郊外昭和少年懐古　一九七七年　自刊（絶版）　函付　B6判　三二六頁

東京下町古本屋三十年　一九八二年　自刊（絶版）　函付　B6判　三九六頁

古本商売蒐集三十年　一九八四年　日本古書通信社　函付　B6判　四五八頁

古本商売日記蒐集譚　一九八五年　日本古書通信社　函付　B6判　四六六頁

古本市場掘出し奇譚　一九八六年　日本古書通信社　函付　B6判　三二二頁

戦時下の庶民日記　一九八七年　日本図書センター刊　カバー　B6判　二四〇頁

幻の「一葉歌集」追跡　一九八八年　日本図書センター刊　カバー　B6判　二四〇頁

昭和の子ども遊びと暮らし　一九九〇年　本邦書籍刊（絶版）　カバー　A5判　四三二頁

柳蘭の丘─相撲史家・池田雅雄追悼集　一九九〇年　私刊　函付　B6判　一九二頁

おやじの値段　八七年版ベスト・エッセイ集　一九九〇年　文春文庫

古本屋四十年　一九九二年　福武書店刊　カバー　A6判　二七八頁

古本屋控え帖　一九九二年　東京堂出版　カバー　B6判　三〇四頁

自筆本蒐集狂の回想　一九九三年　自刊（青木文庫・出版）函付　A5判　五〇二頁

古本屋奇人伝　一九九三年　東京堂出版　カバー　B6判　二五〇頁

日本の名随筆（別28）日記　一九九三年　作品社　カバー　B6判　二五二頁

下町の古本屋　一九九四年　日本古書通信社　函付　B6判　四五〇頁

古本探偵追跡簿　一九九五年　マルジュ社刊　カバー　B6判　五〇〇頁

太平洋戦争銃後の絵日記　一九九五年　東京堂出版　カバー　B6判　三二六頁

古本探偵覚え書　一九九五年　東京堂出版　カバー　B6判　三七二頁

夢二ヨーロッパ素描帖　一九九六年　東京堂出版　カバー　B6判　二一四頁

新発見夢二絵の旅　一九九六年　日本古書通信社　こつう豆本126　並・特装本

古本屋の自画像　一九九六年　燃焼社　カバー　B6判　二八八頁

古本屋の蘊蓄　一九九七年　燃焼社　カバー　B6判　三二六頁

古本屋の本棚　一九九七年　燃焼社　カバー　B6判　二三六頁

日本の名随筆（別72）古書　一九九七年　カバー　B6判　二五一頁

青春さまよい日記　一九九八年　東京堂出版　カバー　A5判　七七〇頁

写真と書簡による島崎藤村伝　一九九八年　国書刊行会　カバー　A5判　二〇四頁

肉筆原稿で読む島崎藤村　一九九八年　国書刊行会　カバー　A5判　二八二頁
知られざる晩年の島崎藤村　一九九八年　国書刊行会　カバー　A5判　三一八頁
原稿を依頼する人される人　一九九八年　燃焼社　カバー　B6判　三九八頁
島尾敏雄　二〇〇〇年　鼎書房　A5判　一六四頁
近代作家自筆原稿集　二〇〇一年　東京堂出版　カバー　B5判　二一〇頁
近代詩人歌人自筆原稿集　二〇〇二年　東京堂出版　カバー　B5判　二八頁
木炭日和　九九年版ベスト・エッセイ集　二〇〇二年　文春文庫
二十歳の日記　二〇〇三年　東京堂出版　カバー　B6判
古本屋五十年　二〇〇四年　筑摩書房　カバー　ちくま文庫　三五〇頁
大衆文学自筆原稿集　二〇〇四年　東京堂出版　カバー　B5判　二一〇頁
古書肆・弘文荘訪問記　二〇〇五年　日本古書通信社　カバー　B6判　三七〇頁
ある古本屋の生涯　二〇〇六年　日本古書通信社　カバー　B6判　五六〇頁
目で見る葛飾の１００年　二〇〇五年　（超大形写真集・編集委員）　郷土出版社　カバー　一四八頁
東京下町１００年のアーカイブス（大形写真集）
二〇〇六年　生活情報センター　カバー　A4判　一七六頁

「悪い仲間」考	二〇〇七年	日本古書通信社　カバー　B6判　三五四頁
自己中心の文学	二〇〇八年	博文館新社　カバー　B6判　二八四頁
古本屋群雄伝	二〇〇八年	筑摩書房　カバー　ちくま文庫　四九四頁
場末の子	二〇〇九年	日本古書通信社　カバー　B6判　三〇六頁
ある「詩人古本屋」伝	二〇一一年	筑摩書房　カバー　二一六頁
詩集　古本屋人生史	二〇一四年	青木書店　カバー　A5判　一二八頁
肉筆で読む　作家の手紙	二〇一六年	本の雑誌社　カバー　B6判　三〇二頁
古本屋癌になる	二〇一七年	日本古書通信社　カバー　A5判　二四〇頁
文藝春秋作家原稿流出始末記	二〇一八年	本の雑誌社
肉筆で読む作家の手紙	二〇一九年	本の雑誌社　カバー　B6判　三一二頁
古書と生きた人生曼陀羅図	二〇二〇年	日本古書通信社　B6判　七〇〇頁
作家の手紙は秘話の森	二〇二〇年	日本古書通信社　A5判　三三三頁
戦時下の少年読物	二〇二二年	日本古書通信社　函付　A6判　二四一頁

著者略歴

青木正美（あおき・まさみ）

一九三三年東京に生まれる。五〇年都立上野高校中退。五三年葛飾区堀切に古本屋を開業。商売のかたわら、近代作家の原稿・書簡、無名人の自筆日記などの蒐集に励む。八六年同業三人で季刊誌「古本屋」を創刊、五年間で一〇冊を出し終刊する。また、文筆活動にも取り組み、著書に「昭和少年懐古」「古本屋三十年」「青春さまよい日記」「古本屋奇人伝」「古本探偵追跡簿」「知られざる晩年の島崎藤村」「近代作家自筆原稿集」「古書肆・弘文荘訪問記」「『悪い仲間』考」「古本屋群雄伝」「場末の子」など多数を著している。

二〇二二年四月三十日　初版　第一刷
定価二、六〇〇円＋税

昭和の古本屋を生きる
――発見又発見の七十年だった

著者　青木正美
発行者　八木壮一
印刷所　上毛印刷株式会社
発行所　日本古書通信社
〒101―0052　東京都千代田区神田小川町三―八
駿河台ヤギビル５Ｆ
電話　〇三(三二九二)〇五〇八

落丁本・乱丁本はお取り替えいたします

ISBN978-4-88914-070-5　C0095　Printed in Japan